中华人民共和国
民法典合同编

实用问题版

法律出版社法律应用中心　编

法律出版社 LAW PRESS · CHINA
北 京

图书在版编目(CIP)数据

中华人民共和国民法典合同编：实用问题版／法律出版社法律应用中心编. -- 北京：法律出版社，2024(2024.1 重印)
ISBN 978-7-5197-8348-8

Ⅰ. ①中… Ⅱ. ①法… Ⅲ. ①合同法－汇编－中国 Ⅳ. ①D923.69

中国国家版本馆 CIP 数据核字(2023)第 180747 号

中华人民共和国民法典合同编：实用问题版
ZHONGHUA RENMIN GONGHEGUO MINFADIAN HETONGBIAN：SHIYONG WENTI BAN

法律出版社法律应用中心 编

策划编辑 朱海波
责任编辑 朱海波 杨雨晴
装帧设计 臧晓飞

出版发行 法律出版社
编辑统筹 法律应用出版分社
责任校对 邢艳萍
责任印制 刘晓伟
经　　销 新华书店

开本 A5
印张 20.625　**字数** 600 千
版本 2024 年 1 月第 1 版
印次 2024 年 1 月第 2 次印刷
印刷 三河市龙大印装有限公司

地址：北京市丰台区莲花池西里 7 号(100073)
网址：www.lawpress.com.cn
投稿邮箱：info@lawpress.com.cn
举报盗版邮箱：jbwq@lawpress.com.cn
销售电话：010-83938349
客服电话：010-83938350
咨询电话：010-63939796

书号：ISBN 978-7-5197-8348-8
定价：58.00 元
凡购买本社图书，如有印装错误，我社负责退换。电话：010-83938349

出 版 说 明

2021 年 1 月 1 日《民法典》正式施行。《民法典》是一本写满民事权利的宣言书，与人们的生活密切相关，几乎所有的民事活动都能在《民法典》中找到依据。为帮助读者更好地理解《民法典》中的法律概念、术语以及具体条文的适用，我们从实用、易懂、便捷的角度出发，编写了“民法典实用问题版系列”图书。

本套图书具有以下特点：

1. 实用的解读。对重点条文根据立法、司法、行政机关的释义、解读以及相关法律法规的规定等进行精练、准确的注解，为理解、适用《民法典》的条文规定提供实用的解读。

2. 实用的指引。结合生活、工作实践提炼法律实用问题，并依据《民法典》及相关法律法规、司法解释、部门规章的进一步规定进行分析解答，为处理法律事务、解决法律问题提供实用的指引。

3. 实用的工具。收录了常用的法律文书（合同）范本，供读者参照使用，为处理民事法律事务提供实用的参考。

4. 实用的依据。收录常用的法律法规、司法解释、部门规章等（电子版免费阅读使用，并持续更新），并以《民法典》的体例进行划分，条理清晰、查询方便，后续电子版将根据法律法规的变化持续调整，为处理民事法律事务提供实用的依据。

带着问题学习法律，以法律解决实际问题！希望本套丛书能够为广大读者带来切实的法律帮助。

目　录

民法典　第三编　合　同

实用问题

关联法规

实用工具

典型案例

民法典

第三编　合　同

第一分编　通　　则

第一章　一般规定

第四百六十三条　【合同编的调整范围】本编调整因合同产生的民事关系。

第四百六十四条　【合同的定义和身份关系协议的法律适用】合同是民事主体之间设立、变更、终止民事法律关系的协议。

婚姻、收养、监护等有关身份关系的协议,适用有关该身份关系的法律规定;没有规定的,可以根据其性质参照适用本编规定。

条文注解

本条第1款:合同编所规定的“合同”是民事主体之间的协议,即平等主体的自然人、法人和非法人组织之间的协议。

首先,“平等主体”是民事关系的核心特征。从行政管理的角度来说,行政机关与行政相对人之间系不平等主体;从企业管理角度来说,企业与职工也系不平等主体,这些都不属于“民事主体”。

其次,民事主体包括自然人、法人和非法人组织三类。自然人是最基本的民事主体,“自然人”就是通常意义上的人,民法上使用这个概念,主要是与法人相区别。自然人不仅包括中国公民,还包括我国领域内的外国人和无国籍人。“法人”是一种社会组织,法律基于社会现实的需要,赋予符合一定条件的组织以法人资格,便于这些组织独立从事民事活动。

对于自然人、法人之外的个人独资企业、合伙企业等其他组织，考虑到赋予此类不具有法人资格的组织以民事主体地位，有利于其开展民事活动、促进经济社会发展，《民法总则》明确将个人独资企业、合伙企业、不具有法人资格的专业服务机构等作为第三类民事主体“非法人组织”。《民法典》将《民法总则》纳入作为总则编，延续了关于非法人组织的规定。

本条第2款：此为关于身份关系协议参照适用合同编的规定。合同编主要调整财产关系，婚姻、收养、监护等有关身份关系的协议有其特殊性，相关法律对这些身份关系作出规定的，适用该相关法律规定；相关法律对这些身份关系没有作出规定的，可以根据婚姻、收养、监护这类身份关系协议的性质，参照适用合同编的相关规定。

关联法规

《保险法》第10条

第四百六十五条　【依法成立的合同效力】依法成立的合同，受法律保护。

依法成立的合同，仅对当事人具有法律约束力，但是法律另有规定的除外。

第四百六十六条　【合同条款的解释】当事人对合同条款的理解有争议的，应当依据本法第一百四十二条第一款的规定，确定争议条款的含义。

合同文本采用两种以上文字订立并约定具有同等效力的，对各文本使用的词句推定具有相同含义。各文本使用的词句不一致的，应当根据合同的相关条款、性质、目的以及诚信原则等予以解释。

条文注解

合同条款是基于合同当事人意思表示一致而订立的，但在实践中由于种种原因，当事人可能会对合同某些条款的理解发生争议。《民法典》总则编第142条第1款规定，有相对人的意思表示的解释，应当按照所使用的词句，结合相关条款、行为的性质和目的、习惯以及诚信原则，确定意思表示的含义。对此，可作以下理解：第一，首先要按照条款所使用的词句进行解释。法理上，这种解释方法又被称为文义解释。合同条款是由词句构成的，所以，解释合同条款必须首先从词句的含义入手。第二，对条款中词句的理解不能孤立进行，而要结合其他相关条款、行为的性质和目的、习惯以及诚实信用原则，综合判断、确定争议条款的含义。

《最高人民法院关于适用〈中华人民共和国民法典〉合同编通则若干问题的解释》第1条对合同解释的规定进行了细化，根据该条规定，人民法院依据《民法典》第142条第1款、第466条第1款的规定解释合同条款时，应当以词句的通常含义为基础，结合相关条款、合同的性质和目的、习惯以及诚信原则，参考缔约背景、磋商过程、履行行为等因素确定争议条款的含义。有证据证明当事人之间对合同条款有不同于词句的通常含义的其他共同理解，一方主张按照词句的通常含义理解合同条款的，人民法院不予支持。对合同条款有两种以上解释，可能影响该条款效力的，人民法院应当选择有利于该条款有效的解释；属于无偿合同的，应当选择对债务人负担较轻的解释。

关联法规

《民法典》总则编第142条第1款，《最高人民法院关于适用〈中华人民共和国民法典〉合同编通则若干问题的解释》第1、2条

第四百六十七条 【无名合同及涉外合同的法律适用】本法或者其他法律没有明文规定的合同，适用本编通则的规定，并可以参照适用本编或者其他法律最相类似合同的规定。

在中华人民共和国境内履行的中外合资经营企业合同、中外合作经营企业合同、中外合作勘探开发自然资源合同，适用中华人民共和国法律。

条文注解

本条第1款是关于非典型合同法律适用规则的规定。在经济社会生活中，大量合同类型既在合同编中没有规定，也在其他相关法律中没有明文规定，对这些非典型合同如何适用现有法律进行约束和指导，是十分重要的。

合同编通则的规定是针对所有合同的共性规定。因此，非典型合同应当适用合同编通则的规定，合同编通则对合同的订立、合同的效力、合同的履行、合同的保全、合同的变更和转让、合同的权利义务终止、违约责任等所作的规定均适用于各类非典型合同。合同编第二分编规定的典型合同，虽然是对某类合同的专门性规定，但其他一些合同可能会与合同编规定的典型合同存在共同之处或者相近之处。例如，买卖合同是典型的有偿合同，非典型合同中也有许多有偿合同，这些有偿合同可以参照适用买卖合同的有关规定。由于合同编关于买卖合同的规定对有偿类合同的指引、示范作用较强，合同编第646条还对此专门作了规定，即“法律对其他有偿合同有规定的，依照其规定；没有规定的，参照适用买卖合同的有关规定。”同样的道理，其他非典型合同也可以参照适用本编或者其他法律最相类似合同的规定，本条对此予以明确。

本条第2款还对特定涉外合同的法律适用作了规定，即在中华人民共和国境内履行的中外合资经营企业合同、中外合作经营企业合同、中外合作勘探开发自然资源合同,适用中华人民共和国法律。

第四百六十八条 【非因合同产生的债权债务关系的法律适用】非因合同产生的债权债务关系,适用有关该债权债务关系的法律规定;没有规定的,适用本编通则的有关规定,但是根据其性质不能适用的除外。

第二章 合同的订立

第四百六十九条 【合同订立形式】当事人订立合同,可以采用书面形式、口头形式或者其他形式。

书面形式是合同书、信件、电报、电传、传真等可以有形地表现所载内容的形式。

以电子数据交换、电子邮件等方式能够有形地表现所载内容,并可以随时调取查用的数据电文,视为书面形式。

条文注解

本条第1款对合同形式作了原则性规定,即订立合同可以采用书面形式或者口头形式,也可以采取其他形式。只要法律没有作出特别规定或者当事人另有特别约定,对合同形式一般不作特殊要求。

本条第2款对书面形式的定义作了界定。依据本条第1款规定,书面形式的核心特征是可以有形地表现所载内容。合同书、信件、电报、电传、传真是“可以有形地表现所载内容的形式”,但书面形式也不限于这几类。合同的书面形式有多种,凡是“可以有形地表现所载内容的形式”都可以作为合同的书面形式。

本条第3款对符合书面形式的数据电文作了规定。数据电文要符合书面形式，必须满足两个条件：一是能够有形地表现所载内容；二是可以随时调取查用。依此款规定，无论是以电子数据交换方式，还是以电子邮件或者其他方式，如果该数据电文能够有形地表现所载内容，并且可以随时调取查用，就可以视为书面形式。

关联法规

《民法典》第135条，《电子签名法》第2~8条，《仲裁法》第16条，《广告法》第30条，《城市房地产管理法》第15、41、50、54条，《建筑法》第15条，《保险法》第13条，《最高人民法院关于审理买卖合同纠纷案件适用法律问题的解释》第1条，《民用航空法》第14、148条，《商业银行法》第37条

第四百七十条　【合同主要条款与示范文本】合同的内容由当事人约定，一般包括下列条款：

（一）当事人的姓名或者名称和住所；

（二）标的；

（三）数量；

（四）质量；

（五）价款或者报酬；

（六）履行期限、地点和方式；

（七）违约责任；

（八）解决争议的方法。

当事人可以参照各类合同的示范文本订立合同。

关联法规

《保险法》第18条,《著作权法》第24、25条,《农村土地承包法》第40条,《旅游法》第58条,《期货和衍生品法》第32、33条,《草原法》第14、15条

第四百七十一条　【合同订立方式】当事人订立合同,可以采取要约、承诺方式或者其他方式。

条文注解

要约、承诺方式是最为典型的合同订立方式。当事人形成合意的过程,是对合同内容协商一致的过程,很多都是经过要约、承诺完成的。向对方提出合同条件、作出签订合同的意思表示称为“要约”,而另一方如果表示接受就称为“承诺”。

第四百七十二条　【要约的定义及构成要件】要约是希望与他人订立合同的意思表示,该意思表示应当符合下列条件:

(一)内容具体确定;

(二)表明经受要约人承诺,要约人即受该意思表示约束。

条文注解

要约是希望与他人订立合同的意思表示。发出要约的人称为“要约人”,接收要约的人称为“受要约人”。

要约应当具备下列条件:(1)要约的内容应具体确定。要约的内容必须具备足以使合同成立的主要条件,这要求要约的内容必须是具体的和确定的,必须明确清楚,不能模棱两可、产生歧义。要约的效力

在于，一经受要约人承诺，合同即可成立。（2）要约必须表明经受要约人承诺，要约人即受该意思表示拘束。能否构成一个要约要看这种意思表示是否表达了与被要约人订立合同的意愿，这要根据特定情况和当事人所使用的语言表达来判断。（3）要约一般应向特定人发出。因为，相对人的特定化意味着要约人对谁有资格作为承诺人和合同相对方作出了选择，这样对方一作出承诺，一个合同就成立了。如果相对人不确定，则作为合同的另一方当事人就是不确定的，既然不确定，作出承诺后合同也不一定成立。在这种情况下，把一项订约的意思表示视为一个要约就是不合适的，只能视为一个要约邀请。

第四百七十三条　【要约邀请】要约邀请是希望他人向自己发出要约的表示。拍卖公告、招标公告、招股说明书、债券募集办法、基金招募说明书、商业广告和宣传、寄送的价目表等为要约邀请。

商业广告和宣传的内容符合要约条件的，构成要约。

条文注解

要约邀请又称要约引诱，是邀请或者引诱他人向自己发出要约的表示，可以是向特定人发出的，也可以是向不特定的人发出的。本条列举了五种比较典型的要约邀请类型：

第一，拍卖公告。拍卖是一种特殊买卖方式。一般认为，在拍卖活动中，竞买人的出价为要约，拍卖人击槌（或者以其他方式）拍定为承诺。

第二，招标公告。招标投标是一种特殊的签订合同的方式，广泛应用于货物买卖、建设工程、土地使用权出让与转让、技术转让等领域。

第三，招股说明书、债券募集办法和基金招募说明书。招股说明书是股份有限公司发起人向社会公开募集股份时或者公司经批准向社会公开发行新股时，向社会公众公开的说明文书。债券募集办法，是指公司发行公司债券时，应当按照规定公告公司债券募集办法，记载并披露对投资者作出投资决策有重大影响的信息。基金招募说明书是基金发起人公开发售基金时，为基金投资者提供的对基金情况进行说明的文件。

第四，商业广告和宣传。商业广告是指商品经营者或者服务提供者通过一定媒介和形式直接或者间接地介绍自己所推销的商品或者服务的广告。

第五，寄送的价目表。根据对要约条件的分析，价目表仅指明了商品、价格，并没有指明数量，对方不能以“是”、“对”或者“同意”等肯定词语的答复使合同成立，自然不符合要约的条件，只能视作要约邀请。

本条第 2 款规定，商业广告和宣传的内容符合要约条件的，构成要约。依照合同编第 472 条的规定，一项意思表示构成要约应当符合下列条件：一是内容具体确定；二是表明经受要约人承诺，要约人即受该意思表示约束。认定一项商业广告或者商业宣传是否符合要约的条件，需要根据实际情况进行判断。

关联法规

《公司法》第 154、155 条，《招标投标法》第 10、16、17 条，《拍卖法》第 45~48 条，《最高人民法院关于审理商品房买卖合同纠纷案件适用法律若干问题的解释》第 3 条

第四百七十四条 【要约生效时间】要约生效的时间适用本法第一百三十七条的规定。

第四百七十五条 【要约撤回】要约可以撤回。要约的撤回适用本法第一百四十一条的规定。

条文注解

要约的撤回，是指在要约发出之后、生效以前，要约人欲使该要约不发生法律效力而作出的意思表示。要约之所以可以撤回，是因为要约尚未发生法律效力，不会对受要约人产生任何影响，也不会危害交易秩序。因此，在此阶段，应当允许要约人撤回要约，使尚未生效的要约不产生预期的效力，这也是对行为人意愿的充分尊重。基于此，本条规定，要约可以撤回。

第四百七十六条　【要约不得撤销情形】要约可以撤销，但是有下列情形之一的除外：

（一）要约人以确定承诺期限或者其他形式明示要约不可撤销；

（二）受要约人有理由认为要约是不可撤销的，并已经为履行合同做了合理准备工作。

条文注解

要约的撤销，是指要约人在要约发生法律效力之后、受要约人作出承诺之前，欲使该要约失去法律效力的意思表示。在要约撤销的问题上，英美法系与大陆法系的理论迥异。按照英美合同法中的“对价”理论，要约作为诺言在被承诺以前是无对价的，对发出要约的人没有拘束力，因而要约在被承诺以前是可以撤销的，即使是附承诺期限的要约也是如此。大陆法系国家和地区则一般认为，要约一旦生效就不得撤销。如《德国民法典》第145条规定，向他人发出订立合同的要约的人，受要约的约束，但预先声明不受拘束者不在此限。《德国民法典》没有规定要约人有权撤销要约。我国台湾地区的规定与德国一致。

关联法规

《证券法》第 68 条

第四百七十七条 【要约撤销】撤销要约的意思表示以对话方式作出的，该意思表示的内容应当在受要约人作出承诺之前为受要约人所知道；撤销要约的意思表示以非对话方式作出的，应当在受要约人作出承诺之前到达受要约人。

条文注解

要约生效后，受要约人已经知悉了要约的内容，甚至可能已经基于对要约的信赖做出了某些行为。为了保障受要约人的合理信赖利益，要约人应当在受要约人作出承诺之前撤销要约。如果受要约人已经作出承诺，则要约人不得撤销要约。

第四百七十八条 【要约失效】有下列情形之一的，要约失效：

（一）要约被拒绝；

（二）要约被依法撤销；

（三）承诺期限届满，受要约人未作出承诺；

（四）受要约人对要约的内容作出实质性变更。

条文注解

要约的失效，也可以称为要约的消灭或者要约的终止，是指要约丧失法律效力，要约人与受要约人均不再受其约束。要约人不再承担接受承诺的义务，受要约人亦不再享有通过承诺使合同得以成立的权利。其中，受要约人对一项要约的内容作出实质性变更的，为新要约。

新要约使原要约失去效力，要约人即不受原要约的拘束。

关联法规

《拍卖法》第36条

第四百七十九条 【承诺的定义】承诺是受要约人同意要约的意思表示。

条文注解

所谓承诺，是指受要约人同意接受要约的全部条件以缔结合同的意思表示。从性质上来说，承诺与要约一样，都属于意思表示。意思表示，是指行为人为了产生一定民法上的效果而将其内心意思通过一定方式表达于外部的行为，是实现当事人意思自治的工具。对承诺的定义，可以从以下三个方面理解：

一是承诺须由受要约人作出。要约是要约人向受要约人发出的，受要约人是要约人选定的交易相对方，只有受要约人才具有作出承诺的资格，受要约人以外的第三人不具有承诺的资格。

二是承诺须向要约人作出。承诺是对要约的同意，受要约人意在与要约人订立合同，当然要向要约人作出。如果承诺不是向要约人作出，则作出的承诺意思表示不视为承诺，不能达到与要约人订立合同的目的。

三是承诺的内容须与要约的内容保持一致。这是承诺最核心的要件，承诺必须是对要约完全的、单纯的同意。因为受要约人如想与要约人订立合同，必须使承诺在内容上与要约的内容保持一致，否则要约人就可能拒绝受要约人而使合同不能成立。如果受要约人在承诺中对要约的内容加以扩张、限制或者变更，便不能构成承诺，并可能构成一项新的要约。

第四百八十条 【承诺的方式】承诺应当以通知的方式作出;但是,根据交易习惯或者要约表明可以通过行为作出承诺的除外。

条文注解

承诺方式,是指受要约人将其承诺的意思表示传达给要约人所采用的方式。一般来说,法律并不对承诺必须采取的方式作限定,而只是一般规定承诺应当以明示或者默示的方式作出。所谓明示的方式,一般指通知。以通知的方式作出承诺可以是口头通知,也可以是书面通知。一般来说,如果法律或要约中没有规定必须以书面形式表示承诺,当事人就可以口头形式表示承诺。所谓默示的方式,一般指按照交易的习惯或者当事人之间的约定,受要约人尽管没有通过书面或者口头方式明确表达其意思,但是通过实施一定的行为和其他形式作出了承诺。

本条中"通知的方式"是典型的明示方式。"通过行为作出承诺"属于默示的方式,这里的"行为"通常是指履行行为,如预付价款、装运货物或在工地上开始施工等。以通知方式作出承诺具有直接、明确、不易产生纠纷的特点,因此承诺一般应以通知的方式作出。但是商业实践中往往还存在一些交易习惯,根据这些交易习惯,承诺也可以通过行为作出。这些交易习惯一般为从事该项交易的当事人所知晓,"通过行为作出承诺"的方式在要约人的预期之内,不会损害要约人的利益,因此本条对此予以认可。除了交易习惯外,如果要约人在要约中表明了可以通过行为作出承诺,那么受要约人通过行为作出承诺的,符合要约人的意愿,自然也应当予以认可。

第四百八十一条 【承诺的期限】承诺应当在要约确定的期限内到达要约人。

要约没有确定承诺期限的,承诺应当依照下列规定到达:

(一)要约以对话方式作出的,应当即时作出承诺;

(二)要约以非对话方式作出的,承诺应当在合理期限内到达。

条文注解

本条区分要约是否确定了承诺期限,对承诺的到达时间分别作了规定。要约确定了承诺期限的,受要约人自然应当尊重要约人的意愿,承诺应当在该承诺期限内到达要约人。要约没有确定承诺期限的,根据要约是以对话方式作出还是以非对话方式作出,承诺到达时间又有所不同:

一是关于以对话方式作出的要约。所谓以对话方式作出的要约,是指采取使受要约方可以同步受领的方式作出的要约,如面对面交谈、电话等方式。在以这种方式作出的要约中,要约人作出要约和受要约人受领要约是同步进行的,没有时间差,受要约人可以即时决定是否接受。

二是关于以非对话方式作出的要约。要约本身没有确定承诺期限的,如果要约以非对话方式作出,则如何确定承诺期限?一般来说,"合理期限"可分为三段:第一,要约到达于受要约人的期间;第二,为承诺所必要的期间;第三,承诺的通知到达要约人所必要的期间。第一段与第三段的期间,依通讯方式确定,如依邮寄或电报为要约或回答通常所必要的期间。在要约及承诺的通知的送达途中有非常事变(火车障碍、暴风雨等)的迟延的,要约人如果知道该情况的发生,应当斟酌以定其达到所必要的期间。此承诺达到所必要的期间,依其通知的方法而有不同。要约人如特别限定其承诺通知的方法,须以其方法为承诺。否则得依通常交易上所用的方法。以电报为要约时,是否必须以电报作为回答,应依要约的性质及特别的情势确定。第二段的期间,是自要约达到时以至发送承诺通知的期间,是受要约人审查考虑是否承诺所必要的时间。这个时间可以通常人为标准确定,但依要约的内容不同有所差异,内容复杂,审查考虑的时间就长,如果还要经过法定代表人或者董事会的批准,可能时间还会更长。

第四百八十二条 【以信件或者电报等作出的要约的承诺期限计算方法】要约以信件或者电报作出的,承诺期限自信件载明的日期或者电报交发之日开始计算。信件未载明日期的,自投寄该信件的邮戳日期开始计算。要约以电话、传真、电子邮件等快速通讯方式作出的,承诺期限自要约到达受要约人时开始计算。

第四百八十三条 【合同成立时间】承诺生效时合同成立,但是法律另有规定或者当事人另有约定的除外。

条文注解

一般而言,原则上承诺生效时,就是合同成立之时。但民事活动应当充分尊重当事人的意愿。总则编第5条规定,民事主体从事民事活动,应当遵循自愿原则,按照自己的意思设立、变更、终止民事法律关系。据此,合同成立时间也应当允许当事人双方另行约定。

本条在原则上将"承诺生效时"作为合同成立时间的同时,还作了但书规定,即"法律另有规定或者当事人另有规定的除外"。这样,既为法律另行规定留下了空间,也有利于当事人根据实际情况对合同成立时间另行约定。比如,依照法律规定,实践性合同自实际交付标的物时成立。合同编第586条规定,定金合同自实际交付定金时成立。

第679条规定，自然人之间的借款合同，自贷款人提供借款时成立。第905条规定，仓储合同自保管人和存货人意思表示一致时成立。此外，要约人与受要约人也可能会对合同成立时间作出另行约定。例如，要约人与受要约人约定，承诺生效后还要制作专门的合同书，当事人均签名、盖章时合同始成立。在这种情况下，就不能将承诺生效时间直接作为合同成立时间，而是应当尊重当事人之间的约定，以当事人均签名、盖章时作为合同成立时间。

关联法规

《最高人民法院关于适用〈中华人民共和国民法典〉合同编通则若干问题的解释》第4条

第四百八十四条　【承诺生效时间】以通知方式作出的承诺，生效的时间适用本法第一百三十七条的规定。

承诺不需要通知的，根据交易习惯或者要约的要求作出承诺的行为时生效。

条文注解

承诺生效的时间即为合同成立的时间，合同一成立即对当事人双方都产生法律约束力。承诺何时生效还直接影响承诺生效地点的确定。合同编第492条第1款规定，承诺生效的地点为合同成立的地点。因此，承诺何时生效与合同成立的地点也密切相关，与管辖法院的确定以及法律的选择适用都有密切联系。确定承诺生效的时间非常重要。本条区分以通知方式作出的承诺与通过行为作出的承诺，对承诺的生效时间分别作了规定。

（1）以通知方式作出的承诺的生效时间。对于以通知方式作出的承诺的生效时间,也应当区分承诺是以对话方式作出的还是以非对话方式作出的,分别对待。①承诺是以对话方式作出的,即受要约人通过面对面交谈、电话等方式向要约人作出承诺的,受要约人作出承诺和要约人受领承诺是同步进行的,没有时间差。受要约人作出承诺并使要约人知道时即发生效力。②承诺是以非对话方式作出的,比如受要约人通过信函、传真、电子邮件等方式向要约人作出承诺的,受要约人作出承诺的时间与要约人受领承诺的时间不同步,二者之间存在时间差。总则编第137条参考了大多数国家和地区的立法例,对以非对话方式作出的意思表示的生效时间采用了“到达主义”,即以非对话方式作出的意思表示,到达相对人时生效。基于此,以非对话方式作出的承诺的生效时间应当为“到达要约人时”。

(2)通过行为作出承诺的生效时间。根据本条规定,承诺不需要通知的,根据交易习惯或者要约的要求作出承诺的行为时,承诺生效。此处予以举例说明:为建立一个数据库,甲要求乙编写一套专门的程序。在未给甲发出承诺通知的情况下,乙开始编写程序,并在完成后要求甲根据要约中所开列的条件付款。这种情况下,乙无权要求付款,因为乙从未通知甲,乙对要约的所谓承诺没有生效。但如果甲在其要约中通知乙随后的两周甲不在,乙如果有意承诺该要约,为节省时间,应立即着手编写程序。这种情况下,一旦乙开始编写工作,合同即告成立,即便乙未将承诺立即通知甲或在以后阶段通知甲。

第四百八十五条　【承诺的撤回】承诺可以撤回。承诺的撤回适用本法第一百四十一条的规定。

条文注解

承诺的撤回,是指受要约人阻止承诺发生法律效力的意思表示。承诺是一种能够产生法律效果的意思表示,承诺作出后如果要撤回必须满足一定的条件。民法典总则编第141条对意思表示的撤回条件作了规定，即撤回意思表示的通知应当在意思表示到达相对人前或者与意思表示同时到达相对人。承诺是一种意思表示，承诺的撤回条件应当适用民法典总则编第141条关于意思表示撤回条件的规定。据此，承诺的撤回条件可以概括为，撤回承诺的通知应当在承诺通知到达要约人之前或者与承诺通知同时到达要约人。如果撤回承诺的通知晚于承诺通知到达要约人，则承诺已经生效，合同已经成立，受要约人撤回承诺的通知不生效力。

第四百八十六条　【迟延承诺】受要约人超过承诺期限发出承诺，或者在承诺期限内发出承诺，按照通常情形不能及时到达要约人的，为新要约；但是，要约人及时通知受要约人该承诺有效的除外。

条文注解

本条从反面对逾期承诺，即承诺到达要约人时超过承诺期限的情形予以规定，明确了逾期承诺的法律效果。对本条的规定可以从以下两个层面理解：

一是逾期承诺视为新要约。本条的“承诺期限”不仅指要约人在要约中确定的承诺期限，也指要约人未确定承诺期限，而根据实际情况推断的合理期限。逾期承诺包括两类情形：第一类情形是，受要约人超过承诺期限发出承诺。这种情况下，承诺到达要约人时肯定也已经超过承诺期限。第二类情形是，承诺虽然是在承诺期限内发出的，按照通常情形不能及时到达要约人，并且也确实没有在承诺期限内到达要约人。

二是虽然承诺已经迟延到达要约人，但是如果要约人及时通知受要约人该承诺有效的，该承诺仍为有效。这体现了对要约人意愿的尊重，也符合受要约人的利益，有利于促进交易。何谓“及时”，要根据交易的实际情况予以判断。

第四百八十七条 【未迟发而迟到的承诺】受要约人在承诺期限内发出承诺，按照通常情形能够及时到达要约人，但是因其他原因致使承诺到达要约人时超过承诺期限的，除要约人及时通知受要约人因承诺超过期限不接受该承诺外，该承诺有效。

条文注解

对于未迟发而逾期的承诺，按照通常情形能够及时到达要约人，只是因其他原因造成承诺逾期，受要约人对承诺能够及时到达要约人的预期和信赖有必要予以保护，在法律效果上应当与本法第486条规定的逾期承诺的一般情形区别对待。依照本条规定，受要约人在承诺期限内发出承诺，按照通常情形能够及时到达要约人，但是因其他原因致使承诺到达要约人时超过承诺期限的，该承诺有效。同时为了保护要约人的利益，本条对此作了除外规定，允许要约人及时否定该承诺的效力，即如果要约人及时通知受要约人因承诺超过期限不接受该承诺，则该承诺对要约人不产生拘束力。如果要约人没有及时通知受要约人不接受该承诺，则该承诺有效、合同成立。

第四百八十八条 【承诺对要约内容的实质性变更】承诺的内容应当与要约的内容一致。受要约人对要约的内容作出实质性变更的，为新要约。有关合同标的、数量、质量、价款或者报酬、履行期限、履行地点和方式、违约责任和解决争议方法等的变更，是对要约内容的实质性变更。

条文注解

承诺的内容必须与要约的内容一致，不得作更改，否则视为新的要约，这是英美法系与大陆法系两大法系共有的原则。但在解释上，这一原则也并非铁板一块。因为现实中的承诺往往不是简单地回答“是”或者“同意”，承诺是否与要约一致，也是需要进行判断的。承诺虽然在形式上对要约内容有变更，但实质上并没有变更的，仍然可以认为与要约一致，承诺仍为有效。比如，承诺的内容与要约的主要内容意思一致，仅就要约的附随事项附以条件或者为其他非实质变更的，承诺仍为有效。

本条对实质性条款作了列举，有关合同标的、数量、质量、价款或者报酬、履行期限、履行地点和方式、违约责任和解决争议方法的条款，为实质性条款。但是，实质性条款不限于所列的这些项目，例如，对合同所适用的法律的选择一般也可以归为实质性条款。本条对于实质性条款项目的开列具有提示性质，在实际交易的具体合同中，哪些条款内容的变更构成实质性变更，还需就个案进行具体分析。

第四百八十九条　【承诺对要约内容的非实质性变更】承诺对要约的内容作出非实质性变更的，除要约人及时表示反对或者要约表明承诺不得对要约的内容作出任何变更外，该承诺有效，合同的内容以承诺的内容为准。

条文注解

承诺对要约的内容作出非实质性变更的，该承诺有效，合同的内容以承诺的内容为准。但是如果要约人及时表示反对或者要约表明承诺不得对要约的内容作出任何变更，则承诺对要约人不产生拘束力；如果要约人没有及时表示反对，要约也没有表明承诺不得对要约的内容作出任何变更，则该承诺仍为有效承诺，合同的内容以承诺的内容为准。

举例予以说明：甲向乙订购一台机器，并提出在甲的工地上调试。在订单确认书中，乙声明接受要约的条款，但增加了乙希望参加检验机器的条款。该添加条款不是对要约的实质性变更，因此将其作为合同内容的一部分，除非甲毫不迟延地拒绝。

第四百九十条 【合同成立时间】当事人采用合同书形式订立合同的，自当事人均签名、盖章或者按指印时合同成立。在签名、盖章或者按指印之前，当事人一方已经履行主要义务，对方接受时，该合同成立。

法律、行政法规规定或者当事人约定合同应当采用书面形式订立，当事人未采用书面形式但是一方已经履行主要义务，对方接受时，该合同成立。

条文注解

本条是关于采用书面形式订立的合同的成立时间的规定。书面形式是当事人订立合同的形式之一，具体包括合同书、信件、数据电文等形式。

本条第 1 款规定，当事人采用合同书形式订立合同的，自当事人均签名、盖章或者捺指印时合同成立。在合同书中当事人的签名、盖章或者捺指印是十分重要的，没有各方当事人的签名、盖章或者捺指印，就不能最终确认当事人对合同的内容协商一致，也就不能认定合同成立。但如果一个以合同书形式订立的合同已经履行，而仅仅是没有签名、盖章或者捺指印，鉴于当事人已经履行主要义务，对方也接受了，那么合同当然成立。

本条第 2 款规定就属于当事人未按照规定或者约定采用书面形

式但合同仍成立的一种情形。法律、行政法规规定或者当事人约定合同应当采用书面形式订立，一般来说，主要是考虑到有些合同类型各方权利义务关系比较复杂，采用书面形式订立合同对明确各方当事人的权利义务、责任至关重要，对促进合同履行、预防和处理纠纷都具有重要意义。如果法律、行政法规规定或者当事人约定合同应当采用书面形式订立，当事人就应当采用书面形式订立合同。但是，并不能反推说，当事人未采用书面形式的，合同一定不成立。

关联法规

《电子签名法》第13、14、26~28条，《电子商务法》第49条，《保险法》第13条，《信托法》第8条，《最高人民法院关于审理著作权民事纠纷案件适用法律若干问题的解释》第22条，《最高人民法院关于印发〈全国法院民商事审判工作会议纪要〉的通知》第41条

第四百九十一条　【信件、数据电文形式合同和网络合同成立时间】当事人采用信件、数据电文等形式订立合同要求签订确认书的，签订确认书时合同成立。

当事人一方通过互联网等信息网络发布的商品或者服务信息符合要约条件的，对方选择该商品或者服务并提交订单成功时合同成立，但是当事人另有约定的除外。

条文注解

依照本条第1款的规定，当事人采用信件、数据电文等形式订立合同要求签订确认书的，签订确认书时合同成立。这一规定虽然没有明确何时可以提出签订确认书的要求，但不能理解为允许当事人在承诺生效后再提出签订确认书的要求。因为按照本法规定的要约、承诺

规则，承诺生效后合同即已成立。在合同成立后，一方当事人提出签订确认书的要求的，对合同的成立不产生任何影响。

本条第2款吸收了《电子商务法》的规定，对电子合同的成立时间作了规定。根据本条规定，电子合同的成立需要具备两个基本条件：(1)当事人一方通过互联网等信息网络发布的商品或者服务信息符合要约条件。符合要约条件，是指符合合同编第472条规定的要约条件。(2)相对方选择该商品或者服务并提交订单成功。相对方选择该商品或者服务并成功提交订单，即属于作出承诺。

以上是电子合同成立的一般规则。《合同法》奉行合同自愿原则，允许当事人对此作出另外的约定。实践中，通过信息网络发布商品或者服务信息的当事人往往通过设置格式条款的方式作出特别的意思表示，相对方必须勾选同意该格式条款方能提交订单。该格式条款不得违反法律关于格式条款规制的规定。

关联法规

《电子商务法》第49条，《拍卖法》第53条

第四百九十二条 【合同成立地点】承诺生效的地点为合同成立的地点。

采用数据电文形式订立合同的，收件人的主营业地为合同成立的地点；没有主营业地的，其住所地为合同成立的地点。当事人另有约定的，按照其约定。

条文注解

一般来说，承诺生效时合同成立，承诺生效的地点为合同成立的地点。此外，本条虽然没有明确规定，但基于民法的自愿原则，合同成

立的地点也可以由双方当事人自行约定。

根据本条第2款的规定，采用数据电文形式订立的合同，原则上以收件人的主营业地为合同成立的地点。这里的收件人是指要约人，即收到承诺的人。如果收件人没有主营业地，则其住所地为合同成立的地点，即收件人是自然人的，合同成立的地点以自然人的住所地为准；收件人是法人的，合同成立的地点以法人的主要办事机构所在地为准。

第四百九十三条 【书面合同成立地点】当事人采用合同书形式订立合同的，最后签名、盖章或者按指印的地点为合同成立的地点，但是当事人另有约定的除外。

条文注解

非要式的合同，一般以承诺生效的地点为合同成立的地点。要式合同，以要式达成的地点为合同成立的地点。当事人采用合同书形式订立合同的，以签名、盖章或者捺指印的地点为合同成立的地点；如果各方当事人签名、盖章或者捺指印的时间不同步，则以最后签名、盖章或者捺指印的地点为合同成立的地点。当然，如果当事人对合同成立的地点另有约定的，则应当尊重当事人的意愿，以当事人之间的约定确定合同成立的地点。如果当事人以要约与承诺达成合意后又协商签订合同书，则除非当事人另有约定，合同已于承诺生效时成立，承诺生效的地点为合同订立的地点，而不适用本条的规定。

关联法规

《电子签名法》第12条，《民事诉讼法》第35条

第四百九十四条 【依国家订货任务、指令性任务订立合同及强制要约、强制承诺】国家根据抢险救灾、疫情防控或者其他需要下达国家订货任务、指令性任务的，有关民事主体之间应当依照有关法律、行政法规规定的权利和义务订立合同。

依照法律、行政法规的规定负有发出要约义务的当事人，应当及时发出合理的要约。

依照法律、行政法规的规定负有作出承诺义务的当事人，不得拒绝对方合理的订立合同要求。

第四百九十五条 【预约合同】当事人约定在将来一定期限内订立合同的认购书、订购书、预订书等，构成预约合同。

当事人一方不履行预约合同约定的订立合同义务的，对方可以请求其承担预约合同的违约责任。

条文注解

预约合同与本约合同有所区别。是否要另行订立合同，是预约合同与本约合同最显著的区别。预约合同的目的在于订立本约合同，预约合同当事人的义务就是在一定期限内订立本约合同，订立本约合同是预约合同得到履行的结果。本约合同当事人可直接履行各自义务(例如，一方交付货物、另一方支付货款)，实现合同目的，无须再另行订立合同。

关联法规

《最高人民法院关于适用〈中华人民共和国民法典〉合同编通则若干问题的解释》第6~8条，《最高人民法院关于审理商品房买卖合同纠纷案件适用法律若干问题的解释》第5条

第四百九十六条　【格式条款】格式条款是当事人为了重复使用而预先拟定，并在订立合同时未与对方协商的条款。

采用格式条款订立合同的，提供格式条款的一方应当遵循公平原则确定当事人之间的权利和义务，并采取合理的方式提示对方注意免除或者减轻其责任等与对方有重大利害关系的条款，按照对方的要求，对该条款予以说明。提供格式条款的一方未履行提示或者说明义务，致使对方没有注意或者理解与其有重大利害关系的条款的，对方可以主张该条款不成为合同的内容。

条文注解

格式条款最实质的特征在于“未与对方协商”。“未与对方协商”，是指格式条款提供方没有就条款内容与相对方进行实质上的磋商，相对方对条款内容并没有进行实际修改的余地。

本条第2款规定了格式条款提供方的提示、说明义务，并明确了违反该义务的法律效果。依照本条规定，采用“合理的方式”，目的在于使相对方充分注意，如实践中一些格式条款采用特别的字体予以提示。对于“合理的方式”具体指什么方式，要视具体情况而定，应能引起相对方的注意。“有重大利害关系的条款”，一般来说主要包括但不限于格式条款提供方免除或者减轻其责任、加重对方责任、限制或者排除对方主要权利等的条款。“有重大利害关系的条款”的认定，要视格式条款的具体情况而定。例如，对于经营者单方提供的与消费者之间的格式条款，“有重大利害关系的条款”就不能仅限于以上几类，对消费者权益有重大影响的内容都要提示、说明。《消费者权益保护法》还对此作了特别规定。

关联法规

《最高人民法院关于适用〈中华人民共和国民法典〉时间效力的若干规定》第9条,《最高人民法院关于适用〈中华人民共和国民法典〉合同编通则若干问题的解释》第9、10条,《最高人民法院关于适用〈中华人民共和国保险法〉若干问题的解释(二)》第10条,《最高人民法院关于适用〈中华人民共和国保险法〉若干问题的解释(四)》第2条

第四百九十七条　【格式条款无效的情形】有下列情形之一的,该格式条款无效:

(一)具有本法第一编第六章第三节和本法第五百零六条规定的无效情形;

(二)提供格式条款一方不合理地免除或者减轻其责任、加重对方责任、限制对方主要权利;

(三)提供格式条款一方排除对方主要权利。

条文注解

格式条款无效情形:

一是与其他民事法律行为通用的无效情形,即具有总则编第六章第三节和合同编第506条规定的无效情形。总则编第六章第三节对民事法律行为的无效情形作了总括性规定,包括无民事行为能力人实施的民事法律行为,限制民事行为能力人超出其年龄、智力、精神健康状况实施的民事法律行为,以虚假意思表示实施的民事法律行为,违反法律、行政法规的强制性规定的民事法律行为,违背公序良俗的民事法律行为等。合同编第506条是对合同中免责条款无效情形的规定,如果合同中有免除“造成对方人身损害的”或者“因故意或者重大

过失造成对方财产损失的"责任的条款，则该条款无效。

二是格式条款特有的无效情形。本条第2项规定的"不合理地免除或者减轻其责任、加重对方责任、限制对方主要权利"，以及第3项规定的"提供格式条款一方排除对方主要权利"，均属于违背公平原则的情形。格式条款具有这些情形的，该格式条款无效。

总则编第156条规定，民事法律行为部分无效，不影响其他部分效力的，其他部分仍然有效。该规定也适用于格式条款无效的情形，即格式条款无效，并不意味着含有格式条款的合同整体无效，格式条款无效不影响合同其他部分效力的，其他部分仍然有效。

关联法规

《民用航空法》第130条，《保险法》第19条，《消费者权益保护法》第26条，《海商法》第126条，《最高人民法院关于适用〈中华人民共和国民法典〉合同编通则若干问题的解释》第9条，《最高人民法院关于适用〈中华人民共和国民事诉讼法〉的解释》第31条，《最高人民法院关于审理网络消费纠纷案件适用法律若干问题的规定(一)》第1条，《最高人民法院关于适用〈中华人民共和国保险法〉若干问题的解释》第9、10条，《最高人民法院关于审理旅游纠纷案件适用法律若干问题的规定》第6条，《最高人民法院关于审理食品药品纠纷案件适用法律若干问题的规定》第16条，《最高人民法院关于审理使用人脸识别技术处理个人信息相关民事案件适用法律若干问题的规定》第11条，《最高人民法院关于审理消费民事公益诉讼案件适用法律若干问题的解释》第13条，《最高人民法院关于审理食品药品纠纷案件适用法律若干问题的规定》第16条，《网络交易平台合同格式条款规范指引》第10~12条

第四百九十八条　【格式条款的解释】对格式条款的理解发生争议的,应当按照通常理解予以解释。对格式条款有两种以上解释的,应当作出不利于提供格式条款一方的解释。格式条款和非格式条款不一致的,应当采用非格式条款。

条文注解

本条是关于格式条款解释的规定:

一是按照通常理解予以解释规则。格式条款是为了重复使用而拟定的,因此对格式条款也应当按照通常理解予以解释,既不按照提供格式条款一方的理解予以解释,也不按照个别的相对方的理解予以解释,而是按照可能订立该格式条款的一般人的理解予以解释,这对保护相对方的利益是公平的。

二是不利解释规则。对格式条款有两种以上解释的,应当如何处理?格式条款提供方往往处于优势地位,相对方不能实际参与格式条款内容的拟定与磋商,无法对格式条款内容施加影响,因此在对格式条款内容有两种以上解释时,有必要给予相对方倾斜性的保护,即作出不利于提供格式条款一方的解释。

关联法规

《保险法》第30条,《旅行社条例》第29条,《最高人民法院关于适用〈中华人民共和国保险法〉若干问题的解释(三)》第14、17条,《最高人民法院关于为促进消费提供司法服务和保障的意见》第5条,《网络交易平台合同格式条款规范指引》第13条

第四百九十九条　【悬赏广告】悬赏人以公开方式声明对完成特定行为的人支付报酬的,完成该行为的人可以请求其支付。

条文注解

悬赏广告在经济社会中较为常见，各个国家和地区普遍对悬赏广告制度作了规定。依据本条规定，悬赏广告的构成要满足以下三个条件：一是以公开的方式作出声明。公开的具体方式，可以通过广播电视、报纸期刊或者互联网等媒介发布，也可以在公众场所发传单、在公开的宣传栏张贴广告等。二是悬赏人在声明中提出明确的要求，即要完成特定行为。声明对于该要求，要有具体、明确的表达，不能含混不清。三是悬赏人具有支付报酬的意思表示，即对完成特定行为的人给付一定报酬。悬赏人应当对报酬的形式、给付方式等作出明确的表达；如果报酬是给付金钱，应当明确金钱的币种、数额等。对于满足以上条件的悬赏广告，完成该特定行为的人可以请求悬赏人支付报酬，悬赏人不得拒绝。

第五百条　【缔约过失责任】当事人在订立合同过程中有下列情形之一，造成对方损失的，应当承担赔偿责任：

（一）假借订立合同，恶意进行磋商；

（二）故意隐瞒与订立合同有关的重要事实或者提供虚假情况；

（三）有其他违背诚信原则的行为。

条文注解

缔约过失责任，是指当事人在订立合同过程中，因违背诚信原则而给对方造成损失的赔偿责任。在这个阶段，合同尚未成立，但一方对另一方在协商、谈判中实施的行为已经产生了合理信赖。如果当事人在这个阶段实施了违背诚信原则的行为，如隐瞒了重要事实和情况等，使对方的信赖利益受损，则缔约过失责任即成立。

根据本条规定，有下列情况之一，给对方当事人造成损失的，应当承担缔约过失责任:(1)假借订立合同,恶意进行磋商。这是指当事人根本没有与对方订立合同的目的,与对方进行谈判协商只是个借口,目的是损害对方或者第三人的利益。(2)故意隐瞒与订立合同有关的重要事实或者提供虚假情况。根据诚信原则的要求,当事人在订立合同过程中,对有关的重要事实和情况负有告知义务。当事人故意隐瞒重要事实和情况,造成对方损失的,应当承担缔约过失责任。(3)其他违背诚信原则的行为。如果当事人违反了诚信原则要求的互相协助、照顾、保护、通知等义务,实施了违背诚信原则的行为,并造成对方损失,就要承担缔约过失责任。

缔约过失责任的赔偿范围以受损害的当事人的信赖利益的损失为限,包括直接利益的减少,如谈判中发生的费用,还包括受损害的当事人因此失去与第三人订立合同机会的损失。具体的损失额根据案件实际情况进行计算,但不得超过合同履行利益即合同成立并得到履行后所获得的利益。

关联法规

《最高人民法院关于审理期货纠纷案件若干问题的规定》第16条

第五百零一条 【当事人保密义务】当事人在订立合同过程中知悉的商业秘密或者其他应当保密的信息,无论合同是否成立,不得泄露或者不正当地使用;泄露、不正当地使用该商业秘密或者信息,造成对方损失的,应当承担赔偿责任。

条文注解

按照我国《反不正当竞争法》第9条的规定,商业秘密是指不为公众所知悉、具有商业价值并经权利人采取相应保密措施的技术信息、经营信息等商业信息。商业秘密中的技术信息涉及有关技术数据、技术知识，表现为产品配方、工艺流程、设计图纸等，可以给权利人带来很大的经济利益。

此外，还有其他一些信息虽然不构成商业秘密，但也对当事人的经营活动具有重大意义，也属于应当保密的信息。根据诚信原则，当事人在订立合同过程中知悉这些信息的，无论合同是否成立，都不得泄露或者不正当地使用。

关联法规

《反不正当竞争法》第9、21条

第三章　合同的效力

第五百零二条　【合同生效时间】依法成立的合同，自成立时生效，但是法律另有规定或者当事人另有约定的除外。

依照法律、行政法规的规定，合同应当办理批准等手续的，依照其规定。未办理批准等手续影响合同生效的，不影响合同中履行报批等义务条款以及相关条款的效力。应当办理申请批准等手续的当事人未履行义务的，对方可以请求其承担违反该义务的责任。

依照法律、行政法规的规定，合同的变更、转让、解除等情形应当办理批准等手续的，适用前款规定。

条文注解

在未办理批准等手续影响合同生效的情形下，如果当事人未办理批准等手续，则该合同不生效。但此类合同中往往存在履行报批等义务条款及相关条款，这些条款对报批等义务的履行甚至违反报批义务的责任等作了专门约定。这类报批条款的履行是整个合同生效的前提和基础，合同生效后，才能进入合同的履行环节，当事人一方才能请求对方履行合同义务。但即使合同整体因未办理批准等手续不生效，也不影响合同中履行报批等义务条款以及相关条款的效力。也即合同中履行报批等义务条款以及相关条款的效力不受合同整体不生效的影响。

关联法规

《城市房地产管理法》第44条，《民用航空法》第14条，《海商法》第13条，《最高人民法院关于适用〈中华人民共和国民法典〉合同编通则若干问题的解释》第12、13条，《最高人民法院关于审理技术合同纠纷案件适用法律若干问题的解释》第8条，《最高人民法院关于审理外商投资企业纠纷案件若干问题的规定(一)》第1~3、13、15条，《最高人民法院关于审理涉及农村土地承包纠纷案件适用法律问题的解释》第14条，《最高人民法院关于审理商品房买卖合同纠纷案件适用法律若干问题的解释》第2、6、7条，《最高人民法院关于印发〈全国法院民商事审判工作会议纪要〉的通知》第37~40条，《最高人民法院关于审理与企业改制相关的民事纠纷案件若干问题的规定》第14、17条

第五百零三条 【被代理人对无权代理合同的追认】无权代理人以被代理人的名义订立合同，被代理人已经开始履行合同义务或者接受相对人履行的，视为对合同的追认。

条文注解

根据《民法典》总则编第171条的规定，行为人没有代理权、超越代理权或者代理权终止后，仍然实施代理行为，未经被代理人追认的，

对被代理人不发生效力。

关于被代理人以默示的方式追认无权代理行为。行为人无代理权却以被代理人的名义实施的民事法律行为，不符合被代理人的意愿，其法律效果不能直接及于被代理人，本应对被代理人不发生效力，但是考虑到行为人实施的民事法律行为并非都是对被代理人不利的，有些对被代理人可能是有利的；而且，既然代理行为已经完成，如果被代理人事后愿意承认，从鼓励交易、维护交易秩序稳定以及更好地保护各方当事人利益的角度出发，也没有必要一概否定其效力。

关联法规

《民法典》第171条，《最高人民法院关于适用〈中华人民共和国民法典〉合同编通则若干问题的解释》第21条

第五百零四条 【越权订立的合同效力】法人的法定代表人或者非法人组织的负责人超越权限订立的合同，除相对人知道或者应当知道其超越权限外，该代表行为有效，订立的合同对法人或者非法人组织发生效力。

条文注解

法人的法定代表人或者非法人组织的负责人超越权限订立合同的，一般情况下代表行为有效，所订立的合同对法人或者非法人组织发生效力。如果合同的相对人在订立合同时知道或者应当知道法人的法定代表人或者其他组织的负责人的行为是超越权限的，而仍与之订立合同，则合同相对人具有恶意，此时没有对合同的相对人加以保护的必要。本条立足于维护交易安全，应当保护的是善意相对人的利益。因此，本条在规定法定代表人、负责人超越权限订立的合同一般

对法人或者非法人组织发生效力的同时，排除了相对人知道或者应当知道其超越权限的情形。

关联法规

《最高人民法院关于适用〈中华人民共和国民法典〉合同编通则若干问题的解释》第20、22条，《最高人民法院关于适用〈中华人民共和国民法典〉有关担保制度的解释》第7～10条，《公司法》第15条，《最高人民法院关于印发〈全国法院民商事审判工作会议纪要〉的通知》第17～23条

第五百零五条 【超越经营范围订立的合同效力】当事人超越经营范围订立的合同的效力，应当依照本法第一编第六章第三节和本编的有关规定确定，不得仅以超越经营范围确认合同无效。

条文注解

本法总则编第六章第三节和本编对合同的效力问题作了全面、系统的规定。对当事人超越经营范围订立的合同效力的判断，应当依照这些规定确定，例如，要看是否有违反法律、行政法规的强制性规定的情形等，而不得仅以超越经营范围认定合同无效。

关联法规

《公司法》第9条

第五百零六条 【免责条款效力】合同中的下列免责条款无效：

(一)造成对方人身损害的；

(二)因故意或者重大过失造成对方财产损失的。

条文注解

合同中的免责条款，是指合同中的双方当事人在合同中约定的免除或者限制一方或者双方当事人责任的条款。

在现代合同的发展中免责条款大量出现，免责条款一般具有以下特征：一是免责条款具有约定性。免责条款是当事人双方协商同意的合同的组成部分。二是免责条款应当以明示的方式作出，以默示的方式作出的免责通常是无效的。三是合同中的免责条款具有免责性。免责条款的目的，就是排除或者限制当事人的民事责任。当然这种免责可以是部分免责（限制），也可以是全部免责（排除）。本条规定了以下两种免责条款无效：

一是造成对方人身伤害的免责条款。对于人身的健康和生命安全，法律是给予特殊保护的。如果允许免除一方当事人对另一方当事人人身伤害的责任，那么就无异于纵容当事人利用合同形式对另一方当事人的生命健康进行摧残，这与保护公民的人身权利的宪法原则是相违背的。在实践中，这种免责条款一般也都是与另一方当事人的真实意思相违背的。所以本条对于这类免责条款加以禁止。

二是因故意或者重大过失给对方造成财产损失的免责条款。之所以将免除因故意或者重大过失造成对方财产损失责任的条款确认无效，是因为这种条款严重违反了诚信原则。对于本项规定需要注意两点：(1)对于免除因一般过失而给对方当事人造成财产损失责任的条款，可以认定为有效。(2)必须是免除因故意或者重大过失给对方当事人造成财产损失责任的条款无效。

关联法规

《民用航空法》第130条，《保险法》第19条，《消费者权益保护法》第26条，《海商法》第126条

第五百零七条　【争议解决条款效力】合同不生效、无效、被撤销或者终止的，不影响合同中有关解决争议方法的条款的效力。

条文注解

本条是关于解决争议方法条款效力独立性的规定。合同不生效、无效、被撤销或者终止，虽不能产生当事人所预期的法律效果，但并不是不产生任何法律后果。本条所说的有关解决争议方法的条款包括以下四种形式：

第一，仲裁条款。仲裁条款是仲裁协议的一种表现形式，是当事人在合同中约定的用仲裁方式解决双方争议的条款。第二，选择受诉法院的条款。第三，选择检验、鉴定机构的条款。当事人可以在合同中约定，若对标的物质量或技术的品种发生争议，在提交仲裁或者诉讼前，应当将标的物送交双方认可的机构或科研单位检验或鉴定。第四，法律适用条款。依照我国《涉外民事关系法律适用法》第41条的规定，对于具有涉外因素的合同争议，当事人可以协议选择合同适用的法律。

关联法规

《仲裁法》第19条，《最高人民法院关于适用〈中华人民共和国仲裁法〉若干问题的解释》第10条，《最高人民法院关于王国林申请撤销中国国际经济贸易仲裁委员会华南分会(2012)中国贸仲深裁字第3号仲裁裁决一案的请示的复函》

第五百零八条　【合同效力援引规定】本编对合同的效力没有规定的，适用本法第一编第六章的有关规定。

条文注解

本法总则编第六章对民事法律行为的效力作了全面、系统的规定，包括民事法律行为的有效要件，无民事行为能力人和限制民事行为能力人实施的民事法律行为的效力，以虚假意思表示实施的民事法律行为的效力，基于重大误解实施的民事法律行为的效力，以欺诈手段实施的民事法律行为的效力，以胁迫手段实施的民事法律行为的效力，显失公平的民事法律行为的效力，撤销权除斥期间的规定，违反法律、行政法规的强制性规定及违背公序良俗的民事法律行为的效力，恶意串通的民事法律行为的效力，无效或者被撤销的民事法律行为自始无效，民事法律行为部分无效，民事法律行为无效、被撤销及确定不发生效力的后果，附条件和附期限民事法律行为的生效与失效规定等。合同属于双方或者多方民事法律行为，本编即合同编没有规定的，自然应当适用总则编第六章的有关规定。

关联法规

《最高人民法院关于适用〈中华人民共和国民法典〉合同编通则若干问题的解释》第14~19条

第四章　合同的履行

第五百零九条　【合同履行的原则】当事人应当按照约定全面履行自己的义务。

当事人应当遵循诚信原则，根据合同的性质、目的和交易习惯履行通知、协助、保密等义务。

当事人在履行合同过程中，应当避免浪费资源、污染环境和破坏生态。

条文注解

本条第1款是关于全面履行原则的规定。按照全面履行原则的要求，当事人应当履行的义务不限于合同的主要义务，对于当事人约定的其他义务，当事人也应当按照约定履行。例如，房产买卖合同中，出卖人不但要履行转移房产所有权于买受人这一合同主要义务，还要按照约定与买受人办理物业交割手续等。

本条第2款是关于诚信履行的原则。当事人除应当按照合同约定履行自己的义务外，也要履行合同未作约定但依照诚信原则应当履行的通知、协助、保密等义务。第一，通知义务。在合同履行过程中，依照诚信原则，当事人一方有必要在某些情况下向对方告知、报告有关信息。第二，协助义务。在合同履行过程中，依照诚信原则，当事人一方有必要在某些情况下为对方行使权利、履行义务提供必要的协助。第三，保密义务。依照诚信原则，当事人在合同履行中负有保密义务。一方当事人对在合同履行中知悉的商业秘密或者其他应当保密的信息，不得泄露或者不正当使用。

第五百一十条 【合同没有约定或者约定不明的补救措施】合同生效后，当事人就质量、价款或者报酬、履行地点等内容没有约定或者约定不明确的，可以协议补充；不能达成补充协议的，按照合同相关条款或者交易习惯确定。

条文注解

一般来说,合同的标的、数量是合同的必备条款,需由当事人明确约定。当事人对合同的标的、数量没有约定或者约定不明确的,合同内容无法确定,合同不成立。但当事人就质量、价款或者报酬、履行期限、履行地点和方式等没有约定或者约定不明,一般并不影响合同成立,可以就这些内容进行补充。这也体现了合同法尽可能鼓励交易、促成交易达成的立法目的。对本条规定,可以从以下两个方面予以理解:

一是当事人协议补充。按照民法自愿原则,当事人有权自主决定合同内容。

二是按照合同有关条款或者交易习惯确定。如果当事人就有关内容不能达成补充协议,则按照合同有关条款或者交易习惯确定。合同各条款都是当事人协商一致的结果,体现了当事人的真实意愿。合同条款与条款之间在表达上往往存在一定的关联,在合同欠缺有关内容或者对有关内容约定不明确时,可以结合相关条款探寻当事人真实的意图,进而补充所欠缺的内容或者将不明确的内容予以明确。交易习惯在一定范围内被普遍接受和采用,或者在特定当事人之间经常使用。在合同欠缺有关内容或者对有关内容约定不明确时,也可以用交易习惯来对合同内容进行补充。关于交易习惯的认定,《最高人民法院关于适用〈中华人民共和国民法典〉合同编通则若干问题的解释》第 2 条规定:“下列情形,不违反法律、行政法规的强制性规定且不违背公序良俗的,人民法院可以认定为民法典所称的‘交易习惯’:(一)当事人之间在交易活动中的惯常做法;(二)在交易行为当地或者某一领域、某一行业通常采用并为交易对方订立合同时所知道或者应当知道的做法。对于交易习惯,由提出主张的当事人一方承担举证责任。”

关联法规

《最高人民法院关于审理买卖合同纠纷案件适用法律问题的解释》第2条,《最高人民法院关于适用〈中华人民共和国民法典〉合同编通则若干问题的解释》第2条,《最高人民法院关于审理民事案件适用诉讼时效制度若干问题的规定》第4条

第五百一十一条 【合同约定不明确时的履行】当事人就有关合同内容约定不明确,依据前条规定仍不能确定的,适用下列规定:

(一)质量要求不明确的,按照强制性国家标准履行;没有强制性国家标准的,按照推荐性国家标准履行;没有推荐性国家标准的,按照行业标准履行;没有国家标准、行业标准的,按照通常标准或者符合合同目的的特定标准履行。

(二)价款或者报酬不明确的,按照订立合同时履行地的市场价格履行;依法应当执行政府定价或者政府指导价的,依照规定履行。

(三)履行地点不明确,给付货币的,在接受货币一方所在地履行;交付不动产的,在不动产所在地履行;其他标的,在履行义务一方所在地履行。

(四)履行期限不明确的,债务人可以随时履行,债权人也可以随时请求履行,但是应当给对方必要的准备时间。

(五)履行方式不明确的,按照有利于实现合同目的的方式履行。

(六)履行费用的负担不明确的,由履行义务一方负担;因债权人原因增加的履行费用,由债权人负担。

关联法规

《标准化法》第10~12条,《电子商务法》第51~53条,《最高人民法院关于为促进消费提供司法服务和保障的意见》第4条,《最高人民

法院关于适用〈中华人民共和国民事诉讼法〉的解释》第18~21条

第五百一十二条 【电子合同标的交付时间】通过互联网等信息网络订立的电子合同的标的为交付商品并采用快递物流方式交付的，收货人的签收时间为交付时间。电子合同的标的为提供服务的，生成的电子凭证或者实物凭证中载明的时间为提供服务时间；前述凭证没有载明时间或者载明时间与实际提供服务时间不一致的，以实际提供服务的时间为准。

电子合同的标的物为采用在线传输方式交付的，合同标的物进入对方当事人指定的特定系统且能够检索识别的时间为交付时间。

电子合同当事人对交付商品或者提供服务的方式、时间另有约定的，按照其约定。

条文注解

本条是关于电子合同交付商品或者提供服务的方式、时间的规定。

(1)电子合同标的为交付商品的情形。本条吸收了《电子商务法》的规定，明确电子合同标的为交付商品并采用快递物流方式交付的，收货人的签收时间为交付时间。(2)电子合同标的为提供服务的情形。电子合同的标的为提供服务的，原则上以生成的电子凭证或者实物凭证中载明的时间为提供服务时间。但是，实践中有的电子凭证或者实物凭证没有载明时间，也有的电子凭证或者实物凭证载明的时间与实际提供服务时间不一致，这些情况下，以实际提供服务的时间为准。(3)采用在线传输方式交付标的物的情形。电子合同的有些标的物，例如，一些数字产品，通常采用在线传输方式交付。从表述上看，本条关于交付时间的规定不但要求合同标的物“进入对方当事人指定的特定系统”，还要求“能够检索识别”，与总则编、《电子签名法》

的规定相比，增加了"能够检索识别"，目的在于使交付时间的判断标准更明确具体，更有利于保护相对方利益，避免纠纷。如果进入相对方指定的特定系统的电子合同标的物本身不能够检索识别，例如，已经感染病毒的标的物，则不能直接将标的物进入相对方指定的特定系统的时间作为交付时间，应当由负有交付义务的当事人承担不利的法律后果。

《民法典》总则编明确将自愿原则作为民法的基本原则。本条第1款和第2款规定是对电子合同当事人交付商品、提供服务的方式与时间的一般规则，当事人可以对交付商品或者提供服务的方式、时间另行约定。当事人作出另外约定的，依照其约定。

关联法规

《电子商务法》第51~57条

第五百一十三条 【政府定价、政府指导价】执行政府定价或者政府指导价的，在合同约定的交付期限内政府价格调整时，按照交付时的价格计价。逾期交付标的物的，遇价格上涨时，按照原价格执行；价格下降时，按照新价格执行。逾期提取标的物或者逾期付款的，遇价格上涨时，按照新价格执行；价格下降时，按照原价格执行。

条文注解

价格是决定价金的重要因素，我国实行宏观经济调控下主要由市场形成价格的机制，价格分为市场调节价和政府指导价、政府定价。市场调节价，是指由经营者自主制定，通过市场竞争形成的价格。政府指导价，是指由政府价格主管部门或者其他有关部门按照定价权限和范围规定基准价及其浮动幅度，指导经营者定价的价格。政府定价，是指由政府价格主管部门或者其他有关部门按照定价权限和范围制定的价格。合同交易中，价格通常按照市场调节价由当事人共同商定。国家对合同交易规定有政府指导价的，当事人应当在指导价的幅度内商定价格。国家对合同交易规定了政府定价的，当事人均应当遵守，一方违反价格管理规定的，另一方可以请求其退还多收的价金。

第五百一十四条 【金钱之债中对于履行币种约定不明时的处理】以支付金钱为内容的债，除法律另有规定或者当事人另有约定外，债权人可以请求债务人以实际履行地的法定货币履行。

条文注解

本条是关于以实际履行地的法定货币履行金钱债务的规定。

法定货币依靠国家规定成为一定地域内合法流通的货币。《中国人民银行法》第16条规定，中华人民共和国的法定货币是人民币。我国香港特别行政区和澳门特别行政区的法定货币分别为港元、澳门元。美国的法定货币为美元，英国的法定货币为英镑等。正是基于法定货币的特殊地位，本条规定，在合同交易中，对于以支付金钱为内容的债务，除法律另有规定或者当事人另有约定外，债权人可以请求债务人以实际履行地的法定货币履行。

第五百一十五条 【选择之债中选择权归属与移转】标的有多项而债务人只需履行其中一项的，债务人享有选择权；但是，法律另有规定、当事人另有约定或者另有交易习惯的除外。

享有选择权的当事人在约定期限内或者履行期限届满未作选择，经催告后在合理期限内仍未选择的，选择权转移至对方。

条文注解

本条第1款确立了选择权归属的一般原则,即除非法律有特别规定或者当事人另有约定,选择权原则上归属于债务人。本条规定了法律另有规定、当事人另有约定或者另有交易习惯三种例外。一是法律对选择权的归属主体另有规定的,应当按照该规定确定享有选择权的主体。二是民事活动应当遵循自愿原则,在当事人对选择权的归属主体作出特别约定的情况下,应当尊重当事人的选择,按照当事人的约定确定选择权的归属主体。三是交易习惯在某一地域、某一领域、某一行业等范围内被普遍接受和采用,或者在特定当事人之间经常使用的,适用交易习惯确定选择权的归属主体符合当事人的预期,有利于公平、合理地平衡当事人之间的利益。

本条第2款对选择权转移作了规定。依照第2款的规定,享有选择权的当事人在约定期限内或者履行期限届满未作选择的,相对方可以催告其在合理期限内作出选择。这就意味着,即使当事人对选择权的行使期限作了约定,在约定期限届满未作选择的,相对方都要先进行催告。只有当有选择权的当事人在催告后的合理期限内仍未选择的,选择权才转移至对方。

第五百一十六条 【选择权的行使方式】当事人行使选择权应当及时通知对方,通知到达对方时,标的确定。标的确定后不得变更,但是经对方同意的除外。

可选择的标的发生不能履行情形的,享有选择权的当事人不得选择不能履行的标的,但是该不能履行的情形是由对方造成的除外。

条文注解

选择之债的选择权属于形成权的一种。选择权一旦经当事人行使,将直接导致民事权利义务关系的变动,债的标的得以确定,债务人应当按照确定后的标的履行义务,债权人有权按照确定后的标的请求债务人履行义务。本条第1款规定,有选择权的当事人行使选择权应当采用通知的方式,通知到达对方时,标的即确定,不需要经过相对方同意。标的一旦确定,对双方当事人均产生拘束力。除非经过相对方同意,享有选择权的当事人不得再自行变更标的。

本条第2款从尽可能促成债务履行的角度出发,规定可选择的标的之中发生不能履行情形的,享有选择权的当事人不得选择不能履行的标的,即只能从剩余的标的中选择。同时为了公平、合理地平衡当事人双方之间的利益,如果该不能履行的情形是由相对方即无选择权的当事人造成的,则享有选择权的当事人既可以在剩余标的中选择,也可以选择该不能履行的标的进而主张相应的法律效果。

第五百一十七条　【按份之债】债权人为二人以上,标的可分,按照份额各自享有债权的,为按份债权;债务人为二人以上,标的可分,按照份额各自负担债务的,为按份债务。

按份债权人或者按份债务人的份额难以确定的,视为份额相同。

条文注解

本条是关于按份债权和按份债务定义的规定。

按份之债是相对于连带之债而言的,按份之债和连带之债都属于复数主体债权债务,即债权人或者债务人为二人以上。按份债权和连带债权是债权人为二人以上,按份债务和连带债务是债务人为二人以上。依照本条第1款的规定,按份债权和按份债务的标的都是可分的,标的不可分不能成立按份债权或者按份债务。当然标的可分的债权并不都是按份债权,标的可分的债务并不都是按份债务,标的可分的债权或者债务也可依照法律规定或者当事人约定成立连带债权或者连带债务。依照第1款的规定,按份债权的债权人为二人以上,按照份额各自享有债权,每个债权人只能就自己的份额向债务人主张债权,不得超过自己份额行使债权。按份债务的债务人为二人以上,按照份额各自负担债务,每个债务人只就自己应当承担的份额向债权人履行债务,对超过自己份额的债务有权拒绝。由此可以看出,第1款对按份债权和按份债务的定义所作的界定,同时包含了按份债权和按份债务的内外部效力,即各债权人之间对内按照份额分享权利,对外按照各自份额行使权利;各债务人之间对内按照份额分担债务,对外按照各自份额履行债务。

本条第2款还对份额难以确定的情形作了规定。按份债权人的份额或者按份债务人的份额,法律有规定或者当事人有约定的,依照法律规定或者当事人约定。法律没有规定,当事人也没有约定或者约定不明确,难以确定按份债权人或者按份债务人的份额的,视为份额相同,每个债权人平均分享债权,每个债务人平均分担债务。

第五百一十八条 【连带之债】债权人为二人以上,部分或者全部债权人均可以请求债务人履行债务的,为连带债权;债务人为二人以上,债权人可以请求部分或者全部债务人履行全部债务的,为连带债务。

连带债权或者连带债务,由法律规定或者当事人约定。

条文注解

本条是关于连带债权和连带债务定义的规定。连带之债是相对于按份之债而言的,与按份之债同属于复数主体债权债务。

本条第1款延续了《民法通则》的规定，对连带债权和连带债务的基本内涵作了界定。连带债权的债权人为二人以上，部分或者全部债权人均可以请求债务人履行债务。连带债务的债务人为二人以上，不管债务人之间的内部份额如何划分，债权人既可以请求全部债务人履行全部债务或者部分债务，也可以请求部分债务人履行全部债务或者部分债务。全部或者部分债务人履行一部分债务的，未履行的债务部分仍然是各债务人的连带债务，债权人有权请求全部债务人或者部分债务人履行。

本条第2款对连带之债的成立作了规定。连带债务的成立对债权人有利，但对各债务人影响重大，对其成立有必要作严格的限制。因此本条第2款规定，连带债务由法律规定或者当事人约定。既没有法律规定，也没有当事人约定的，不可成立连带债务。连带债权的各债权人共享同一债权，但可以由某一债权人单独行使该债权，这种情况也要有法律的明确规定或者当事人之间的特别约定。

关联法规

《合伙企业法》第30~40条

第五百一十九条　【连带债务人的份额确定及追偿权】连带债务人之间的份额难以确定的，视为份额相同。

实际承担债务超过自己份额的连带债务人，有权就超出部分在其他连带债务人未履行的份额范围内向其追偿，并相应地享有债权人的权利，但是不得损害债权人的利益。其他连带债务人对债权人的抗辩，可以向该债务人主张。

被追偿的连带债务人不能履行其应分担份额的，其他连带债务人应当在相应范围内按比例分担。

条文注解

本条第1款是关于连带债务人之间份额确定的规定。债权人有权要求任一连带债务人履行全部债务,这是就各连带债务人与债权人之间的关系而言的。至于在连带债务人内部关系中如何确定各自应当承担的债务份额,有法律规定或者当事人约定的,按照法律规定或者当事人约定;既没有法律规定也没有当事人约定,难以确定各连带债务人的债务份额的,依照本条第1款的规定,视为份额相同,即由各连带债务人平均分担债务。

本条第2款规定,连带债务人有权就超过部分在其他连带债务人未履行的份额范围内向其追偿,并相应地享有债权人的权利。连带债务人所享有的债权人的权利,比较典型的是债权所附的担保等从权利。连带债务人之一通过清偿债务使债权人对连带债务人的债权消灭的,由作出清偿的连带债务人在一定范围内取得原债权人的地位,取得原债权人所享有的担保权等权利。同时考虑到连带债务规则设立的目的主要是保护债权人,为了合理平衡债权人与享有追偿权的连带债务人之间的利益,本条还规定,实际承担债务的连带债务人享有债权人的权利,但是不得损害债权人的利益。

此外,为了合理平衡享有追偿权的连带债务人与其他连带债务人之间的利益,本条还规定,其他连带债务人对债权人的抗辩,可以向该债务人主张。

本条第3款基于公平考虑,规定被追偿的连带债务人不能履行其应分担份额的,其他连带债务人应当在相应范围内按比例分担。该规定中的“其他连带债务人”,是指除不能履行其应分担份额的连带债务人之外的所有连带债务人,包括实际承担债务后行使追偿权的连带债务人。

第五百二十条 【连带债务涉他效力】部分连带债务人履行、抵销债务或者提存标的物的，其他债务人对债权人的债务在相应范围内消灭；该债务人可以依据前条规定向其他债务人追偿。

部分连带债务人的债务被债权人免除的，在该连带债务人应当承担的份额范围内，其他债务人对债权人的债务消灭。

部分连带债务人的债务与债权人的债权同归于一人的，在扣除该债务人应当承担的份额后，债权人对其他债务人的债权继续存在。

债权人对部分连带债务人的给付受领迟延的，对其他连带债务人发生效力。

条文注解

本条是关于部分连带债务人与债权人之间发生的事项对其他连带债务人的效力的规定。

(一)关于履行、抵销债务或者提存

本条第1款是关于部分连带债务人履行、抵销债务或者提存标的物对其他连带债务人发生效力的规定。部分连带债务人向债权人履行债务、以债权人对自己所负债务与连带债务人对债权人所负债务相抵销，或者提存标的物，均可使债权人的债权全部或者部分得到满足，其他债务人对债权人的债务也就在相应范围内消灭。

(二)关于免除债务

本条第2款是关于部分连带债务人的债务被债权人免除对其他债务人发生效力的规定。如果债权人仅免除部分连带债务人的债务，对其他债务人产生什么效力，法律有必要予以明确规定。本条参考境外立法例，对债权人免除部分连带债务人债务的法律效果采用了限制绝对效力的做法。举例以说明：债权人对连带债务人甲、乙、丙享有

100万元债权,就连带债务人内部而言,甲承担20万元、乙承担30万元、丙承担50万元。现债权人表示免除甲的债务。此时,债权人仍可向乙、丙主张债权,但是要扣除甲承担的份额20万元,即乙、丙对债权人只承担80万元连带债务。

(三)关于混同

本条第3款参考境外立法例,在发生混同时,即部分连带债务人的债务与债权人的债权同归于一人的,对其他债务人产生什么效力的问题,采取了限制绝对效力的做法。根据本款规定,部分连带债务人的债务与债权人的债权同归于一人的,混同后的债权人(或者发生混同的连带债务人)仍然可以债权人的地位,向其他连带债务人请求承担连带债务,但是连带债务的数额要扣除发生混同的连带债务人应当承担的内部份额。

(四)关于债权人受领迟延

本条第4款参考境外立法例,规定债权人对部分连带债务人的给付受领迟延的,对其他连带债务人发生效力。例如,对于债权人受领迟延期间的利息,作出给付行为的连带债务人有权拒绝,其他连带债务人根据本款规定也有权拒绝。

第五百二十一条　【连带债权的内部关系及法律适用】连带债权人之间的份额难以确定的,视为份额相同。

实际受领债权的连带债权人,应当按比例向其他连带债权人返还。

连带债权参照适用本章连带债务的有关规定。

第五百二十二条　【向第三人履行的合同】当事人约定由债务人向第三人履行债务,债务人未向第三人履行债务或者履行债务不符合约定的,应当向债权人承担违约责任。

法律规定或者当事人约定第三人可以直接请求债务人向其履行债务，第三人未在合理期限内明确拒绝，债务人未向第三人履行债务或者履行债务不符合约定的，第三人可以请求债务人承担违约责任；债务人对债权人的抗辩，可以向第三人主张。

条文注解

为了适应复杂的交易实践需求，现代民法对涉他合同予以认可。涉他合同，又称涉及第三人的合同，包括利益第三人合同和由第三人履行的合同。本条规定的是利益第三人合同，合同编第523条规定的是由第三人履行的合同。

我们可以将本条第1款称为不真正的利益第三人合同，将第2款称为真正的利益第三人合同。二者的重要区别就是，真正的利益第三人合同的第三人取得对债务人的履行请求权，而不真正的利益第三人合同的第三人仅可以接受债务人的履行，不享有对债务人的履行请求权。

(1)不真正的利益第三人合同。本条第1款规定的不真正的利益第三人合同，由债务人向第三人履行债务，是债权人与债务人之间所作的约定，该约定不对第三人产生法律约束力。第三人不享有请求债务人履行的权利，履行请求权仍然属于作为合同当事人的债权人。债务人未向第三人履行债务或者履行债务不符合约定的，债务人应当向债权人承担违约责任，而不是向第三人承担违约责任。第三人没有享受到预期利益的，第三人可以依据其与债权人之间的约定等另作处理。

(2)真正的利益第三人合同。本条第2款对真正利益第三人合同中第三人取得履行请求权的条件及相关法律效果作了规定。①第三人取得履行请求权的条件。首先，第三人取得履行请求权要有法律规定或者当事人约定。依照本条规定,只有在法律规定或者当事人约定第三人可以直接请求债务人向其履行债务的,才构成真正的利益第三人合同,第三人才能取得履行请求权。其次,利益第三人合同是为第三人的利益而设置,按照民法的自愿原则,即使是为他人赋予利益,他人也有权拒绝。因此,本条对利益第三人合同还规定了第三人的拒绝权,第三人在合理期限内可以拒绝,未在合理期限内明确拒绝的,第三人就取得了直接请求债务人履行的权利,可以直接请求债务人向其履行。②真正的利益第三人合同的法律效果。债务人未向第三人履行债务或者履行债务不符合约定的,第三人可以请求债务人承担继续履行、赔偿损失等违约责任。一般认为,第三人对债务人虽取得履行请求权,但由于其不是合同当事人,合同本身的权利,如解除权、撤销权等,第三人不得行使。③债务人的抗辩。债务人基于债务人地位对债权人所享有的抗辩,不应因向第三人履行而受到影响。因此,本条规定,债务人对债权人的抗辩,可以向第三人主张。

关联法规

《最高人民法院关于适用〈中华人民共和国民法典〉合同编通则若干问题的解释》第29条

第五百二十三条 【由第三人履行的合同】当事人约定由第三人向债权人履行债务,第三人不履行债务或者履行债务不符合约定的,债务人应当向债权人承担违约责任。

条文注解

本条是关于由第三人履行合同的规定。

由第三人履行的合同,又称第三人负担的合同,是指双方当事人约定债务由第三人履行的合同。本条根据实践需求，参考相关立法例，对由第三人履行的合同作了规定。根据本条规定，由第三人履行的合同，具有三个特点：

一是合同是在债权人与债务人之间订立，以债权人、债务人为合同双方当事人，第三人不是合同当事人。二是合同标的是第三人向债权人的履行行为。由第三人履行的合同，不是由债务人直接向债权人履行债务，而是由第三人向债权人履行债务。三是第三人不履行债务的违约责任由债务人承担，而不是由第三人承担。

由第三人履行的合同与保证合同具有一定的相似性，都是可基于他人不履行债务的行为而承担一定的责任。由第三人履行合同的债务人因第三人不履行债务的行为承担责任，保证合同的保证人可因主债务人不履行债务而承担责任。但二者存在本质的不同。保证合同是主债权债务的从合同，一般保证的保证人享有先诉抗辩权，在就债务人的财产依法强制执行仍不能履行债务前，有权拒绝承担保证责任；连带责任的保证人和债务人对债务承担连带责任。而由第三人履行的合同，是一种独立的合同，债务人对于第三人不向债权人履行债务的行为，独立向债权人承担违约责任；第三人不是债务人，其只实施履行行为，不对债权人承担违约责任。

此外，对于本条规定的由第三人履行的合同，还需要注意的是，由第三人履行的合同没有突破合同相对性，不解决债权人是否具有直接请求第三人履行的问题。债权人是否享有直接请求第三人履行的权利，属于真正的利益第三人合同的范畴，要看债务人与第三人之间是否订有以债权人为受益人的真正的利益第三人合同。例如，某一产品的经销商甲与买受人乙订立买卖合同，甲乙之间约定由该产品的生产商丙直接向买受人乙交付产品，甲乙之间的该约定属于由第三人（丙）履行的合同，乙不能依据由第三人履行的合同请求丙直接向其履行。但同时，经销商甲又与生产商丙订立了真正的利益第三人合同，约定买受人乙可以直接请求丙向其履行的，乙取得了直接请求丙向其履行的权利，丙不履行或者履行不符合约定的，乙可以依法要求丙承担违约责任。

关联法规

《旅游法》第71、111条，《最高人民法院关于审理旅游纠纷案件适用法律若干问题的规定》第4条

第五百二十四条 【第三人清偿规则】债务人不履行债务，第三人对履行该债务具有合法利益的，第三人有权向债权人代位履行；但是，根据债务性质、按照当事人约定或者依照法律规定只能由债务人履行的除外。

债权人接受第三人履行后，其对债务人的债权转让给第三人，但是债务人和第三人另有约定的除外。

条文注解

本条规定打破了债的相对性，赋予该第三人代位履行的权利。该第三人代位履行债务，不需要考虑是否违反债务人的意思，债权人也不得拒绝。何谓"对债务履行具有合法利益的第三人"，本条未作具体规定，需要根据实践情况的需要和发展进行判断并归纳总结。目前，《最高人民法院关于适用〈中华人民共和国民法典〉合同编通则若干问题的解释》第30条认为，下列民事主体属于对履行债务具有合法利益的第三人：(1)保证人或者提供物的担保的第三人；(2)担保财产的受让人、用益物权人、合法占有人；(3)担保财产上的后顺位担保权人；(4)对债务人的财产享有合法权益且该权益将因财产被强制执行而丧失的第三人；(5)债务人为法人或者非法人组织的，其出资人或者设立

人；(6)债务人为自然人的，其近亲属；(7)其他对履行债务具有合法利益的第三人。当然，具有合法利益的第三人并不是在所有情况下都享有代位履行的权利，本条对此作了除外规定，即根据债务性质、按照当事人约定或者依照法律规定只能由债务人履行的，则第三人即使具有合法利益，也不能代位履行。何谓“根据债务性质”，要根据具体情况进行判断。例如，对于育儿保姆提供的劳务，一般来说就属于根据债务性质只能由债务人履行的情况，第三人不得代位履行。

本条第2款对有合法利益的第三人代位履行的法律效果作了规定，将其作为一种法定的债权移转。有合法利益的第三人代位履行后，债权人的债权得以实现，债权人与债务人之间的债权债务关系终止。对于第三人与债务人之间的关系，根据本条规定，债权人接受第三人履行后，其对债务人的债权转让给第三人。

关联法规

《最高人民法院关于适用〈中华人民共和国民法典〉合同编通则若干问题的解释》第30条

第五百二十五条　【同时履行抗辩权】当事人互负债务，没有先后履行顺序的，应当同时履行。一方在对方履行之前有权拒绝其履行请求。一方在对方履行债务不符合约定时，有权拒绝其相应的履行请求。

条文注解

同时履行抗辩权，是指在没有先后履行顺序的双务合同中，一方当事人在对方当事人未为履行或者履行不符合约定的情况下，享有拒绝对待给付的权利。

根据本条规定，同时履行抗辩权的成立，要具备以下四个要件：一是须基于同一双务合同互负债务，在履行上存在关联性。二是当事人的债务没有先后履行顺序。三是须双方所负的债务均已届履行期。四是对方当事人未履行自己所负的债务或者履行债务不符合约定仍然提出履行请求。履行债务不符合约定的情况，包括部分履行、瑕疵履行等。

同时履行抗辩权属延期的抗辩权，只是暂时阻止对方当事人请求权的行使，非永久的抗辩权。对方当事人完全履行了合同义务，同时履行抗辩权消灭，当事人应当履行自己的义务。当事人行使同时履行抗辩权致使合同迟延履行的，该当事人不承担违约责任。

关联法规

《最高人民法院关于适用〈中华人民共和国民法典〉合同编通则若干问题的解释》第31条，《最高人民法院关于审理海上货运代理纠纷案件若干问题的规定》第7条

第五百二十六条　【先履行抗辩权】当事人互负债务，有先后履行顺序，应当先履行债务一方未履行的，后履行一方有权拒绝其履行请求。先履行一方履行债务不符合约定的，后履行一方有权拒绝其相应的履行请求。

条文注解

本条是关于后履行抗辩权的规定。后履行抗辩权的成立，需具备以下要件：一是需基于同一双务合同。双方当事人因同一合同互负债务，在履行上存在关联性。后履行抗辩权不适用于单务合同。二是当事人的债务有先后履行顺序。当事人互负债务，并且能够确定先后履

行顺序。这种履行顺序的确立，或依法律规定，或按当事人约定，或按交易习惯。三是应当先履行的当事人不履行债务或者履行债务不符合约定。四是后履行一方当事人的债务已届履行期。如果后履行一方当事人的债务尚未到期，在对方当事人请求履行时，后履行一方当事人可以主张债务履行期尚未届至的抗辩，无须适用后履行抗辩权制度。

后履行抗辩权属延期的抗辩权，只是暂时阻止对方当事人请求权的行使，非永久的抗辩权。对方当事人履行了合同义务，后履行抗辩权消灭，当事人应当履行自己的义务。后履行一方当事人行使后履行抗辩权致使合同迟延履行的，该当事人不承担违约责任，迟延履行的责任由对方承担。后履行一方当事人行使后履行抗辩权，不影响追究应当先履行一方当事人的违约责任。

关联法规

《最高人民法院关于适用〈中华人民共和国民法典〉合同编通则若干问题的解释》第31条，《最高人民法院关于审理买卖合同纠纷案件适用法律问题的解释》第31条

第五百二十七条　【不安抗辩权】应当先履行债务的当事人，有确切证据证明对方有下列情形之一的，可以中止履行：

（一）经营状况严重恶化；

（二）转移财产、抽逃资金，以逃避债务；

（三）丧失商业信誉；

（四）有丧失或者可能丧失履行债务能力的其他情形。

当事人没有确切证据中止履行的，应当承担违约责任。

条文注解

依照本条规定，不安抗辩权的成立，要具备以下要件：(1)当事人需基于同一双务合同互负债务。(2)当事人互负的债务有先后履行顺序。这也是不安抗辩权和后履行抗辩权共同的成立要件，只是不安抗辩权由应当先履行债务的一方当事人享有，后履行抗辩权由后履行债务的一方当事人享有。当事人互负的债务没有先后履行顺序的，属于同时履行抗辩权的成立要件。(3)后履行的当事人发生了丧失或者可能丧失债务履行能力的情形。这些情形包括经营状况严重恶化，转移财产、抽逃资金以逃避债务，丧失商业信誉和其他丧失或者可能丧失履行债务能力的情形。

尤其需要注意的是，对于后履行的当事人发生了丧失或者可能丧失债务履行能力的情形，应当先履行债务的当事人必须要有确切的证据证明。如果有确切的证据证明，则属于正当行使不安抗辩权，可以中止履行顺序在先的债务；如果没有确切的证据证明而中止履行的，则属于违约行为，应当先履行债务的当事人要承担违约责任。

第五百二十八条　【行使不安抗辩权】当事人依据前条规定中止履行的，应当及时通知对方。对方提供适当担保的，应当恢复履行。中止履行后，对方在合理期限内未恢复履行能力且未提供适当担保的，视为以自己的行为表明不履行主要债务，中止履行的一方可以解除合同并可以请求对方承担违约责任。

条文注解

不安抗辩权的行使，对对方当事人影响重大，应当让对方及时知晓，以便作出相应安排。从诚信原则出发，法律有必要规定应先履行债务一方的通知义务。依照本条规定，应先履行的一方当事人行使不安抗辩权，中止履行后，应当及时通知对方当事人。当事人行使不安抗辩权中止履行后，往往会给对方当事人一个“补救”的机会，即要求对方当事人在一定期限内提供担保。对方未提供担保的，应当先履行债务一方可以解除合同；对方提供担保的，应当先履行债务一方恢复履行。

第五百二十九条 【因债权人原因致债务履行困难时的处理】债权人分立、合并或者变更住所没有通知债务人，致使履行债务发生困难的，债务人可以中止履行或者将标的物提存。

条文注解

法人分立包括存续分立和新设分立。存续分立，是指法人分出一部分财产设立新法人，原法人不因分出财产而终止。新设分立，是指一个法人分成几个法人，原法人终止。法人合并包括新设合并和吸收合并。新设合并，是指几个法人合为一个新法人，原法人终止。吸收合并，是指一个法人将其财产移交给另一个法人，移交出财产的法人终止。

债权人分立、合并或者变更住所应当及时通知债务人，以便债务人履行债务。如果没有通知债务人，致使债务人履行债务发生困难的，此时债务人可以中止履行或者将标的物提存。这种情形下债务人中止履行或者将标的物提存，不能算作债务人违约。当然，如果债权人分立、合并或者变更住所没有通知债务人，但并不会使债务履行发生困难的，此时债务人不得以此为由中止履行或者将标的物提存，否则属于债务人违约。

第五百三十条 【债务人提前履行债务】债权人可以拒绝债务人提前履行债务，但是提前履行不损害债权人利益的除外。

债务人提前履行债务给债权人增加的费用，由债务人负担。

第五百三十一条 【债务人部分履行债务】债权人可以拒绝债务人部分履行债务，但是部分履行不损害债权人利益的除外。

债务人部分履行债务给债权人增加的费用，由债务人负担。

条文注解

本条是关于部分履行债务的规定。

本条规定的部分履行债务不同于分期履行。分期履行是合同约定的，由债务人分期给付，每期的给付虽然也属于债务整体的一部分，但不属于本条所规定的部分履行。本条所规定的部分履行是指债务的履行期限届满时，债务人只履行其中一部分债务，既可以是就整个债务部分履行，也可以是就分期履行中的某一期部分履行。

合同编将全面履行作为合同履行的原则。合同编第509条规定，当事人应当按照约定全面履行自己的义务。当事人全面履行自己的义务就包括按照约定履行全部债务。债务人履行部分债务，属于违反合同约定的行为，原则上属于违约行为，债权人当然可以拒绝并请求债务人承担违约责任。债权人也可以接受债务人部分履行的请求，并保留请求债务人承担违约责任的权利。当然，债权人也可以无保留地接受债务人部分履行的请求，此时债务人的部分履行不再被当作违约对待。

如果债务人部分履行不损害债权人的利益，基于诚信原则，债权人应当接受债务人部分履行债务，不得拒绝。债权人接受债务人部分履行，可能会额外增加一些费用，这些费用由债务人负担。

第五百三十二条 【当事人变化对合同履行的影响】合同生效后,当事人不得因姓名、名称的变更或者法定代表人、负责人、承办人的变动而不履行合同义务。

第五百三十三条 【情势变更】合同成立后,合同的基础条件发生了当事人在订立合同时无法预见的、不属于商业风险的重大变化,继续履行合同对于当事人一方明显不公平的,受不利影响的当事人可以与对方重新协商;在合理期限内协商不成的,当事人可以请求人民法院或者仲裁机构变更或者解除合同。

人民法院或者仲裁机构应当结合案件的实际情况,根据公平原则变更或者解除合同。

条文注解

情势变更制度,是指合同依法成立后,客观情况发生了无法预见的重大变化,致使原来订立合同的基础丧失或者动摇,如继续履行合同则对一方当事人明显不公平,因此允许变更或者解除合同以维持当事人之间的公平。依照本条规定,情势变更制度的适用需要满足以下基本条件:

一是合同成立后,合同的基础条件发生了重大变化。第一,这种重大变化是一种客观情况,要达到足以动摇合同基础的程度。第二,这种重大变化应发生在合同成立后至履行完毕前的期间内。第三,这种重大变化应当是当事人在订立合同时无法预见的。第四,这种重大变化不能属于商业风险。对于合同履行过程中的商业风险,按照独立决定、独立负责的原则,遭受不利的当事人应当自行承担不利后果。

二是继续履行合同对于当事人一方明显不公平。情势变更制度是为了实现合同正义,对当事人意思自治所作的调整,但这种调整必须限制在非常必要的情形内。只有在继续履行合同对于一方当事人明显不公平时，才可能适用情势变更制度，对当事人之间的权利义务关系进行干预和调整。

满足以上情势变更制度适用条件的，可以产生以下法律效果：一是受不利影响的当事人有权请求与对方重新协商。二是双方当事人在协商过程中，就合同的变更或者解除达不成一致意见，协商不成的，当事人可以请求法院或者仲裁机构作最终裁断。

关联法规

《最高人民法院关于适用〈中华人民共和国民法典〉合同编通则若干问题的解释》第32条

第五百三十四条　【合同监管】对当事人利用合同实施危害国家利益、社会公共利益行为的，市场监督管理和其他有关行政主管部门依照法律、行政法规的规定负责监督处理。

关联法规

《合同违法行为监督处理办法》第1~16条

第五章　合同的保全

第五百三十五条　【债权人代位权】因债务人怠于行使其债权或者与该债权有关的从权利，影响债权人的到期债权实现的，债权人可以向人民法院请求以自己的名义代位行使债务人对相对人的权利，但是该权利专属于债务人自身的除外。

代位权的行使范围以债权人的到期债权为限。债权人行使代位权的必要费用，由债务人负担。

相对人对债务人的抗辩，可以向债权人主张。

条文注解

代位权是指债务人怠于行使权利，债权人为保全债权，以自己的名义代位行使债务人对相对人的权利。《民法典》合同编对代位权制度基本上延续了《合同法》的规定，同时根据实践发展作了一定修改。最主要的修改之处有两点：依照本条规定，债权人行使代位权应当符合以下条件：

一是需债务人享有对外的债权。这是代位权存在的基础。倘若债务人没有对外的债权，就无所谓代位权。

二是需债务人怠于行使其债权或者与该债权有关的从权利。代位权的客体，即债务人怠于行使的权利，不能是专属于债务人自身的权利。《最高人民法院关于适用〈中华人民共和国民法典〉合同编通则若干问题的解释》第34条规定，专属于债务人自身的权利：(1)抚养费、赡养费或者扶养费请求权；(2)人身损害赔偿请求权；(3)劳动报酬请求权，但是超过债务人及其所扶养家属的生活必需费用的部分除外；(4)请求支付基本养老保险金、失业保险金、最低生活保障金等保障当事人基本生活的权利；(5)其他专属于债务人自身的权利。

三是需债务人怠于行使自己的权利，已影响债权人的到期债权实现。债务人怠于行使权利若不影响债权人的到期债权实现，则不发生代位权。例如，虽然债务人怠于行使某一债权，但债务人的其他资产充足，足以清偿对债权人所负的债务，在这种情况下，债权人不得代位行使债务人的债权。

四是需债务已陷于迟延履行。债务人的债务履行期限未届满的，债权人不能行使代位权。债务履行期限已届满，债务陷于迟延履行，债权人方可行使代位权。

债权人行使代位权会支出一定的费用,本条第2款规定,债权人行使代位权的必要费用,由债务人负担。

关联法规

《最高人民法院关于适用〈中华人民共和国民法典〉合同编通则若干问题的解释》第33~41条,《税收征收管理法》第50条,《最高人民法院关于审理建设工程施工合同纠纷案件适用法律问题的解释(一)》第44条

第五百三十六条 【债权人代位权的提前行使】债权人的债权到期前,债务人的债权或者与该债权有关的从权利存在诉讼时效期间即将届满或者未及时申报破产债权等情形,影响债权人的债权实现的,债权人可以代位向债务人的相对人请求其向债务人履行、向破产管理人申报或者作出其他必要的行为。

条文注解

为了保护债权人的利益,即使债权人的债权未到期,也应当允许债权人代位行使债务人的权利,作出中断诉讼时效、申报债权等必要的行为,该行为在理论上称为"保存行为"。本条对保存行为作了规定。本条列举规定了保存行为的两种典型类型:一是债权人可以代位债务人作出中断诉讼时效的行为。针对的是债权人的债权到期前,债务人的债权或者与债权有关的从权利存在诉讼时效期间即将届满的情况。二是债权人可以代位向破产管理人申报破产债权。针对的是债务人的相对人破产,债务人不积极申报破产债权,影响债权人的债权将来实现的,债权人可以代位向债务人的相对人的破产管理人申报

破产债权。

保存行为不限于以上两种类型，本条在“未及时申报破产债权”后还有一个“等”字，并规定了“作出其他必要的行为”，以适应实践发展需求。

关联法规

《企业破产法》第45、46条

第五百三十七条　【债权人代位权行使效果】人民法院认定代位权成立的，由债务人的相对人向债权人履行义务，债权人接受履行后，债权人与债务人、债务人与相对人之间相应的权利义务终止。债务人对相对人的债权或者与该债权有关的从权利被采取保全、执行措施，或者债务人破产的，依照相关法律的规定处理。

第五百三十八条　【无偿处分时的债权人撤销权行使】债务人以放弃其债权、放弃债权担保、无偿转让财产等方式无偿处分财产权益，或者恶意延长其到期债权的履行期限，影响债权人的债权实现的，债权人可以请求人民法院撤销债务人的行为。

条文注解

本条是关于撤销债务人无偿行为的规定。

撤销权亦称废罢诉权，是指债务人有积极减少责任财产，影响债权实现的行为，债权人享有撤销该行为的权利。债权人撤销权与代位权都具有保全债务人责任财产的功能，但又有所差异。债权人行使代位权是防止债务人消极行使权利而听任责任财产不当减少，债权人行使撤销权是通过撤销债务人积极减少责任财产的不当行为来达到债权保全的目的。本章将债务人积极减少责任财产的不当行为区分为两种类型,分别对债权人撤销权的成立要件予以规定。本条规定的是撤销权的第一种类型,主要是针对债务人无偿处分财产的行为。第二种类型,主要是针对债务人有偿处分财产的行为,本法第539条对此予以规定。

关联法规

《税收征收管理法》第50条,《最高人民法院关于适用〈中华人民共和国企业破产法〉若干问题的规定(二)》第13条,《最高人民法院关于审理与企业改制相关的民事纠纷案件若干问题的规定》第29条

第五百三十九条 【不合理价格交易时的债权人撤销权行使】债务人以明显不合理的低价转让财产、以明显不合理的高价受让他人财产或者为他人的债务提供担保,影响债权人的债权实现,债务人的相对人知道或者应当知道该情形的,债权人可以请求人民法院撤销债务人的行为。

条文注解

本条是关于撤销债务人有偿行为的规定。

若债务人的行为是有偿行为,债务人的相对人取得利益也付出了代价,与债务人的行为是无偿行为相比,在设计撤销权成立要件时,需要更重视对交易安全因素的考量,需要更加严格适用。根据本条规定,债务人的行为是有偿行为情形下撤销权的成立要件包括:

一是要有以明显不合理的低价转让财产、以明显不合理的高价受让他人财产或者为他人的债务提供担保的行为。《最高人民法院关于适用〈中华人民共和国民法典〉合同编通则若干问题的解释》第42条规定,“明显不合理”的低价或者高价,人民法院应当按照交易当地一般经营者的判断,并参考交易时交易地的市场交易价或者物价部门指

导价予以认定。转让价格未达到交易时交易地的市场交易价或者指导价70%的，一般可以认定为“明显不合理的低价”；受让价格高于交易时交易地的市场交易价或者指导价30%的，一般可以认定为“明显不合理的高价”。债务人与相对人存在亲属关系、关联关系的，不受前述规定的70%、30%的限制。

二是债务人的行为影响债权人的债权实现。债务人以明显不合理的低价转让财产、以明显不合理的高价受让他人财产或者为他人的债务提供担保的行为，要在客观上影响债权人债权的实现，方能撤销。

三是债务人的相对人主观上存在恶意。这一要件是与债务人的行为是无偿行为时行使撤销权所不同之处。

债务人的相对人在主观上存在恶意，是指债务人的相对人知道或者应当知道债务人的行为影响债权人的债权实现，该要件的举证责任由行使撤销权的债权人承担。如果债务人的相对人在主观上并不存在恶意，对债务人的有偿行为或者债务人提供担保的行为影响债权人的债权实现的情况并不知情，那么债权人也不得撤销债务人的行为。

关联法规

《最高人民法院关于适用〈中华人民共和国民法典〉合同编通则若干问题的解释》第42、43条

第五百四十条　【债权人撤销权行使范围以及必要费用承担】撤销权的行使范围以债权人的债权为限。债权人行使撤销权的必要费用，由债务人负担。

条文注解

《最高人民法院关于适用〈中华人民共和国民法典〉合同编通则若干

问题的解释》第45条规定,在债权人撤销权诉讼中,被撤销行为的标的可分,当事人主张在受影响的债权范围内撤销债务人的行为的,人民法院应予支持;被撤销行为的标的不可分,债权人主张将债务人的行为全部撤销的,人民法院应予支持。债权人行使撤销权所支付的合理的律师代理费、差旅费等费用,可以认定为《民法典》第五百四十条规定的“必要费用”。

关联法规

《最高人民法院关于适用〈中华人民共和国民法典〉合同编通则若干问题的解释》第44、45条

第五百四十一条 【债权人撤销权除斥期间】撤销权自债权人知道或者应当知道撤销事由之日起一年内行使。自债务人的行为发生之日起五年内没有行使撤销权的,该撤销权消灭。

条文注解

本条是关于撤销权行使期间的规定。

就撤销权行使期间的性质,理论上有除斥期间和诉讼时效两种学说,本条规定采用除斥期间的观点。除斥期间是法律为形成权设定的行使期间。所谓形成权,是指因单方民事行为即能引起民事法律关系产生、变更、终止的权利。除斥期间届满,形成权消灭。

第五百四十二条 【债权人撤销权行使效果】债务人影响债权人的债权实现的行为被撤销的,自始没有法律约束力。

关联法规

《最高人民法院关于适用〈中华人民共和国民法典〉合同编通则若干问题的解释》第46条

第六章　合同的变更和转让

第五百四十三条　【协议变更合同】当事人协商一致，可以变更合同。

条文注解

合同的变更，是指合同成立后，当事人对合同的内容进行修改或者补充。本条规定的合同变更，不包括合同当事人或者合同主体的改变，债权人和债务人的改变，是通过本章债权转让、债务转移等制度调整的。

此外，法律、行政法规规定合同的变更等情形需要办理批准等手续的，应当依照其规定。这在本法第502条第3款明确予以规定。同时，根据《民法典》第502条第2款的规定，如果未办理批准等手续影响当事人之间的改变原合同内容的合同生效的，不影响当事人履行报批等义务条款和相关条款的效力。应当办理申请批准等手续的当事人未履行该义务的，对方可以请求其承担违反该义务的责任。同时，当事人之间的合同变更，未经第三人同意，不得对该第三人产生不利影响，否则对第三人不发生效力。

合同的变更不仅可以通过当事人协商一致的民事法律行为实现，还可以通过人民法院的判决或者仲裁机构的仲裁裁决实现。应当注意的是，合同变更与合同更新不同。合同更新，又称合同更改，是消灭旧的权利义务，设定新的权利义务。其与合同变更的区别在于，合同变更没有使合同丧失同一性,合同更新则使合同丧失了同一性。故在合同变更中,合同债权所附着的担保、抗辩等利益和瑕疵继续存在,而合同更新中,这些利益和瑕疵归于消灭。

关联法规

《民法典》第502条,《保险法》第20条

第五百四十四条 【变更不明确推定为未变更】当事人对合同变更的内容约定不明确的,推定为未变更。

条文注解

本条是关于合同变更的内容约定不明确的规定。合同变更的过程,就是当事人协商一致的过程。因此,本法中关于要约、承诺的规定也适用于合同变更的情况。当事人在变更合同的过程中,可能出现对需要变更的内容达不成完全一致意见的情况。

合同变更会改变当事人之间的权利义务,直接关系当事人的利益,为了减少在合同变更时可能发生的纠纷,本条规定,当事人对合同变更的内容约定不明确的,推定为未变更。即使当事人对变更形成合意,但是,在对变更的内容约定不明确的情况下,推定为未变更,除非当事人可以举证推翻该推定。此时,当事人只需按照原有合同的约定履行即可,任何一方不得要求对方履行变更中约定不明确的内容。如果当事人在约定合同变更时,对部分条款的变更的约定是明确的,但另一部分条款的变更约定是不明确的,若这两类条款在内容上可以分开,则约定明确的部分有效,而约定不明确的部分推定为未变更;但如果这两类条款在内容上是不可分割的,则应当认为,整个合同条款的变更约定不明确,应当推定为未变更。

第五百四十五条 【债权转让】债权人可以将债权的全部或者部分转让给第三人，但是有下列情形之一的除外：

（一）根据债权性质不得转让；

（二）按照当事人约定不得转让；

（三）依照法律规定不得转让。

当事人约定非金钱债权不得转让的，不得对抗善意第三人。当事人约定金钱债权不得转让的，不得对抗第三人。

条文注解

债权转让，是指不改变债权的内容，由债权人通过合同将债权转让给第三人。从鼓励交易、促进市场经济发展的目的看，法律应当允许债权人的转让行为，承认债权的经济价值，使债权具有流通性，实现担保融资、托收、贴现、保理、资产证券化等多种交易模式的构建可能。因此，债权原则上具有可转让性，债权人可以转让其债权，无论该债权是现有的还是将有的债权，只要债权可以被特定化。此时，债权人作为让与人，与第三人作为受让人之间，必须经过协商一致达成债权转让合同，转让合同作为民事法律行为应当适用民事法律行为的一般性规定。同时依据本法第502条，如果按照法律、行政法规规定，债权转让应当办理批准等手续的，依照其规定；如未办理批准等手续影响债权转让合同生效的，不影响合同中履行报批等义务条款以及相关条款的效力；应当办理申请批准等手续的当事人未履行义务的，对方可以请求其承担违反该义务的责任。债权人既可以将债权全部转让，也可以将债权部分转让。债权全部转让的，第三人作为受让人取代原债权人即让与人的地位，成为新的债权人；债权部分转让的，第三人作为受让人，除受让人和让与人另有约定外，受让人与让与人按份享有债权。

关联法规

《保险法》第34条,《最高人民法院关于判决生效后当事人将判决确认的债权转让债权受让人对该判决不服提出再审申请人民法院是否受理问题的批复》

第五百四十六条 【债权转让通知】债权人转让债权,未通知债务人的,该转让对债务人不发生效力。

债权转让的通知不得撤销,但是经受让人同意的除外。

关联法规

《最高人民法院关于适用〈中华人民共和国民法典〉合同编通则若干问题的解释》第48~50条

第五百四十七条 【债权转让时从权利一并变动】债权人转让债权的,受让人取得与债权有关的从权利,但是该从权利专属于债权人自身的除外。

受让人取得从权利不因该从权利未办理转移登记手续或者未转移占有而受到影响。

条文注解

本条是关于受让人取得转让债权的从权利的规定。

从权利是指附随于主权利的权利。抵押权、质权、保证等担保权利以及附属于主债权的利息等孳息请求权,都属于主权利的从权利。由于从权利是从主权利派生出来的,从权利从属于主权利,这也包括转让上的从属性。

根据本条第1款规定，债权人转让主权利时应当将从权利一并转让，受让人在取得主权利的同时，也取得与债权有关的从权利。本法第407条也规定，债权转让的，担保该债权的抵押权一并转让，但是法律另有规定或者当事人另有约定的除外；根据第696条第1款可推知，债权人将全部或者部分债权转让给第三人，通知保证人后，保证人对受让人承担相应的保证责任。同时，主债权被分割或者部分转让的，各债权人可以就其享有的债权份额行使担保权。

考虑到有的从权利的设置是针对债权人自身的，与债权人有不可分离的关系，本条第1款在确立从权利随主权利转让原则的同时，规定专属于债权人自身的从权利不随主权利的转让而转让。在法律另有规定或者当事人另有约定时，受让人可能也会在取得主债权的同时未取得从权利。

第五百四十八条　【债权转让时债务人抗辩权】债务人接到债权转让通知后，债务人对让与人的抗辩，可以向受让人主张。

条文注解

本条是关于债权转让中债务人抗辩的规定。

债权人转让债权，不需要经债务人同意，因此债务人的利益不应因债权人转让权利的行为而遭受损害，受让人所享有的权利也不应优于让与人曾经享有的权利，而是享有和让与人同样的权利；同时，受让人较之债务人也更有能力控制由此所产生的风险。

关联法规

《最高人民法院关于适用〈中华人民共和国民法典〉合同编通则若干问题的解释》第47条

第五百四十九条 【债权转让时债务人抵销权】有下列情形之一的,债务人可以向受让人主张抵销:

(一)债务人接到债权转让通知时,债务人对让与人享有债权,且债务人的债权先于转让的债权到期或者同时到期;

(二)债务人的债权与转让的债权是基于同一合同产生。

条文注解

债务人对受让人主张抵销权的条件包括:(1)债务人必须对让与人享有债权,且标的物种类、品质相同。(2)债务人对让与人享有债权的法律原因必须在债务人接到债权转让通知时已经存在。(3)债务人对让与人的债权先于转让的债权到期或者同时到期。(4)债务人对让与人的债权与转让债权是基于同一合同产生的。由于这两个债权是基于同一合同产生的,因此具有密切的联系,受让人就应当认识到债务人对让与人可能基于该合同享有债权,因此受让人能够在订立债权转让合同时对这种抵销可能性进行预先的安排。

关联法规

《合伙企业法》第41条

第五百五十条 【债权转让增加的履行费用的负担】因债权转让增加的履行费用,由让与人负担。

第五百五十一条 【债务转移】债务人将债务的全部或者部分转移给第三人的,应当经债权人同意。

债务人或者第三人可以催告债权人在合理期限内予以同意，债权人未作表示的，视为不同意。

条文注解

债务转移，是指不改变债务的内容，债务人将债务全部或者部分地转移给第三人。正如债权人可以全部或者部分转让债权一样，债务人也可以依照法律规定将债务全部或者部分转移给第三人。债务转移分为两种情况：一种情况是债务的全部转移，在这种情况下，新的债务人完全取代了原债务人，新的债务人负责全面地履行债务；另一种情况是债务的部分转移，即原债务人和新债务人负有按份债务。

关联法规

《招标投标法》第48条

第五百五十二条 【并存的债务承担】第三人与债务人约定加入债务并通知债权人，或者第三人向债权人表示愿意加入债务，债权人未在合理期限内明确拒绝的，债权人可以请求第三人在其愿意承担的债务范围内和债务人承担连带债务。

条文注解

本条是关于债务加入的规定。

债务加入，即第三人加入到债务中，作为新债务人和原债务人一起向债权人负有连带债务。债务加入与债务转移之间的区别在于，债务转移中，原则上原债务人不再作为债务人，而由第三人作为债务人，因此债务转移又被称为免责的债务转移；但债务加入中，第三人和原债务人一起对债权人负有连带债务,因此债务加入也被称为并存的债务转移。

同样应当区分的是债务加入和连带保证。两者均增加了担保债权实现的责任财产,但不同之处在于:第一,保证债务是债务人不履行债务时,保证人承担保证责任的从属性债务,而债务加入中第三人作为连带债务人,没有主从关系;第二,连带保证具有保证期间和诉讼时效的限制,而债务加入后产生的连带债务仅具有诉讼时效的限制;第三,连带保证人承担保证责任后,可以向债务人追偿,而债务加入人作为连带债务人履行债务后,是否对债务人有追偿权,取决于其与债务人之间的约定。

关联法规

《最高人民法院关于适用〈中华人民共和国民法典〉合同编通则若干问题的解释》第51条,《最高人民法院关于适用〈中华人民共和国民法典〉有关担保制度的解释》第12、36条

第五百五十三条 【债务转移时新债务人抗辩权】债务人转移债务的,新债务人可以主张原债务人对债权人的抗辩;原债务人对债权人享有债权的,新债务人不得向债权人主张抵销。

关联法规

《最高人民法院关于适用〈中华人民共和国民法典〉合同编通则若干问题的解释》第47条

第五百五十四条 【债务转移时从债务一并转移】债务人转移债务的,新债务人应当承担与主债务有关的从债务,但是该从债务专属于原债务人自身的除外。

条文注解

本条是关于债务转移中新债务人承担从债务的规定。

债务人转移主债务的，与主债务有关的从债务随着主债务的转移而转移，新债务人应当承担与主债务有关的从债务。所谓从债务，是指附随于主债务的债务。从债务与主债务密切联系在一起，不能与主债务相互分离而单独存在。所以当主债务发生移转后，从债务也要发生转移，新债务人应当承担与主债务有关的从债务。如附随于主债务的未发生的利息债务等，因主债务转移将转移给新的债务人，新债务人应当向债权人承担这些从债务。新债务人在承担债务时能够对该债务的状况进行调查或者审核，因此新债务人承担这些从债务也是公平的。但是，有的从债务是专属于债务人本身的，这些从债务不随主债务的转移而转移。例如，债务人应向债权人提供服务，以抵充利息的，因为该义务具有专属性，如果主债务已经转移给新债务人，则新债务人并不当然负有向债权人提供服务以抵充利息的义务。

第五百五十五条　【合同权利义务一并转让】当事人一方经对方同意，可以将自己在合同中的权利和义务一并转让给第三人。

条文注解

本条是关于合同权利义务一并转让的规定。

合同权利义务的一并转让，又被称为概括转让或者合同地位转让，是指合同关系的一方当事人将其合同权利义务一并转移给第三人，由第三人全部地承受这些权利义务。合同权利义务的一并转让不同于债权转让、债务转移的是，它是一方当事人对其当事人地位的转让，其转让的内容实际上包括但不限于债权转让和债务转移，并非债权转让和债务转移的简单组合，而是第三人成为新的当事人，与当事人地位联系在一起的撤销权、解除权等权利,也均转移给第三人。合同权利义务的一并转让主要发生于双务合同,只有双务合同中的当事人一方才可以转让此种权利和义务。在单务合同中,由于一方当事人可能仅享有权利或仅承担义务,因此不能出让全部的权利义务,故单务合同一般不发生合同权利义务的一并转让。比如,赠与合同的被赠与人只享有权利而不承担义务,这些合同的当事人一般不可能出现将合同权利义务一并转让的情况。

第五百五十六条 【合同权利义务一并转让的法律适用】合同的权利和义务一并转让的,适用债权转让、债务转移的有关规定。

条文注解

本条是关于合同权利和义务一并转让应当适用有关条款的规定。

合同权利和义务一并转让时,应当遵守本法有关债权转让和债务转移的其他规定。具体而言,在涉及债权转让的范围内,适用以下规定:(1)不得转让的债权的规定(第545条)。(2)债权受让人取得与债权有关的从权利的规定(第547条)。(3)债务人对让与人的抗辩可以继续向受让人主张的规定(第548条)。(4)债务人对受让人主张抵销的规定(第549条)。(5)债权转让增加的履行费用的负担的规定(第550条)。(6)债权转让批准的规定(第502条第3款)。

在涉及债务转移的范围内,适用以下规定:(1)新债务人的抗辩和抵销的规定(第553条)。(2)新债务人承担与主债务有关的从债务的规定(第554条)。(3)债务转移批准的规定(第502条第3款)。

关联法规

《最高人民法院关于审理旅游纠纷案件适用法律若干问题的规

定》第 11 条

第七章　合同的权利义务终止

第五百五十七条　【债权债务终止情形】有下列情形之一的，债权债务终止：

（一）债务已经履行；

（二）债务相互抵销；

（三）债务人依法将标的物提存；

（四）债权人免除债务；

（五）债权债务同归于一人；

（六）法律规定或者当事人约定终止的其他情形。

合同解除的，该合同的权利义务关系终止。

条文注解

本条是关于债权债务终止情形的规定。按照本条第 1 款规定，有下列情形之一的，债权债务终止：

（1）债务已经履行，是指债务人按照债的标的、质量、数量、价款或者报酬、履行期限、履行地点和方式正确地、适当地全面履行了债务。

（2）债务相互抵销，是指当事人互负债务、互享债权，以自己的到期债权充抵对方的债权，使自己的债务与对方的债务在等额内消灭。

（3）债务人依法将标的物提存。提存，是指由于法律规定的原因，债务人无法向债权人交付合同标的物时，债务人将该标的物交给提存部门而消灭债务的制度。

（4）债权人免除债务。债权人免除债务，是指债权人放弃自己的债权。债权人可以免除债务的部分，也可以免除债务的全部。

(5)债权债务同归于一人。债权和债务同归于一人,是指由于某种事实的发生,使原本由一方当事人享有的债权,而由另一方当事人负担的债务,统归于一方当事人,使该当事人既是债权人,又是债务人。

(6)法律规定或者当事人约定终止的其他情形。除了前述债权债务终止的情形,出现了法律规定的终止的其他情形的,合同的权利义务也可以终止。比如,根据本法第934条规定,委托人死亡、终止或者受托人死亡、丧失民事能力、终止,构成了委托合同的特殊终止事由。

本条第2款规定了合同解除导致该合同的权利义务关系终止。合同的解除,是指合同成立对当事人具有法律约束力后,当具备法律规定的或者当事人约定的合同解除事由时,或者当事人协商一致时,因当事人一方或双方的意思表示而使整体的合同关系终止。

关联法规

《证券投资基金法》第81条

第五百五十八条 【债权债务终止后的义务】债权债务终止后,当事人应当遵循诚信等原则,根据交易习惯履行通知、协助、保密、旧物回收等义务。

条文注解

本条是关于后合同义务的规定。后合同义务,是指合同的权利义务终止后,当事人依照法律的规定,遵循诚信等原则,根据交易习惯履行的各项义务。

遵循诚信等原则,根据交易习惯,债权债务终止后的义务通常有以下几个方面:(1)通知的义务。合同权利义务终止后,一方当事人应当将有关情况及时通知另一方当事人。(2)协助的义务。合同的权利义务终止后，当事人应当协助对方处理与原合同有关的事务。(3)保密的义务。保密指保守国家秘密、商业秘密和合同约定不得泄露的事项。(4)旧物回收的义务。

第五百五十九条　【债权的从权利消灭】债权债务终止时，债权的从权利同时消灭，但是法律另有规定或者当事人另有约定的除外。

关联法规

《大气污染防治法》第60条，《海商法》第252条

第五百六十条　【债的清偿抵充顺序】债务人对同一债权人负担的数项债务种类相同，债务人的给付不足以清偿全部债务的，除当事人另有约定外，由债务人在清偿时指定其履行的债务。

债务人未作指定的，应当优先履行已经到期的债务；数项债务均到期的，优先履行对债权人缺乏担保或者担保最少的债务；均无担保或者担保相等的，优先履行债务人负担较重的债务；负担相同的，按照债务到期的先后顺序履行；到期时间相同的，按照债务比例履行。

条文注解

本条是关于数项债务的清偿抵充顺序的规定。

清偿抵充，是指债务人对同一债权人负担的数项债务种类相同，债务人的给付不足以清偿全部债务时，确定该给付抵充这些债务中某项或者某几项债务；或者债务人在履行主债务外还应当支付利息和实现债权的有关费用，其给付不足以清偿全部债务的，确定该给付抵充该项债务中的某个或者某几个部分。

在当事人对抵充顺序没有约定时,则由债务人指定其履行的债务,但债务人的指定应在清偿时作出,其生效适用本法第137条的一般规则。债务人在清偿时未指定,清偿后不可指定,否则在有争议的时候,债务人可以立即指定,之后的法定抵充顺序就没有任何意义了。

在当事人对抵充顺序没有约定且债务人在清偿时未指定的,则直接依据法定的顺序。在本条第1款已经承认了债务人指定权的情况下,法定的抵充顺序应更多地考量债权人的利益,采取债权人利益优先、兼顾债务人利益的原则确定顺序。依据本条第2款规定,依次依据下列方式确定抵充顺序:

(1)已到期债务。如果到期的债务和未到期的债务并存,应当先抵充已到期的债务,毕竟债务未到期,则债务人不负有履行义务。

(2)缺乏担保或者担保最少的债务。该规定旨在保护债权人的利益,使债权人未清偿的债务尽量存在担保。

(3)债务人负担较重的债务。该规定旨在保护债务人的利益,优先清偿负担较重的债务,使债务人因清偿而获益最多。

(4)先到期的债务。

关联法规

《最高人民法院关于适用〈中华人民共和国民法典〉合同编通则若干问题的解释》第56条第1款

第五百六十一条　【费用、利息和主债务的抵充顺序】债务人在履行主债务外还应当支付利息和实现债权的有关费用,其给付不足以清偿全部债务的,除当事人另有约定外,应当按照下列顺序履行:

(一)实现债权的有关费用;

(二)利息;

(三)主债务。

条文注解

本条是关于费用、利息和主债务的清偿抵充顺序的规定。

本条的适用，首先要求债务人在履行主债务外还应当支付利息和实现债权的有关费用。其次要求债务人的给付不足以清偿主债务、利息和实现费用。此时确定清偿抵充顺序的基本原则是：有约定按约定，无约定按法定。

在当事人对抵充顺序没有约定时，各个立法例与本条的规定基本一致，采取有利于债权人的立场，依次按照下列顺序抵充：

(1)实现债权的有关费用。包括保管费用、诉讼费用、执行费用等。(2)利息。利息是债权人预期应有的收益，是资金占有的成本，应当先于主债务或者本金而抵充。(3)主债务。

应当注意的是，本条规定更为着重于债权人利益的保护，与前条规定不同，本条排除了债务人指定的权利，否则与本条的债权人利益保护立场相违背。因此，债务人不能指定先抵充主债务，再抵充利息，以避免给债权人带来损害。

关联法规

《最高人民法院关于适用〈中华人民共和国民法典〉合同编通则若干问题的解释》第56条第2款

第五百六十二条　【合同约定解除】当事人协商一致，可以解除合同。

当事人可以约定一方解除合同的事由。解除合同的事由发生时，解除权人可以解除合同。

条文注解

协商解除，是指合同产生法律约束力后，当事人以解除合同为目的，经协商一致，订立一个解除原来合同的协议。

约定解除权，是指当事人约定，合同履行过程中出现某种情况，当事人一方或者双方有解除合同的权利。解除权的约定也是一种合同，行使约定的解除权应当以该合同为基础，因此对解除权的约定也应当遵循民事法律行为和合同的一般规定。当事人行使约定解除权，应当通知对方，合同解除的时间根据本法第565条的规定处理，除非当事人另有约定。合同解除的效果首先根据当事人的约定予以确定，当事人没有约定或约定不明时，适用本法对于合同解除效果的规定。

关联法规

《最高人民法院关于适用〈中华人民共和国民法典〉合同编通则若干问题的解释》第52条，《劳动法》第24条，《最高人民法院关于印发〈全国法院民商事审判工作会议纪要〉的通知》第47条

第五百六十三条 【合同法定解除】有下列情形之一的，当事人可以解除合同：

（一）因不可抗力致使不能实现合同目的；

（二）在履行期限届满前，当事人一方明确表示或者以自己的行为表明不履行主要债务；

（三）当事人一方迟延履行主要债务，经催告后在合理期限内仍未履行；

（四）当事人一方迟延履行债务或者有其他违约行为致使不能实现合同目的；

（五）法律规定的其他情形。

以持续履行的债务为内容的不定期合同，当事人可以随时解除合同，但是应当在合理期限之前通知对方。

条文注解

法律规定解除的事由，也是对任意解除合同的限制，以鼓励交易，避免资源浪费，合理保护双方当事人的合法权益；同时，并不是说具备这些事由，当事人必须解除合同，是否行使解除的权利，应由当事人决定。合同解除的目的是使当事人摆脱合同权利义务的约束，并非为了制裁，因此法定解除权的发生，不以当事人的过错为要件。但是为了避免当事人任意解除合同，重点考虑的是合同目的是否能够实现，这是判断是否产生法定解除权的重心。如果合同目的仍然能够实现，则一般不产生法定解除权。

关联法规

《城市房地产管理法》第16、17条，《农村土地承包法》第42条，《消费者权益保护法》第24条，《最高人民法院关于审理买卖合同纠纷案件适用法律问题的解释》第11、19条，《最高人民法院关于审理技术合同纠纷案件适用法律若干问题的解释》第15条，《最高人民法院关于审理商品房买卖合同纠纷案件适用法律问题的解释》第9~11、15条，《最高人民法院关于审理外商投资企业纠纷案件若干问题的规定(一)》第5~8、16条，《旅游法》第63、66、67条，《保险法》第15、16、27、32、37、49~52、58条，《企业破产法》第18条，《最高人民法院关于适用〈中华人民共和国保险法〉若干问题的解释(二)》第7条，《最高人民法院关于审理期货纠纷案件若干问题的规定》第44条，《最高人民法院关于审理旅游纠纷案件适用法律若干问题的规定》第10条

第五百六十四条　【解除权行使期限】法律规定或者当事人约定解除权行使期限，期限届满当事人不行使的，该权利消灭。

法律没有规定或者当事人没有约定解除权行使期限，自解除权人知道或者应当知道解除事由之日起一年内不行使，或者经对方催告后在合理期限内不行使的，该权利消灭。

条文注解

本条是关于解除权行使期限的规定。

无论是约定解除权，还是法定解除权，解除权的行使，是法律赋予当事人的保护自己合法权益的手段，但该权利的行使不能毫无限制。行使解除权会引起合同关系的重大变化，如果享有解除权的当事人长期不行使解除的权利，就会使合同关系处于不确定状态，影响当事人权利的享有和义务的履行。因此，解除权作为形成权，应当在一定期限内行使，以促使法律关系尽早得以确定。该期限是解除权的行使期限、存续期间或者除斥期间。按照本条规定，行使解除权的期限分为以下三种情况：

一是按照法律规定或者当事人约定的解除权的行使期限行使。法律规定或者当事人约定解除权行使期限的，期限届满当事人不行使的，该权利消灭。

二是在对方当事人催告后的合理期限内行使。法律没有规定或者当事人没有约定解除权行使期限的，对方当事人为明确自己义务是否还需要履行，可以催告享有解除权的当事人行使解除权，享有解除权的当事人超过合理期限不行使解除权的，解除权消灭，合同关系仍然存在，当事人仍要按照合同约定履行义务。

三是自解除权人知道或者应当知道解除事由之日起1年内不行使。法律没有规定或者当事人没有约定解除权行使期限的，另一方当事人未催告的，或者另一方当事人在很长时间之后才进行催告的，如果解除权长期存在，就可能在很长时间之后仍然行使解除权，这不利于合同关系的尽快确定和稳定。

关联法规

《最高人民法院关于适用〈中华人民共和国民法典〉时间效力的若干规定》第25条，《最高人民法院关于审理商品房买卖合同纠纷案件适用法律问题的解释》第11条

第五百六十五条　【合同解除程序】当事人一方依法主张解除合同的，应当通知对方。合同自通知到达对方时解除；通知载明债务人在一定期限内不履行债务则合同自动解除，债务人在该期限内未履行债务的，合同自通知载明的期限届满时解除。对方对解除合同有异议的，任何一方当事人均可以请求人民法院或者仲裁机构确认解除行为的效力。

当事人一方未通知对方，直接以提起诉讼或者申请仲裁的方式依法主张解除合同，人民法院或者仲裁机构确认该主张的，合同自起诉状副本或者仲裁申请书副本送达对方时解除。

条文注解

本条是关于合同解除程序的规定。

当事人一方依照本法第562条第2款、第563条规定行使解除权而解除合同，应当遵守下列规定：

(1)必须享有解除权。本法第562条第2款和第563条对约定解除权和法定解除权作了规定，按照这两条规定，才享有解除权，而不必经对方当事人同意，只需向对方作出解除合同的意思表示，就可以解

除合同。(2)行使解除权应当通知对方当事人。当事人一方行使解除合同的权利,必然引起合同的权利义务的终止。但是,解除权产生之后,并不导致合同自动解除,为了防止一方当事人因不确定对方已行使合同解除权而仍为履行的行为,避免债权人的消极反应使债务人误解债权人会接受其履行,从而对己方给付作出必要的安排以避免遭受损害,解除权人必须行使解除权才能使合同解除。

解除权是一种形成权,其仅需要通知对方即可,而无须取得对方的同意。同时,自解除通知到达对方当事人时,合同解除。

关联法规

《最高人民法院关于适用〈中华人民共和国民法典〉时间效力的若干规定》第10条,《最高人民法院关于适用〈中华人民共和国民法典〉合同编通则若干问题的解释》第53、54条,《最高人民法院关于印发〈全国法院民商事审判工作会议纪要〉的通知》第46条

第五百六十六条 【合同解除的效力】合同解除后,尚未履行的,终止履行;已经履行的,根据履行情况和合同性质,当事人可以请求恢复原状或者采取其他补救措施,并有权请求赔偿损失。

合同因违约解除的,解除权人可以请求违约方承担违约责任,但是当事人另有约定的除外。

主合同解除后,担保人对债务人应当承担的民事责任仍应当承担担保责任,但是担保合同另有约定的除外。

条文注解

本条是关于合同解除后法律后果的规定。本条第1款从实际出发,遵循经济活动高效的原则,对合同解除的效力作了比较灵活的规

定。首先是针对尚未履行的部分，由于解除终止了合同权利义务关系，因此本条第1款规定，尚未履行的，终止履行。针对已经履行的部分，本条第1款规定，根据履行情况和合同性质，当事人可以要求恢复原状、采取其他补救措施，并有权要求赔偿损失。如果当事人互负恢复原状或者采取其他补救措施的义务，可以行使同时履行抗辩权。

所谓根据履行情况，是指根据履行部分对债权的影响。如果债权人的利益不是必须通过恢复原状才能得到保护，不一定采用恢复原状。当然如果债务人已经履行的部分，对债权人根本无意义，可以请求恢复原状。

所谓根据合同性质，是指根据合同标的的属性。根据合同的属性不可能或者不容易恢复原状的，不必恢复原状。这类情况主要包括：(1)以持续履行的债务为内容的合同。(2)涉及第三人利益或者交易秩序的合同。比如，合同标的物的所有权已经转让给他人，如果返还将损害第三人利益；解除委托合同，如果允许将已办理的委托事务恢复原状，就意味着委托人与第三人发生的法律关系失效，将使第三人的利益失去保障。

关联法规

《城市房地产管理法》第16条，《劳动法》第28条，《保险法》第47条，《旅游法》第65、68条，《最高人民法院关于审理商品房买卖合同纠纷案件适用法律问题的解释》第19～23条，《最高人民法院关于印发〈全国法院民商事审判工作会议纪要〉的通知》第49条，《最高人民法院关于适用〈中华人民共和国保险法〉若干问题的解释(三)》第16条，《最高人民法院关于审理外商投资企业纠纷案件若干问题的规定(一)》第6、7条，《最高人民法院关于审理旅游纠纷案件适用法律若干问题的规定》第12条

第五百六十七条 【合同终止后有关结算和清理条款效力】合同的权利义务关系终止,不影响合同中结算和清理条款的效力。

第五百六十八条 【债务法定抵销】当事人互负债务,该债务的标的物种类、品质相同的,任何一方可以将自己的债务与对方的到期债务抵销;但是,根据债务性质、按照当事人约定或者依照法律规定不得抵销的除外。

当事人主张抵销的,应当通知对方。通知自到达对方时生效。抵销不得附条件或者附期限。

条文注解

法定抵销,是指法律规定抵销的条件,具备条件时依当事人一方的意思表示即发生抵销的效力。抵销使债权人无须诉讼、判决或者强制执行,即可实现债权。

法定抵销应具备以下条件:(1)当事人双方互负有效的债务、互享有效的债权。(2)被抵销一方的债务已经到期。(3)债务的标的物种类、品质相同。

当事人互负债务,该债务的标的物种类、品质相同的,任何一方可以将自己的债务与对方的到期债务抵销,但下列情况除外:

根据债务性质不得抵销的情形主要有:(1)必须履行的债务不得抵销。如应当支付给下岗工人的生活保障金,不得用以抵销工人欠企业的债务。(2)具有特定人身性质或者依赖特定技能完成的债务,以及相互提供劳务的债务,不得相互抵销。(3)不作为债务不得相互抵销,此种债务不经过相互实际履行,就无法实现债权的目的。(4)故意侵权所产生的债务,作为债务人的侵权人不得主张抵销,避免债权人任意侵犯债务人的人身和财产权利,如果允许抵销,有违公序良俗,且会诱发故意的侵权行为。(5)约定应当向第三人履行的债务，债务人不得以自己对于对方当事人享有的债权而主张抵销。(6)相互出资的义务不得抵销，即使仅存在两个出资人。

关联法规

《最高人民法院关于适用〈中华人民共和国民法典〉合同编通则若干问题的解释》第55~58条，《最高人民法院关于人民法院办理执行异议和复议案件若干问题的规定》第19条，《最高人民法院关于适用〈中华人民共和国企业破产法〉若干问题的规定(二)》第41~46条，《最高人民法院关于印发〈全国法院民商事审判工作会议纪要〉的通知》第43条

第五百六十九条　【债务约定抵销】当事人互负债务，标的物种类、品质不相同的，经协商一致，也可以抵销。

条文注解

约定抵销，是指当事人双方协商一致，使自己的债务与对方的债务在对等额内消灭。法定抵销与约定抵销都是将双方的债务在对等额内消灭。但两者有所不同，主要表现在：(1)抵销的根据不同。法定抵销是基于法律规定，只要具备法定条件，任何一方可将自己的债务与对方的债务抵销，无须对方当事人的同意；约定抵销，双方必须协商一致，不能由单方决定抵销。(2)对抵销的债务的要求不同。法定抵销要求标的物的种类、品质相同；约定抵销标的物的种类、品质可以不同。例如，可以约定以煤炭抵销运输费，以二级大米抵销一级大米。(3)对抵销的债务的期限要求不同。法定抵销要求提出抵销的当事人一方所享有的债权也即对方的债务已经到期；约定抵销，双方互负的

债务即使没有到期,只要双方当事人协商一致,愿意在履行期到来前将互负的债务抵销,也可以抵销。(4)程序要求不同。法定抵销,当事人主张抵销的应当通知对方,通知未到达对方,抵销不生效;约定抵销,双方达成抵销协议时,除双方另有约定外,即发生抵销的法律效力,不必履行通知义务。

约定抵销使交易活动更加灵活,改变法定抵销的条件,可能对当事人也更为便利,也可能使抵销更为困难。

第五百七十条 【标的物提存的条件】有下列情形之一,难以履行债务的,债务人可以将标的物提存:

(一)债权人无正当理由拒绝受领;

(二)债权人下落不明;

(三)债权人死亡未确定继承人、遗产管理人,或者丧失民事行为能力未确定监护人;

(四)法律规定的其他情形。

标的物不适于提存或者提存费用过高的,债务人依法可以拍卖或者变卖标的物,提存所得的价款。

条文注解

提存,是指由于法律规定的原因导致债务人难以向债权人履行债务时,债务人将标的物交给提存部门而消灭债务的制度。除了此种以消灭债权债务为目的的清偿提存之外,还有以保管或者担保为目的的提存,后者在本法第390、406、432、433、442、445条有规定。本条至第574条的规定仅适用于清偿提存。根据本条规定,有下列情形之一,难以履行债务的,债务人可以将标的物提存:(1)债权人无正当理由拒绝受领。债权人无正当理由拒绝受领,是指在债务履行期届至后,债务的履行需要债权人受领时,债务人提出了履行债务的请求,债权人能够接受履行，却无正当理由地不予受领。(2)债权人下落不明。债权人下落不明，是指当事人离开自己的住所、不知去向，或因为债权人地址不详等原因无法查找。债权人下落不明，即使未被宣告失踪，债务人也无法履行，为消灭债权债务关系，债务人可以将标的物提存。(3)债权人死亡未确定继承人、遗产管理人或者丧失民事行为能力未确定监护人。债权人死亡或者丧失民事行为能力，并不必然导致债务人债务的消灭。当债权人死亡时，由于该债权人的继承人可以继承其债权，因此，债务人应当向债权人的继承人、遗产管理人履行债务。如果债权人死亡以后其继承人、遗产管理人未确定，造成债务人无法履行其债务的，债务人可以将标的物提存。如果债权人因为丧失民事行为能力导致其在法律上不能受领，应由其监护人代理。如果债权人的监护人未确定，造成债务人无法履行其债务的，债务人也可以将标的物提存。(4)法律规定的其他情形。除了上述三种由于债权人的原因导致难以履行债务的事由之外，还存在法律规定的其他事由。

提存的标的物主要是货币、有价证券、票据、提单、权利证书、贵重物品等适宜提存的标的物。标的物不适于提存或者提存费用过高的，债务人依法可以拍卖或者变卖标的物，提存所得的价款。所谓标的物不适于提存，是指标的物不适于长期保管或者长期保管将损害其价值的，如易腐、易烂、易燃、易爆等物品。所谓标的物提存费用过高，一般指提存费与所提存的标的的价额不成比例，如需要特殊设备或者人工照顾的动物。标的物不适于提存或者提存费用过高有悖设立提存制度的目的，但不提存，债务人又达不到使得债务消灭的目的，为此，可以依照我国《拍卖法》等有关法律规定，拍卖或者变卖标的物，提存所得的价款。

关联法规

《提存公证规则》第2~8条

第五百七十一条　【提存成立及提存对债务人效力】债务人将标的物或者将标的物依法拍卖、变卖所得价款交付提存部门时，提存成立。

提存成立的，视为债务人在其提存范围内已经交付标的物。

第五百七十二条　【提存通知】标的物提存后，债务人应当及时通知债权人或者债权人的继承人、遗产管理人、监护人、财产代管人。

关联法规

《提存公证规则》第 18 条

第五百七十三条　【提存对债权人效力】标的物提存后，毁损、灭失的风险由债权人承担。提存期间，标的物的孳息归债权人所有。提存费用由债权人负担。

关联法规

《提存公证规则》第 25、27 条

第五百七十四条　【提存物的受领及受领权消灭】债权人可以随时领取提存物。但是，债权人对债务人负有到期债务的，在债权人未履行债务或者提供担保之前，提存部门根据债务人的要求应当拒绝其领取提存物。

债权人领取提存物的权利，自提存之日起五年内不行使而消灭，提存物扣除提存费用后归国家所有。但是，债权人未履行对债务人的到期债务，或者债权人向提存部门书面表示放弃领取提存物权利的，债务人负担提存费用后有权取回提存物。

关联法规

《提存公证规则》第 19~21 条

第五百七十五条 【债务免除】债权人免除债务人部分或者全部债务的，债权债务部分或者全部终止，但是债务人在合理期限内拒绝的除外。

条文注解

免除，是指债权人抛弃债权，从而全部或者部分消灭债权债务。

免除也是意思表示，而且是有相对人的意思表示，因此应当适用意思表示的一般规定。免除发生债权消灭的后果，需要债权人具有处分权，且不得损害第三人的利益，否则对第三人不发生免除效力。

免除可以附条件或者附期限。

第五百七十六条 【债权债务混同】债权和债务同归于一人的，债权债务终止，但是损害第三人利益的除外。

条文注解

债权债务的混同，是指债权人和债务人同归于一人，致使债权债务终止。广义的混同，是指不能并立的两种法律关系同归于一人而使其权利义务归于消灭的现象。包括：(1)所有权与他物权同归于一人；(2)债权与债务同归于一人；(3)主债务与保证债务同归于一人。狭义的混同，也即债权债务的混同，仅指债权与债务同归于一人的情况。本条仅规定了债权债务的混同，混同是一种法律规定的事件，即因某些客观事实发生而产生的债权债务同归一人，不必由当事人为意思表示。

第八章 违约责任

第五百七十七条 【违约责任】当事人一方不履行合同义务或者履行合同义务不符合约定的，应当承担继续履行、采取补救措施或者赔偿损失等违约责任。

条文注解

违约责任的形式包括继续履行、采取补救措施或者赔偿损失等。具体而言，包括：(1)继续履行；(2)修理、重作、更换；(3)采取其他补救措施，包括退货、减少价款或者报酬等；(4)赔偿损失，包括法定的赔偿损失和违约金、定金等约定的赔偿损失。本章对此进行了详细的规定。本法第179条第2、3款规定："法律规定惩罚性赔偿的，依照其规定。本条规定的承担民事责任的方式，可以单独适用，也可以合并适用。"

关联法规

《旅游法》第70~72条，《最高人民法院关于审理食品药品纠纷案件适用法律若干问题的规定》第5条，《最高人民法院关于审理建设工程施工合同纠纷案件适用法律问题的解释(一)》第19条，《最高人民法院关于适用〈中华人民共和国公司法〉若干问题的规定(四)》第21条，《最高人民法院关于印发〈全国法院审理债券纠纷案件座谈会纪要〉的通知》第21条

第五百七十八条 【预期违约责任】当事人一方明确表示或者以自己的行为表明不履行合同义务的，对方可以在履行期限届满前请求其承担违约责任。

条文注解

按照违约行为发生的时间,可分为预期违约和届期违约。违约行为发生于合同履行期限届满之前的,为预期违约,又称为先期违约。在履行期限届满之前,当事人一方明确表示或者以自己的行为表明不履行合同债务,当然要求其不享有履行抗辩权等正当理由的,才构成预期违约。

预期违约包括明示预期违约和默示预期违约。所谓明示预期违约,是指合同履行期限届满之前,一方当事人明确肯定地向另一方当事人表示他将不履行合同义务。所谓默示预期违约,是指合同履行期限届满之前,一方当事人以自己的行为表明不履行合同债务。应当注意的是,本条规定的预期违约的违约责任,不同于本法第563条第1款第2项所规定的预期违约的解除。在预期违约的解除中,当事人一方明确表示或者以自己行为表明其不履行的是主要债务,一般只有主要债务的不履行才会致使不能实现合同目的,此时当事人才有法定解除权。但是,本条规定的预期违约包括当事人一方明确表示或者以自己行为表明其不履行合同义务,无论该合同义务是否是主要义务,即使是从给付义务或者附随义务等,对方都有权请求其承担违约责任。

关联法规

《最高人民法院关于执行和解若干问题的规定》第11、19条

第五百七十九条　【金钱债务实际履行责任】当事人一方未支付价款、报酬、租金、利息,或者不履行其他金钱债务的,对方可以请求其支付。

条文注解

所谓金钱债务,是指以债务人给付一定货币作为内容的债务,包括以支付价款、报酬、租金、利息,或者以履行其他金钱债务为内容的债务。当然,这里所说的报酬指的是金钱报酬,而不包括其他形式的报酬。本条在合同法规定的基础上进一步明确适用前提是金钱债务,以与下一条相对应。

当事人一方未按照合同约定履行金钱债务的,对方可以请求其履行。货币具有高度流通性和可替代性,一般不会出现法律上或者事实上不能履行,或者不适于强制履行、履行费用过高的情形,一般也不会出现因为不可抗力而完全不能继续履行的情形,因此违约方应当继续履行,对方可以请求其支付。本条要求金钱债务的继续履行,这有利于强化诚信观念,防止交易当事人以各种不正当理由拒绝继续履行金钱债务。

当事人一方迟延履行金钱债务的,除应当继续履行金钱债务外,还应当承担其他违约责任,如支付违约金、赔偿逾期利息等。

第五百八十条 【非金钱债务实际履行责任及违约责任】当事人一方不履行非金钱债务或者履行非金钱债务不符合约定的,对方可以请求履行,但是有下列情形之一的除外:

(一)法律上或者事实上不能履行;

(二)债务的标的不适于强制履行或者履行费用过高;

(三)债权人在合理期限内未请求履行。

有前款规定的除外情形之一,致使不能实现合同目的的,人民法院或者仲裁机构可以根据当事人的请求终止合同权利义务关系,但是不影响违约责任的承担。

条文注解

本条是关于非金钱债务继续履行的规定。所谓继续履行,也称为实际履行,就是按照合同的约定继续履行义务。

债权人请求继续履行,必须以非金钱债务能够继续履行为前提,如果非金钱债务不能继续履行,对方就不能请求继续履行,或者其提出继续履行的请求,债务人能够依据本条第1款提出抗辩。当然,即使债权人不能请求债务人继续履行,但其仍然有权依法请求债务人承担其他违约责任,尤其是赔偿损失。不能请求继续履行具体包括以下情形:

(1)法律上或者事实上不能履行。所谓法律上不能履行,是指基于法律规定而不能履行,或者履行将违反法律的强制性规定。

(2)债务的标的不适于强制履行或者履行费用过高。债务的标的不适于强制履行,是指依据债务的性质不适合强制履行,或者执行费用过高。履行费用过高,指履行仍然可能,但确会导致履行方负担过重,产生不合理的过大的负担或者过高的费用。

(3)债权人在合理期限内未请求履行。履行合同义务需要债务人进行特定的准备和努力,如果履行期限已过,并且债权人未在合理期限内请求债务人继续履行,债务人则可能会推定债权人不再坚持继续履行。

关联法规

《最高人民法院关于适用〈中华人民共和国民法典〉时间效力的若干规定》第11条,《最高人民法院关于适用〈中华人民共和国民法典〉合同编通则若干问题的解释》第59条,《最高人民法院关于印发〈全国法院民商事审判工作会议纪要〉的通知》第48条

第五百八十一条 【替代履行】当事人一方不履行债务或者履行债务不符合约定，根据债务的性质不得强制履行的，对方可以请求其负担由第三人替代履行的费用。

条文注解

本条适用的前提是，当事人一方不履行债务或者履行债务不符合约定，并且该债务根据债务的性质不得强制履行。此时，债权人可以请求债务人负担由第三人替代履行的费用。如果该债务是以作为为标的的债务，则债权人可以请求债务人负担由第三人替代履行的费用。比如，本法第713条第1款规定，承租人在租赁物需要维修时可以请求出租人在合理期限内维修。出租人未履行维修义务的，承租人可以自行维修，维修费用由出租人负担。如果该债务是以不作为为标的的债务，且表现为有形状态的持续，则债权人同样可以请求债务人负担由第三人替代履行的费用。例如，债务人负有不搭建建筑物的义务，债务人搭建后则负有拆除的义务，债务人不拆除的，则债权人可请求债务人负担由第三人拆除该建筑物的费用。

第五百八十二条 【瑕疵履行违约责任】履行不符合约定的，应当按照当事人的约定承担违约责任。对违约责任没有约定或者约定不明确，依据本法第五百一十条的规定仍不能确定的，受损害方根据标的的性质以及损失的大小，可以合理选择请求对方承担修理、重作、更换、退货、减少价款或者报酬等违约责任。

条文注解

债务人履行合同义务不符合约定的，主要是品质、数量等不符合约定，可以考虑一些补救措施，主要包括修理、重作、更换以及退货、减少价款或者报酬。这有利于尽量维持当事人之间的合同关系。

如果债务人和债权人事先对此有约定的，应当按照当事人的约定承担违约责任，该约定是民事法律行为，因此适用民事法律行为的一般规定。比如，双方约定的“三包”规定中，对不同瑕疵的后果进行了详细的约定，此时违约方就应当按照当事人之间的约定承担违约责任。

如果当事人对违约责任没有约定，或者虽有约定但约定不明确的，此时就应当依据本法第510条的规定予以确定，即合同生效后，当事人就质量、价款或者报酬、履行地点等内容没有约定或者约定不明确的，可以协议补充；不能达成补充协议的，按照合同相关条款或者交易习惯确定。

如果当事人对此既无约定，也无法依据本法第510条的规定予以确定的，则受损害方根据标的的性质以及损失的大小，可以合理选择请求对方承担修理、重作、更换、退货、减少价款或者报酬等违约责任。

关联法规

《最高人民法院关于审理买卖合同纠纷案件适用法律问题的解释》第15~17条，《最高人民法院关于审理商品房买卖合同纠纷案件适用法律问题的解释》第13、14条

第五百八十三条　【违约损害赔偿责任】当事人一方不履行合同义务或者履行合同义务不符合约定的，在履行义务或者采取补救措施后，对方还有其他损失的，应当赔偿损失。

第五百八十四条　【损害赔偿范围】当事人一方不履行合同义务或者履行合同义务不符合约定，造成对方损失的，损失赔偿额应

当相当于因违约所造成的损失,包括合同履行后可以获得的利益;但是,不得超过违约一方订立合同时预见到或者应当预见到的因违约可能造成的损失。

条文注解

违约赔偿损失,是指行为人违反合同约定造成对方损失时,行为人向受害人支付一定数额的金钱以弥补其损失,是运用较为广泛的一种责任方式。

承担违约赔偿损失责任的构成要件包括:一是有违约行为,即当事人一方不履行合同义务或者履行合同义务不符合约定。二是违约行为造成了对方的损失。如果违约行为未给对方造成损失,则不能用赔偿损失的方式追究违约人的民事责任。三是违约行为与对方损失之间有因果关系,对方的损失是违约行为所导致的。四是无免责事由。

按照完全赔偿原则,违约损失赔偿额应当相当于因违约所造成的损失,包括对实际损失和可得利益的赔偿。实际损失,即所受损害,是指因违约而导致现有利益的减少,是现实利益的损失,又被称为积极损失。可得利益是合同履行后债权人所能获得的纯利润。可得利益也可能与信赖利益中的丧失其他交易机会的损失存在重合。根据交易的性质、合同的目的等因素,可得利益损失主要分为生产利润损失、经营利润损失和转售利润损失等类型。

按照本条规定,违约赔偿的数额不得超过违反合同一方订立合同时预见到或者应当预见到的因违反合同可能造成的损失,这不仅适用于对可得利益的限制,也适用于对实际损失的限制。应当根据当事人订立合同的目的,综合考虑合同主体、合同内容、交易类型、交易习惯、磋商过程等因素,按照与违约方处于相同情况的民事主体在订立合同时所能预见到的损失类型予以确定。

关联法规

《最高人民法院关于适用〈中华人民共和国民法典〉合同编通则若干问题的解释》第60~63条,《最高人民法院关于审理买卖合同纠纷案件适用法律问题的解释》第22、23条,《最高人民法院关于审理旅游纠纷案件适用法律若干问题的规定》第21条,《食品安全法》第148条,《旅游法》第70条,《消费者权益保护法》第7、11、49、51、52、55条

第五百八十五条　【违约金】当事人可以约定一方违约时应当根据违约情况向对方支付一定数额的违约金,也可以约定因违约产生的损失赔偿额的计算方法。

约定的违约金低于造成的损失的,人民法院或者仲裁机构可以根据当事人的请求予以增加;约定的违约金过分高于造成的损失的,人民法院或者仲裁机构可以根据当事人的请求予以适当减少。

当事人就迟延履行约定违约金的,违约方支付违约金后,还应当履行债务。

条文注解

《最高人民法院关于适用〈中华人民共和国民法典〉合同编通则若干问题的解释》第65条规定,当事人主张约定的违约金过分高于违约造成的损失,请求予以适当减少的,人民法院应当以《民法典》第584条规定的损失为基础,兼顾合同主体、交易类型、合同的履行情况、当事人的过错程度、履约背景等因素,遵循公平原则和诚信原则进行衡量,并作出裁判。约定的违约金超过造成损失的30%的,人民法院

一般可以认定为过分高于造成的损失。恶意违约的当事人一方请求减少违约金的,人民法院一般不予支持。

关联法规

《最高人民法院关于适用〈中华人民共和国民法典〉合同编通则若干问题的解释》第64~66条,《最高人民法院关于审理买卖合同纠纷案件适用法律问题的解释》第18、20、21条,《最高人民法院关于审理商品房买卖合同纠纷案件适用法律问题的解释》第12条,《最高人民法院关于印发〈全国法院民商事审判工作会议纪要〉的通知》第50条,《最高人民法院关于审理民间借贷案件适用法律若干问题的规定》第29条

第五百八十六条　【定金担保】当事人可以约定一方向对方给付定金作为债权的担保。定金合同自实际交付定金时成立。

定金的数额由当事人约定;但是,不得超过主合同标的额的百分之二十,超过部分不产生定金的效力。实际交付的定金数额多于或者少于约定数额的,视为变更约定的定金数额。

条文注解

所谓定金,是指当事人约定的,为保证债权的实现,由一方在履行前预先向对方给付的一定数量的货币或者其他代替物。原《担保法》对定金作出了规定,考虑到《民法典》生效后,《担保法》被废止,因此《民法典》吸收了《担保法》有关定金的规定。

定金是担保的一种形式,由于定金是预先交付的,定金惩罚的数额在事先也是明确的,因此通过定金罚则的运用可以督促双方自觉履行义务,起到担保作用。(1)定金与预付款不同,定金具有担保作用,

不履行债务或者履行债务不符合约定，致使不能实现合同目的的，适用定金罚则；但预付款仅是在标的物正常交付或者服务正常提供的情况下预付的款项，如有不足，交付预付款的一方再补交剩余的价款即可，在交付标的物或者提供服务的一方违约时，如果交付预付款的一方解除合同，有权请求返还预付款。(2)定金与押金也不同，一般而言，押金的数额没有定金数额的限制，而且没有定金罚则的适用。押金类型非常多，无法统一确定，甚至有的押金需要清算，多退少补。履约保证金的类型也是多种多样。当事人交付留置金、担保金、保证金、订约金、押金或者订金等，但没有约定定金性质的，不能按照定金处理，但是，如果押金和保证金根据当事人的约定符合定金构成的，可以按照定金处理。

关联法规

《最高人民法院关于适用〈中华人民共和国民法典〉合同编通则若干问题的解释》第67条

第五百八十七条 【定金罚则】债务人履行债务的，定金应当抵作价款或者收回。给付定金的一方不履行债务或者履行债务不符合约定，致使不能实现合同目的的，无权请求返还定金；收受定金的一方不履行债务或者履行债务不符合约定，致使不能实现合同目的的，应当双倍返还定金。

条文注解

按照本条规定，债务人按照合同约定履行债务的，定金应当抵作价款或者收回。但如果债务人不履行债务或者履行债务不符合约定，致使不能实现合同目的的，违约定金最为重要的效力是定金罚则，即定金合同约定的条件成就时，进行双倍返还定金或者扣收。

适用定金罚则的前提条件首先是按照当事人的约定和法律的规定，当法律对定金有特别规定时，应当适用特别规定；当事人另有约定时，根据自愿原则，应尊重当事人的特别约定。在不存在法律另有规定或者当事人另有约定的情形中，适用定金罚则的前提条件是，当事人一方不履行债务或者履行债务不符合约定，并且该违约行为要达到致使合同目的不能实现，即根本违约的程度。同时，违约方必须要因违约行为承担违约责任的，才能适用定金罚则。如果违约方因不可抗力而免责，则也不能适用定金罚则。

适用定金罚则的效果是，给付定金的一方无权请求返还定金，收受定金的一方应当双倍返还定金。

关联法规

《最高人民法院关于适用〈中华人民共和国民法典〉合同编通则若干问题的解释》第67、68条，《最高人民法院关于审理商品房买卖合同纠纷案件适用法律问题的解释》第4条

第五百八十八条 【违约金与定金竞合时的责任】当事人既约定违约金，又约定定金的，一方违约时，对方可以选择适用违约金或者定金条款。

定金不足以弥补一方违约造成的损失的，对方可以请求赔偿超过定金数额的损失。

条文注解

本条第1款规定了违约金和定金之间的适用关系，合同当事人既约定了违约金，又约定了定金，在当事人不存在明确的特别约定的情

况下，如果一方违约，对方当事人可以选择适用违约金或者定金条款，即对方当事人享有选择权，可以选择适用违约金条款，也可以选择适用定金条款，但二者不能并用。当然，不能并用的前提是针对同一违约行为，如果违约金和定金是针对不同的违约行为，在这些违约行为都存在的前提下，仍然存在并用的可能性，但无论如何不应超过违约行为所造成的损失总额。

本条第2款规定了定金和法定赔偿损失之间的适用关系。与违约金不同，定金的数额不得超过主合同标的额的20%，但是，违约行为造成的损失可能会超过适用定金罚则之后的数额；并且，对于违约金，本法第585条第2款规定了司法酌增的规则，而对于定金并未明确规定类似规则。因此，本款规定，定金不足以弥补一方违约造成的损失的，对方可以请求赔偿超过定金数额的损失。据此，约定的定金不足以弥补一方违约造成的损失的，守约方既可以请求定金，也可以就超过定金数额的部分请求法定的赔偿损失，此时，定金和损失赔偿的数额总和不会高于因违约造成的损失。这既有助于对守约方利益的充分保护，又避免了守约方获得超过其损失的利益。

第五百八十九条　【拒绝受领和受领迟延】债务人按照约定履行债务，债权人无正当理由拒绝受领的，债务人可以请求债权人赔偿增加的费用。

在债权人受领迟延期间，债务人无须支付利息。

条文注解

债权人无正当理由拒绝受领，是指债务人按照约定履行了债务或者提出了履行债务的请求，债权人无理由地不予受领或者协助。

债权人无正当理由拒绝受领，构成的要件包括：(1)债务人按照约定现实履行了债务，或者提出了履行债务的请求，即债务人已经现实提出或者言辞提出。但是,如果债权人预先表示了拒绝受领的意思,或者给付也同时需要债权人的行为的,债务人可以准备给付的情事通知债权人,代替提出。这里同样也包括第三人依法有权代债务人履行债务,且债权人无权拒绝的情形。(2)债务内容的实现以债权人的受领给付或者其他协助为必要。如果是不需要受领给付或者其他协助的债务,例如,不作为债务,就不会产生拒绝受领的问题。(3)债权人拒绝受领,这里的拒绝受领是广义的,即不受领,包括了迟延受领或者明确或以自己的行为表明拒绝受领等情形。例如,应在债务人一方所在地履行的债务,债务人按照约定把受领给付的时间和地点通知债权人,债权人没有在债务人所在地出现以受领给付;甲乙约定由甲到乙家里为其提供辅导,甲按时到达,但乙却外出旅游不归。(4)债权人无正当理由。债权人拒绝的正当理由,例如,债务人交付的标的物存在严重质量问题、迟延交付或者有其他违约行为,致使不能实现合同目的。但是,如果债务人履行的瑕疵是非常轻微的,这不构成债权人拒绝受领的正当理由。

第五百九十条 【不可抗力】当事人一方因不可抗力不能履行合同的,根据不可抗力的影响,部分或者全部免除责任,但是法律另有规定的除外。因不可抗力不能履行合同的,应当及时通知对方,以减轻可能给对方造成的损失,并应当在合理期限内提供证明。

当事人迟延履行后发生不可抗力的,不免除其违约责任。

条文注解

不可抗力是独立于人的行为之外,不受当事人意志所支配的现象,是人力所不可抗拒的力量。不可抗力规则的适用存在以下要求:(1)发生了不可抗力的事件。本法第180条第2款规定,不可抗力是不能预见、不能避免且不能克服的客观情况。(2)债务人因不可抗力事件的发生不能履行合同。不可抗力事件的发生，对合同履行造成的影响是不同的，可能是对主体、履行期限的影响；可能是对合同标的物的影响，例如，租赁的房屋、场所无法经营；可能是对合同履行方式的影响；可能是全部不能履行或者部分不能履行；可能是一时不能履行或者永久不能履行。不可抗力事件的发生必须要导致债务人不能履行合同，不能履行合同义务并非狭义的履行不能情形，而是包括所有不能履行合同义务或者履行合同义务不符合约定的情形。在符合上述两个条件时，在所产生的法律后果上，要根据不可抗力的影响，部分或者全部免除债务人的责任。

本条第 2 款规定，当事人迟延履行后发生不可抗力的，不免除其违约责任。如果债务人没有迟延履行，则不可抗力的发生就不会导致债务的不能履行进而发生损害，因此债务人的迟延履行与债权人的损害之间具有因果关系，债务人应当就不可抗力负责。但是，如果债务人能够证明，即使其不迟延履行，仍不免发生债务的不能履行进而发生损害的，则债务人应当能够免责，此时债务人的迟延履行和债务的不能履行进而发生损害之间不存在因果关系。

第五百九十一条　【减损规则】当事人一方违约后，对方应当采取适当措施防止损失的扩大；没有采取适当措施致使损失扩大的，不得就扩大的损失请求赔偿。

当事人因防止损失扩大而支出的合理费用，由违约方负担。

关联法规

《最高人民法院关于适用〈中华人民共和国民法典〉合同编通则若干问题的解释》第 63 条第 3 款，《最高人民法院关于审理买卖合同纠纷案件适用法律问题的解释》第 22 条

第五百九十二条 【双方违约和与有过失】当事人都违反合同的，应当各自承担相应的责任。

当事人一方违约造成对方损失，对方对损失的发生有过错的，可以减少相应的损失赔偿额。

条文注解

本条第1款规定了双方违约。违约可以区分为单方违约和双方违约。仅当事人一方违约的，称为单方违约；双方当事人都违约的，称为双方违约。在双务合同中，有些合同义务是彼此独立的，不具有牵连性和对价性，因此，双方违反这些相互独立的合同义务是可能的，并且不成立双务合同的履行抗辩权。在双方各自违反了相互独立的合同义务时，实际上是两个独立的违约行为，因此各自都要向对方承担相应的违约责任。据此，本条第1款规定，当事人都违反合同的，应当各自承担相应的责任。

本条第2款规定了与有过错。与有过错，又称为过错相抵、混合过错，是指受损害一方对于损害结果的发生存在过错的，在计算损失赔偿额时应当予以相应减少。例如，甲从乙那里购买了一辆汽车，之后甲驾驶汽车运载超重货物，由于钢圈破碎导致翻车。交通事故处理部分认定汽车质量不合格是导致事故的主要原因，但甲超重行驶也是造成事故的原因之一。此时，根据本款，可以减少乙对甲的损失赔偿数额。

第五百九十三条 【第三人原因造成违约时违约责任承担】当事人一方因第三人的原因造成违约的，应当依法向对方承担违约责任。当事人一方和第三人之间的纠纷，依照法律规定或者按照约定处理。

第五百九十四条　【国际贸易合同诉讼时效和仲裁时效】因国际货物买卖合同和技术进出口合同争议提起诉讼或者申请仲裁的时效期间为四年。

第二分编　典 型 合 同

第九章　买 卖 合 同

第五百九十五条　【买卖合同定义】买卖合同是出卖人转移标的物的所有权于买受人，买受人支付价款的合同。

关联法规

《最高人民法院关于审理买卖合同纠纷案件适用法律问题的解释》第 1 条

第五百九十六条　【买卖合同条款】买卖合同的内容一般包括标的物的名称、数量、质量、价款、履行期限、履行地点和方式、包装方式、检验标准和方法、结算方式、合同使用的文字及其效力等条款。

第五百九十七条　【无权处分效力】因出卖人未取得处分权致使标的物所有权不能转移的，买受人可以解除合同并请求出卖人承担违约责任。

法律、行政法规禁止或者限制转让的标的物，依照其规定。

条文注解

无权处分,是指没有处分权而处分他人财产,无权处分行为是现代社会生活中的常见现象,在买卖交易关系中尤为普遍。依据买卖合同的定义,出卖人负有交付买卖标的物并移转所有权的义务,因此,出卖人为保证买卖合同的履行,应当对买卖标的物具有处分权。当出卖人对买卖合同的标的物不具有处分权时,意味着买受人无法获得标的物的所有权,也就是不能实现合同的目的,根据本法第563条和第566条的规定,买受人可以解除其与出卖人之间订立的买卖合同并要求出卖人承担违约责任。

关联法规

《最高人民法院关于审理买卖合同纠纷案件适用法律问题的解释》第6、7条,《宪法》第10条,《土地管理法》第2条,《城市房地产管理法》第38条,《野生动物保护法》第27、28条,《文物保护法》第24、51条,《草原法》第9条,《农村土地承包法》第4条,《枪支管理法》第3条,《矿产资源法》第6条,《野生植物保护条例》第18条,《宗教事务条例》第54条,《人体器官移植条例》第3条

第五百九十八条 【出卖人基本义务】出卖人应当履行向买受人交付标的物或者交付提取标的物的单证,并转移标的物所有权的义务。

关联法规

《最高人民法院关于审理买卖合同纠纷案件适用法律问题的解释》第2、5条,《土地管理法》第12条,《城市房地产管理法》第60、61条,《民用航空法》第14条,《道路交通安全法》第8、12条

第五百九十九条 【出卖人交付有关单证和资料义务】出卖人应当按照约定或者交易习惯向买受人交付提取标的物单证以外的有关单证和资料。

关联法规

《最高人民法院关于审理买卖合同纠纷案件适用法律问题的解释》第4条

第六百条 【知识产权归属】出卖具有知识产权的标的物的，除法律另有规定或者当事人另有约定外，该标的物的知识产权不属于买受人。

条文注解

在买卖合同中，有些标的物本身可能是知识产权的载体，如计算机软件等。本条规定的意旨在于说明作为知识产权的载体的买卖与知识产权转让的不同。知识产权的转让是权利买卖的一种。涉及权利主体转变的合同法律关系，在有关法律中一般称为权利的转让。

在权利买卖中，当事人所追求的合同目的与一般的货物买卖是不同的。尽管从根本上说，一般货物买卖也是权利，即货物所有权的转移，但是，货物的所有权是建立在现实的、可见的实物之上，其所有权是一个法律上的抽象概念，当事人所追求的是物的实用性。而权利的买卖或者转让则不同，当事人所追求的是权利本身所体现的利益。作为买卖对象的权利，尽管也有一定的载体，但买卖当事人看重的显然不是该载体本身，而是通过它表现的一定技术以及对这一技术享有支配的权利而能带来的利益。因此，如果一个买卖合同的标的物本身体现着一定的知识产权，除非当事人明确表明或者法律有相关规定（如

《著作权法》规定美术作品的展览权随作品原件转移),买卖可以影响知识产权,否则,该标的物所体现的知识产权就不转移于买受人。另举一例来说,某人购买了一台计算机,其中计算机内包括了各种软件,作为买受人来讲,只是对计算机这一物体享有了所有权,但是对于计算机内所包括的作为软件的知识产权不属于买受人,买受人只有使用权,没有权利处分该计算机中所包含的知识产权。

关联法规

《著作权法》第18条,《计算机软件保护条例》第9~14条

第六百零一条 【标的物交付期限】出卖人应当按照约定的时间交付标的物。约定交付期限的,出卖人可以在该交付期限内的任何时间交付。

关联法规

《最高人民法院关于审理商品房买卖合同纠纷案件适用法律若干问题的解释》第14条

第六百零二条 【标的物交付期限不明时的处理】当事人没有约定标的物的交付期限或者约定不明确的,适用本法第五百一十条、第五百一十一条第四项的规定。

第六百零三条 【标的物交付地点】出卖人应当按照约定的地点交付标的物。

当事人没有约定交付地点或者约定不明确,依据本法第五百一十条的规定仍不能确定的,适用下列规定:

（一）标的物需要运输的，出卖人应当将标的物交付给第一承运人以运交给买受人；

（二）标的物不需要运输，出卖人和买受人订立合同时知道标的物在某一地点的，出卖人应当在该地点交付标的物；不知道标的物在某一地点的，应当在出卖人订立合同时的营业地交付标的物。

关联法规

《最高人民法院关于审理买卖合同纠纷案件适用法律问题的解释》第 8 条

第六百零四条　【标的物毁损、灭失风险负担的基本规则】标的物毁损、灭失的风险，在标的物交付之前由出卖人承担，交付之后由买受人承担，但是法律另有规定或者当事人另有约定的除外。

条文注解

本条也是买卖合同章最重要的条文之一。风险承担，是指买卖的标的物在合同生效后因不可归责于当事人双方的事由，如地震、火灾、飓风等致使发生毁损、灭失时，该损失应当由哪方当事人承担。

风险承担制度具有三个主要特点：一是风险承担发生在双务合同之中，单务合同没有对待给付问题，即使可能存在标的物毁损灭失风险，但不存在价金风险的问题。二是风险承担是因为标的物的毁损灭失而引起，不是因当事人的违约行为而引起。三是风险承担是因为不可归责于双方当事人的事由而产生的损失的分配制度，风险的发生具有极大的不可预测性。风险承担的关键是风险转移的问题，也就是说，如何确定风险转移的时间。转移的时间确定了，风险由谁来承担也就清楚了。由于它涉及买卖双方当事人最根本的利益，所以从来都是各国、各地区有关买卖合同法律规范中要解决的一个重要问题。

本条确立的规则属于买卖合同风险承担的一般性规则，如果特别法或者本法另有特别的规定，则应当适用该特别规定。

关联法规

《最高人民法院关于审理买卖合同纠纷案件适用法律问题的解释》第11条，《最高人民法院关于审理商品房买卖合同纠纷案件适用法律若干问题的解释》第8条

第六百零五条 【迟延交付标的物的风险负担】因买受人的原因致使标的物未按照约定的期限交付的，买受人应当自违反约定时起承担标的物毁损、灭失的风险。

关联法规

《最高人民法院关于审理商品房买卖合同纠纷案件适用法律若干问题的解释》第8条

第六百零六条 【路货买卖中的标的物风险负担】出卖人出卖交由承运人运输的在途标的物，除当事人另有约定外，毁损、灭失的风险自合同成立时起由买受人承担。

关联法规

《最高人民法院关于审理买卖合同纠纷案件适用法律问题的解释》第10条

第六百零七条　【需要运输的标的物风险负担】出卖人按照约定将标的物运送至买受人指定地点并交付给承运人后，标的物毁损、灭失的风险由买受人承担。

当事人没有约定交付地点或者约定不明确，依据本法第六百零三条第二款第一项的规定标的物需要运输的，出卖人将标的物交付给第一承运人后，标的物毁损、灭失的风险由买受人承担。

关联法规

《最高人民法院关于审理买卖合同纠纷案件适用法律问题的解释》第9、11条

第六百零八条　【买受人不收取标的物的风险负担】出卖人按照约定或者依据本法第六百零三条第二款第二项的规定将标的物置于交付地点，买受人违反约定没有收取的，标的物毁损、灭失的风险自违反约98定时起由买受人承担。

第六百零九条　【未交付单证、资料不影响风险转移】出卖人按照约定未交付有关标的物的单证和资料的，不影响标的物毁损、灭失风险的转移。

条文注解

本条的内容主要包括两个方面：一方面，出卖人已经将标的物交付给买受人并由买受人占有，只是没有按照约定履行交付有关标的物的单证和资料的义务；另一方面，没有交付有关单证和资料，不影响标的物毁损、灭失风险的转移，即此时的风险由买受人承担。需要说明

的是,本条中所称的"有关标的物的单证和资料",既可能是提取标的物的单证,也可能是提取标的物单证以外的有关单证和资料。

第六百一十条 【出卖人根本违约的风险负担】因标的物不符合质量要求,致使不能实现合同目的的,买受人可以拒绝接受标的物或者解除合同。买受人拒绝接受标的物或者解除合同的,标的物毁损、灭失的风险由出卖人承担。

关联法规

《最高人民法院关于审理买卖合同纠纷案件适用法律问题的解释》第24条

第六百一十一条 【买受人承担风险与出卖人违约责任关系】标的物毁损、灭失的风险由买受人承担的,不影响因出卖人履行义务不符合约定,买受人请求其承担违约责任的权利。

条文注解

本条的规定表明,在出卖人违约的情况下,买受人虽然按照本法的规定承担了标的物风险,但并不影响因出卖人的违约行为,买受人请求其承担违约责任的权利,如请求损害赔偿。主要的理由在于:标的物毁损、灭失的风险由买受人承担的根据是买受人已经收到了出卖人交付的标的物,但并不表明买受人已经认可出卖人已经完全履行了债务,也不表明出卖人没有违约行为;如果出卖人存在违约行为,买受人自然可以要求出卖人承担违约责任。

需要特别说明的是,本条规定确实可能与前条的规定存在交叉。比如,在出卖人向买受人交付的标的物不符合质量要求,致使不能实现合同目的的情况下，买受人可以依据前条的规定主张权利。即买受人既可以通过拒收标的物或者解除合同而不承担标的物毁损、灭失风险，同时也可以进一步要求出卖人承担相应的违约责任。

第六百一十二条　【出卖人权利瑕疵担保义务】出卖人就交付的标的物，负有保证第三人对该标的物不享有任何权利的义务，但是法律另有规定的除外。

条文注解

买卖合同中出卖人对标的物的权利担保义务，是指出卖人应当保证对标的物享有合法的权利，没有侵犯任何第三人的权利，并且任何第三人就该标的物不享有任何权利。买卖合同根本上就是标的物所有权的转让，因此，出卖人的这项义务也就是其一项最基本的义务。本条所规定的义务是买卖合同中出卖人的一项法定义务，即使合同中对其未作约定，出卖人也必须履行。

具体到本条的规定而言，出卖人的权利担保义务包括：(1)出卖人对出卖的标的物享有合法的权利，其须对标的物具有所有权或者处分权。出卖人作为代理人替货主出售货物，即是出卖人具有处分权的情形。而出卖人将其合法占有或者非法占有的他人财产作为出卖的标的物，或者出卖自己只有部分权利的标的物，如与他人共有的财产等都是对本项义务的违反。(2)出卖人应当保证标的物上不存在他人实际享有的权利，如抵押权、租赁权等。(3)出卖人应当保证标的物没有侵犯他人的知识产权。确定出卖人的这项义务比较复杂，需要结合有关知识产权的法律作出判断。

第六百一十三条　【出卖人权利瑕疵担保义务免除】买受人订立合同时知道或者应当知道第三人对买卖的标的物享有权利的，出卖人不承担前条规定的义务。

第六百一十四条 【买受人的中止支付价款权】买受人有确切证据证明第三人对标的物享有权利的，可以中止支付相应的价款，但是出卖人提供适当担保的除外。

第六百一十五条 【标的物的质量要求】出卖人应当按照约定的质量要求交付标的物。出卖人提供有关标的物质量说明的，交付的标的物应当符合该说明的质量要求。

关联法规

《消费者权益保护法》第18、23条，《产品质量法》第26条，《最高人民法院关于审理买卖合同纠纷案件适用法律问题的解释》第24条

第六百一十六条 【标的物质量要求不明时的处理】当事人对标的物的质量要求没有约定或者约定不明确，依据本法第五百一十条的规定仍不能确定的，适用本法第五百一十一条第一项的规定。

条文注解

本条解决的中心问题是买卖双方如果在合同中对标的物的质量要求问题没有约定或者约定不明确时怎么办。与合同的其他条款一样，首先要依照本法第510条的规定予以确定。确定不了的，接着适用本法第511条的有关一般性规定。即“质量要求不明确的，按照强制性国家标准履行；没有强制性国家标准的，按照推荐性国家标准履行；没有推荐性国家标准的，按照行业标准履行；没有国家标准、行业标准的，按照通常标准或者符合合同目的的特定标准履行”。

第六百一十七条　【质量瑕疵担保责任】出卖人交付的标的物不符合质量要求的，买受人可以依据本法第五百八十二条至第五百八十四条的规定请求承担违约责任。

关联法规

《消费者权益保护法》第23条

第六百一十八条　【减轻或者免除瑕疵担保责任的例外】当事人约定减轻或者免除出卖人对标的物瑕疵承担的责任，因出卖人故意或者重大过失不告知买受人标的物瑕疵的，出卖人无权主张减轻或者免除责任。

第六百一十九条　【标的物包装方式】出卖人应当按照约定的包装方式交付标的物。对包装方式没有约定或者约定不明确，依据本法第五百一十条的规定仍不能确定的，应当按照通用的方式包装；没有通用方式的，应当采取足以保护标的物且有利于节约资源、保护生态环境的包装方式。

第六百二十条　【买受人的检验义务】买受人收到标的物时应当在约定的检验期限内检验。没有约定检验期限的，应当及时检验。

第六百二十一条　【买受人的通知义务】当事人约定检验期限的，买受人应当在检验期限内将标的物的数量或者质量不符合约定

的情形通知出卖人。买受人怠于通知的,视为标的物的数量或者质量符合约定。

当事人没有约定检验期限的,买受人应当在发现或者应当发现标的物的数量或者质量不符合约定的合理期限内通知出卖人。买受人在合理期限内未通知或者自收到标的物之日起二年内未通知出卖人的,视为标的物的数量或者质量符合约定;但是,对标的物有质量保证期的,适用质量保证期,不适用该二年的规定。

出卖人知道或者应当知道提供的标的物不符合约定的,买受人不受前两款规定的通知时间的限制。

条文注解

根据《最高人民法院关于审理买卖合同纠纷案件适用法律问题的解释》第 12 条至第 14 条的规定,人民法院具体认定本条第 2 款规定的“合理期限”时,应当综合当事人之间的交易性质、交易目的、交易方式、交易习惯、标的物的种类、数量、性质、安装和使用情况、瑕疵的性质、买受人应尽的合理注意义务、检验方法和难易程度、买受人或者检验人所处的具体环境、自身技能以及其他合理因素,依据诚实信用原则进行判断。本条第 2 款规定的“二年”是最长的合理期限。该期限为不变期间,不适用诉讼时效中止、中断或者延长的规定。检验期限、合理期限、二年期限经过后,买受人主张标的物的数量或者质量不符合约定的,人民法院不予支持。出卖人自愿承担违约责任后,又以上述期限经过为由翻悔的,人民法院不予支持。

关联法规

《最高人民法院关于审理买卖合同纠纷案件适用法律问题的解释》第 12~14 条

第六百二十二条　【检验期限过短时的处理】当事人约定的检验期限过短，根据标的物的性质和交易习惯，买受人在检验期限内难以完成全面检验的，该期限仅视为买受人对标的物的外观瑕疵提出异议的期限。

约定的检验期限或者质量保证期短于法律、行政法规规定期限的，应当以法律、行政法规规定的期限为准。

第六百二十三条　【检验期限未约定时的处理】当事人对检验期限未作约定，买受人签收的送货单、确认单等载明标的物数量、型号、规格的，推定买受人已经对数量和外观瑕疵进行检验，但是有相关证据足以推翻的除外。

第六百二十四条　【向第三人履行情形下的检验标准】出卖人依照买受人的指示向第三人交付标的物，出卖人和买受人约定的检验标准与买受人和第三人约定的检验标准不一致的，以出卖人和买受人约定的检验标准为准。

第六百二十五条　【出卖人回收义务】依照法律、行政法规的规定或者按照当事人的约定，标的物在有效使用年限届满后应予回收的，出卖人负有自行或者委托第三人对标的物予以回收的义务。

第六百二十六条　【买受人支付价款的数额和方式】买受人应当按照约定的数额和支付方式支付价款。对价款的数额和支付方式没有约定或者约定不明确的，适用本法第五百一十条、第五百一十一条第二项和第五项的规定。

第六百二十七条 【买受人支付价款的地点】买受人应当按照约定的地点支付价款。对支付地点没有约定或者约定不明确,依据本法第五百一十条的规定仍不能确定的,买受人应当在出卖人的营业地支付;但是,约定支付价款以交付标的物或者交付提取标的物单证为条件的,在交付标的物或者交付提取标的物单证的所在地支付。

第六百二十八条 【买受人支付价款的时间】买受人应当按照约定的时间支付价款。对支付时间没有约定或者约定不明确,依据本法第五百一十条的规定仍不能确定的,买受人应当在收到标的物或者提取标的物单证的同时支付。

第六百二十九条 【出卖人多交标的物的处理】出卖人多交标的物的,买受人可以接收或者拒绝接收多交的部分。买受人接收多交部分的,按照约定的价格支付价款;买受人拒绝接收多交部分的,应当及时通知出卖人。

关联法规

《最高人民法院关于审理买卖合同纠纷案件适用法律问题的解释》第3条

第六百三十条 【标的物孳息的归属】标的物在交付之前产生的孳息,归出卖人所有;交付之后产生的孳息,归买受人所有。但是,当事人另有约定的除外。

条文注解

孳息是“原物”的对称，是由物或者权利而产生的收益，分为“天然孳息”和“法定孳息”。天然孳息，是指物依自然规律产生的收益，如土地生长的稻麦、树木的果实、牲畜的幼畜、挤出的牛乳、剪下的羊毛等。法定孳息，是指依民事法律关系产生的收益，如有利息的借贷或租赁、出借人有权收取的利息、出租人有权收取的租金等。买卖合同中标的物涉及的孳息，一般为天然孳息。但如果买卖的不是一般的货物，则也有可能涉及法定孳息，如买卖正被出租的房屋即是。

第六百三十一条　【从物与合同解除】因标的物的主物不符合约定而解除合同的，解除合同的效力及于从物。因标的物的从物不符合约定被解除的，解除的效力不及于主物。

第六百三十二条　【数物同时出卖时的合同解除】标的物为数物，其中一物不符合约定的，买受人可以就该物解除。但是，该物与他物分离使标的物的价值显受损害的，买受人可以就数物解除合同。

第六百三十三条　【分批交付标的物的合同解除】出卖人分批交付标的物的，出卖人对其中一批标的物不交付或者交付不符合约定，致使该批标的物不能实现合同目的的，买受人可以就该批标的物解除。

出卖人不交付其中一批标的物或者交付不符合约定，致使之后其他各批标的物的交付不能实现合同目的的，买受人可以就该批以及之后其他各批标的物解除。

买受人如果就其中一批标的物解除，该批标的物与其他各批标的物相互依存的，可以就已经交付和未交付的各批标的物解除。

第六百三十四条 【分期付款买卖合同】分期付款的买受人未支付到期价款的数额达到全部价款的五分之一，经催告后在合理期限内仍未支付到期价款的，出卖人可以请求买受人支付全部价款或者解除合同。

出卖人解除合同的，可以向买受人请求支付该标的物的使用费。

条文注解

分期付款买卖合同，是指由出卖人先向买受人交付标的物，买受人将应付的总价款，在一定期限内分次向出卖人支付的买卖合同。分期付款买卖也是一种特殊买卖，其根本特征在于买受人在接受标的物后不是一次性支付全部价款，而是将全部价款分成若干份，分不同日期支付。

分期付款买卖使买受人未支付全部价金即取得买卖标的物，出卖人未得到全部价金即需移转买卖标的物，出卖人存在不能取得全部价金的风险。因此，在分期付款买卖合同中，出卖人为规避风险，往往提出一些有利于自己的合同条款。一般来说这也是合理的，是合同自愿原则的体现。然而，分期付款的买受人往往是弱者，其利益容易受到损害。因此，法律为了防止出卖人提出的这些条款过于苛刻，就应当作出一定的限制，以保证买卖当事人之间利益的平衡。

出卖人在对分期付款买卖采取规避风险的各种措施中，最重要的就是解除合同或者请求支付全部价款的特别约定。

关联法规

《最高人民法院关于审理买卖合同纠纷案件适用法律问题的解释》第27、28条

第六百三十五条 【凭样品买卖合同】凭样品买卖的当事人应当封存样品,并可以对样品质量予以说明。出卖人交付的标的物应当与样品及其说明的质量相同。

条文注解

凭样品买卖合同,又称货样买卖,是指买卖双方根据货物样品而订立的由出卖人按照样品交付标的物的合同。

样品是凭样品买卖的核心问题。这对于双方当事人来讲均很重要,需要高度重视,不然容易引起不必要的纠纷。为此,本条规定,“当事人应当封存样品”。这一规定包括三层意思:一是样品必须是订立合同时的样品;二是样品的封存必须为双方所认可,包括对封存地点、数量、时间以及保存人的认可等;三是双方当事人应当对封存的样品盖章或者签字。至于封存的具体方法,当事人可以根据自己的具体情况作出具体的约定。

关联法规

《最高人民法院关于审理买卖合同纠纷案件适用法律问题的解释》第 29 条

第六百三十六条 【凭样品买卖合同的隐蔽瑕疵处理】凭样品买卖的买受人不知道样品有隐蔽瑕疵的,即使交付的标的物与样品相同,出卖人交付的标的物的质量仍然应当符合同种物的通常标准。

第六百三十七条 【试用买卖的试用期限】试用买卖的当事人可以约定标的物的试用期限。对试用期限没有约定或者约定不明确,依据本法第五百一十条的规定仍不能确定的,由出卖人确定。

条文注解

试用买卖合同,也称试验买卖合同,是指出卖人和买受人约定,由买受人对标的物进行试用,并由买受人决定是否购买标的物的一种特殊的买卖合同。在试用买卖中,买卖当事人双方约定由买受人使用或者试验标的物,以买受人经过一段时间后认可标的物为合同生效条件。因此,标的物的试用期限是试用买卖合同中的重要条款,基于合同的自愿原则,合同当事人可以就标的物的试用期限进行约定。所以,本条首先规定试用买卖的当事人可以约定标的物的试用期限。如果当事人在试用买卖合同中对试用期限没有约定或者约定不明确,自然应当依据本法第 510 条的规定,通过重新协商或者根据合同的条款、交易习惯来确定。也就是说,当事人双方可以协议补充;双方不能达成补充协议的,按照试用买卖合同中的有关条款进行确定;仍然无法确定的,按照交易习惯确定。如果此时还不能确定,则由出卖人来确定试用的期限,以避免试用期限一直处于不确定的状态。

试用买卖的买受人在试用期内已经支付部分价款或者对标的物实施出卖、出租、设立担保物权等行为的,视为同意购买。

第六百三十八条 【试用买卖的效力】试用买卖的买受人在试用期内可以购买标的物,也可以拒绝购买。试用期限届满,买受人对是否购买标的物未作表示的,视为购买。

试用买卖的买受人在试用期内已经支付部分价款或者对标的物实施出卖、出租、设立担保物权等行为的,视为同意购买。

条文注解

根据《最高人民法院关于审理买卖合同纠纷案件适用法律问题的解释》第 30 条的规定,买卖合同存在下列约定内容之一的,不属于试用买卖。买受人主张属于试用买卖的，人民法院不予支持：(1)约定标的物经过试用或者检验符合一定要求时，买受人应当购买标的物；(2)约定第三人经试验对标的物认可时，买受人应当购买标的物；(3)约定买受人在一定期限内可以调换标的物；(4)约定买受人在一定期限内可以退还标的物。

关联法规

《最高人民法院关于审理买卖合同纠纷案件适用法律问题的解释》第30条

第六百三十九条　【试用买卖使用费的负担】试用买卖的当事人对标的物使用费没有约定或者约定不明确的，出卖人无权请求买受人支付。

第六百四十条　【试用期间标的物灭失风险的承担】标的物在试用期内毁损、灭失的风险由出卖人承担。

第六百四十一条　【所有权保留】当事人可以在买卖合同中约定买受人未履行支付价款或者其他义务的，标的物的所有权属于出卖人。

出卖人对标的物保留的所有权，未经登记，不得对抗善意第三人。

条文注解

通常来讲，买卖合同标的物的所有权自标的物交付时起转移，但法律另有规定或者当事人另有约定的，则应当依照法律规定或者当事人的约定确定所有权转移的时间。本条规定即体现了当事人另外约定的一种情形。因此,本条实际上是一个提示性的条款,当事人可以根据实际情况运用这样的约定确定相互的权利义务关系,而这种约定是当事人根据合同自愿原则确定合同内容的表现,是受法律保护的。

买卖合同中的所有权保留条款,是标的物所有权转移问题中的重要内容。所有权保留条款是有利于出卖人的条款。它的主要功能是可以使出卖人躲避不能取得标的物价款的风险。在买受人未履行支付价款或者其他义务以前,出卖人仍然享有标的物的所有权。这样就可以免去在出卖人已交付标的物而买受人不履行其主要义务时,因所有权已转移可能给出卖人造成的损害。

自2020年1月1日起施行的《优化营商环境条例》第47条第2款规定:"国家推动建立统一的动产和权利担保登记公示系统,逐步实现市场主体在一个平台上办理动产和权利担保登记。纳入统一登记公示系统的动产和权利范围另行规定。"

基于实现优化营商环境、消灭隐形担保的总目标,本条规定出卖人对标的物保留的所有权,未经登记不得对抗善意第三人,明确了必须登记才能取得对抗第三人的效力。

关联法规

《最高人民法院关于审理买卖合同纠纷案件适用法律问题的解释》第25条,《最高人民法院关于适用〈中华人民共和国民法典〉有关担保制度的解释》第54、67条,《最高人民法院关于适用〈中华人民共和国企业破产法〉若干问题的规定(二)》第2、34~38条

第六百四十二条 【出卖人的取回权】当事人约定出卖人保留合同标的物的所有权，在标的物所有权转移前，买受人有下列情形之一，造成出卖人损害的，除当事人另有约定外，出卖人有权取回标的物：

（一）未按照约定支付价款，经催告后在合理期限内仍未支付；

（二）未按照约定完成特定条件；

（三）将标的物出卖、出质或者作出其他不当处分。

出卖人可以与买受人协商取回标的物；协商不成的，可以参照适用担保物权的实现程序。

条文注解

所有权保留出卖人取回权，是指在所有权保留买卖合同中，当买受人出现违约的情形时，出卖人享有取回标的物的权利。依据本条第1款的规定，出卖人取回权的主要内涵为：在所有权保留买卖中，标的物进行实际交付以后，标的物所有权移转于买受人之前，因买受人未按照约定支付价款、未按照约定完成特定条件或者将标的物作出卖或者出质等不当处分的，出卖人有权取回标的物。据此表明，出卖人若取回标的物，除当事人另有约定外，必须符合本条规定的条件才可以行使。之所以明确出卖人的取回权，是因为在所有权保留买卖中，由于买受人占有、使用标的物，出卖人以保留的所有权来担保其价金债权的实现，这就造成了所有权人和标的物相分离，一旦买受人不依约支付价款，或者对标的物进行处分进而使标的物的价值降低或状态改变，都将危害到出卖人的利益。在此前提下，当买受人未履行支付价款义务或未尽善良管理人应尽的注意义务时，出卖人应当享有一定的救济权利，取回标的物无疑是最好的手段。出卖人可以行使取回权的具体条件如下：

第一，买受人未按照约定支付价款。通常情况下，出卖人在买受人未支付价款达到何种程度才可以取回标的物，应当由合同约定。如果合同没有约定，出卖人在买受人未支付价款达到何种程度可以取回。

第二，买受人未按照约定完成特定条件。如果汽车买卖当事人约定买受人应当在购买车辆一个月内更换刹车系统并购买车辆交强险及商业险，否则出卖人有权取回汽车。

第三，买受人在占有标的物期间擅自处分标的物且标的物未被第三人善意取得。在买卖双方未就出卖人何时可以取回标的物作出约定时，买受人就标的物实施了转卖、出质等行为的，将严重侵害出卖人的所有权，故出卖人依法有权行使取回权。

但是，如果第三人依据本法第 311 条的规定已经善意取得标的物所有权或者其他物权的，出卖人无权取回标的物，否则将严重损害交易的安全和交易的秩序。

在符合上述出卖人可以行使取回权条件的前提下，出卖人应当以何种程序取回，将影响出卖人取回标的物的效率。因此，本条第 2 款规定，出卖人可以与买受人协商取回标的物；协商不成的，可以参照适用担保物权的实现程序。

关联法规

《最高人民法院关于审理买卖合同纠纷案件适用法律问题的解释》第 26 条，《最高人民法院关于适用〈中华人民共和国民法典〉有关担保制度的解释》第 64 条

第六百四十三条 【买受人的回赎权】出卖人依据前条第一款的规定取回标的物后，买受人在双方约定或者出卖人指定的合理回赎期限内，消除出卖人取回标的物的事由的，可以请求回赎标的物。

买受人在回赎期限内没有回赎标的物，出卖人可以以合理价格将标的物出卖给第三人，出卖所得价款扣除买受人未支付的价款以及必要费用后仍有剩余的，应当返还买受人；不足部分由买受人清偿。

关联法规

《招标投标法》，《反不正当竞争法》第15条

第六百四十四条 【招标投标买卖】招标投标买卖的当事人的权利和义务以及招标投标程序等，依照有关法律、行政法规的规定。

第六百四十五条 【拍卖】拍卖的当事人的权利和义务以及拍卖程序等，依照有关法律、行政法规的规定。

第六百四十六条 【买卖合同准用于有偿合同】法律对其他有偿合同有规定的，依照其规定；没有规定的，参照适用买卖合同的有关规定。

第六百四十七条 【互易合同】当事人约定易货交易，转移标的物的所有权的，参照适用买卖合同的有关规定。

第十章 供用电、水、气、热力合同

第六百四十八条 【供用电合同定义及强制缔约义务】供用电合同是供电人向用电人供电,用电人支付电费的合同。

向社会公众供电的供电人,不得拒绝用电人合理的订立合同要求。

条文注解

供用电合同涉及千家万户,关系基本民生,供用电合同不仅关系当事人的利益,而且关系社会公共利益。如果作为供电人的供电企业拒绝向某个当事人提供供电服务,则用电人将很可能无法得到这些服务,进而影响最基本的生产和生活,需要法律对此类合同作出特别规定,对供电人的自由进行适当限制。因此,法律上有必要规定强制缔约义务。

所谓强制缔约,是指只要一方提出订立合同的要求,负有强制缔约义务的人依法不得拒绝,必须与之订立合同。我国《电力法》第 26 条第 1 款规定:"供电营业区内的供电营业机构,对本营业区内的用户有按照国家规定供电的义务;不得违反国家规定对其营业区内申请用电的单位和个人拒绝供电。"这就是供电人的强制缔约义务。在《民法典》编纂过程中,考虑到用电的普遍性和对民众生活的必需性,经研究认为,有必要在《电力法》的基础上,进一步在《民法典》中对供用电合同当事人的强制缔约义务作出规定,以在更广范围指引社会、经济生活。因此本条第 2 款规定:"向社会公众供电的供电人,不得拒绝用电人合理的订立合同要求。"

本章从现实出发,本着合同自愿订立的原则,把供用电双方作为平等的民事主体，着重从当事人合同关系的角度，对供用电合同的有关内容、供用电双方的权利义务及违约责任等作出规定，以适应社会主义市场经济体制发展和完善的需要。

关联法规

《电力法》第27条，《电力供应与使用条例》第33条

第六百四十九条　【供用电合同内容】供用电合同的内容一般包括供电的方式、质量、时间，用电容量、地址、性质，计量方式，电价、电费的结算方式，供用电设施的维护责任等条款。

第六百五十条　【供用电合同履行地】供用电合同的履行地点，按照当事人约定；当事人没有约定或者约定不明确的，供电设施的产权分界处为履行地点。

第六百五十一条　【供电人的安全供电义务】供电人应当按照国家规定的供电质量标准和约定安全供电。供电人未按照国家规定的供电质量标准和约定安全供电，造成用电人损失的，应当承担赔偿责任。

关联法规

《电力法》第28、59、60条，《电力供应与使用条例》第19~24条

第六百五十二条 【供电人中断供电时的通知义务】供电人因供电设施计划检修、临时检修、依法限电或者用电人违法用电等原因,需要中断供电时,应当按照国家有关规定事先通知用电人;未事先通知用电人中断供电,造成用电人损失的,应当承担赔偿责任。

条文注解

供用电合同是一种持续供给合同,供电人在发电、供电系统正常的情况下,应当连续向用电人供电,不得中断,否则应当承担违约责任。这是供电人连续供电的义务。但是在某些法定情形下,供电人可以中断供电,根据本条和《电力法》第 29 条的规定,这些情形主要包括:

(1)供电设施检修。为了保障安全、及时供电,供电人应当加强对供电设施的检修,从公平合理角度来讲,检修供电设施自然可以中断供电。本条对“供电设施检修”未加法定限制条件,因此,无论是计划检修还是临时检修,只要依照规定事先通知了用电人,供电人都可以根据需要中断供电。

(2)依法限电。这是指依照有关法律、行政法规对一个地区中的一部分地区、部分用户、用电大户的部分用电设施中断供电,使其用电总量减少的一种措施行为。既然是依法进行的限电,供电人根据需要中断供电是应有之义。

(3)用电人违法用电。这种情形具体包括违章用电、窃电、超计划用电、不安全用电以及其他违反法律、行政法规用电的行为。《电力法》第 32 条第 1 款规定:“用户用电不得危害供电、用电安全和扰乱供电、用电秩序。”其中的“危害供电、用电安全”,是指用户违反供用电安全的有关规定,故意采取不正当手段,威胁供用电安全,或由于管理、使用不当,引发电气设施损坏事故、火灾事故、人身伤亡事故、停电事故等情况。“扰乱供电、用电秩序”则主要包括违章用电行为、窃电行为、超计划用电行为、故意冲击供电企业与变电设施所在地行为等。供电人在上述情形下中断供电，不承担违约责任，但前提是应当按照国家有关规定事先通知用电人。

因供电设施计划检修停电，供电企业应当提前7日通知用户或者进行公告。因供电设施临时检修停电，供电企业应当提前24小时通知重要用户。因发电、供电系统发生故障需要停电、限电时，供电企业应当按照事先确定的限电序位进行停电或者限电；但限电序位应事前公告用户。引起停电或者限电的原因消除后，供电企业应当尽快恢复供电。但是，如果因供电设施检修、依法限电或者用户违法用电等原因中断供电，供电企业没有按照国家有关规定事先通知用户，比如遇到计划检修时，没有提前7日通知用户或者进行公告，依法限电时，没有按照事先确定的限电序位进行限电，因此给用电人造成损失的，应当承担损害赔偿责任。

关联法规

《电力法》第29条，《电力供应与使用条例》第28条

第六百五十三条　【供电人的抢修义务】因自然灾害等原因断电，供电人应当按照国家有关规定及时抢修；未及时抢修，造成用电人损失的，应当承担赔偿责任。

关联法规

《电力法》第30条

第六百五十四条 【用电人的交付电费义务】用电人应当按照国家有关规定和当事人的约定及时支付电费。用电人逾期不支付电费的，应当按照约定支付违约金。经催告用电人在合理期限内仍不支付电费和违约金的，供电人可以按照国家规定的程序中止供电。

供电人依据前款规定中止供电的，应当事先通知用电人。

关联法规

《电力法》第 33 条，《电力供应与使用条例》第 23~26、34 条

第六百五十五条 【用电人的安全用电义务】用电人应当按照国家有关规定和当事人的约定安全、节约和计划用电。用电人未按照国家有关规定和当事人的约定用电，造成供电人损失的，应当承担赔偿责任。

条文注解

用电人违章用电，应当承担一定的法律责任，有关电力供应与使用的法律法规对违章用电的法律责任作出了规定。《电力法》第 65 条规定，违反该法第 32 条规定，危害供电、用电安全或者扰乱供电、用电秩序的，由电力管理部门责令改正，给予警告；情节严重或者拒绝改正的，可以中止供电，可以并处 5 万元以下的罚款。《电力供应与使用条例》第 40 条规定，违反该法第 30 条规定，违章用电的，供电企业可以根据违章事实和造成的后果追缴电费，并按照国务院电力管理部门的规定加收电费和国家规定的其他费用；情节严重的，可以按照国家规定的程序停止供电。以上规定，多是从行政管理的角度出发，给予行政处罚。从合同关系考虑，违反国家有关规定和当事人的有关约定用

电，属于违约用电行为，对此，应当承担违约责任。故本条规定，用电人未按照国家有关规定和当事人的约定用电，造成供电人损失的，应当承担赔偿责任。具体地，用电人承担哪种违约责任，承担多大的违约责任，均由当事人根据合同编第一分编通则有关违约责任的规定加以确定。通常包括采取补救措施、支付违约金、供电人中止供电等，造成供电人损失的，应当给予赔偿。

关联法规

《电力法》第32、59、60条，《电力供应与使用条例》第29~31条

第六百五十六条　【供用水、供用气、供用热力合同的参照适用】供用水、供用气、供用热力合同，参照适用供用电合同的有关规定。

关联法规

《城市供水条例》，《城镇燃气管理条例》

第十一章　赠与合同

第六百五十七条　【赠与合同定义】赠与合同是赠与人将自己的财产无偿给予受赠人，受赠人表示接受赠与的合同。

条文注解

赠与具有相当的社会意义，有利于弘扬文明友善的社会主义核心价值观。赠与合同，是指赠与人将自己的财产无偿给予受赠人，受赠

人愿意接受赠与的合同。我们可以从赠与合同的概念中看出以下内涵：

一是赠与是一种合意，是双方的法律行为。赠与合同虽为单务、无偿合同，但也需有当事人双方一致的意思表示才能成立。如果一方有赠与意愿，而另一方无意接受该赠与，赠与合同不能成立。在现实生活中，也会出现一方出于某种考虑而不愿接受对方赠与的情形，如遇此情况，赠与合同即不成立。

二是赠与合同是转移财产所有权的合同。赠与合同是以赠与人将自己的财产给予受赠人为内容的合同，是赠与人转移财产所有权于受赠人的合同。这是赠与合同与借用合同的主要区别。

三是赠与合同为无偿合同。所谓“无偿合同”，是指仅由当事人一方为给付，另一方不必向对方偿付相应代价的合同。在赠与合同中，仅由赠与人无偿地将自己的财产给予受赠人，而受赠人取得赠与的财产，不需向赠与人偿付相应的代价。这是赠与合同与买卖等有偿合同的主要区别。

四是赠与合同是单务合同。所谓“单务合同”，是指仅由当事人一方负债务，另一方不负债务，或者另一方虽负有债务但无对价关系的合同。在一般情况下，赠与合同仅由赠与人负有将自己的财产给予受赠人的义务，而受赠人并不负有义务。在附义务的赠与中，赠与人负有将其财产给予受赠人的义务，受赠人按照合同约定负担某种义务，但受赠人所负担的义务并非赠与人所负义务的对价，受赠人的义务通常远小于赠与人的义务，双方的义务并不是相互对应的，因此，赠与合同为单务合同。

五是赠与合同为诺成合同。赠与合同是实践合同还是诺成合同，与赠与合同自何时成立直接相关。赠与合同是否以交付标的物为成立要件，国外立法例上有不同规定，我国法学界也有不同认识。所谓“实践合同”，又称“要物合同”，是指除当事人间的意思表示一致以外，还需交付标的物才能成立的合同。它以当事人的合意和交付标的物为成立要件。所谓"诺成合同"，又称"非要物合同"，是指当事人之间意思表示一致，即能成立的合同。它以当事人的合意为成立要件。

六是赠与合同为不要式合同。赠与合同是要式合同还是不要式合同，与赠与合同是否成立也有关联。所谓"要式合同"，是指法律要求必须采用一定的形式的合同。所谓"不要式合同"，是指法律没有要求必须具备特定的形式的合同。不要式合同不排斥合同采用书面、公证等形式，只是合同的形式不影响合同的成立。依照本法的规定，赠与合同为不要式合同。赠与合同既可采用口头形式，又可采用书面形式或者在合同订立后办理公证证明。无论采用何种形式，也无论是否经过公证，都不影响赠与合同的成立。

第六百五十八条　【赠与人任意撤销权及其限制】赠与人在赠与财产的权利转移之前可以撤销赠与。

经过公证的赠与合同或者依法不得撤销的具有救灾、扶贫、助残等公益、道德义务性质的赠与合同，不适用前款规定。

关联法规

《公益事业捐赠法》第2~5条，《最高人民法院关于适用〈中华人民共和国民法典〉婚姻家庭编的解释（一）》第32条

第六百五十九条　【赠与财产办理有关法律手续】赠与的财产依法需要办理登记或者其他手续的，应当办理有关手续。

第六百六十条　【受赠人的交付请求权以及赠与人的赔偿责任】经过公证的赠与合同或者依法不得撤销的具有救灾、扶贫、助残等公益、道德义务性质的赠与合同，赠与人不交付赠与财产的，受赠

人可以请求交付。

依据前款规定应当交付的赠与财产因赠与人故意或者重大过失致使毁损、灭失的，赠与人应当承担赔偿责任。

第六百六十一条 【附义务赠与合同】赠与可以附义务。

赠与附义务的，受赠人应当按照约定履行义务。

条文注解

附义务的赠与，也称附负担的赠与，是指以受赠人对赠与人或者第三人为一定给付为条件的赠与，即使受赠人接受赠与后负担一定义务的赠与。附义务的赠与不同于一般的赠与，而属一种特殊的赠与。其特殊性在于：(1)一般的赠与，受赠人仅享有取得赠与财产的权利，不承担任何义务；而附义务的赠与，赠与人对其赠与附加一定的条件，使受赠人承担一定的义务。(2)附义务的赠与，其所附义务不是赠与的对价，即所附义务不能大于或者等于受赠人所获得的利益，通常是低于赠与财产的价值。(3)除当事人另有约定外，通常情况下，在赠与人履行了赠与义务后，才发生受赠人义务的履行问题。例如，某捐款人应当先将捐款实际交付某大学，该大学拿到捐款后才开始动工建造捐款人希望建造的图书馆和体育场馆。(4)赠与所附义务既可以约定向赠与人履行，也可以约定向第三人履行，还可以约定向不特定的多数人履行。(5)履行赠与所负的义务，依照当事人的约定，既可以是作为，也可以是不作为。(6)赠与所附义务，是赠与合同的组成部分，而不是另外的独立合同。(7)附义务的赠与，其义务不能违反法律或者违背公序良俗，如赠与人提出受赠人只能用赠款去还赌债，这个附义务的赠与就是不合法的，因为赌债是不合法的债务。

第六百六十二条 【赠与人瑕疵担保责任】赠与的财产有瑕疵的,赠与人不承担责任。附义务的赠与,赠与的财产有瑕疵的,赠与人在附义务的限度内承担与出卖人相同的责任。

赠与人故意不告知瑕疵或者保证无瑕疵,造成受赠人损失的,应当承担赔偿责任。

第六百六十三条 【赠与人的法定撤销权及其行使期间】受赠人有下列情形之一的,赠与人可以撤销赠与:

(一)严重侵害赠与人或者赠与人近亲属的合法权益;

(二)对赠与人有扶养义务而不履行;

(三)不履行赠与合同约定的义务。

赠与人的撤销权,自知道或者应当知道撤销事由之日起一年内行使。

条文注解

赠与合同的法定撤销,是指赠与合同成立后,在具备法律规定的情形时,撤销权人可以撤销赠与。赠与的法定撤销与任意撤销的不同之处在于:第一,撤销赠与须依法律规定的事由;第二,只要具备法定事由,无论赠与合同以何种形式订立甚至经过公证证明,无论赠与的财产是否已经交付或已发生权利转移,也无论赠与是否属于社会公益或者道德义务性质,享有撤销权的赠与人均可以撤销赠与。依本条规定,赠与人撤销赠与应当具有以下三种法定情形之一:

第一种情形,受赠人严重侵害赠与人或者赠与人的近亲属。其要点在于:一是受赠人实施的是严重侵害行为,而不是轻微的、一般的侵害行为;二是受赠人侵害的是赠与人本人或其近亲属,近亲属的范围应当适用本法第1045条第2款"配偶、父母、子女、兄弟姐妹、祖父母、外祖父母、孙子女、外孙子女为近亲属”的规定,如果侵害的是其他亲友则不在此列。

第二种情形,受赠人对赠与人有扶养义务而不履行。其要点在于:一是受赠人对赠与人有扶养义务;二是受赠人对赠与人有扶养能力,而不履行对赠与人的扶养义务。如果受赠人没有扶养义务或者丧失了扶养能力,则不产生赠与人撤销赠与的权利。需要特别指出的是,这里的“扶养”应当作广义解释,不应当仅仅理解为本法第1059条第1款规定的“夫妻有相互扶养的义务”等同辈之间的照顾义务,也包括对长辈的“赡养”以及对晚辈的“抚养”等关系的照顾义务。

第三种情形,受赠人不履行赠与合同约定的义务。其要点在于:一是赠与合同约定了受赠人负有一定的义务;二是赠与人已将赠与的财产交付于受赠人;三是受赠人不履行赠与合同约定的义务。在附义务的赠与中,受赠人应当依约定履行其所负义务。在赠与人向受赠人交付了赠与的财产后,受赠人如果不依约履行其义务,赠与人可以撤销赠与。

赠与人的法定撤销权属于形成权,撤销权一经赠与人行使即发生效力,双方当事人的赠与关系即归于消灭。为了维护社会关系的稳定,尽快确定赠与的法律关系,撤销权人应当依法及时行使撤销权。赠与人行使撤销权的期间为1年,自知道或者应当知道撤销原因之日起计算。这一期间属于除斥期间,即法律对某种权利所预定的行使期间,不存在中止、中断和延长的问题。撤销权人如在法律规定的期间内不行使撤销权的,其撤销权即归于消灭。当然,依据本法第152条第2款的规定,“当事人自民事法律行为发生之日起五年内没有行使撤销权的,撤销权消灭”。因此,赠与人的法定撤销权应受该5年期间的限制。

另外需要说明的是,赠与人行使法定撤销权,应当将其撤销赠与的意思表示通知受赠人。撤销赠与的意思表示既可以是明示的,也可以是默示的。例如，赠与人没有明确说明撤销赠与，而是向受赠人索要已经交付的赠与财产，即属于默示的意思表示。赠与人没有将其撤销赠与的意思表示通知受赠人的，不发生撤销赠与的法律效力。

第六百六十四条　【赠与人继承人或者法定代理人的撤销权】因受赠人的违法行为致使赠与人死亡或者丧失民事行为能力的，赠与人的继承人或者法定代理人可以撤销赠与。

赠与人的继承人或者法定代理人的撤销权，自知道或者应当知道撤销事由之日起六个月内行使。

第六百六十五条　【撤销赠与的法律后果】撤销权人撤销赠与的，可以向受赠人请求返还赠与的财产。

第六百六十六条　【赠与人穷困抗辩】赠与人的经济状况显著恶化，严重影响其生产经营或者家庭生活的，可以不再履行赠与义务。

第十二章　借款合同

第六百六十七条　【借款合同定义】借款合同是借款人向贷款人借款，到期返还借款并支付利息的合同。

条文注解

借款合同，是指贷款人向借款人提供借款，借款人到期返还借款，并向贷款人支付利息的合同。

借款合同和传统民法借贷合同的概念有所区别。借贷合同是贷与人交付金钱或者其他种类物并转移其所有权供借用人消耗使用，借用人向贷与人返还种类、质量、数量相同的种类物的合同，一般分为使用借贷和消费借贷。其中，使用借贷是指当事人约定，当事人一方将物品借给对方使用，对方无偿使用后将物品返还的合同，又称为借用合同。消费借贷是指当事人约定，当事人一方有偿地将金钱或者其他代替物的所有权转移给对方，对方以相同物品返还的合同。本法并未对使用借贷作出规定，本章的借款合同，仅指消费借贷中的金钱借贷的内容。

关联法规

《最高人民法院关于审理民间借贷案件适用法律若干问题的规定》第1、10～13、31条，《最高人民法院关于为稳定就业提供司法服务和保障的意见》第3条，《最高人民法院关于新民间借贷司法解释适用范围问题的批复》第1条，《最高人民法院关于印发〈全国法院民商事审判工作会议纪要〉的通知》第51～53条

第六百六十八条　【借款合同形式和内容】借款合同应当采用书面形式，但是自然人之间借款另有约定的除外。

借款合同的内容一般包括借款种类、币种、用途、数额、利率、期限和还款方式等条款。

关联法规

《商业银行法》第37条

第六百六十九条　【借款人应当提供真实情况义务】订立借款合同，借款人应当按照贷款人的要求提供与借款有关的业务活动和财务状况的真实情况。

关联法规

《商业银行法》第39条

第六百七十条　【借款利息不得预先扣除】借款的利息不得预先在本金中扣除。利息预先在本金中扣除的，应当按照实际借款数额返还借款并计算利息。

关联法规

《最高人民法院关于审理民间借贷案件适用法律若干问题的规定》第26条

第六百七十一条　【贷款人未按照约定提供借款以及借款人未按照约定收取借款的后果】贷款人未按照约定的日期、数额提供借款，造成借款人损失的，应当赔偿损失。

借款人未按照约定的日期、数额收取借款的，应当按照约定的日期、数额支付利息。

关联法规

《商业银行法》第42条

第六百七十二条　【贷款人的监督、检查权】贷款人按照约定可以检查、监督借款的使用情况。借款人应当按照约定向贷款人定期提供有关财务会计报表或者其他资料。

第六百七十三条　【借款人未按照约定用途使用借款的责任】借款人未按照约定的借款用途使用借款的，贷款人可以停止发放借款、提前收回借款或者解除合同。

第六百七十四条　【借款人支付利息的期限】借款人应当按照约定的期限支付利息。对支付利息的期限没有约定或者约定不明确，依据本法第五百一十条的规定仍不能确定，借款期间不满一年的，应当在返还借款时一并支付；借款期间一年以上的，应当在每届满一年时支付，剩余期间不满一年的，应当在返还借款时一并支付。

关联法规

《商业银行法》第42条

第六百七十五条　【借款人返还借款的期限】借款人应当按照约定的期限返还借款。对借款期限没有约定或者约定不明确，依据本法第五百一十条的规定仍不能确定的，借款人可以随时返还；贷款人可以催告借款人在合理期限内返还。

第六百七十六条　【借款人逾期返还借款的责任】借款人未按照约定的期限返还借款的，应当按照约定或者国家有关规定支付逾期利息。

关联法规

《最高人民法院关于审理民间借贷案件适用法律若干问题的规定》第28、29条

第六百七十七条　【借款人提前返还借款】借款人提前返还借款的，除当事人另有约定外，应当按照实际借款的期间计算利息。

关联法规

《最高人民法院关于审理民间借贷案件适用法律若干问题的规定》第30条

第六百七十八条　【借款展期】借款人可以在还款期限届满前向贷款人申请展期；贷款人同意的，可以展期。

条文注解

借款展期，是指借款人在合同约定的借款期限不能偿还借款，在征得贷款人同意的情况下，延长原借款的期限，使借款人能够继续使用借款。借款展期实际上是对原合同的履行期限的变更，因此，借款展期应当遵循合同变更的有关规定。

关联法规

《最高人民法院关于审理民间借贷案件适用法律若干问题的规定》第27条

第六百七十九条　【自然人之间借款合同的成立时间】自然人之间的借款合同，自贷款人提供借款时成立。

关联法规

《最高人民法院关于审理民间借贷案件适用法律若干问题的规定》第9条

第六百八十条 【禁止高利放贷以及对借款利息的确定】禁止高利放贷，借款的利率不得违反国家有关规定。

借款合同对支付利息没有约定的，视为没有利息。

借款合同对支付利息约定不明确，当事人不能达成补充协议的，按照当地或者当事人的交易方式、交易习惯、市场利率等因素确定利息；自然人之间借款的，视为没有利息。

条文注解

对于借款合同当事人就支付利息约定不明确时的处理规则：首先，应当允许当事人就支付利息问题进行重新协商，经重新协商能够达成补充协议的，按补充协议的内容执行。其次，如果借款合同当事人就支付利息问题不能达成补充协议的，依据本法第142条第1款以及第510条的规定，应当根据借款合同所使用的词句，结合合同的相关条款确定利息约定不明条款的含义，如果通过合同的文义解释和整体解释能够确定利息的，可据此确定的利息标准执行。再次，如果通过上述两种方式均无法确定借款合同的利息标准，可以按照合同履行地或者当事人之间的交易方式、交易习惯补充确定利息。但是，利用交易方式、交易习惯确定利息标准，必须接受四个限制：一是就客观条件而言，应为交易行为当地或者行业通常采用的做法；二是就主观条件而言，为交易对方知道或者应当知道，以加强对不了解当地习惯或者缺乏业内经验的相对人的保护；三是从交易习惯的时间节点来看，应为订立合同时知道或者应当知道的习惯做法；四是交易习惯本身不得违反法律、行政法规的强制性规定或者公序良俗，否则将影响借款合同本身的效力。最后，如果按照上述三种方法仍然无法确定利息标准的，应当依据本法第511条第2项的规定，价款或者报酬不明确的，按照订立合同时履行地的市场价格履行；依法应当执行政府定价或者政府指导价的，依照规定履行，以此最终确定借款合同的利息计付标准。实践中，法院或者仲裁机构在当事人就利息问题约定不明时，可以以订立借款合同时合同履行地的商业银行同期同类贷款利率计算利息。

关联法规

《最高人民法院关于审理民间借贷案件适用法律若干问题的规定》第24、25条

第十三章　保证合同

第一节　一般规定

第六百八十一条　【保证合同定义】保证合同是为保障债权的实现，保证人和债权人约定，当债务人不履行到期债务或者发生当事人约定的情形时，保证人履行债务或者承担责任的合同。

条文注解

保证，是指法人、非法人组织和公民以其信誉和不特定的财产为他人的债务提供担保，当债务人不履行其债务时，该第三人按照约定履行债务或者承担责任的担保方式。这里的第三人叫作保证人，保证人必须是主合同以外的第三人。债务人不得为自己的债务作保证，且保证人应当具有清偿债务的能力，必须具有足以承担保证责任的财产，

具有代位清偿能力是保证人应当具备的条件。这里的债权人既是主合同等主债务的债权人，又是保证合同中的债权人，“保证人履行债务或者承担责任”成为保证债务或者保证责任。保证属于人的担保范畴，而不同于抵押、质押、留置等物的担保形式。保证不是用具体的财产提供担保，而是以保证人的信誉和不特定的财产为他人的债务提供担保。

关联法规

《最高人民法院关于适用〈中华人民共和国民法典〉时间效力的若干规定》第 27 条，《最高人民法院关于适用〈中华人民共和国民法典〉有关担保制度的解释》第 1 条

第六百八十二条　【保证合同的从属性及保证合同无效的法律后果】保证合同是主债权债务合同的从合同。主债权债务合同无效的，保证合同无效，但是法律另有规定的除外。

保证合同被确认无效后，债务人、保证人、债权人有过错的，应当根据其过错各自承担相应的民事责任。

关联法规

《最高人民法院关于适用〈中华人民共和国民法典〉时间效力的若干规定》第 27 条，《最高人民法院关于适用〈中华人民共和国民法典〉有关担保制度的解释》第 2、17 条，《最高人民法院关于审理独立保函纠纷案件若干问题的规定》第 17 条

第六百八十三条　【不得担任保证人的主体范围】机关法人不得为保证人，但是经国务院批准为使用外国政府或者国际经济组织贷款进行转贷的除外。

以公益为目的的非营利法人、非法人组织不得为保证人。

关联法规

《公司法》第15条,《商业银行法》第22条,《最高人民法院关于适用〈中华人民共和国民法典〉有关担保制度的解释》第5条

第六百八十四条 【保证合同内容】保证合同的内容一般包括被保证的主债权的种类、数额,债务人履行债务的期限,保证的方式、范围和期间等条款。

第六百八十五条 【保证合同形式】保证合同可以是单独订立的书面合同,也可以是主债权债务合同中的保证条款。

第三人单方以书面形式向债权人作出保证,债权人接收且未提出异议的,保证合同成立。

条文注解

保证合同为要式合同。此要式为书面形式,即保证合同既可以是单独订立的书面合同,也可以是书面订立的主债权债务合同中的保证条款。而保证合同的成立方式也可以有所变通,债权人和保证人可以协议约定保证合同的成立方式和时间。但当第三人单方以书面形式向债权人作出保证时,只要债权人接收第三人的保证书或主债权债务中的保证条款且未提出异议的,保证合同也可成立,此时法律推定债权人默示同意,因为此时债权人无附加义务而增加了权利,对债权人只会有利。

第六百八十六条 【保证方式】保证的方式包括一般保证和连带责任保证。

当事人在保证合同中对保证方式没有约定或者约定不明确的，按照一般保证承担保证责任。

条文注解

保证的方式被分为一般保证和连带责任保证。一般保证，是指当事人在保证合同中约定，在债务人不能履行债务时，保证人承担保证责任的保证。连带责任保证，是指当事人在保证合同中约定保证人与债务人对债务承担连带责任的保证。这两种保证之间最大的区别在于保证人是否享有先诉抗辩权。在一般保证的情况下，保证人享有先诉抗辩权，即一般保证的保证人在就债务人的财产依法强制执行仍不能履行债务前，对债权人可以拒绝承担保证责任。而在连带责任保证的情况下，保证人不享有先诉抗辩权，即连带责任保证的债务人在主合同约定的债务履行期届满没有履行债务的，债权人既可以要求债务人履行债务，也可以要求保证人在其保证范围内承担保证责任。

上述情况表明，保证人在不同的保证方式中所处的地位不同，其利益受到法律保护的程度也有差异。一般而言，保证人在一般保证中的地位较为优越，往往并不实际承担任何责任，债务人是债务履行的第一顺序人，保证人则是债务履行的第二顺序人，保证人在债务人履行不能或者不能完全承担责任时，对债务承担补充责任。保证人在连带责任保证中的地位不太有利，只要连带责任保证的债务人在主合同规定的履行期届满没有履行债务的，债权人既可以要求债务人履行债务，也可以要求保证人在其保证范围内承担保证责任。于此情形下，法律对保证人和债务人同等要求。既然如此，保证人承担何种方式的保证责任就显得十分重要，需认真对待，最好是在保证合同中明确约定。但当事人对保证方式没有约定或者约定不明确的，按照一般保证承担保证责任。

第六百八十七条 【一般保证人先诉抗辩权】当事人在保证合同中约定，债务人不能履行债务时，由保证人承担保证责任的，为一般保证。

一般保证的保证人在主合同纠纷未经审判或者仲裁，并就债务人财产依法强制执行仍不能履行债务前，有权拒绝向债权人承担保证责任，但是有下列情形之一的除外：

（一）债务人下落不明，且无财产可供执行；

（二）人民法院已经受理债务人破产案件；

（三）债权人有证据证明债务人的财产不足以履行全部债务或者丧失履行债务能力；

（四）保证人书面表示放弃本款规定的权利。

条文注解

一般保证，是指当事人在保证合同中约定，在债务人不能履行债务时，保证人承担保证责任的保证。一般保证与连带责任保证之间最大的区别在于保证人是否享有先诉抗辩权。在一般保证的情况下，保证人享有先诉抗辩权，又称为检索抗辩权，是指一般保证的保证人在就债务人的财产依法强制执行仍不能履行债务前，对债权人可以拒绝承担保证责任的权利。如果保证人不行使先诉抗辩权，那么债权人可以对主债务人和保证人有效地行使两个请求权，并可以同时或先后请求其为全部履行或部分履行。当然，在任何一方为部分或全部清偿后，其债务（责任）随之缩减或消灭。

由于金钱债务没有不能履行，种类债务大多也不构成不能履行，所以在金钱之债及种类之债中，一般保证会名存实亡，先诉抗辩权变成无条件的、永不消失的权利，这违背立法目的，故此处的“不能履行”应当解释为“就债务人财产依法强制执行无效果前，对债权人可以拒绝承担保证责任”。所谓依法“强制执行无效果”,包括执行结果不能清偿债务或不足清偿债务诸情形。例如,拍卖主债务人的财产无人应买,或拍卖所得价款仅能清偿一部分债务,或主债务人虽有财产却不知其所在等。不能清偿应指对债务人的存款、现金、有价证券、成品、半成品、原材料、交通工具等可以执行的动产和其他方便执行的财产执行完毕后,债务仍未能得到清偿的状态。

先诉抗辩权既可以通过诉讼方式行使,也可以在诉讼外行使。但按照本条第2款的规定,在下列四种情况下不得行使:第一,债务人下落不明,且无财产可供执行。债务人下落不明致债权人请求主债务人履行债务发生重大困难,而对于重大困难的判断,应综合诉讼及执行的难易程度、债务人的财产状况等客观情况进行。第二,人民法院已经受理债务人破产案件。债权人和债务人的纠纷经人民法院审理或者仲裁机构仲裁后,依法进入执行程序。在执行期间,由于债务人不能清偿到期债务,债权人或者债务人向人民法院申请债务人破产。人民法院受理了债务人的破产案件后,应当依法中止执行程序,在这种情况下,债务人的财产实际上处于冻结状况,债权人在此期间不能从主债务人处实现其债权,并且将来也极有可能如此,只有保证人实际承担保证责任才能实现债权,故法律不允许保证人行使先诉抗辩权,如果破产的债务人有保证人提供保证的,债权人可以不向破产组织申报债权,而直接要求保证人承担保证责任。为了保护保证人的利益,保证人可以在债权人未向人民法院申报债权的情况下,向人民法院申报债权,直接参加破产财产的分配,预先行使追偿权。第三,债权人有证据证明债务人的财产不足以履行全部债务或者丧失履行债务能力。在此情况下,债权人在一定期间内无法从主债务人处实现债权,故只能要求保证人承担保证责任。第四,保证人书面表示放弃本款规定的权利。既然保证人放弃权利,则法律不允许其再主张先诉抗辩权。先诉抗辩权的放弃应当以书面形式作出,主要是为了证明保证人确实放弃该权利，同时也可以防止债权人和保证人在先诉抗辩权是否放弃问题上发生争议。

关联法规

《最高人民法院关于适用〈中华人民共和国民法典〉有关担保制度的解释》第25~28条，《最高人民法院关于适用〈中华人民共和国企业破产法〉若干问题的规定（三）》第4、25、26条

第六百八十八条　【连带责任保证】当事人在保证合同中约定保证人和债务人对债务承担连带责任的，为连带责任保证。

连带责任保证的债务人不履行到期债务或者发生当事人约定的情形时，债权人可以请求债务人履行债务，也可以请求保证人在其保证范围内承担保证责任。

条文注解

连带责任保证，是指当事人在保证合同中约定保证人与债务人对债务承担连带责任的保证。债务履行期届满债务人没有履行债务的，债权人既可以要求债务人履行债务，也可以要求保证人在其保证范围内履行债务。故在连带责任保证中，保证责任已届承担期，债权人请求保证人实际承担保证责任的，保证人没有先诉抗辩权，但有主债务已适当履行或相应责任已经承担的抗辩权。连带责任保证一方面对于保证人来说承担了较重的责任，另一方面有利于保护债权人的权益。

值得注意的是，本条的连带责任保证（理论上简称“连带保证”）要与本法第699条规定的共同保证中的多个保证人之间承担连带责任的情形（理论上简称“保证连带”）进行区分。本条解决的是保证人和债务人之间的关系是不是连带责任的问题；本法第699条解决的是

多个保证人之间是否是连带责任的问题。因此,实际上在共同保证的情形,结合本条和本法第699条,可能会出现四种不同的责任形态的排列组合:按份共同一般保证、按份共同连带保证、连带共同一般保证、连带共同连带保证。共同保证时,《民法典》出台前的默认规则是连带共同连带保证,《民法典》出台后的默认规则是连带共同一般保证。

关联法规

《最高人民法院关于适用〈中华人民共和国民法典〉有关担保制度的解释》第25条

第六百八十九条 【反担保】保证人可以要求债务人提供反担保。

条文注解

所谓反担保,是指在商品贸易、工程承包和资金借贷等经济往来中,为了换取担保人提供保证、抵押或质押等担保方式,由债务人或第三人向该担保人新设担保,以担保该担保人在承担了担保责任后易于实现其追偿权的制度。除了本条关于保证中的反担保规定外,《民法典》第387条第2款对反担保亦有规定。

关于反担保提供者的范围,无论是本条还是本法第387条第2款,都仅规定债务人为反担保的提供者,忽视了债务人委托第三人向原担保人提供反担保的情形。按本条侧重保护原担保人的合法权益、换取原担保人立保的立法目的和基本思想衡量,法条文本涵盖的反担保提供者的范围过于狭窄,不足以贯彻其立法目的,构成法律漏洞。对该漏洞的弥补应采取目的性扩张解释方式,将第三人提供反担保的情形纳入本条的适用范围。

关于反担保的方式，并不是所有担保常见的五种方式均可作为反担保的方式。首先，留置权不能为反担保方式。按本条规定，反担保产生于约定，而留置权却发生于法定。留置权在现行法上一律以动产为客体，价值相对较小，在主债额和原担保额均为巨大的场合，把留置权作为反担保的方式实在不足以保护原担保人的合法权益。其次，定金虽然在理论上可以作为反担保的方式，但是因为支付定金会进一步削弱债务人向债权人支付价款或酬金的能力，加之往往形成原担保和反担保不成比例的局面，所以在实践中极少采用。在实践中运用较多的反担保形式是保证、抵押权，然后是质权。不过，在债务人亲自向原担保人提供反担保的场合，保证就不得作为反担保的方式。因为这会形成债务人既向原担保人负偿付因履行原担保而生之必要费用的义务，又向原担保人承担保证债务，债务人和保证人合二为一的局面，起不到反担保的作用。

设立反担保的行为是法律行为，必须符合本法总则编关于民事法律行为有效的条件。而每种反担保的方式又各有其特定的成立条件，因此，尚需符合本法物权编和合同编于相应条款规定的特定成立要件。此外，依反担保设立的目的要求，反担保的实行应于原担保实行之后。

关联法规

《最高人民法院关于适用〈中华人民共和国民法典〉有关担保制度的解释》第19条

第六百九十条　【最高额保证合同】保证人与债权人可以协商订立最高额保证的合同，约定在最高债权额限度内就一定期间连续发生的债权提供保证。

最高额保证除适用本章规定外，参照适用本法第二编最高额抵押权的有关规定。

条文注解

最高额保证,是指保证人和债权人签订一个总的保证合同,为一定期限内连续发生的借款合同或同种类其他债权提供保证,只要债权人和债务人在保证合同约定的期限内且债权额限度内进行交易,保证人则依法承担保证责任的保证行为。最高额保证基于保证人与债务人双方约定而产生,属于人的担保中保证的一种特殊形式,是在最高债权额限度内对一定期间连续发生的不特定同种类债权提供的保证,为现实经济活动中,特别是银行融资业务中一种较为常用的担保方式。其特征具体体现在以下几个方面:

第一,不特定性。在普通保证中,被担保的主债务是现实存在的债务,且保证合同的成立,须以主债务的存在为前提。

第二,连续性。普通保证中,主债务的发生通常是基于一个合同,而最高额保证所担保的是连续发生的一系列债务。

第三,期间性。根据债法基本原理,债务人承担债务的前提是债务的内容具有特定性。债务的内容由当事人协商确定,或者由法律规定。每一个具体的债务,都有具体和确定的标的及其质量、数量、履行期限等内容,使之特定化。由于最高额保证担保的主债务属于未来的、连续性债务,具有不确定性,基于保证债务的从属性,如果不限制主债务的发生期间,不仅无法使保证债务特定化,也使保证人无法预知何时方能解脱,既不利于债权人获得清偿,也对保证人不利。因而最高额保证所担保的债权,须在规定期间内发生。

第四,同质性。最高额保证担保的债权系列并非多个任意债权的组合,它们必须是同种类债权,产生于同一性质的法律关系,在该法律关系中债务人对债权人承担同一性质的给付义务。

值得注意的是最高额保证与最高额抵押权的区别。本法物权编第420~424条对最高额抵押权有具体的规定。

本条第2款规定,最高额保证除适用本章规定外,参照适用物权编最高额抵押权的有关规定。也就是说，最高额保证的债权的范围、确定、转让等方面的规定与最高额抵押权保持一致。

关联法规

《最高人民法院关于适用〈中华人民共和国民法典〉有关担保制度的解释》第30条

第二节　保证责任

第六百九十一条　【保证范围】保证的范围包括主债权及其利息、违约金、损害赔偿金和实现债权的费用。当事人另有约定的，按照其约定。

条文注解

主债权即主合同所确立的债权，这是保证范围的主要部分，当事人设立保证合同，就是为了担保主债权的实现。利息即主债权所产生的利息，有法定利息和约定利息两种。违约金是指由当事人通过协商预先确定的、在违约后一方向另一方支付一定数额的金钱。损害赔偿金是指一方违约时应当向另一方承担的损害赔偿责任。在担保关系中，担保的对象也包括损害赔偿金。实现债权的费用包括诉讼费用，申请扣押、执行等的费用。

保证范围是保证合同的一项内容，保证人可以随意约定保证范围，约定范围既可大于上述法定范围，也可等于或小于上述法定范围。约定范围与法定范围不一致的，适用约定范围，即约定范围优于法定范围。

关联法规

《最高人民法院关于适用〈中华人民共和国民法典〉有关担保制度的解释》第3条

第六百九十二条 【保证期间】保证期间是确定保证人承担保证责任的期间,不发生中止、中断和延长。

债权人与保证人可以约定保证期间,但是约定的保证期间早于主债务履行期限或者与主债务履行期限同时届满的,视为没有约定;没有约定或者约定不明确的,保证期间为主债务履行期限届满之日起六个月。

债权人与债务人对主债务履行期限没有约定或者约定不明确的,保证期间自债权人请求债务人履行债务的宽限期届满之日起计算。

条文注解

保证期间为确定保证人承担保证责任的期间,事关保证人和债权人之间的债权债务能否行使或履行,也是确定保证债务和诉讼时效关系的依据。保证期间既可以是法定期间,也可以是约定期间。如果债权人请求保证人承担保证责任超过该期间,则保证人无须再承担保证责任。如果当事人没有就保证期间作出特别约定,则可以适用法定期间。保证合同中之所以要约定保证期间,是因为保证期间可以起到督促债权人主张权利、限制保证人责任的作用。

保证期间具有以下特征:第一,保证期间是就保证责任的承担所设定的期间。从性质上说,保证期间是确定保证人承担保证责任的期间,它既非保证合同的有效期间,也非附期限合同中的期限,而仅是针对保证责任的承担所设定的期限。第二,保证期间由当事人约定或法律规定。保证期间可以由法律作出明确规定,也可以由当事人通过特别约定确定,在当事人没有约定或约定不明时,才适用法律规定的保证期间。保证期间设立的目的在于限制保证人的责任、保障保证人的利益,当事人可以就保证期间作出特别约定,按照私法自治的原则,此种约定应当有效。第三，保证期间是保证合同的组成部分。保证合同的当事人可以就保证期间作出约定，只要此种约定不违反法律的强制性规定，该约定就是有效的，其应当成为保证合同的重要组成部分。

本条第3款规定了主债务履行期限没有约定或约定不明确的情况下保证期间的起算问题，此时保证期间自债权人请求债务人履行债务的宽限期届满之日起计算。

关联法规

《最高人民法院关于适用〈中华人民共和国民法典〉时间效力的若干规定》第27条，《最高人民法院关于适用〈中华人民共和国民法典〉有关担保制度的解释》第30～32、34条

第六百九十三条　【保证责任免除】一般保证的债权人未在保证期间对债务人提起诉讼或者申请仲裁的，保证人不再承担保证责任。

连带责任保证的债权人未在保证期间请求保证人承担保证责任的，保证人不再承担保证责任。

关联法规

《最高人民法院关于适用〈中华人民共和国民法典〉有关担保制度的解释》第26、31、33、34条

第六百九十四条　【保证债务诉讼时效】一般保证的债权人在保证期间届满前对债务人提起诉讼或者申请仲裁的，从保证人拒绝承担保证责任的权利消灭之日起，开始计算保证债务的诉讼时效。

连带责任保证的债权人在保证期间届满前请求保证人承担保证责任的，从债权人请求保证人承担保证责任之日起，开始计算保证债务的诉讼时效。

条文注解

保证债务的诉讼时效，是指当债权人请求保证人履行保证债务，经过法定的时效期间即丧失获得法院强制执行保证人承担保证责任的权利。该时效期间适用本法关于诉讼时效的规定。

保证合同诉讼时效的设立，使保证人享有两种期限利益：一是保证期间利益；二是时效利益。如果债权人未在保证期间内向主债务人或保证人主张权利，保证人可以免责。如果债权人在保证期间内主张了权利，但在此后诉讼时效期间内未向保证人要求承担保证责任，则诉讼时效届满，保证人也可以行使保证合同时效抗辩权而无须承担责任。

需要注意的是，本条第1款对原《最高人民法院关于适用〈中华人民共和国担保法〉若干问题的解释》第36条进行修正，该条第1款规定，"一般保证中，主债务诉讼时效中断，保证债务诉讼时效中断"，这一规定具有逻辑错误，在主债务诉讼时效中断的时候，保证债务的诉讼时效尚未计算，所以保证债务的诉讼时效中断一说无从谈起。

本条第2款是对连带责任保证的保证债务诉讼时效起算的规定。不同于一般保证，连带责任保证中债权人对债务人或保证人主张债权并无先后次序之分，债权人既可以要求债务人履行主债务，也可以要求保证人履行其保证责任，保证人不能以债权人尚未对债务人主张债务而拒绝履行保证责任。所以在连带责任保证中，债权人在保证期间届满前要求保证人履行保证责任之时，才系保证责任的诉讼时效开始之日。但此处有两点值得注意：其一，债权人要求保证人履行保证责任的方式，并不仅限于诉讼与仲裁，还包括其他的非司法途径，比如口头催告、书面告知等，但实务中一般采用书面的方式请求保证人履行保证责任，因为书面的方式更加易于举证；其二，债权人需要向保证人要求履行保证责任，才构成保证债务诉讼时效的开始，而债权人向债务人要求履行债务，并不构成保证债务诉讼时效的开始。

关联法规

《最高人民法院关于适用〈中华人民共和国民法典〉有关担保制度的解释》第28、35条

第六百九十五条 【主合同变更对保证责任影响】债权人和债务人未经保证人书面同意，协商变更主债权债务合同内容，减轻债务的，保证人仍对变更后的债务承担保证责任；加重债务的，保证人对加重的部分不承担保证责任。

债权人和债务人变更主债权债务合同的履行期限，未经保证人书面同意的，保证期间不受影响。

条文注解

合同变更，是债的变更的主要形式，它有广义和狭义两种含义。广义的合同变更，是指合同的内容和主体发生变化。合同内容的变更，是指在合同的主体保持不变的情况下，合同的内容发生变更。具体来说，是指在合同成立以后，尚未履行或尚未完全履行之前，当事人就合同的内容达成修改和补充的协议，或者依据法律规定请求法院或者仲裁机构变更合同内容。本法所采纳的合同变更是狭义上的合同变更，即合同内容的变更。本法合同编第六章严格区分了合同的变更和转让，当事人的变更属于合同转让的范畴，而合同内容的变更属于

合同的变更。

主债权债务合同变更后,原由保证人承担的保证范围可能发生变化,由此可能加大保证人的责任,这于保证人而言是十分不利的。因此,法律要求债权人与债务人协议变更主债权债务合同时需要取得保证人的书面同意。保证人书面同意,意味着其愿意为变更后的合同内容提供保证。否则,在未取得保证人书面同意的情况下,减轻债务的,保证人仍对变更后的债务承担保证责任,而加重债务的,保证人对加重的部分不承担保证责任。这改变了《担保法》第24条协议变更主合同未经保证人书面同意的,保证人不再承担保证责任的规定,更加符合维护保证人利益的原则。

本条第2款规定,"债权人和债务人变更主债权债务合同的履行期限,未经保证人书面同意的,保证期间不受影响",该款亦是对于保证人利益的维护。根据本法第692条的规定,保证期间与主债务履行期限密切相关。保证期间可以由当事人自主约定,但约定的保证期间如早于主债务履行期限或者与主债务履行期限同时届满的,视为没有约定;没有约定或者约定不明确的,保证期间为主债务履行期限届满之日起6个月。如果债权人和债务人在未经保证人书面同意的情况下变更主债权债务合同的履行期间,可能会对保证人的保证期间利益带来不利影响,因此,作出了本款规定。但需要特别指出的是,未经保证人书面同意的主债权债务合同履行期限变更未必一定给保证人带来保证期间上的不利影响,但本款规定未像第1款作出"有利变更则有效,不利变更则无效"的规定。

关联法规

《最高人民法院关于适用〈中华人民共和国民法典〉有关担保制度的解释》第16、20条

第六百九十六条 【债权转让对保证责任影响】债权人转让全部或者部分债权，未通知保证人的，该转让对保证人不发生效力。

保证人与债权人约定禁止债权转让，债权人未经保证人书面同意转让债权的，保证人对受让人不再承担保证责任。

关联法规

《最高人民法院关于适用〈中华人民共和国民法典〉有关担保制度的解释》第20条

第六百九十七条 【债务承担对保证责任影响】债权人未经保证人书面同意，允许债务人转移全部或者部分债务，保证人对未经其同意转移的债务不再承担保证责任，但是债权人和保证人另有约定的除外。

第三人加入债务的，保证人的保证责任不受影响。

条文注解

债务承担，是指在不改变债务内容的情况下移转债务，由第三人承担原债务人的债务。债务承担可以分为免责的债务承担和并存的债务承担。免责的债务承担，即第三人代替原债务人成为新债务人，原债务人的债务消灭。并存的债务承担，即第三人成为连带债务人，与原债务人共同承担债务。两种债务承担都会对保证人的责任产生影响，本条第1款规定免责的债务承担对保证责任的影响，第2款规定并存的债务承担对保证责任的影响。

正确理解本条应当注意以下几点：一是债权人允许债务人转移债务必须要经保证人的书面同意。如果不是书面形式，而是其他形式，视为不存在担保人的同意。根据法律规定，书面形式是指合同书、信件和数据电文(包括电传、电报、传真、电子数据交换和电子邮件)等可以有形地表现所载内容的形式。二是本条规定的债务转移不但包括债务人将债务全部转移给他人,也包括将部分债务转移给他人。债权人许可债务人部分转移的,原债务人并不退出债务关系,只是其所应承担的债务额发生减少,新债务人与原债务人共同向债权人承担债务。部分转移债务的也必须经担保人同意,否则担保人对转移出去的部分债务不承担担保责任。三是未经担保人书面同意,债权人许可债务人转移全部债务的,可以免除担保人全部担保责任;债权人许可债务人转移部分债务的,可以免除担保人部分担保责任,担保人不得要求免除全部担保责任。

不同于债权让与,在债权让与中只规定债务加重需要经过保证人书面同意,这是由于除了具有人身专属性的特别情形,对于保证人来说,对哪个债权人承担保证责任,其实是没有那么重要的,因为最终债务人无法履行债务才是最关键的。但是在免责债务承担的情形下,债务转出的部分若要保证人继续承担保证责任,需要经过保证人的书面同意,因为债务承担会影响保证人的权益,债务转让导致相应部分的债务人更换,而债务人的偿债能力会影响保证人的权益。债务人的责任承担能力,对于保证人是否会承担保证责任以及最后的追偿权能否实现,都是极其重要的。

本条第2款应结合《民法典》第552条进行解释,该条规定:“第三人与债务人约定加入债务并通知债权人,或者第三人向债权人表示愿意加入债务,债权人未在合理期限内明确拒绝的,债权人可以请求第三人在其愿意承担的债务范围内和债务人承担连带责任。”第三人加入债务,债务人的整体责任承担能力只会增加而不会有所减损,对保证人的权益不会有影响,只会更有利于保证人,因此,不需要保证人书面同意,保证人按照约定继续承担保证责任。

关联法规

《最高人民法院关于适用〈中华人民共和国民法典〉有关担保制度的解释》第20、36条

第六百九十八条 【一般保证人保证责任免除】一般保证的保证人在主债务履行期限届满后，向债权人提供债务人可供执行财产的真实情况，债权人放弃或者怠于行使权利致使该财产不能被执行的，保证人在其提供可供执行财产的价值范围内不再承担保证责任。

条文注解

此条适用于一般保证的情形。所谓一般保证，是指当事人在保证合同中约定，在债务人不能履行债务时，保证人承担保证责任的保证。区别于连带责任保证，一般保证情况下保证人享有先诉抗辩权，即一般保证的保证人在主合同纠纷未经审判或者仲裁，并就债务人财产依法强制执行仍不能履行债务前，对债权人可以拒绝承担保证责任。

一般保证情形下，债权人需要在对债务人财产执行不能之后，才能主张保证人承担保证责任，也就是说，债务人财产执行不能时，保证人有承担责任的义务。本条规定，如果是因为债权人自己放弃或者怠于行使权利致使债务人相应财产执行不能时，此时由于是债权人自己的原因导致对债务人财产执行不能，因此，保证人可以在相应范围内免责。

连带责任保证，是指当事人在保证合同中约定保证人与债务人对债务承担连带责任的保证。在连带责任保证中，由于债权人对债务人和保证人请求承担责任的主张没有先后顺序，债权人可自主决定请求债务人或是连带保证人承担全部或部分责任，因此，本条规定不适用

于连带责任保证的情形。

第六百九十九条　【共同保证】同一债务有两个以上保证人的，保证人应当按照保证合同约定的保证份额，承担保证责任；没有约定保证份额的，债权人可以请求任何一个保证人在其保证范围内承担保证责任。

条文注解

共同保证，是指两个或两个以上的保证人为同一债务而向债权人所提供的担保。共同保证是相对于一人保证而言的，它是指数人为一人担保。

本条所规定的共同保证，无论是按份共同保证还是连带共同保证，和一般保证、连带责任保证是完全不同的概念。一般保证和连带责任保证定义的是保证人和主债务人之间的关系，而本条所涉及的共同保证是保证人之间的相互关系。在一般保证的情形下，保证人享有先诉抗辩权，一般保证的保证人在主合同纠纷未经审判或者仲裁，并就债务人财产依法强制执行仍不能履行债务前，对债权人可以拒绝承担保证责任；在连带责任保证的情形下，保证人和主债务人是连带关系，债权人可以任意选择向主债务人或者保证人请求承担责任，保证人不享有先诉抗辩权。

此条所涉及的按份共同保证和连带共同保证定义的是多个保证人之间的关系，多个保证人之间的关系，实际上是三种情形：明确约定为按份共同保证；明确约定为连带共同保证，此时为真正连带；没有约定保证份额，但适用本法第699条所规定的“没有约定保证份额的，债权人可以请求任何一个保证人在其保证范围内承担保证责任”的不真正连带共同保证，此时债权人可以请求任何一个保证人承担全部保证责任，保证人承担保证责任之后可以找债务人追偿，但是多个保证人之间没有相互追偿权。

关联法规

《最高人民法院关于适用〈中华人民共和国民法典〉有关担保制度的解释》第13、14、20、29条

第七百条　【保证人追偿权】保证人承担保证责任后，除当事人另有约定外，有权在其承担保证责任的范围内向债务人追偿，享有债权人对债务人的权利，但是不得损害债权人的利益。

关联法规

《最高人民法院关于适用〈中华人民共和国民法典〉有关担保制度的解释》第18、20条，《企业破产法》第51条，《最高人民法院关于适用〈中华人民共和国企业破产法〉若干问题的规定(三)》第5条

第七百零一条　【保证人抗辩权】保证人可以主张债务人对债权人的抗辩。债务人放弃抗辩的，保证人仍有权向债权人主张抗辩。

关联法规

《最高人民法院关于适用〈中华人民共和国民法典〉有关担保制度的解释》第20条

第七百零二条　【保证人拒绝履行权】债务人对债权人享有抵销权或者撤销权的，保证人可以在相应范围内拒绝承担保证责任。

关联法规

《最高人民法院关于适用〈中华人民共和国民法典〉有关担保制度的解释》第20条

第十四章 租赁合同

第七百零三条 【租赁合同定义】租赁合同是出租人将租赁物交付承租人使用、收益,承租人支付租金的合同。

条文注解

本条规定,租赁合同是出租人将租赁物交付承租人使用、收益,承租人支付租金的合同。

租赁合同是在人们的经济生活和日常生活中经常使用的一种合同。它可以在自然人、法人之间调剂余缺,充分发挥物的使用功能,最大限度地使用其价值。通过租赁,承租人与出租人双方的利益可以同时得到满足,因此,租赁是现实经济生活中较为重要的一种经济形式。

对于企业的租赁经营合同与本法规定的租赁合同是不同的,表现在:一是企业租赁的当事人一方是企业的所有人或管理人,另一方则是本企业的职工,他们之间本来就有一个内部管理的关系;二是合同订立是以公开招标的形式进行的,有时还须有关部门批准;三是租赁的标的是整个企业,而不是某一特定的财产,是人财物、产供销、资金、技术、经营等多种因素的综合体,承租人获得的不仅是对财产的使用权,而且是一种经营权;四是承租人须以自己的财产向企业提供担保;五是按照合同的要求,合同终止时,企业的价值须大于租赁时的价值。从上述特征中可以看出,本法规定的租赁合同不适用于企业的租赁经营活动。

关联法规

《最高人民法院关于审理城镇房屋租赁合同纠纷案件具体应用法律若干问题的解释》第1~5、16条,《城市房地产管理法》第53~55条,《城镇国有土地使用权出让和转让暂行条例》第28~31条

第七百零四条　【租赁合同主要内容】租赁合同的内容一般包括租赁物的名称、数量、用途、租赁期限、租金及其支付期限和方式、租赁物维修等条款。

关联法规

《海商法》第130、145条

第七百零五条　【租赁最长期限】租赁期限不得超过二十年。超过二十年的,超过部分无效。

租赁期限届满,当事人可以续订租赁合同;但是,约定的租赁期限自续订之日起不得超过二十年。

第七百零六条　【租赁合同的登记备案手续对合同效力影响】当事人未依照法律、行政法规规定办理租赁合同登记备案手续的,不影响合同的效力。

第七百零七条　【租赁合同形式】租赁期限六个月以上的,应当采用书面形式。当事人未采用书面形式,无法确定租赁期限的,视为不定期租赁。

条文注解

本条所称的超过或低于6个月的租赁期限,应指当事人所约定的租赁期限。为了既便利交易又保证交易安全,本条对租赁合同的形式作了以下几个层次的规定:

第一,租赁期限不满6个月的租赁合同,可以采用口头形式也可以采用书面形式。这是因为租赁期限较短的合同一般来说租赁物价值不大(当然不排除大型的机械设备),租赁物使用后变化也不大,租金也较少,租赁关系结束得快,证据不易失散。一旦发生纠纷容易分清责任,因此,不必要求当事人非以书面形式订立合同。但对于房屋租赁合同即使租赁期限不满6个月,因房屋的价值较高,租金多,按照我国《城市房地产管理法》规定,房屋租赁,出租人和承租人应当签订书面租赁合同,并向房产管理部门登记备案。此项规定可以在一定程度上弥补短期租赁涉及金额较大情况下,形式要件对交易安全的保护问题。

第二,租赁期限6个月以上的,当事人没有采用书面形式,并非导致合同无效,而是产生约定的期限不予承认的效果,即以不定期租赁作为不采用书面形式的后果,促使欲保持交易稳定性的当事人注重满足订立合同的形式要件。同时,增加欲保持交易状态灵活性的当事人从合同中摆脱的可能性。

在本条规定中,即使应采用书面形式而未采用,也有可以视为定期租赁的情况。其一,如果租赁合同虽未采用书面形式,但双方当事人对租赁期限无争议的,应为定期租赁。其二,即使双方当事人对租赁期限有争议,但一方如果能举证证明约定有确切的租赁期限的,应为定期租赁。其三,若双方对租赁期限有争议,可以参照本法第510条确定租赁期限,也可以适用本法第730条关于租赁期限“没有约定或者约定不明确”情形下的规定。“无法确定”的表述意味着,不仅当事人自身可以对约定期限情况进行举证证明,司法机关也可以依据法律规定的关于合同约定不明情况下，交易习惯、行业标准等进行推定。这体现了充分保障当事人意思自治，增加了认定为定期合同的可能性，有利于维护交易的稳定性。

第七百零八条　【出租人交付租赁物义务和适租义务】出租人应当按照约定将租赁物交付承租人，并在租赁期限内保持租赁物符合约定的用途。

第七百零九条　【承租人按约定使用租赁物的义务】承租人应当按照约定的方法使用租赁物。对租赁物的使用方法没有约定或者约定不明确，依据本法第五百一十条的规定仍不能确定的，应当根据租赁物的性质使用。

第七百一十条　【承租人按约定使用租赁物的免责义务】承租人按照约定的方法或者根据租赁物的性质使用租赁物，致使租赁物受到损耗的，不承担赔偿责任。

第七百一十一条　【租赁人未按约定使用租赁物的责任】承租人未按照约定的方法或者未根据租赁物的性质使用租赁物，致使租赁物受到损失的，出租人可以解除合同并请求赔偿损失。

关联法规

《最高人民法院关于审理城镇房屋租赁合同纠纷案件具体应用法律若干问题的解释》第6条

第七百一十二条 【出租人维修义务】出租人应当履行租赁物的维修义务,但是当事人另有约定的除外。

条文注解

出租人的维修义务是出租人对物的瑕疵担保责任中派生的义务。出租人的维修义务并不是绝对的、无限的,应当满足以下要件:(1)有维修的正当理由,即限于租赁物本身的缺陷造成,对承租人增添于租赁物的缺陷无维修的义务。(2)须租赁物有维修的必要。有维修的必要是指租赁物已经出现影响正常使用、发挥效用的情况,不进行维修就不能使用,出租人应对租赁物进行及时的维修,以保证其正常使用。(3)须租赁物有维修的可能。有维修的可能是指租赁物损坏后能够将其修好以恢复或达到损坏前的状态。维修不能,包括事实不能与经济不能。(4)当事人无相反的约定。基于租赁合同债权相对性,尊重当事人意思自治,允许当事人对维修义务的分配作出约定,即另有约定时也存在承租人承担维修义务的情况。

法律虽然规定了在一般情况下出租人负有维修义务,但并非在所有的情况下维修的义务都由出租人承担。排除出租人维修义务的情况有以下几种:其一,法律、行政法规规定,由承租人承担维修义务的。例如,我国《海商法》第147条规定,在光船租赁期间,承租人负责船舶的保养、维修。其二,双方约定维修义务由承租人负担。其三,依当地习惯或商业习惯,由承租人承担维修义务的。例如,在汽车租赁中对汽车的维修义务一般都由承租人负担。

关联法规

《海商法》第132、133、146条

第七百一十三条 【出租人不履行维修义务的法律后果】承租人在租赁物需要维修时可以请求出租人在合理期限内维修。出租人未履行维修义务的，承租人可以自行维修，维修费用由出租人负担。因维修租赁物影响承租人使用的，应当相应减少租金或者延长租期。

因承租人的过错致使租赁物需要维修的，出租人不承担前款规定的维修义务。

第七百一十四条 【承租人妥善保管租赁物义务】承租人应当妥善保管租赁物，因保管不善造成租赁物毁损、灭失的，应当承担赔偿责任。

第七百一十五条 【承租人对租赁物进行改善或增设他物】承租人经出租人同意，可以对租赁物进行改善或者增设他物。

承租人未经出租人同意，对租赁物进行改善或者增设他物的，出租人可以请求承租人恢复原状或者赔偿损失。

关联法规

《最高人民法院关于审理城镇房屋租赁合同纠纷案件具体应用法律若干问题的解释》第7~12条

第七百一十六条 【承租人对租赁物转租】承租人经出租人同意，可以将租赁物转租给第三人。承租人转租的，承租人与出租人之间的租赁合同继续有效；第三人造成租赁物损失的，承租人应当赔偿损失。

承租人未经出租人同意转租的，出租人可以解除合同。

条文注解

转租，是指承租人将租赁物转让给第三人使用、收益，承租人与第三人形成新的租赁合同关系，而承租人与出租人的租赁关系继续合法有效的一种交易形式。转租包括经出租人同意和未经出租人同意两种情况。

(1)经出租人同意的转租包括两种情形：一是在租赁合同订立时明确约定承租人有权转租租赁物；二是在租赁期限内承租人征得出租人同意将租赁物转租。根据本法第718条的规定，出租人知道或者应当知道承租人转租，但是在6个月内未提出异议的，视为出租人同意转租。

经出租人同意的转租是有效的，但由于在同一租赁物上出现了三个当事人(出租人、承租人、次承租人)、两个合同关系，这三人之间的法律关系必须明确。按照本条的规定，经过转租的租赁合同关系当事人的关系应包括三个方面：其一，出租人与承租人之间的关系不因转租而受影响，继续有效，承租人仍然应向出租人承担支付租金、在租赁期限届满时返还租赁物的义务。因次承租人的行为造成租赁物损失的，承租人仍然要对出租人负责。其二，虽然次承租人与出租人之间没有合同关系，次承租人在特定条件下可以直接向出租人支付租金，出租人不得拒绝。其三，在租赁合同终止或者被解除时，承租人与次承租人之间的租赁关系也随之终止。因为这个次承租合同的订立是以前一个租赁合同为基础的。

(2)未经出租人同意转租的，出租人可以解除合同。因为承租人未经出租人同意擅自将租赁物转租他人，直接破坏了出租人对承租人的信任，也直接损害了出租人对租赁物的所有权或处分权，同时造成多层次的对租赁物的占有关系，增加了出租人要求返还租赁物的困难或使租赁物的毁损程度加重，所以出租人有权解除合同。

关联法规

《海商法》第 137～139、150 条,《最高人民法院关于审理城镇房屋租赁合同纠纷案件具体应用法律若干问题的解释》第 13 条

第七百一十七条 【超过承租人剩余租赁期限的转租期间效力】承租人经出租人同意将租赁物转租给第三人,转租期限超过承租人剩余租赁期限的,超过部分的约定对出租人不具有法律约束力,但是出租人与承租人另有约定的除外。

第七百一十八条 【推定出租人同意转租】出租人知道或者应当知道承租人转租,但是在六个月内未提出异议的,视为出租人同意转租。

第七百一十九条 【次承租人代位求偿权】承租人拖欠租金的,次承租人可以代承租人支付其欠付的租金和违约金,但是转租合同对出租人不具有法律约束力的除外。

次承租人代位支付的租金和违约金,可以充抵次承租人应当向承租人支付的租金;超出其应付的租金数额的,可以向承租人追偿。

关联法规

《最高人民法院关于审理城镇房屋租赁合同纠纷案件具体应用法律若干问题的解释》第 13 条

第七百二十条 【租赁物收益归属】在租赁期限内因占有、使用租赁物获得的收益,归承租人所有,但是当事人另有约定的除外。

第七百二十一条 【租金支付期限】承租人应当按照约定的期限支付租金。对支付租金的期限没有约定或者约定不明确,依据本法第五百一十条的规定仍不能确定,租赁期限不满一年的,应当在租赁期限届满时支付;租赁期限一年以上的,应当在每届满一年时支付,剩余期限不满一年的,应当在租赁期限届满时支付。

关联法规

《海商法》第 140 条

第七百二十二条 【承租人违反支付租金义务的法律后果】承租人无正当理由未支付或者迟延支付租金的,出租人可以请求承租人在合理期限内支付;承租人逾期不支付的,出租人可以解除合同。

关联法规

《海商法》第 140 条,《最高人民法院关于为稳定就业提供司法服务和保障的意见》第 2 条,《最高人民法院关于为促进消费提供司法服务和保障的意见》第 22 条

第七百二十三条 【出租人权利瑕疵担保责任】因第三人主张权利,致使承租人不能对租赁物使用、收益的,承租人可以请求减少租金或者不支付租金。

第三人主张权利的,承租人应当及时通知出租人。

条文注解

所谓出租人的权利瑕疵担保，是指出租人担保第三人不能就租赁物主张任何权利。权利瑕疵担保责任，是指当第三人对租赁物主张权利时，出租人所应承担的责任。权利瑕疵担保责任的构成要件为：第一，权利瑕疵在合同成立时已存在；第二，相对人不知有权利瑕疵的存在，如果在订立合同时相对人明知行为人对该物无处分权而与之订立合同，相对人不能作为善意相对人而享受对对方权利的瑕疵担保的要求；第三，权利瑕疵在合同成立后仍未能排除，如果在合同成立时，虽有权利瑕疵，但在合同成立后，行为人取得了该物的处分权，则应视为权利瑕疵已经除去。

出租人承担权利瑕疵担保责任的条件为：

第一，因第三人向承租人主张权利。第三人主张权利可以是第三人作为租赁物的所有人主张出租人对租赁物无处分权，该租赁合同无效；也可以是第三人作为租赁物的抵押权人，在义务人不履行义务时，要求实现其抵押权。在这种情况下，势必影响承租人对租赁物的使用、收益。

第二，第三人主张权利妨碍承租人对租赁物的使用和收益。例如，第三人主张抵押权的实现时，因其涉及对租赁物实体的处置，则会妨碍承租人对租赁物的使用。

第三，承租人在订立合同时不知有权利瑕疵。如果承租人在订立合同时明知出租人对该租赁物没有处分权，而自愿承担第三人主张权利的风险，出租人不负瑕疵担保责任。

在第三人主张权利时，除出租人已经知道第三人主张权利外，承租人应当及时通知出租人，如果承租人怠于通知致使出租人能够救济而未能及时救济的，则出租人对承租人的损失不负赔偿责任。承租人及时通知出租人，出租人对第三人主张权利不能排除的，承租人事实上对租赁物已无法使用、收益，这时，承租人有权请求减少租金或不支付租金。

第七百二十四条　【非承租人构成根本性违约承租人可以解除合同】有下列情形之一，非因承租人原因致使租赁物无法使用的，承租人可以解除合同：

（一）租赁物被司法机关或者行政机关依法查封、扣押；

（二）租赁物权属有争议；

（三）租赁物具有违反法律、行政法规关于使用条件的强制性规定情形。

第七百二十五条　【所有权变动不破租赁】租赁物在承租人按照租赁合同占有期限内发生所有权变动的，不影响租赁合同的效力。

关联法规

《最高人民法院关于审理城镇房屋租赁合同纠纷案件具体应用法律若干问题的解释》第14条，《最高人民法院关于人民法院办理执行异议和复议案件若干问题的规定》第31条，《最高人民法院关于人民法院民事执行中拍卖、变卖财产的规定》第28条

第七百二十六条　【房屋承租人优先购买权】出租人出卖租赁房屋的，应当在出卖之前的合理期限内通知承租人，承租人享有以同等条件优先购买的权利；但是，房屋按份共有人行使优先购买权或者出租人将房屋出卖给近亲属的除外。

出租人履行通知义务后，承租人在十五日内未明确表示购买的，视为承租人放弃优先购买权。

条文注解

房屋承租人优先购买权的适用条件包括以下几个方面：

第一，存在合法有效的房屋租赁合同关系，即两者之间的房屋租赁合同依法成立并生效。

第二，在同等条件下行使。所谓同等条件，是指承租人与其他购买人在买卖条件上等同，要综合考虑价格的多少、付款期限的长短、一次性付清还是分期付款、有无担保等因素。在非同等条件下，承租人不能享有优先购买权。设立房屋承租人优先购买权制度的初衷是在不损害房屋出租人实质利益的情况下，维护承租人居住或生产经营的稳定。

第三，必须在一定期限内行使。如果出租人通知承租人其将要出卖租赁的房屋，而承租人在15日内没有购买的意思表示，则承租人优先购买权丧失。这说明承租人并不想购买该房屋，也就没有保护的必要了。对承租人优先购买权的行使期限加以限制是基于促进经济正常运转、交易安全的同时，以保护出租人和承租人双方各自利益为考虑。

同时，本条还规定了房屋承租人优先购买权行使的限制情形：

第一，共有人的优先购买权与承租人优先购买权行使的竞合。共有分为按份共有和共同共有，在共同共有关系中，房屋出租人未经全体共有人同意不得出售该共有房屋，共同共有人无行使优先购买权的必要。而在按份共有关系中，若房屋出租人所占份额超过2/3，则其有权决定出售该共有房屋，此时必然会对其他按份共有人的利益造成一定影响。同时，本法第306条规定，按份共有人在同等条件下也享有优先购买权。从表面上看，似乎有可能出现同一标的物上承租人的优先购买权和按份共有人的优先购买权的冲突。但是仔细分析会发现，两种优先购买权针对的标的物是不同的。按份共有人的优先购买权针对的是其他共有人的共有份额；而承租人的优先购买权针对的是租赁标的物本身。所以实际上,二者并不会真正发生冲突。当涉及按份共有人的优先购买权时,此时讨论的是份额买卖问题,根本就不会触发承租人的优先购买权。当然,仅从结果上看,确实是按份共有人的优先购买权可以优先行使。本条将按份共有人行使优先购买权作为承租人行使优先购买权的例外,直接在条文文字层面点明此点,从而避免实践中引发不必要的争议。

第二,近亲属之间的房屋买卖具有浓厚的人身色彩,与纯粹的买卖关系有很大区别。我国是亲情和人情关系极为浓厚的熟人社会,在社会主义市场经济往来中,人们既注重经济效益,也注重人与人之间的情感关系,出租人将租赁房屋出售给近亲属时同样会夹杂这种情感关系,其与纯粹意义上的买卖关系之间存在区别,主要体现在低于正常价格出售房屋、延长交易付款期限等,其无法作为承租人优先购买权行使的同等条件。故本条确认出租人将租赁房屋出卖给近亲属的,承租人不得主张优先购买权。

承租人享有优先购买权就要求出租人在出卖租赁房屋时应当在出卖之前的合理期限内通知承租人,给承租人考虑是否购买该房屋的时间。承租人在接到通知后应及时答复,若承租人接到通知后15日内未明确表示购买的,则自动丧失优先购买权,这是基于不动产交易秩序和交易安全所做的考虑。

关联法规

《最高人民法院关于审理城镇房屋租赁合同纠纷案件具体应用法律若干问题的解释》第15条,《最高人民法院关于人民法院办理执行异议和复议案件若干问题的规定》第5条,《最高人民法院关于人民法院民事执行中拍卖、变卖财产的规定》第11、13条

第七百二十七条　【委托拍卖情况下房屋承租人优先购买权】出租人委托拍卖人拍卖租赁房屋的，应当在拍卖五日前通知承租人。承租人未参加拍卖的，视为放弃优先购买权。

第七百二十八条　【房屋承租人优先购买权受到侵害的法律后果】出租人未通知承租人或者有其他妨害承租人行使优先购买权情形的，承租人可以请求出租人承担赔偿责任。但是，出租人与第三人订立的房屋买卖合同的效力不受影响。

第七百二十九条　【不可归责于承租人的租赁物毁损、灭失的法律后果】因不可归责于承租人的事由，致使租赁物部分或者全部毁损、灭失的，承租人可以请求减少租金或者不支付租金；因租赁物部分或者全部毁损、灭失，致使不能实现合同目的的，承租人可以解除合同。

第七百三十条　【租赁期限没有约定或约定不明确时的法律后果】当事人对租赁期限没有约定或者约定不明确，依据本法第五百一十条的规定仍不能确定的，视为不定期租赁；当事人可以随时解除合同，但是应当在合理期限之前通知对方。

关联法规

《最高人民法院关于审理涉及农村土地承包纠纷案件适用法律问题的解释》第16条

第七百三十一条 【租赁物质量不合格时承租人解除权】租赁物危及承租人的安全或者健康的，即使承租人订立合同时明知该租赁物质量不合格，承租人仍然可以随时解除合同。

第七百三十二条 【房屋承租人死亡的租赁关系的处理】承租人在房屋租赁期限内死亡的，与其生前共同居住的人或者共同经营人可以按照原租赁合同租赁该房屋。

第七百三十三条 【租赁期限届满承租人返还租赁物】租赁期限届满，承租人应当返还租赁物。返还的租赁物应当符合按照约定或者根据租赁物的性质使用后的状态。

关联法规

《海商法》第142~153条

第七百三十四条 【租赁期限届满承租人继续使用租赁物及房屋承租人的优先承租权】租赁期限届满，承租人继续使用租赁物，出租人没有提出异议的，原租赁合同继续有效，但是租赁期限为不定期。

租赁期限届满，房屋承租人享有以同等条件优先承租的权利。

条文注解

法定优先承租权的行使条件包括以下几个要件：第一，存在合法有效的租赁关系。第二，出租人继续出租房屋。第三，满足同等条件。为了保障相对人的利益，优先权必须在同等条件下才能被行使，法定优先承租权也不例外。第四，在合理期限内主张。法定优先承租权的行使理应存在时间限制，否则涉及租赁物的新的租赁法律关系将无法产生及确定，法律关系长期悬而未决会导致更多的法律纠纷，也侵害了出租人和第三人的合法权益，不符合法定优先承租权设立的前提，此外，为保障承租人在合理期限内能够主张权利，出租人应当承担通知义务。

关联法规

《最高人民法院关于适用〈中华人民共和国民法典〉时间效力的若干规定》第21条

第十五章　融资租赁合同

第七百三十五条　【融资租赁合同定义】融资租赁合同是出租人根据承租人对出卖人、租赁物的选择，向出卖人购买租赁物，提供给承租人使用，承租人支付租金的合同。

条文注解

融资租赁是一种贸易与信贷相结合、融资与融物为一体的综合性交易。鉴于其复杂的法律关系，不同国家和地区对融资租赁有着不同的理解和定义。一般来说，融资租赁要有三方当事人（出租人、承租人和出卖人）参与，通常由两个合同（融资租赁合同、买卖合同）或者两个以上的合同构成，其内容是融资，表现形式是融物。典型的融资租赁合同具有以下三个方面的含义：

第一，出租人须根据承租人对出卖人和租赁物的选择出资购买租赁物。这是融资租赁合同不同于租赁合同的一个重要特点。租赁合同的出租人是以自己现有的财物出租,或者根据自己的意愿购买财物用于出租。而融资租赁合同是出租人按照承租人的要求,主要是根据承租人对出卖人和租赁物的选择,出资购买出租的财物,使承租人不必付出租赁物的价值,即可取得租赁物的使用收益,从而达到融资的效果。正是在这一意义上,这种合同被冠以"融资"的称号。

第二,出租人须将购买的租赁物交付承租人使用收益。在融资租赁合同中,出租人虽然须向第三人购买标的物,但其购买的直接目的是交付承租人使用收益,而不是自己使用收益。这是融资租赁合同中出租人的买卖行为不同于买卖合同之处。

第三,承租人须向出租人支付租金。融资租赁合同的承租人对出租人购买的租赁物为使用收益,并须支付租金。也正是在这种意义上,该种合同的名称中含有"租赁"一词。

关联法规

《最高人民法院关于审理融资租赁合同纠纷案件适用法律问题的解释》第1、2条,《民用航空法》第26~29条

第七百三十六条　【融资租赁合同内容和形式】融资租赁合同的内容一般包括租赁物的名称、数量、规格、技术性能、检验方法,租赁期限,租金构成及其支付期限和方式、币种,租赁期限届满租赁物的归属等条款。

融资租赁合同应当采用书面形式。

关联法规

《最高人民法院关于审理融资租赁合同纠纷案件适用法律问题的解释》第1、2条

第七百三十七条　【融资租赁合同无效】当事人以虚构租赁物方式订立的融资租赁合同无效。

第七百三十八条　【租赁物经营许可对合同效力影响】依照法律、行政法规的规定，对于租赁物的经营使用应当取得行政许可的，出租人未取得行政许可不影响融资租赁合同的效力。

第七百三十九条　【融资租赁标的物交付】出租人根据承租人对出卖人、租赁物的选择订立的买卖合同，出卖人应当按照约定向承租人交付标的物，承租人享有与受领标的物有关的买受人的权利。

第七百四十条　【承租人拒绝受领标的物的条件】出卖人违反向承租人交付标的物的义务，有下列情形之一的，承租人可以拒绝受领出卖人向其交付的标的物：

（一）标的物严重不符合约定；

（二）未按照约定交付标的物，经承租人或者出租人催告后在合理期限内仍未交付。

承租人拒绝受领标的物的，应当及时通知出租人。

关联法规

《最高人民法院关于审理融资租赁合同纠纷案件适用法律问题的解释》第 3 条

第七百四十一条　【承租人行使索赔权】出租人、出卖人、承租人可以约定,出卖人不履行买卖合同义务的,由承租人行使索赔的权利。承租人行使索赔权利的,出租人应当协助。

第七百四十二条　【承租人行使索赔权不影响支付租金义务】承租人对出卖人行使索赔权利,不影响其履行支付租金的义务。但是,承租人依赖出租人的技能确定租赁物或者出租人干预选择租赁物的,承租人可以请求减免相应租金。

第七百四十三条　【索赔失败的责任承担】出租人有下列情形之一,致使承租人对出卖人行使索赔权利失败的,承租人有权请求出租人承担相应的责任:

(一)明知租赁物有质量瑕疵而不告知承租人;

(二)承租人行使索赔权利时,未及时提供必要协助。

出租人怠于行使只能由其对出卖人行使的索赔权利,造成承租人损失的,承租人有权请求出租人承担赔偿责任。

第七百四十四条　【出租人不得擅自变更买卖合同内容】出租人根据承租人对出卖人、租赁物的选择订立的买卖合同,未经承租人同意,出租人不得变更与承租人有关的合同内容。

关联法规

《最高人民法院关于审理融资租赁合同纠纷案件适用法律问题的解释》第4条

第七百四十五条　【租赁物的所有权】出租人对租赁物享有的所有权，未经登记，不得对抗善意第三人。

关联法规

《最高人民法院关于审理融资租赁合同纠纷案件适用法律问题的解释》第67条

第七百四十六条　【融资租赁合同租金的确定】融资租赁合同的租金，除当事人另有约定外，应当根据购买租赁物的大部分或者全部成本以及出租人的合理利润确定。

第七百四十七条　【租赁物质量瑕疵担保责任】租赁物不符合约定或者不符合使用目的的，出租人不承担责任。但是，承租人依赖出租人的技能确定租赁物或者出租人干预选择租赁物的除外。

关联法规

《最高人民法院关于审理融资租赁合同纠纷案件适用法律问题的解释》第8条

第七百四十八条　【出租人保证承租人占有和使用租赁物】出租人应当保证承租人对租赁物的占有和使用。

出租人有下列情形之一的，承租人有权请求其赔偿损失：

（一）无正当理由收回租赁物；

（二）无正当理由妨碍、干扰承租人对租赁物的占有和使用；

（三）因出租人的原因致使第三人对租赁物主张权利；

（四）不当影响承租人对租赁物占有和使用的其他情形。

条文注解

出租人负有保证承租人对租赁物的占有和使用的义务,此项义务也被称为保障承租人和平占有的义务。具体而言,应当包括以下几个方面:

第一,出租人不得妨碍承租人依照融资租赁合同所拥有的承租权,也不得擅自变更原承租条件。

第二,承租人在租赁期限内,对租赁物拥有独占使用权。在融资租赁合同中,虽然承租人是通过租赁公司融通资金的,但承租人订立融资租赁合同的根本目的是要取得租赁物的使用权。所以,承租人在接受出卖人交付的标的物后,在租赁期限内,承租人对租赁物享有独占使用权,对使用租赁物所取得的收益可以独立处分。从买卖的角度看,出租人为买受人,出卖人虽将标的物直接交付给承租人,但标的物的所有权属于出租人,承租人则取得标的物的占有权、使用权和收益权。

第三,出租人应保证承租人在租赁期限内对租赁物的占有和使用,不受第三人的干扰。例如,出租人转让租赁物所有权的,融资租赁合同对新的所有权人继续有效,新所有权人不得解除合同,取回租赁物。此即所谓"买卖不破租赁"原则。出租人将租赁物设定抵押时,出租人的抵押行为不得影响承租人的使用收益权。承租人的使用收益权可以对抗抵押权人的抵押权。

当然,如果在融资租赁合同期间出现本条第2款列举的因出租人原因不当影响承租人对租赁物占有和使用的,承租人有权请求出租人赔偿损失。

关联法规

《最高人民法院关于审理融资租赁合同纠纷案件适用法律问题的

解释》第 6 条

第七百四十九条　【租赁物致人损害的责任承担】承租人占有租赁物期间，租赁物造成第三人人身损害或者财产损失的，出租人不承担责任。

第七百五十条　【承租人对租赁物的保管、使用和维修义务】承租人应当妥善保管、使用租赁物。

承租人应当履行占有租赁物期间的维修义务。

第七百五十一条　【租赁物毁损、灭失对租金给付义务的影响】承租人占有租赁物期间，租赁物毁损、灭失的，出租人有权请求承租人继续支付租金，但是法律另有规定或者当事人另有约定的除外。

第七百五十二条　【承租人支付租金义务】承租人应当按照约定支付租金。承租人经催告后在合理期限内仍不支付租金的，出租人可以请求支付全部租金；也可以解除合同，收回租赁物。

关联法规

《最高人民法院关于审理融资租赁合同纠纷案件适用法律问题的解释》第 5、9、10 条，《最高人民法院关于适用〈中华人民共和国民法典〉有关担保制度的解释》第 65 条

第七百五十三条　【出租人解除融资租赁合同】承租人未经出租人同意，将租赁物转让、抵押、质押、投资入股或者以其他方式处分的，出租人可以解除融资租赁合同。

第七百五十四条　【出租人或承租人解除融资租赁合同】有下列情形之一的，出租人或者承租人可以解除融资租赁合同：

（一）出租人与出卖人订立的买卖合同解除、被确认无效或者被撤销，且未能重新订立买卖合同；

（二）租赁物因不可归责于当事人的原因毁损、灭失，且不能修复或者确定替代物；

（三）因出卖人的原因致使融资租赁合同的目的不能实现。

关联法规

《最高人民法院关于审理融资租赁合同纠纷案件适用法律问题的解释》第5条

第七百五十五条　【承租人承担赔偿责任】融资租赁合同因买卖合同解除、被确认无效或者被撤销而解除，出卖人、租赁物系由承租人选择的，出租人有权请求承租人赔偿相应损失；但是，因出租人原因致使买卖合同解除、被确认无效或者被撤销的除外。

出租人的损失已经在买卖合同解除、被确认无效或者被撤销时获得赔偿的，承租人不再承担相应的赔偿责任。

关联法规

《最高人民法院关于审理融资租赁合同纠纷案件适用法律问题的解释》第11条

第七百五十六条　【租赁物意外毁损灭失】融资租赁合同因租赁物交付承租人后意外毁损、灭失等不可归责于当事人的原因解除的，出租人可以请求承租人按照租赁物折旧情况给予补偿。

第七百五十七条　【租赁期限届满租赁物归属】出租人和承租人可以约定租赁期限届满租赁物的归属；对租赁物的归属没有约定或者约定不明确，依据本法第五百一十条的规定仍不能确定的，租赁物的所有权归出租人。

第七百五十八条　【租赁物价值返还及租赁物无法返还】当事人约定租赁期限届满租赁物归承租人所有，承租人已经支付大部分租金，但是无力支付剩余租金，出租人因此解除合同收回租赁物，收回的租赁物的价值超过承租人欠付的租金以及其他费用的，承租人可以请求相应返还。

当事人约定租赁期限届满租赁物归出租人所有，因租赁物毁损、灭失或者附合、混合于他物致使承租人不能返还的，出租人有权请求承租人给予合理补偿。

关联法规

《最高人民法院关于适用〈中华人民共和国民法典〉有关担保制度的解释》第65条

第七百五十九条　【支付象征性价款后租赁物归属】当事人约定租赁期限届满，承租人仅需向出租人支付象征性价款的，视为约定的租金义务履行完毕后租赁物的所有权归承租人。

第七百六十条　【融资租赁合同无效租赁物归属】融资租赁合同无效，当事人就该情形下租赁物的归属有约定的，按照其约定；没

有约定或者约定不明确的,租赁物应当返还出租人。但是,因承租人原因致使合同无效,出租人不请求返还或者返还后会显著降低租赁物效用的,租赁物的所有权归承租人,由承租人给予出租人合理补偿。

第十六章 保理合同

第七百六十一条 【保理合同定义】保理合同是应收账款债权人将现有的或者将有的应收账款转让给保理人,保理人提供资金融通、应收账款管理或者催收、应收账款债务人付款担保等服务的合同。

条文注解

保理合同,是以债权人转让其应收账款为前提,集资金融通、应收账款催收或者管理、付款担保等服务于一体的综合性金融服务合同。保理目前在我国区分为银行业保理和商业保理。保理法律关系,涉及保理商与债权人、保理商与债务人之间不同的法律关系,债权人与债务人之间的基础交易合同是成立保理的前提,而债权人与保理商之间的应收账款债权转让则是保理关系的核心。这与单纯的借款合同有显著区别,故不应将保理合同简单视为借款合同。

按照本条规定,保理合同必须具备的要素是应收账款债权的转让,没有应收账款的转让就不能构成保理合同。所谓应收账款,是指权利人因提供一定的货物、服务或设施而获得的要求债务人付款的权利以及依法享有的其他付款请求权,包括现有的和未来的金钱债权,但不包括因票据或其他有价证券而产生的付款请求权,以及法律、行政法规禁止转让的付款请求权。应收账款主要包括下列权利：(1)销售、出租产生的债权，包括销售货物，供应水、电、气、暖，知识产权的许可使用，出租动产或不动产等；(2)提供医疗、教育、旅游等服务或劳务产生的债权；(3)能源、交通运输、水利、环境保护、市政工程等基础设施和公用事业项目收益权；(4)提供贷款或其他信用活动产生的债权；(5)其他以合同为基础的具有金钱给付内容的债权。这些应收账款的转让既可以是单独转让，也可以是批量集合转让，取决于当事人之间的约定。应收账款的转让，应当适用本法关于债权转让的一般规则。

除了必须具备的应收账款转让之外，保理合同还需要保理人提供资金融通、应收账款管理或者催收、应收账款债务人付款担保等服务。资金融通，是指保理人应债权人的申请，在债权人将应收账款转让给保理人后，为债权人提供的贷款或者应收账款转让预付款。应收账款催收，是指保理人根据应收账款账期，主动或应债权人要求，采取电话、函件、上门等方式直至运用法律手段等对债务人进行催收。应收账款管理，又称为销售分户账管理，是指保理人根据债权人的要求，定期或不定期向其提供关于应收账款的回收情况、逾期账款情况、对账单等财务和统计报表，协助其进行应收账款管理。付款担保，是指保理人与债权人签订保理合同后，为债务人核定信用额度，并在核准额度内，对债权人无商业纠纷的应收账款，提供约定的付款担保。除了这些服务之外，保理合同中，保理人提供的服务通常还包括资信调查与评估、信用风险控制等其他可认定为保理性质的金融服务。

关联法规

《最高人民法院关于适用〈中华人民共和国民法典〉时间效力的若干规定》第12条，《商业银行保理业务管理暂行办法》第6条，《最高人民法院关于当前商事审判工作中的若干具体问题》第7条

第七百六十二条　【保理合同内容和形式】保理合同的内容一般包括业务类型、服务范围、服务期限、基础交易合同情况、应收账款信息、保理融资款或者服务报酬及其支付方式等条款。

保理合同应当采用书面形式。

第七百六十三条　【虚构应收账款的法律后果】应收账款债权人与债务人虚构应收账款作为转让标的，与保理人订立保理合同的，应收账款债务人不得以应收账款不存在为由对抗保理人，但是保理人明知虚构的除外。

第七百六十四条　【保理人表明身份义务】保理人向应收账款债务人发出应收账款转让通知的，应当表明保理人身份并附有必要凭证。

第七百六十五条　【无正当理由变更或者终止基础交易合同行为对保理人的效力】应收账款债务人接到应收账款转让通知后，应收账款债权人与债务人无正当理由协商变更或者终止基础交易合同，对保理人产生不利影响的，对保理人不发生效力。

条文注解

依据保理合同，为保障保理人地位，应收账款债权人负有不减损该应收账款债权价值的义务，因此，债权人不能通过与债务人协商，作出任何使得转让的应收账款债权价值落空或者减损的行为，债权人违反该义务时，保理人有权依法解除保理合同并请求债权人承担违约责任。

本条适用的前提如下：首先，应收账款债权人和债务人协商作出了有关转让债权的民事法律行为。该民事法律行为必须是关于转让债权的，如果不涉及转让债权，不会对保理人发生影响，就不适用本条。

其次，该民事法律行为对保理人产生不利影响。这里意味着债权人和债务人通过协商使得应收账款债权的价值落空或者减损，而对保理人产生不利影响，例如，债权人和债务人协商一致变更基础交易合同而减少了债权数额，或者协商一致解除基础交易合同而对保理人产生了不利影响。如果债权人和债务人的行为对保理人是有利的，自然无须保理人同意即可对保理人发生有利的效力。

再次，该民事法律行为发生在债务人接到债权转让通知后。债务人接到债权转让通知前，由于债权转让对债务人不发生效力，债务人有权主张债权人仍然对债权有处分权，此时债权人和债务人协商一致作出的民事法律行为，即使导致保理人利益受损，该行为仍然对保理人发生效力，保理人所取得的债权发生相应变动，保理人仅能依法解除保理合同并请求债权人承担违约责任。

最后，对保理人产生不利影响的民事法律行为无正当理由。这里所谓的正当理由，一是指经过了保理人的同意。如果经过了保理人的同意，自然能够对保理人发生效力。二是指该民事法律行为符合诚信原则且保理人并无合理理由反对的情形。

本条的法律后果是，该民事法律行为对保理人不发生效力。这意味着，保理人仍然可以根据该民事法律行为成立之前的债权状况请求债务人履行支付应收账款的债务。该规定的目的是保护保理人利益，保理人自然可以放弃此种保护，而选择依法解除保理合同并请求债权人承担违约责任。债权人与债务人恶意串通变更或者终止基础交易合同，损害保理人利益的，保理人也有权选择依据本法第 1168 条的规定主张债权人与债务人构成共同侵权，请求他们对造成的损失承担连带责任。

应当注意的是，本条仅适用于保理合同，但是在其他债权转让中也同样会发生类似情形，如果在其他债权转让中出现类似的问题，可以参照适用本条予以处理。

第七百六十六条　【有追索权保理】当事人约定有追索权保理的，保理人可以向应收账款债权人主张返还保理融资款本息或者回购应收账款债权，也可以向应收账款债务人主张应收账款债权。保理人向应收账款债务人主张应收账款债权，在扣除保理融资款本息和相关费用后有剩余的，剩余部分应当返还给应收账款债权人。

条文注解

按照保理人在债务人破产、无理拖欠或无法偿付应收账款时，是否可以向债权人反转让应收账款，或要求债权人回购应收账款或归还融资，可以区分为有追索权保理和无追索权保理。有追索权保理，是指保理人不承担为债务人核定信用额度和提供坏账担保的义务，仅提供包括融资在内的其他金融服务，有追索权保理在应收账款到期无法从债务人处收回时，保理人可以向债权人反转让应收账款，或要求债权人回购应收账款或归还融资，又称为回购型保理。无追索权保理，是指保理人根据债权人提供的债务人核准信用额度，在信用额度内承购债权人对债务人的应收账款并提供坏账担保责任，债务人因发生信用风险未按基础合同约定按时足额支付应收账款时，保理人不能向债权人追索，又称为买断型保理。

在有追索权保理中，保理人向应收账款债务人主张应收账款债权的，在获得债务人的履行后，首先应当扣除保理融资款本息和相关费用，具体包括保理融资款本息、保理商未受清偿的应收账款融资额度承诺费、保理手续费、保理首付款使用费，以及其他债权人到期未付款等。在扣除后仍有剩余的这部分保理余款，应当返还给应收账款债权人。

第七百六十七条 【无追索权保理】当事人约定无追索权保理的，保理人应当向应收账款债务人主张应收账款债权，保理人取得超过保理融资款本息和相关费用的部分，无需向应收账款债权人返还。

第七百六十八条 【多重保理的清偿顺序】应收账款债权人就同一应收账款订立多个保理合同，致使多个保理人主张权利的，已经登记的先于未登记的取得应收账款；均已经登记的，按照登记时间的先后顺序取得应收账款；均未登记的，由最先到达应收账款债务人的转让通知中载明的保理人取得应收账款；既未登记也未通知的，按照保理融资款或者服务报酬的比例取得应收账款。

关联法规

《最高人民法院关于适用〈中华人民共和国民法典〉有关担保制度的解释》第 66 条

第七百六十九条 【适用债权转让规定】本章没有规定的，适用本编第六章债权转让的有关规定。

第十七章 承揽合同

第七百七十条 【承揽合同定义和承揽主要类型】承揽合同是承揽人按照定作人的要求完成工作，交付工作成果，定作人支付报酬的合同。

承揽包括加工、定作、修理、复制、测试、检验等工作。

条文注解

承揽合同是承揽人按照定作人的要求完成一定的工作，并将工作成果交付给定作人，定作人接受该工作成果并按照约定向承揽人支付报酬的合同。承揽合同的主体是承揽人和定作人。承揽人是按照定作人指示完成特定工作并向定作人交付该工作成果的人；定作人是要求承揽人完成承揽工作并接受承揽工作成果、支付报酬的人。承揽人和定作人可以是法人或者非法人组织，也可以是自然人。承揽合同的客体是完成特定的工作。承揽合同的对象为承揽标的，承揽标的是有体物的，合同的标的物又可以称为承揽物或者定作物。承揽工作具有特定性，如修理汽车、裁剪制作衣服等。承揽人完成的承揽工作需有承揽工作成果，该工作成果可以是有形的，如加工的零部件、印刷的图书、录制的磁带、检验的结论；也可以是无形的，如测试仪器的运行。

承揽合同是一大类合同的总称，传统民法中承揽合同包括加工承揽合同和建设工程合同两大类。由于建设工程合同在发展中形成了许多独特的行业特点，原《经济合同法》将建设工程合同独立于加工承揽合同加以规定，因此本章所指的承揽合同主要是指加工承揽合同而不包括建设工程合同。根据本条第 2 款的规定，承揽合同的形式包括加工、定作、修理、复制、测试、检验等多种形式。(1)加工。所谓加工，是指承揽人以自己的技能、设备和劳力，按照定作人的要求，将定作人提供的原材料加工为成品，定作人接受该成品并支付报酬的合同。加工合同是实践中大量存在的合同，它既有生产性，比如一个企业将另一个企业提供的材料加工成特定的设备，也有生活性，如服装店用顾客提供的布料为其裁缝衣服，还可能具有一些艺术性，如画廊为他人装裱图画等。在国际经济活动中，来料加工是一种重要的外贸形式。(2)定作。定作就是承揽人根据定作人的要求，以自己的技能、设备和劳力，用自己的材料为定作人制作成品，定作人接受该特别制作的成品并支付报酬的合同。定作合同在日常生活中也很常见，如家具厂为顾客定作家具，服装厂为某学校定作校服等。定作与加工的区别在于定作中承揽人需自备材料，而不是由定作人提供。(3)修理。修理既包括承揽人为定作人修复损坏的动产，如修理汽车、手表、电器、自行车、鞋等；也包括对不动产的修缮，如检修房屋屋顶的防水层。(4)复制。复制是指承揽人按照定作人的要求，根据定作人提供的样品，重新制作类似的成品，定作人接受复制品并支付报酬的合同。复制包括复印文稿，也包括复制其他物品，如文物部门要求承揽人复制一文物用以展览。(5)测试。测试是指承揽人根据定作人的要求，利用自己的技术和设备为定作人完成某一项目的性能测试，定作人接受测试成果并支付报酬的合同。(6)检验。检验是指承揽人以自己的技术和仪器、设备等为定作人提供的特定事物的性能、问题、质量等进行检查化验，定作人接受检验成果，并支付报酬的合同。

需要说明的是，承揽合同作为一种广义上的劳务合同，其范围并不限于本条第2款所列举的几类，任何符合本条第1款所定义的合同行为，如印刷、洗染、打字、翻译、拍照、冲卷、扩印、广告制作、测绘、鉴定等都属于本章所调整的承揽。

第七百七十一条　【承揽合同主要内容】承揽合同的内容一般包括承揽的标的、数量、质量、报酬，承揽方式，材料的提供，履行期限，验收标准和方法等条款。

第七百七十二条　【承揽工作主要完成人】承揽人应当以自己的设备、技术和劳力，完成主要工作，但是当事人另有约定的除外。

承揽人将其承揽的主要工作交由第三人完成的，应当就该第三人完成的工作成果向定作人负责；未经定作人同意的，定作人也可以解除合同。

第七百七十三条　【承揽辅助工作转交】承揽人可以将其承揽的辅助工作交由第三人完成。承揽人将其承揽的辅助工作交由第三人完成的，应当就该第三人完成的工作成果向定作人负责。

第七百七十四条　【承揽人提供材料时的义务】承揽人提供材料的，应当按照约定选用材料，并接受定作人检验。

第七百七十五条　【定作人提供材料时双方当事人的义务】定作人提供材料的，应当按照约定提供材料。承揽人对定作人提供的材料应当及时检验，发现不符合约定时，应当及时通知定作人更换、补齐或者采取其他补救措施。

承揽人不得擅自更换定作人提供的材料，不得更换不需要修理的零部件。

第七百七十六条　【定作人要求不合理时双方当事人的义务】承揽人发现定作人提供的图纸或者技术要求不合理的，应当及时通知定作人。因定作人怠于答复等原因造成承揽人损失的，应当赔偿损失。

第七百七十七条　【定作人变更工作要求的法律后果】定作人中途变更承揽工作的要求，造成承揽人损失的，应当赔偿损失。

第七百七十八条　【定作人协助义务】承揽工作需要定作人协助的，定作人有协助的义务。定作人不履行协助义务致使承揽工作不能完成的，承揽人可以催告定作人在合理期限内履行义务，并可以顺延履行期限；定作人逾期不履行的，承揽人可以解除合同。

关联法规

《八民纪要》第33条

第七百七十九条　【定作人监督检验】承揽人在工作期间，应当接受定作人必要的监督检验。定作人不得因监督检验妨碍承揽人的正常工作。

第七百八十条　【承揽人工作成果交付】承揽人完成工作的，应当向定作人交付工作成果，并提交必要的技术资料和有关质量证明。定作人应当验收该工作成果。

第七百八十一条 【工作成果不符合质量要求时的违约责任】承揽人交付的工作成果不符合质量要求的，定作人可以合理选择请求承揽人承担修理、重作、减少报酬、赔偿损失等违约责任。

关联法规

《产品质量法》第40条

第七百八十二条 【定作人支付报酬的期限】定作人应当按照约定的期限支付报酬。对支付报酬的期限没有约定或者约定不明确，依据本法第五百一十条的规定仍不能确定的，定作人应当在承揽人交付工作成果时支付；工作成果部分交付的，定作人应当相应支付。

第七百八十三条 【定作人未履行付款义务时承揽人权利】定作人未向承揽人支付报酬或者材料费等价款的，承揽人对完成的工作成果享有留置权或者有权拒绝交付，但是当事人另有约定的除外。

第七百八十四条 【承揽人保管义务】承揽人应当妥善保管定作人提供的材料以及完成的工作成果，因保管不善造成毁损、灭失的，应当承担赔偿责任。

第七百八十五条 【承揽人保密义务】承揽人应当按照定作人的要求保守秘密，未经定作人许可，不得留存复制品或者技术资料。

第七百八十六条 【共同承揽人连带责任】共同承揽人对定作人承担连带责任,但是当事人另有约定的除外。

第七百八十七条 【定作人任意解除权】定作人在承揽人完成工作前可以随时解除合同,造成承揽人损失的,应当赔偿损失。

条文注解

根据本条规定,定作人在承揽人完成工作前可以随时解除合同。解除合同,是指在合同成立后,因当事人一方或者双方的意思表示而使合同关系消灭的行为。根据本法合同编的有关规定,双方当事人可以协商解除合同。当事人一方解除合同的,只限于两种情况:一是发生不可抗力致使合同目的无法实现。二是对方当事人严重违约,包括在履行期限届满之前,当事人一方明确表示或者以自己的行为表明不履行其主要债务;当事人一方迟延履行主要债务,经催告后在合理期限内仍未履行;对方当事人迟延履行债务或者有其他违约行为致使不能实现合同目的等。除这些法定解除权外,当事人擅自解除合同的,应当承担违约责任。

但在承揽合同中,定作人除了享有合同编所规定的合同解除权外,还可以享有在承揽人完成工作前随时解除合同的权利,这是承揽合同的一大特点,也是由承揽合同的性质所决定的。

根据本条,定作人解除合同的前提是赔偿承揽人的损失。这样处理,既可以避免给定作人造成更大的浪费,也不会给承揽人造成不利。定作人依据本条行使随时解除权的,应当符合以下要求:第一,定作人应当在承揽人完成工作前提出解除合同。第二,定作人根据本条解除合同的,应当通知承揽人。解除通知到达承揽人时,解除生效,合同终止,承揽人可以不再进行承揽工作。第三,定作人根据本条解除承揽合同造成承揽人损失的,应当赔偿损失。这些损失主要包括承揽人已完成的工作部分所应当获得的报酬、承揽人为完成这部分工作所支出的材料费以及承揽人因合同解除而受到的其他损失。

合同解除后,承揽人应当将已完成的部分工作交付定作人。定作人提供材料的,如有剩余,也应当返还定作人。定作人预先支付报酬的,在扣除已完成部分的报酬后,承揽人也应当将剩余价款返还定作人。

第十八章 建设工程合同

第七百八十八条 【建设工程合同定义和种类】建设工程合同是承包人进行工程建设,发包人支付价款的合同。

建设工程合同包括工程勘察、设计、施工合同。

条文注解

建设工程合同,是指承包人进行工程建设,发包人支付价款的合同。建设工程合同的客体是工程。这里的工程是指土木建筑工程和建筑业范围内的线路、管道、设备安装工程的新建、扩建、改建及大型的建筑装修装饰活动,主要包括房屋、铁路、公路、机场、港口、桥梁、矿井、水库、电站、通讯线路等。建设工程的主体是发包人和承包人。建设工程的发包人,一般为建设工程的建设单位,即投资建设该项工程的单位,通常也称作“业主”。建设工程实行总承包的,总承包单位经发包人同意,在法律规定的范围内对部分工程项目进行分包的,工程总承包单位即成为分包工程的发包人。建设工程的承包人,即实施建设工程的勘察、设计、施工等业务的单位,包括对建设工程实行总承包的单位、勘察承包单位、设计承包单位、施工承包单位和承包分包工程的单位。

本条第1款规定的建设工程合同的定义，体现了合同双方当事人即发包人和承包人的基本义务。承包人的基本义务就是按质按期地进行工程建设，包括工程勘察、设计和施工。发包人的基本义务就是按照约定支付价款。

本条第2款规定了建设工程合同的主要内容。一项工程一般包括勘察、设计和施工等一系列过程，因此建设工程合同通常包括工程勘察、设计、施工合同。

勘察合同，是指发包人与勘察人就完成建设工程地理、地质状况的调查研究工作而达成的协议。建设工程勘察，通常需要根据建设工程的要求，查明、分析、评价建设场地的地质地理环境特征和岩土工程条件，并编制建设工程勘察文件。勘察合同就是反映并调整发包人与受托地质工程单位之间权利义务关系的依据。

设计合同，是指发包人与设计人就完成建设工程设计工作而达成的协议。建设工程设计，通常需要根据建设工程的要求，对建设工程所需的技术、经济、资源、环境等条件进行综合分析、论证，并编制建设工程设计文件。建设工程设计一般涉及方案设计、初步设计以及施工图设计，它们之间还具有一定的关联性。按照《建设工程勘察设计管理条例》的规定，编制方案设计文件，应当满足编制初步设计文件和控制概算的需要；编制初步设计文件，应当满足编制施工招标文件、主要设备材料订货和编制施工图设计文件的需要；编制施工图设计文件，应当满足设备材料采购、非标准设备制作和施工的需要，并注明建设工程合理使用年限。

施工合同，是指发包人与施工单位就完成建设工程的一定施工活动而达成的协议。施工合同主要包括建筑和安装两方面内容，这里的建筑是指对工程进行营造的行为，安装主要是指与工程有关的线路、管道、设备等设施的装配。建设工程施工合同是工程建设质量控制、进度控制、投资控制的主要依据。

工程勘察、设计、施工是专业性很强的工作,所以一般应当由专门的具有相应资质的工程单位来完成。按照《建筑法》的规定,施工企业、勘察单位、设计单位按照其各自拥有的注册资本、专业技术人员、技术装备和已完成的建筑工程业绩等资质条件,划分为不同的资质等级,经资质审查合格,取得相应等级的资质证书,方可在其资质等级许可的范围内从事建筑活动。

建设工程通常具有资金投入量大、工程复杂、技术含量高、专业性强的特点,建设工程的质量不仅涉及发包人的利益,而且更是关系社会上不特定第三人的人身和财产安全,甚至关系国计民生和社会稳定,因而在建设工程领域具有突出的国家干预特征。建设工程合同也难免受到相应影响。按照《建设工程勘察设计管理条例》的规定,从事建设工程活动,必须严格执行基本建设程序,坚持先勘察、后设计、再施工的原则。因而,勘察、设计、施工合同虽然可能是分别与不同单位签订的合同,但是基于勘察、设计、施工在整个建设工程中的不同作用和相互关系,它们的签订和履行在客观上仍具有一定的相关性。

关联法规

《建设工程勘察设计管理条例》第 2 条

第七百八十九条 【建设工程合同的形式】建设工程合同应当采用书面形式。

关联法规

《建筑法》第 15 条

第七百九十条　【建设工程招投标活动的原则】建设工程的招标投标活动，应当依照有关法律的规定公开、公平、公正进行。

关联法规

《建筑法》第16~22条，《招标投标法》第3条，《招标投标法实施条例》第2条

第七百九十一条　【建设工程的发包、承包、分包】发包人可以与总承包人订立建设工程合同，也可以分别与勘察人、设计人、施工人订立勘察、设计、施工承包合同。发包人不得将应当由一个承包人完成的建设工程支解成若干部分发包给数个承包人。

总承包人或者勘察、设计、施工承包人经发包人同意，可以将自己承包的部分工作交由第三人完成。第三人就其完成的工作成果与总承包人或者勘察、设计、施工承包人向发包人承担连带责任。承包人不得将其承包的全部建设工程转包给第三人或者将其承包的全部建设工程支解以后以分包的名义分别转包给第三人。

禁止承包人将工程分包给不具备相应资质条件的单位。禁止分包单位将其承包的工程再分包。建设工程主体结构的施工必须由承包人自行完成。

条文注解

建设工程合同发包、承包根据订约双方的不同，可以分为直接承包和分包两大类。直接承包，是指发包人直接将工程承包给承包人，包括工程总承包和单项工程承包两种方式。分包，是指总承包人或者勘察、设计、施工承包人经发包人同意，可以将自己承包的部分工作交由第三人完成。

建设工程的总承包，又称为“交钥匙承包”，是指建设工程任务的总承包，即发包人将建设工程的勘察、设计、施工等工程建设的全部任务一并发包给一个具备相应的总承包资质条件的承包人，由该承包人负责工程的全部建设工作，直至工程竣工，向发包人交付经验收合格符合发包人要求的建设工程的发包承包方式。工程总承包是国内外建设活动中多有使用的发包承包方式，它有利于充分发挥那些在工程建设方面具有较强的技术力量、丰富的经验和组织管理能力的大承包商的专业优势，综合协调工程建设中的各种关系，强化对工程建设的统一指挥和组织管理，保证工程质量和进度，提高投资效益。在建设工程的发包承包中采用总承包方式，对那些缺乏工程建设方面的专门技术力量、难以对建设项目实施具体的组织管理的建设单位来说，更具有明显的优越性，也符合社会化大生产专业分工的要求。为此应当提倡对建设工程实行总承包，发包人可以将全部工程发包给一个总承包人完成，由该承包人就工程建设的全过程向发包人负责。与总承包方式相对应的是单项任务的承包，即发包人将建设工程中的勘察、设计、施工等不同工作任务，分别发包给勘察人、设计人、施工人，与其签订相应的承包合同。这种发包方式有利于吸引较多的承包商参与各项工程建设业务的投标竞争，使发包人有更大的选择余地；也有利于发包人对建设工程的各环节、各阶段实施直接的监督管理，这对于那些具有建设活动方面的专业技术人才、对工程建设有较强的组织管理能力的单位来说是有利的。

建设工程的发包承包是采取总承包方式还是单项工程承包方式，可以由发包人根据实际情况自行确定。但是无论发包人采取何种方式与承包人签订合同，都应当遵守本条的规定，不得将建设工程支解发包，即不得将应当由一个承包人完成的建设工程支解成若干部分发包给几个承包人。这是针对目前我国建筑市场中多有发生且危害较大的将工程支解发包的实际情况所作出的规定。一些发包单位将按其性质和技术联系应当由一个承包单位整体承包的工程支解成若干部分，分别发包给几个承包单位，使整个工程建设在管理和技术上缺乏应有的统筹协调，往往造成施工现场秩序混乱、责任不清，严重影响工程建设质量，出了问题也很难找到责任者。而且从实际情况看，支解发包往往与发包单位的工作人员徇私舞弊、利用支解发包多拿回扣等违法行为有关。因此，本条第1款中明确规定，发包人不得将应当由一个承包人完成的建设工程支解成若干部分发包给数个承包人。至于如何确定是不是应当由一个承包人完成的建设工程，需要由国务院有关主管部门根据实际情况作出具体规定。如对一幢房屋的供水管线，发包人就不应将其分成若干部分发包给几个承包单位。又如对一幢房屋中的供水管线和空调设备的安装，尽管都属于同一建筑的设备安装，但因各有较强的专业性，发包人则可以将其分别发包给不同的承包人。

所谓建设工程的分包，是指工程总承包人、勘察承包人、设计承包人、施工承包人承包建设工程后，将其承包的某一部分工程或某几部分工程，再发包给其他承包人，与其签订承包合同项下的分包合同的发包承包方式。总承包人或者勘察、设计、施工承包人在分包合同中即成为分包合同的发包人。总承包人或者勘察、设计、施工承包人分包建设工程的，应当符合以下条件：(1)总承包人或者勘察、设计、施工承包人只能将部分工程分包给具有相应资质条件的分包人；(2)为防止总承包人或者勘察、设计、施工承包人擅自将应当由自己完成的工程分包出去或者将工程分包给发包人所不信任的第三人，分包工程的，必须经过发包人的同意。

在承包与分包相结合的承包形式中，存在承包合同与分包合同两个不同的合同关系。承包合同是发包人与总承包人或者勘察人、设计人、施工人之间订立的合同，总承包人或者勘察、设计、施工承包人应当就承包合同的履行向发包人承担全部的责任；即使总承包人或者勘察、设计、施工承包人根据合同约定或者经发包人同意将承包合同范围内的部分建设项目分包给他人,其也需要对分包的工程向发包人负责。分包合同是承包合同中的总承包人或者勘察、设计、施工承包人与分包人之间订立的合同。通常来说,分包人仅就分包合同的履行向总承包人或者勘察、设计、施工承包人负责,并不直接向发包人承担责任;但为了维护发包人的利益,保证工程的质量,本条适当地加重了分包人的责任,即第三人(分包人)就其完成的工作成果与总承包人或者勘察、设计、施工承包人向发包人承担连带责任。分包的工程出现问题,发包人既可以要求总承包人或者勘察、设计、施工承包人承担责任,也可以直接要求分包人承担责任。

所谓转包,是指建设工程的承包人将其承包的建设工程倒手转让给第三人,使该第三人实际上成为该建设工程新的承包人的行为。转包与分包的根本区别在于:转包行为中,原承包人将其工程全部倒手转给他人,自己并不实际履行合同约定的义务;而在分包行为中,承包人只是将其承包工程的某一部分或某几部分再分包给其他承包人,承包人仍然要就承包合同约定的全部义务的履行向发包人负责。依照本法和其他法律规定,承包人经发包人同意将其部分工程分包给他人的行为是允许的,但承包人的转包行为是禁止的。本条明确规定承包人不得将其承包的全部建设工程转包给第三人或者将其承包的全部建设工程支解以后以分包的名义分别转包给第三人。这是因为:(1)在实践中,转包行为具有很大的危害性。一些单位将其承包的工程压价转包给他人,从中谋取不正当利益,形成“层层转包、层层扒皮”的现象,最后实际用于工程建设的费用大为减少,导致严重的偷工减料;一些建设工程转包后落入不具备相应资质条件的包工队中,留下严重的工程质量隐患,甚至造成重大质量事故。(2)承包人擅自将其承包的工程项目转包,破坏了合同关系应有的稳定性和严肃性。在建设工程合同订立过程中,发包人往往是经过慎重选择,才确定与其所信任并具有相应资质条件的承包人订立合同。承包人将其所承包的工程转包给他人，违背了发包人的意志，损害了发包人的利益，这是法律所不允许的。

为了保证工程的质量，本条第3款规定，禁止承包人将工程分包给不具备相应资质条件的单位；禁止分包单位将其承包的工程再分包。依据本款规定，工程的分包人必须具备相应的资质条件。依照我国有关法律的规定，从事建设活动的勘察人、设计人和施工人必须具备以下资质条件：(1)有符合国家规定的注册资本；(2)有与其从事的建设活动相适应的具有法定执业资格的专业技术人员；(3)有从事相关建设活动所应有的技术装备；(4)法律、行政法规规定的其他条件。从事工程建设活动的勘察人、设计人和施工人，按照其拥有的注册资本、专业技术人员、技术装备和已完成的建设工程业绩等资质条件，划分为不同的资质等级，经资质审查合格，取得相应等级的资质证书后，方可在其资质等级许可的范围内从事建设活动。承包人在将工程分包时，应当审查分包人是否具备承包该部分工程建设的资质条件。承包人将工程分包给不具备相应资质条件的分包人的，该分包合同无效。为避免因层层分包造成责任不清以及因中间环节过多造成实际用于工程的费用减少的问题，依据本款的规定，分包人不得将其承包的工程再分包，即对工程建设项目只能实行一次分包。实行施工承包的，建设工程的主体结构必须由承包人自行完成，不得分包，即承包人承包工程全部施工任务的，该工程的主体结构必须由承包人自行完成，即使经发包人同意，也不得将主体工程的施工再分包给第三人；承包人违反本款规定，将工程主体部分的施工任务分包给第三人的，该分包合同无效。

关联法规

《建筑法》第24、28、29条，《建设工程质量管理条例》第7、18、78条，《最高人民法院关于审理建设工程施工合同纠纷案件适用法律问

题的解释(一)》第1、3~7、24条

第七百九十二条 【订立国家重大建设工程合同】国家重大建设工程合同,应当按照国家规定的程序和国家批准的投资计划、可行性研究报告等文件订立。

第七百九十三条 【建设工程合同无效、验收不合格的处理】建设工程施工合同无效,但是建设工程经验收合格的,可以参照合同关于工程价款的约定折价补偿承包人。

建设工程施工合同无效,且建设工程经验收不合格的,按照以下情形处理:

(一)修复后的建设工程经验收合格的,发包人可以请求承包人承担修复费用;

(二)修复后的建设工程经验收不合格的,承包人无权请求参照合同关于工程价款的约定折价补偿。

发包人对因建设工程不合格造成的损失有过错的,应当承担相应的责任。

关联法规

《最高人民法院关于审理建设工程施工合同纠纷案件适用法律问题的解释(一)》第6、24条

第七百九十四条 【勘察、设计合同的内容】勘察、设计合同的内容一般包括提交有关基础资料和概预算等文件的期限、质量要求、费用以及其他协作条件等条款。

第七百九十五条 【施工合同的内容】施工合同的内容一般包括工程范围、建设工期、中间交工工程的开工和竣工时间、工程质量、工程造价、技术资料交付时间、材料和设备供应责任、拨款和结算、竣工验收、质量保修范围和质量保证期、相互协作等条款。

关联法规

《最高人民法院关于审理建设工程施工合同纠纷案件适用法律问题的解释(一)》第2、8条

第七百九十六条 【建设工程监理】建设工程实行监理的，发包人应当与监理人采用书面形式订立委托监理合同。发包人与监理人的权利和义务以及法律责任，应当依照本编委托合同以及其他有关法律、行政法规的规定。

关联法规

《建筑法》第30~35条，《建设工程质量管理条例》第12、34~38条

第七百九十七条 【发包人的检查权】发包人在不妨碍承包人正常作业的情况下，可以随时对作业进度、质量进行检查。

第七百九十八条 【隐蔽工程】隐蔽工程在隐蔽以前，承包人应当通知发包人检查。发包人没有及时检查的，承包人可以顺延工程日期，并有权请求赔偿停工、窝工等损失。

第七百九十九条 【建设工程的竣工验收】建设工程竣工后，发

包人应当根据施工图纸及说明书、国家颁发的施工验收规范和质量检验标准及时进行验收。验收合格的，发包人应当按照约定支付价款，并接收该建设工程。

建设工程竣工经验收合格后，方可交付使用；未经验收或者验收不合格的，不得交付使用。

条文注解

建设工程的竣工验收，是指建设工程已按照设计要求完成全部工作任务，准备交付给发包人投入使用前，由发包人或者有关主管部门依照国家关于建设工程竣工验收制度的规定，对该项工程是否合乎设计要求和工程质量标准所进行的检查、考核工作。建设工程的竣工验收是工程建设全过程的最后一道程序，是对工程质量实行控制的最后一个重要环节。验收的内容主要是：

第一，工程是否符合规定的建设工程质量标准。建设工程的质量标准包括依照法律、行政法规的有关规定制定的保证建设工程质量和安全的强制性国家标准和行业标准以及国家颁发的施工验收规范，建设工程合同中约定的对该项建设工程特殊的质量要求，以及为体现法律、行政法规规定的质量标准和建设工程合同约定的质量要求而在工程设计文件、施工图纸和说明书中提出的有关工程质量的具体指标和技术要求。

第二，承包人是否提供了完整的工程技术经济资料。这里的工程技术经济资料，一般应包括建设工程合同、建设用地的批准文件、工程的设计图纸及其他有关设计文件、工程所用的主要建筑材料、建筑构配件和设备的进场试验报告，申请竣工验收的报告书及有关工程建设的技术档案，完整的施工管理资料等。

第三，承包人是否有建设工程质量检验书等凭证。

第四，工程是否具备国家规定的其他竣工条件。

建设工程必须竣工经验收合格后，方可交付使用；没有经过竣工验收或者经过竣工验收确定为不合格的建设工程，不得交付使用。

关联法规

《建筑法》第60、61条，《建设工程质量管理条例》第16、17、49条，《城镇燃气管理条例》第11条，《最高人民法院关于审理建设工程施工合同纠纷案件适用法律问题的解释（一）》第9~11、14条

第八百条　【勘察人、设计人对勘察、设计的责任】勘察、设计的质量不符合要求或者未按照期限提交勘察、设计文件拖延工期，造成发包人损失的，勘察人、设计人应当继续完善勘察、设计，减收或者免收勘察、设计费并赔偿损失。

关联法规

《建筑法》第52~56条，《建设工程质量管理条例》第18~24、39~42条

第八百零一条　【施工人对建设工程质量承担的民事责任】因施工人的原因致使建设工程质量不符合约定的，发包人有权请求施工人在合理期限内无偿修理或者返工、改建。经过修理或者返工、改建后，造成逾期交付的，施工人应当承担违约责任。

关联法规

《建筑法》第58~60条，《建设工程质量管理条例》第25~33条，《最高人民法院关于审理建设工程施工合同纠纷案件适用法律问题的解释（一）》第12、16条

第八百零二条　【合理使用期限内质量保证责任】因承包人的原因致使建设工程在合理使用期限内造成人身损害和财产损失的，承包人应当承担赔偿责任。

关联法规

《建筑法》第60~63条,《建设工程质量管理条例》第39~42条,《最高人民法院关于审理建设工程施工合同纠纷案件适用法律问题的解释(一)》第18条

第八百零三条　【发包人未按约定的时间和要求提供相关物资的违约责任】发包人未按照约定的时间和要求提供原材料、设备、场地、资金、技术资料的，承包人可以顺延工程日期，并有权请求赔偿停工、窝工等损失。

第八百零四条　【因发包人原因造成工程停建、缓建所应承担责任】因发包人的原因致使工程中途停建、缓建的，发包人应当采取措施弥补或者减少损失，赔偿承包人因此造成的停工、窝工、倒运、机械设备调迁、材料和构件积压等损失和实际费用。

关联法规

《最高人民法院关于审理建设工程施工合同纠纷案件适用法律问题的解释(一)》第13条

第八百零五条　【因发包人原因造成勘察、设计的返工、停工或者修改设计所应承担责任】因发包人变更计划，提供的资料不准确，

或者未按照期限提供必需的勘察、设计工作条件而造成勘察、设计的返工、停工或者修改设计，发包人应当按照勘察人、设计人实际消耗的工作量增付费用。

第八百零六条 【合同解除及后果处理的规定】承包人将建设工程转包、违法分包的，发包人可以解除合同。

发包人提供的主要建筑材料、建筑构配件和设备不符合强制性标准或者不履行协助义务，致使承包人无法施工，经催告后在合理期限内仍未履行相应义务的，承包人可以解除合同。

合同解除后，已经完成的建设工程质量合格的，发包人应当按照约定支付相应的工程价款；已经完成的建设工程质量不合格的，参照本法第七百九十三条的规定处理。

第八百零七条 【发包人未支付工程价款的责任】发包人未按照约定支付价款的，承包人可以催告发包人在合理期限内支付价款。发包人逾期不支付的，除根据建设工程的性质不宜折价、拍卖外，承包人可以与发包人协议将该工程折价，也可以请求人民法院将该工程依法拍卖。建设工程的价款就该工程折价或者拍卖的价款优先受偿。

关联法规

《最高人民法院关于审理建设工程施工合同纠纷案件适用法律问题的解释(一)》第2、19~23、26~28、35~44条

第八百零八条 【适用承揽合同】本章没有规定的，适用承揽合同的有关规定。

第十九章 运输合同

第一节 一般规定

第八百零九条 【运输合同定义】运输合同是承运人将旅客或者货物从起运地点运输到约定地点，旅客、托运人或者收货人支付票款或者运输费用的合同。

条文注解

运输合同，又称运送合同，本条规定是对运输合同所作的定义。根据本条规定，运输合同的定义包含以下几个方面的内容：

(1)运输合同的主体是承运人和旅客、托运人。运输合同的主体是运输合同权利义务的承担者，即运输合同的当事人。根据运输合同是双务合同的特性，当事人一方是享受收取运费或者票款权利承担运送义务的承运人，另一方是享受运送权利并支付运费的旅客和托运人，双方当事人的数目视具体合同关系而定。

(2)运输合同中的托运人有时就是收货人，但在多数情况下，另有收货人，此时收货人不是运输合同的一方当事人。

(3)运输合同的内容是承运人将旅客或者货物运输到约定地点。由此可见，运输合同的客体是承运人的运送行为，不是货物和旅客。

(4)在运输合同中，承运人的义务是将旅客或者货物运输到约定地点，权利是收取票款或者运费；而旅客、托运人的权利和义务则与此对应，即权利是要求承运人将其运输到约定地点，义务是向承运人支付票款或者运费。

关联法规

《民用航空法》第107、108条,《铁路法》第11条,《海商法》第41条,《道路运输条例》第2条

第八百一十条 【承运人强制缔约义务】从事公共运输的承运人不得拒绝旅客、托运人通常、合理的运输要求。

第八百一十一条 【承运人安全运输义务】承运人应当在约定期限或者合理期限内将旅客、货物安全运输到约定地点。

关联法规

《铁路法》第11条,《最高人民法院关于审理铁路运输人身损害赔偿纠纷案件适用法律若干问题的解释》第12、301条,《最高人民法院关于审理铁路运输损害赔偿案件若干问题的解释》第7条

第八百一十二条 【承运人合理运输义务】承运人应当按照约定的或者通常的运输路线将旅客、货物运输到约定地点。

关联法规

《铁路法》第12条

第八百一十三条 【支付票款或者运输费用】旅客、托运人或者收货人应当支付票款或者运输费用。承运人未按照约定路线或者通常路线运输增加票款或者运输费用的,旅客、托运人或者收货人可以拒绝支付增加部分的票款或者运输费用。

关联法规

《铁路法》第25、26条

第二节 客运合同

第八百一十四条 【客运合同成立时间】客运合同自承运人向旅客出具客票时成立，但是当事人另有约定或者另有交易习惯的除外。

条文注解

客运合同的成立时间和地点，涉及合同当事人受合同约束的开始时间和案件管辖问题，而国际客运合同的成立往往还涉及法律适用问题。

在普通情况下，客票是客运合同成立的凭据，也就是说，承运人向旅客签发的客票证明了承运人和旅客之间订立了合同。所以客运合同的成立时间一般即是旅客客票的取得时间，即承运人向旅客交付客票时成立。

但随着互联网技术的发展，传统的购票方式发生了很大变化，客票的无纸化成为普遍趋势。旅客在客运合同订立过程中，可以通过网上购票的方式与承运人达成出行日期、票价等事项的合意，一旦意思表示一致，承运人出具电子票据，合同即宣告成立。有时甚至旅客都不需要接收电子票据，出示身份证件即可乘坐。因此，本条将合同法规定的“交付客票时成立”修改为“出具客票时成立”。

但是，在运输合同的当事人另有约定的情况下，旅客运输合同的成立时间可以不是在承运人出具客票时成立。例如，在航空运输中，旅客与承运人约定航空运输合同从旅客登上飞机时成立，则该航空运输合同的成立时间即为旅客登上飞机的那一刻。本条还规定，在另有交易习惯的情况下，客运合同的成立时间也可以不在出具客票时成立。例如，在出租车运输中，客票的交付时间一般在运输行为完成后，按出租车运输的交易习惯，该运输合同在旅客登上出租车时就成立。

关联法规

《民用航空法》第109、111条，《海商法》第110、111条，《铁路旅客运输规程》第4条

第八百一十五条 【旅客乘运义务的一般规定】旅客应当按照有效客票记载的时间、班次和座位号乘坐。旅客无票乘坐、超程乘坐、越级乘坐或者持不符合减价条件的优惠客票乘坐的，应当补交票款，承运人可以按照规定加收票款；旅客不支付票款的，承运人可以拒绝运输。

实名制客运合同的旅客丢失客票的，可以请求承运人挂失补办，承运人不得再次收取票款和其他不合理费用。

关联法规

《民用航空法》第109、112、128条，《海商法》第112条，《道路运输条例》第16、17、20条

第八百一十六条 【旅客办理退票或者变更乘运手续】旅客因自己的原因不能按照客票记载的时间乘坐的，应当在约定的期限内办理退票或者变更手续；逾期办理的，承运人可以不退票款，并不再承担运输义务。

关联法规

《铁路旅客运输规程》第30条

第八百一十七条 【行李携带及托运要求】旅客随身携带行李应当符合约定的限量和品类要求;超过限量或者违反品类要求携带行李的,应当办理托运手续。

第八百一十八条 【禁止旅客携带危险物品、违禁物品】旅客不得随身携带或者在行李中夹带易燃、易爆、有毒、有腐蚀性、有放射性以及可能危及运输工具上人身和财产安全的危险物品或者违禁物品。

旅客违反前款规定的,承运人可以将危险物品或者违禁物品卸下、销毁或者送交有关部门。旅客坚持携带或者夹带危险物品或者违禁物品的,承运人应当拒绝运输。

关联法规

《海商法》第113条,《民用航空安全保卫条例》第26~33条,《铁路旅客运输规程》第36条

第八百一十九条 【承运人的告知义务和旅客的协助义务】承运人应当严格履行安全运输义务,及时告知旅客安全运输应当注意的事项。旅客对承运人为安全运输所作的合理安排应当积极协助和配合。

第八百二十条 【承运人按照约定运输的义务】承运人应当按照有效客票记载的时间、班次和座位号运输旅客。承运人迟延运输或者有其他不能正常运输情形的，应当及时告知和提醒旅客，采取必要的安置措施，并根据旅客的要求安排改乘其他班次或者退票；由此造成旅客损失的，承运人应当承担赔偿责任，但是不可归责于承运人的除外。

关联法规

《道路运输条例》第18、19条

第八百二十一条 【承运人擅自降低或者提高服务标准的后果】承运人擅自降低服务标准的，应当根据旅客的请求退票或者减收票款；提高服务标准的，不得加收票款。

第八百二十二条 【承运人救助义务】承运人在运输过程中，应当尽力救助患有急病、分娩、遇险的旅客。

关联法规

《最高人民法院关于审理铁路运输人身损害赔偿纠纷案件适用法律若干问题的解释》第12条，《铁路旅客运输规程》第45条

第八百二十三条 【旅客人身伤亡责任】承运人应当对运输过程中旅客的伤亡承担赔偿责任；但是，伤亡是旅客自身健康原因造成的或者承运人证明伤亡是旅客故意、重大过失造成的除外。

前款规定适用于按照规定免票、持优待票或者经承运人许可搭乘的无票旅客。

关联法规

《民用航空法》第124、127~136条,《铁路法》第58条,《海商法》第114、115、117、118、120~126条,《道路运输条例》第16、35条

第八百二十四条　【旅客随身携带物品毁损、灭失的责任承担】在运输过程中旅客随身携带物品毁损、灭失,承运人有过错的,应当承担赔偿责任。

旅客托运的行李毁损、灭失的,适用货物运输的有关规定。

关联法规

《民用航空法》第125~136条,《铁路法》第16~18条,《海商法》第114~126条

第三节　货运合同

第八百二十五条　【托运人如实申报义务】托运人办理货物运输,应当向承运人准确表明收货人的姓名、名称或者凭指示的收货人,货物的名称、性质、重量、数量,收货地点等有关货物运输的必要情况。

因托运人申报不实或者遗漏重要情况,造成承运人损失的,托运人应当承担赔偿责任。

关联法规

《民用航空法》第117条,《铁路法》第18、19、23条,《海商法》第66、68条

第八百二十六条　【托运人提交有关文件义务】货物运输需要办理审批、检验等手续的，托运人应当将办理完有关手续的文件提交承运人。

关联法规

《民用航空法》第123条，《道路运输条例》第25条

第八百二十七条　【托运人货物包装义务】托运人应当按照约定的方式包装货物。对包装方式没有约定或者约定不明确的，适用本法第六百一十九条的规定。

托运人违反前款规定的，承运人可以拒绝运输。

关联法规

《铁路法》第20条，《铁路货物运输合同实施细则》第8条，《水路货物运输合同实施细则》第7条

第八百二十八条　【运输危险货物】托运人托运易燃、易爆、有毒、有腐蚀性、有放射性等危险物品的，应当按照国家有关危险物品运输的规定对危险物品妥善包装，做出危险物品标志和标签，并将有关危险物品的名称、性质和防范措施的书面材料提交承运人。

托运人违反前款规定的，承运人可以拒绝运输，也可以采取相应措施以避免损失的发生，因此产生的费用由托运人负担。

关联法规

《铁路危险货物运输安全监督管理规定》第2、3、7、8、12、13条

第八百二十九条　【托运人变更或者解除运输合同权利】在承运人将货物交付收货人之前，托运人可以要求承运人中止运输、返还货物、变更到达地或者将货物交给其他收货人，但是应当赔偿承运人因此受到的损失。

条文注解

本条是关于托运人变更或者解除运输合同权利的规定。

所谓托运人的变更或者解除权，就是货物运输合同成立后，托运人有权变更或者解除合同。这种变更或者解除可以不经过承运人同意，承运人也无权过问相对方变更和解除合同的原因，只要托运人提出变更或者解除合同，均应予以变更或者解除。

根据本条规定，在承运人将货物交付收货人之前，托运人享有以下权利：一是中止运输、返还货物。中止运输，是指托运人要求承运人立即停止运输托运的货物；返还货物，是指托运人要求承运人将已经办理托运手续的货物返还给托运人或者提货凭证持有人。这实际上就是解除货运合同。二是变更到达地。变更到达地，是指托运人在货物交付给收货人之前，改变原来约定的到达地。对此承运人不得拒绝变更。三是将货物交给其他收货人。这实际上就是变更收货人。在承运人将货物交付收货人之前，托运人享有以上权利，承运人不得拒绝变更后的运输义务，应当按照托运人的要求中止运输、返还货物，或者按照托运人变更后的要求将货物安全、及时地运送至新的到达地或者交给新的收货人。当然，如果因为托运人单方变更或者解除合同给承运人造成损失的，托运人应当赔偿其损失，包括承担因变更或者解

除合同而产生的各种费用等。

理解本条还需要注意以下几点：(1)如果托运人或者提单持有人指示不能执行，承运人应当立即通知托运人或者提单持有人。(2)托运人或者提单持有人这种单方变更或者解除权只能在货物交付收货人之前行使，如果货物已经交付给收货人，则托运人或者提单持有人这种变更或者解除合同的权利就即告终止。但是收货人拒绝接受货物的，或者承运人无法同收货人联系的，托运人或者提单持有人可以恢复行使这种权利。(3)本条的单方变更或者解除权只能由托运人或者提单持有人享有。承运人在运输合同成立后，不得单方变更或者解除合同，除非对方严重违约或者发生不可抗力。

第八百三十条　【提货】货物运输到达后，承运人知道收货人的，应当及时通知收货人，收货人应当及时提货。收货人逾期提货的，应当向承运人支付保管费等费用。

第八百三十一条　【收货人检验货物】收货人提货时应当按照约定的期限检验货物。对检验货物的期限没有约定或者约定不明确，依据本法第五百一十条的规定仍不能确定的，应当在合理期限内检验货物。收货人在约定的期限或者合理期限内对货物的数量、毁损等未提出异议的，视为承运人已经按照运输单证的记载交付的初步证据。

第八百三十二条　【运输过程中货物毁损、灭失的责任承担】承运人对运输过程中货物的毁损、灭失承担赔偿责任。但是，承运人证明货物的毁损、灭失是因不可抗力、货物本身的自然性质或者合理损耗以及托运人、收货人的过错造成的，不承担赔偿责任。

第八百三十三条 【确定货物赔偿额】货物的毁损、灭失的赔偿额，当事人有约定的，按照其约定；没有约定或者约定不明确，依据本法第五百一十条的规定仍不能确定的，按照交付或者应当交付时货物到达地的市场价格计算。法律、行政法规对赔偿额的计算方法和赔偿限额另有规定的，依照其规定。

第八百三十四条 【相继运输】两个以上承运人以同一运输方式联运的，与托运人订立合同的承运人应当对全程运输承担责任；损失发生在某一运输区段的，与托运人订立合同的承运人和该区段的承运人承担连带责任。

第八百三十五条 【货物因不可抗力灭失的运费处理】货物在运输过程中因不可抗力灭失，未收取运费的，承运人不得请求支付运费；已经收取运费的，托运人可以请求返还。法律另有规定的，依照其规定。

第八百三十六条 【承运人留置权】托运人或者收货人不支付运费、保管费或者其他费用的，承运人对相应的运输货物享有留置权，但是当事人另有约定的除外。

第八百三十七条 【承运人提存货物】收货人不明或者收货人无正当理由拒绝受领货物的，承运人依法可以提存货物。

第四节　多式联运合同

第八百三十八条　【多式联运经营人应当负责履行或者组织履行合同】多式联运经营人负责履行或者组织履行多式联运合同，对全程运输享有承运人的权利，承担承运人的义务。

条文注解

本法所称的多式联运合同，是指多式联运经营人以两种以上的不同运输方式，负责将货物从接收地运至目的地交付收货人，并收取全程运费的合同。可见，以两种以上的不同运输方式进行运输是多式联运合同区别于传统运输合同的最大特征。

在多式联运合同中，多式联运经营人处于一个比较特殊的位置。本条所指的多式联运经营人，是指本人或者委托他人以本人名义与托运人订立多式联运合同的人，其是事主，而不是托运人的代理人或者代表人，也不是参加多式联运的各承运人的代理人或者代表人。从本条的规定可知，多式联运经营人要根据多式联运合同履行运输义务或者组织承运人履行运输义务。多式联运经营人可分为两种类型：第一种就是多式联运经营人自己拥有运输工具，并且直接参加了运输合同的履行。第二种就是多式联运经营人自己不拥有运输工具或者不经营运输工具，也不直接从事运输活动，而是在签订多式联运合同后，通过双边合同与各运输方式承运人又单独签订各区段运输合同，组织其他承运人进行运输。但是，无论多式联运经营人属于哪一种情形，根据本条的规定，多式联运经营人都要对与之签订合同的托运人或者收货人承担全程运输的义务；同时，根据本章的规定，多式联运经营人要承担全程运输所发生的责任和风险。当然，其也享有作为全程运输承运人的权利，如有向托运人或者收货人要求运输费用的权利等。

关联法规

《海商法》第 102 条,《铁路运输服务质量监督管理办法》第 18、19 条

第八百三十九条 【多式联运合同责任制度】多式联运经营人可以与参加多式联运的各区段承运人就多式联运合同的各区段运输约定相互之间的责任;但是,该约定不影响多式联运经营人对全程运输承担的义务。

关联法规

《海商法》第 103、104 条

第八百四十条 【多式联运单据】多式联运经营人收到托运人交付的货物时,应当签发多式联运单据。按照托运人的要求,多式联运单据可以是可转让单据,也可以是不可转让单据。

第八百四十一条 【托运人承担过错责任】因托运人托运货物时的过错造成多式联运经营人损失的,即使托运人已经转让多式联运单据,托运人仍然应当承担赔偿责任。

第八百四十二条 【多式联运经营人赔偿责任的法律适用】货物的毁损、灭失发生于多式联运的某一运输区段的,多式联运经营人的赔偿责任和责任限额,适用调整该区段运输方式的有关法律规定;货物毁损、灭失发生的运输区段不能确定的,依照本章规定承担赔偿责任。

关联法规

《铁路法》第29条,《海商法》第104~106条

第二十章　技术合同

第一节　一般规定

第八百四十三条　【技术合同定义】技术合同是当事人就技术开发、转让、许可、咨询或者服务订立的确立相互之间权利和义务的合同。

条文注解

根据本条规定,技术合同是当事人就技术开发、转让、许可、咨询或者服务订立的确立相互之间权利和义务的合同。根据本条规定,技术合同具有以下特征:

(1)技术合同属于《民法典》规定的一种有名合同,具有合同的一般特征。

(2)技术合同的主体是平等主体的自然人、法人、非法人组织。技术合同是上述主体之间设立、变更、终止民事权利义务关系的合同。

(3)技术合同的标的是技术开发、技术转让、技术许可、技术咨询、技术服务。

(4)技术合同的内容是当事人就技术开发、技术转让、技术许可、技术咨询、技术服务所确立的相互之间权利和义务关系。这种权利义务关系,有自己的特殊性。比如,技术合同履行过程中常常出现相关权利(发明权、专利权、非专利权使用权等)的归属问题;又如,技术合同的标的多数是无形的,特别是技术转让合同的一方当事人允许他方

使用自己的技术多数是无形的;再如,使用技术合同标的的主体既可以是一个主体,也可以是多个主体。

(5)技术合同是双务、有偿合同。在技术合同中,当事人双方都承担着自己相应的义务和所享有的权利,一方当事人权利的取得,需要以履行自己的义务为代价。

(6)技术合同是技术商品生产和消费之间的一个媒介。技术成果不被运用难以体现其自身的价值,技术成果的持有者只有与需求方联合才可以将技术成果转化为现实的生产力,而这种联合往往是通过技术合同这种形式实现的。

关联法规

《最高人民法院关于审理技术合同纠纷案件适用法律若干问题的解释》第42~46条

第八百四十四条　【技术合同订立的目的】订立技术合同,应当有利于知识产权的保护和科学技术的进步,促进科学技术成果的研发、转化、应用和推广。

关联法规

《最高人民法院关于审理技术合同纠纷案件适用法律若干问题的解释》第1条

第八百四十五条　【技术合同主要条款】技术合同的内容一般包括项目的名称,标的的内容、范围和要求,履行的计划、地点和方式,技术信息和资料的保密,技术成果的归属和收益的分配办法,验收标准和方法,名词和术语的解释等条款。

与履行合同有关的技术背景资料、可行性论证和技术评价报告、项目任务书和计划书、技术标准、技术规范、原始设计和工艺文件，以及其他技术文档，按照当事人的约定可以作为合同的组成部分。

技术合同涉及专利的，应当注明发明创造的名称、专利申请人和专利权人、申请日期、申请号、专利号以及专利权的有效期限。

第八百四十六条 【技术合同价款、报酬及使用费】技术合同价款、报酬或者使用费的支付方式由当事人约定，可以采取一次总算、一次总付或者一次总算、分期支付，也可以采取提成支付或者提成支付附加预付入门费的方式。

约定提成支付的，可以按照产品价格、实施专利和使用技术秘密后新增的产值、利润或者产品销售额的一定比例提成，也可以按照约定的其他方式计算。提成支付的比例可以采取固定比例、逐年递增比例或者逐年递减比例。

约定提成支付的，当事人可以约定查阅有关会计账目的办法。

关联法规

《最高人民法院关于审理技术合同纠纷案件适用法律若干问题的解释》第 14 条

第八百四十七条 【职务技术成果的财产权权属】职务技术成果的使用权、转让权属于法人或者非法人组织的，法人或者非法人组织可以就该项职务技术成果订立技术合同。法人或者非法人组织订立技术合同转让职务技术成果时，职务技术成果的完成人享有以同等条件优先受让的权利。

职务技术成果是执行法人或者非法人组织的工作任务，或者主要是利用法人或者非法人组织的物质技术条件所完成的技术成果。

关联法规

《专利法》第6、16、17条，《最高人民法院关于审理技术合同纠纷案件适用法律若干问题的解释》第2~6条

第八百四十八条 【非职务技术成果的财产权权属】非职务技术成果的使用权、转让权属于完成技术成果的个人，完成技术成果的个人可以就该项非职务技术成果订立技术合同。

关联法规

《最高人民法院关于审理技术合同纠纷案件适用法律若干问题的解释》第6、16条

第八百四十九条 【技术成果的人身权归属】完成技术成果的个人享有在有关技术成果文件上写明自己是技术成果完成者的权利和取得荣誉证书、奖励的权利。

第八百五十条 【技术合同无效】非法垄断技术或者侵害他人技术成果的技术合同无效。

条文注解

本条根据技术合同的特点明确了技术合同无效的两种情形，即非法垄断技术或者侵害他人技术成果的技术合同无效。

一是非法垄断技术，是指合同的一方当事人通过合同条款限制另一方当事人在合同标的技术的基础上进行新的研究开发，限制另一方当事人从其他渠道吸收技术，或者阻碍另一方根据市场的需求，按照合理的方式充分实施专利和使用技术秘密。常见的非法垄断技术条款主要有以下几种表现形式：(1)限制另一方在合同标的基础上进行新的研究开发。例如，在合同中约定一方在所取得的技术基础上进行新的研究开发，或者进行新的研究活动要得到其许可等。(2)限制另一方从其他渠道获取技术。例如，在合同中约定一方当事人在取得技术成果或者接受技术服务后，不得采用合同外第三方新的有竞争优势的技术。(3)阻碍另一方根据市场需求，以合理的方式实施技术。合同的双方当事人可以自由约定实施专利和使用非专利技术的期限、地区、方式等，但是除此以外不得限制另一方当事人的生产规模、产品规模、原料来源、销售渠道等。(4)阻碍国家推广、使用技术。根据《专利法》的有关规定，国家对专利实行强制许可制度，对重要的发明创造实行计划许可。如果当事人受让专利权目的不是实施这一技术，而是为了防止他人使用这一新技术后冲出其控制的市场，那么这个技术合同则是为了规避《专利法》的规定，是徒具形式而当事人并不想使其发生法律后果的技术合同，应认定为无效的技术合同。

二是侵害他人技术成果，指侵害另一方或者第三方的专利权、专利申请权、专利实施权、技术秘密使用权和转让权或者发明权、发现权以及其他科技成果权的行为。主要是未经拥有者或者持有技术成果的个人或者法人、非法人组织的许可，而与他人订立自己无权处分的技术成果的技术合同，或者订立了侵害技术成果完成人身份权、荣誉权的技术合同。《技术合同认定规则》规定，申请认定登记的技术合同，其合同条款含有下列非法垄断技术、妨碍技术进步等不合理限制条款的，不予登记：(1)一方限制另一方在合同标的技术的基础上进行新的研究开发的；(2)一方强制性要求另一方在合同标的基础上研究开发所取得的科技成果及其知识产权独占回授的;(3)一方限制另一方从其他渠道吸收竞争技术的;(4)一方限制另一方根据市场需求实施专利和使用技术秘密的。

关联法规

《最高人民法院关于审理技术合同纠纷案件适用法律若干问题的解释》第10~12条

第二节 技术开发合同

第八百五十一条 【技术开发合同定义及合同形式】技术开发合同是当事人之间就新技术、新产品、新工艺、新品种或者新材料及其系统的研究开发所订立的合同。

技术开发合同包括委托开发合同和合作开发合同。

技术开发合同应当采用书面形式。

当事人之间就具有实用价值的科技成果实施转化订立的合同，参照适用技术开发合同的有关规定。

条文注解

技术开发合同是当事人之间就新技术、新产品、新工艺、新品种或者新材料及其系统的研究开发所订立的合同。技术开发合同具有以下特点:(1)技术开发合同通常是双务合同、有偿合同。在技术开发合同中双方当事人均有义务,一方当事人在取得权利的同时必须向另一方支付一定的费用,付出相应的义务。(2)技术开发合同是一种要式合同。本条第3款规定当事人订立技术开发合同应当采用书面形式,便于将多且复杂的合同内容固定下来,有利于合同当事人认真遵循,履行好合同。(3)技术开发合同的标的(新技术、新产品、新工艺、新品种或者新材料及其系统)应有相对新的特点。新技术、新产品、新工艺、新品种或者新材料及其系统,一般是指当事人在订立技术合同时尚未掌握的产品、工艺、品种、材料及其系统等技术方案,但是在技术上没有创新的现有产品改型、工艺变更、品种更新、材料配方调整以及技术成果的检验、测试和使用的除外。(4)技术开发合同风险性较大。技术开发是一项探索未知的活动,受各方面条件的限制,可能双方尽了很大的努力,也难以达到订立合同的目的,因此,订立技术开发合同必须依据本法的有关规定,明确合同各方的责任和所承担的风险。

根据本条第2款的规定,技术开发合同包括委托开发合同和合作开发合同。委托开发合同,是指当事人一方委托另一方进行研究开发所订立的合同。合作开发合同,是指当事人各方就共同进行研究开发所订立的合同。即当事人各方共同投资、共同参与研究开发活动、共同承担研究开发风险、共享研究开发成果。

当事人之间就具有实用价值的科技成果实施转化订立的合同,是指当事人之间就具有实用价值但尚未实现工业化应用的科技成果包括阶段性技术成果,以实现该科技成果工业化应用为目标,约定后续试验、开发和应用等内容的合同。实践中,当事人就科技成果实施转化订立的合同逐渐增多,为适应技术创新和科技产业化的需要,本条第4款规定这些合同参照适用技术开发合同的有关规定。

关联法规

《最高人民法院关于审理技术合同纠纷案件适用法律若干问题的解释》第17、18条

第八百五十二条 【委托开发合同的委托人义务】委托开发合同的委托人应当按照约定支付研究开发经费和报酬,提供技术资料,提出研究开发要求,完成协作事项,接受研究开发成果。

第八百五十三条 【委托开发合同的研究开发人义务】委托开发合同的研究开发人应当按照约定制定和实施研究开发计划，合理使用研究开发经费，按期完成研究开发工作，交付研究开发成果，提供有关的技术资料和必要的技术指导，帮助委托人掌握研究开发成果。

第八百五十四条 【委托开发合同的违约责任】委托开发合同的当事人违反约定造成研究开发工作停滞、延误或者失败的，应当承担违约责任。

第八百五十五条 【合作开发合同的当事人主要义务】合作开发合同的当事人应当按照约定进行投资，包括以技术进行投资，分工参与研究开发工作，协作配合研究开发工作。

关联法规

《最高人民法院关于审理技术合同纠纷案件适用法律若干问题的解释》第19条

第八百五十六条 【合作开发合同的违约责任】合作开发合同的当事人违反约定造成研究开发工作停滞、延误或者失败的，应当承担违约责任。

第八百五十七条 【技术开发合同解除】作为技术开发合同标的的技术已经由他人公开，致使技术开发合同的履行没有意义的，当事人可以解除合同。

第八百五十八条　【技术开发合同风险负担及通知义务】技术开发合同履行过程中，因出现无法克服的技术困难，致使研究开发失败或者部分失败的，该风险由当事人约定；没有约定或者约定不明确，依据本法第五百一十条的规定仍不能确定的，风险由当事人合理分担。

当事人一方发现前款规定的可能致使研究开发失败或者部分失败的情形时，应当及时通知另一方并采取适当措施减少损失；没有及时通知并采取适当措施，致使损失扩大的，应当就扩大的损失承担责任。

第八百五十九条　【委托开发合同的技术成果归属】委托开发完成的发明创造，除法律另有规定或者当事人另有约定外，申请专利的权利属于研究开发人。研究开发人取得专利权的，委托人可以依法实施该专利。

研究开发人转让专利申请权的，委托人享有以同等条件优先受让的权利。

第八百六十条　【合作开发合同的技术成果归属】合作开发完成的发明创造，申请专利的权利属于合作开发的当事人共有；当事人一方转让其共有的专利申请权的，其他各方享有以同等条件优先受让的权利。但是，当事人另有约定的除外。

合作开发的当事人一方声明放弃其共有的专利申请权的，除当事人另有约定外，可以由另一方单独申请或者由其他各方共同申请。申请人取得专利权的，放弃专利申请权的一方可以免费实施该专利。

合作开发的当事人一方不同意申请专利的，另一方或者其他各方不得申请专利。

第八百六十一条 【技术秘密成果归属与分享】委托开发或者合作开发完成的技术秘密成果的使用权、转让权以及收益的分配办法，由当事人约定；没有约定或者约定不明确，依据本法第五百一十条的规定仍不能确定的，在没有相同技术方案被授予专利权前，当事人均有使用和转让的权利。但是，委托开发的研究开发人不得在向委托人交付研究开发成果之前，将研究开发成果转让给第三人。

关联法规

《促进科技成果转化法》第40条，《专利法》第8条，《最高人民法院关于审理技术合同纠纷案件适用法律若干问题的解释》第20、21条

第三节 技术转让合同和技术许可合同

第八百六十二条 【技术转让合同和技术许可合同定义】技术转让合同是合法拥有技术的权利人，将现有特定的专利、专利申请、技术秘密的相关权利让与他人所订立的合同。

技术转让合同和技术许可合同中关于提供实施技术的专用设备、原材料或者提供有关的技术咨询、技术服务的约定，属于合同的组成部分。

条文注解

本条是关于技术转让合同和技术许可合同定义的规定。本条是这次编纂《民法典》时新增加的条文。技术转让合同和技术许可合同

具有以下特点：

第一，标的的特点。一是必须是特定的完整的技术内容。该内容构成一项产品、工艺、材料及其系统的技术方案；该方案须有特定的名称、技术指标、功能和适用范围。如果标的仅为一般的商业秘密和数据，不构成一项完整的技术方案，或者标的为依靠个人技能和经验掌握的技术诀窍，无法认定其内容的，不属于技术合同转让和许可的标的。二是转让和许可的标的应当是当事人已经掌握的、特定的、现有的技术成果，包括专利权、专利申请权、技术秘密使用权和转让权，不包括尚待研究开发的技术成果或者不涉及专利、专利申请或者技术秘密的知识、技术、经验和信息。

第二，当事人应当对转让和许可标的拥有权属。技术的转让和许可是技术权利的转让和许可，转让人和许可人应当保证自己是所提供的技术的合法拥有者，否则该技术不属于技术转让和许可合同可以转让的标的。例如，当事人享有的专利权已经终止，则不能转让了。

第三，技术商品不同于一般的商品，可以多次转让和许可。

关联法规

《专利法》第10、12、47条，《最高人民法院关于审理技术合同纠纷案件适用法律若干问题的解释》第22、23条

第八百六十三条　【技术转让合同和技术许可合同类型和形式】技术转让合同包括专利权转让、专利申请权转让、技术秘密转让等合同。

技术许可合同包括专利实施许可、技术秘密使用许可等合同。

技术转让合同和技术许可合同应当采用书面形式。

关联法规

《最高人民法院关于审理技术合同纠纷案件适用法律若干问题的解释》第24、25、27、29条

第八百六十四条 【技术转让合同和技术许可合同的限制性条款】技术转让合同和技术许可合同可以约定实施专利或者使用技术秘密的范围，但是不得限制技术竞争和技术发展。

关联法规

《最高人民法院关于审理技术合同纠纷案件适用法律若干问题的解释》第28条

第八百六十五条 【专利实施许可合同限制】专利实施许可合同仅在该专利权的存续期限内有效。专利权有效期限届满或者专利权被宣告无效的，专利权人不得就该专利与他人订立专利实施许可合同。

关联法规

《专利法》第42~44条，《最高人民法院关于审理技术合同纠纷案件适用法律若干问题的解释》第26条

第八百六十六条 【专利实施许可合同许可人主要义务】专利实施许可合同的许可人应当按照约定许可被许可人实施专利，交付实施专利有关的技术资料，提供必要的技术指导。

第八百六十七条　【专利实施许可合同被许可人主要义务】专利实施许可合同的被许可人应当按照约定实施专利，不得许可约定以外的第三人实施该专利，并按照约定支付使用费。

第八百六十八条　【技术秘密让与人和许可人主要义务】技术秘密转让合同的让与人和技术秘密使用许可合同的许可人应当按照约定提供技术资料，进行技术指导，保证技术的实用性、可靠性，承担保密义务。

前款规定的保密义务，不限制许可人申请专利，但是当事人另有约定的除外。

关联法规

《最高人民法院关于审理技术合同纠纷案件适用法律若干问题的解释》第 29 条

第八百六十九条　【技术秘密受让人和被许可人主要义务】技术秘密转让合同的受让人和技术秘密使用许可合同的被许可人应当按照约定使用技术，支付转让费、使用费，承担保密义务。

第八百七十条　【技术转让合同让与人和技术许可合同许可人保证义务】技术转让合同的让与人和技术许可合同的许可人应当保证自己是所提供的技术的合法拥有者，并保证所提供的技术完整、无误、有效，能够达到约定的目标。

第八百七十一条　【技术转让合同受让人和技术许可合同被许可人保密义务】技术转让合同的受让人和技术许可合同的被许可人应当按照约定的范围和期限，对让与人、许可人提供的技术中尚未公开的秘密部分，承担保密义务。

第八百七十二条　【许可人和让与人违约责任】许可人未按照约定许可技术的，应当返还部分或者全部使用费，并应当承担违约责任；实施专利或者使用技术秘密超越约定的范围的，违反约定擅自许可第三人实施该项专利或者使用该项技术秘密的，应当停止违约行为，承担违约责任；违反约定的保密义务的，应当承担违约责任。

让与人承担违约责任，参照适用前款规定。

第八百七十三条　【被许可人和受让人违约责任】被许可人未按照约定支付使用费的，应当补交使用费并按照约定支付违约金；不补交使用费或者支付违约金的，应当停止实施专利或者使用技术秘密，交还技术资料，承担违约责任；实施专利或者使用技术秘密超越约定的范围的，未经许可人同意擅自许可第三人实施该专利或者使用该技术秘密的，应当停止违约行为，承担违约责任；违反约定的保密义务的，应当承担违约责任。

受让人承担违约责任，参照适用前款规定。

第八百七十四条　【受让人和被许可人侵权责任】受让人或者被许可人按照约定实施专利、使用技术秘密侵害他人合法权益的，由让与人或者许可人承担责任，但是当事人另有约定的除外。

第八百七十五条　【后续技术成果的归属与分享】当事人可以按照互利的原则，在合同中约定实施专利、使用技术秘密后续改进的技术成果的分享办法；没有约定或者约定不明确，依据本法第五百一十条的规定仍不能确定的，一方后续改进的技术成果，其他各方无权分享。

第八百七十六条　【其他知识产权的转让和许可】集成电路布图设计专有权、植物新品种权、计算机软件著作权等其他知识产权的转让和许可，参照适用本节的有关规定。

第八百七十七条　【技术进出口合同或者专利、专利申请合同法律适用】法律、行政法规对技术进出口合同或者专利、专利申请合同另有规定的，依照其规定。

关联法规

《对外贸易法》第13～22条，《技术出口管理条例》

第四节　技术咨询合同和技术服务合同

第八百七十八条　【技术咨询合同和技术服务合同定义】技术咨询合同是当事人一方以技术知识为对方就特定技术项目提供可行性论证、技术预测、专题技术调查、分析评价报告等所订立的合同。

技术服务合同是当事人一方以技术知识为对方解决特定技术问题所订立的合同，不包括承揽合同和建设工程合同。

关联法规

《技术合同认定规则》第33~42条,《最高人民法院关于审理技术合同纠纷案件适用法律若干问题的解释》第30、33条

第八百七十九条 【技术咨询合同委托人义务】技术咨询合同的委托人应当按照约定阐明咨询的问题,提供技术背景材料及有关技术资料,接受受托人的工作成果,支付报酬。

第八百八十条 【技术咨询合同受托人义务】技术咨询合同的受托人应当按照约定的期限完成咨询报告或者解答问题,提出的咨询报告应当达到约定的要求。

关联法规

《最高人民法院关于审理技术合同纠纷案件适用法律若干问题的解释》第31、32条

第八百八十一条 【技术咨询合同的违约责任】技术咨询合同的委托人未按照约定提供必要的资料,影响工作进度和质量,不接受或者逾期接受工作成果的,支付的报酬不得追回,未支付的报酬应当支付。

技术咨询合同的受托人未按期提出咨询报告或者提出的咨询报告不符合约定的,应当承担减收或者免收报酬等违约责任。

技术咨询合同的委托人按照受托人符合约定要求的咨询报告和意见作出决策所造成的损失,由委托人承担,但是当事人另有约定的除外。

第八百八十二条　【技术服务合同委托人义务】技术服务合同的委托人应当按照约定提供工作条件，完成配合事项，接受工作成果并支付报酬。

第八百八十三条　【技术服务合同受托人义务】技术服务合同的受托人应当按照约定完成服务项目，解决技术问题，保证工作质量，并传授解决技术问题的知识。

关联法规

《最高人民法院关于审理技术合同纠纷案件适用法律若干问题的解释》第34、35条

第八百八十四条　【技术服务合同的违约责任】技术服务合同的委托人不履行合同义务或者履行合同义务不符合约定，影响工作进度和质量，不接受或者逾期接受工作成果的，支付的报酬不得追回，未支付的报酬应当支付。

技术服务合同的受托人未按照约定完成服务工作的，应当承担免收报酬等违约责任。

第八百八十五条　【创新技术成果归属】技术咨询合同、技术服务合同履行过程中，受托人利用委托人提供的技术资料和工作条件完成的新的技术成果，属于受托人。委托人利用受托人的工作成果完成的新的技术成果，属于委托人。当事人另有约定的，按照其约定。

第八百八十六条 【工作费用的负担】技术咨询合同和技术服务合同对受托人正常开展工作所需费用的负担没有约定或者约定不明确的,由受托人负担。

第八百八十七条 【技术中介合同和技术培训合同法律适用】法律、行政法规对技术中介合同、技术培训合同另有规定的,依照其规定。

关联法规

《最高人民法院关于审理技术合同纠纷案件适用法律若干问题的解释》第38~41条

第二十一章 保管合同

第八百八十八条 【保管合同定义】保管合同是保管人保管寄存人交付的保管物,并返还该物的合同。

寄存人到保管人处从事购物、就餐、住宿等活动,将物品存放在指定场所的,视为保管,但是当事人另有约定或者另有交易习惯的除外。

条文注解

保管合同,又称寄托合同或者寄存合同,是指双方当事人约定一方将物交付他方保管,尔后他方返还保管物的合同。保管物品的一方称为保管人,或者称为受寄人,其所保管的物品称为保管物,或者称为寄托物,交付物品保管的一方称为寄存人,或者称为寄托人。

保管合同的主要法律特征有：

第一，保管合同为有偿合同或者无偿合同。根据本法第889条的规定，保管合同既可以是有偿合同，也可以是无偿合同，由保管人和寄存人自行约定。当寄存人和保管人没有就是否支付报酬作出约定，或者约定不明确的，双方可以协议补充；不能达成补充协议的，按照合同相关条款或者交易习惯确定。

第二，保管合同为要物合同。本法第890条规定："保管合同自保管物交付时成立，但是当事人另有约定的除外。"根据该规定，保管合同原则上为要物合同。

第三，保管合同为不要式合同。本法并未对保管合同的订立形式作出规定，并不要求当事人必须以何种形式订立合同。订立保管合同既可以是口头形式，也可以是书面形式，为不要式合同。

第四，保管合同为继续性合同。继续性合同，是指合同的内容，并非一次性给付可以完结，而是继续地实现。在保管合同中，保管人要持续地履行其保管义务，并不是一次履行即告完结，具有继续性的特点。作为继续性合同的保管合同解除的效果不同于非继续性合同，保管合同的解除仅向将来发生效力。

关联法规

《最高人民法院关于审理旅游纠纷案件适用法律若干问题的规定》第19条

第八百八十九条　【保管费】寄存人应当按照约定向保管人支付保管费。

当事人对保管费没有约定或者约定不明确，依据本法第五百一十条的规定仍不能确定的，视为无偿保管。

第八百九十条 【保管合同成立时间】保管合同自保管物交付时成立,但是当事人另有约定的除外。

第八百九十一条 【保管人出具保管凭证义务】寄存人向保管人交付保管物的,保管人应当出具保管凭证,但是另有交易习惯的除外。

第八百九十二条 【保管人妥善保管义务】保管人应当妥善保管保管物。

当事人可以约定保管场所或者方法。除紧急情况或者为维护寄存人利益外,不得擅自改变保管场所或者方法。

第八百九十三条 【寄存人告知义务】寄存人交付的保管物有瑕疵或者根据保管物的性质需要采取特殊保管措施的,寄存人应当将有关情况告知保管人。寄存人未告知,致使保管物受损失的,保管人不承担赔偿责任;保管人因此受损失的,除保管人知道或者应当知道且未采取补救措施外,寄存人应当承担赔偿责任。

条文注解

寄存人对保管人负有告知的义务,包括以下两种情况:

一是如果保管物有瑕疵的,应当将真实情况如实告知保管人。此处所说的瑕疵,不同于买卖合同中的瑕疵,主要是指保管物自身存在的、可能造成保管物自身或者其他物品毁损、灭失的缺陷。

二是按照保管物的性质需要采取特殊保管措施的,寄存人应当告知保管人。所谓"保管物的性质",即如保管物属于易燃、易爆、有毒、有腐蚀性、有放射性等危险物品或者易变质物品。

寄存人违反前两项义务，使保管物本身遭受损失的，保管人不承担赔偿责任，即寄存人未履行相应的告知义务的，将使保管人免责。此处所说的免责，仅指因为寄存人未履行告知义务而造成保管财产自身损毁、灭失的，保管人对此免于承担赔偿责任。

寄存人违反前两项义务，使保管人的人身、财产遭受损失的，寄存人应当承担赔偿责任。

第八百九十四条　【保管人亲自保管保管物义务】保管人不得将保管物转交第三人保管，但是当事人另有约定的除外。

保管人违反前款规定，将保管物转交第三人保管，造成保管物损失的，应当承担赔偿责任。

第八百九十五条　【保管人不得使用或者许可他人使用保管物的义务】保管人不得使用或者许可第三人使用保管物，但是当事人另有约定的除外。

第八百九十六条　【保管人返还保管物及通知寄存人的义务】第三人对保管物主张权利的，除依法对保管物采取保全或者执行措施外，保管人应当履行向寄存人返还保管物的义务。

第三人对保管人提起诉讼或者对保管物申请扣押的，保管人应当及时通知寄存人。

第八百九十七条　【保管人赔偿责任】保管期内，因保管人保管不善造成保管物毁损、灭失的，保管人应当承担赔偿责任。但是，无偿保管人证明自己没有故意或者重大过失的，不承担赔偿责任。

条文注解

保管人应当对保管物尽到妥善保管的义务。保管期间,因保管人保管不善造成保管物毁损、灭失的,原则上保管人都应当承担赔偿责任。在保管有偿与无偿的情况下,保管人责任的大小(或者轻重)应有所区别。

保管是无偿的,保管人对于故意或者重大过失造成保管物毁损、灭失承担赔偿责任,对于一般轻过失造成保管物毁损、灭失的,则可免除责任。保管是有偿的,保管人除证明自己对保管物的毁损、灭失没有过失以外,一律承担赔偿责任。

第八百九十八条　【寄存人声明义务】寄存人寄存货币、有价证券或者其他贵重物品的,应当向保管人声明,由保管人验收或者封存;寄存人未声明的,该物品毁损、灭失后,保管人可以按照一般物品予以赔偿。

第八百九十九条　【领取保管物】寄存人可以随时领取保管物。

当事人对保管期限没有约定或者约定不明确的,保管人可以随时请求寄存人领取保管物;约定保管期限的,保管人无特别事由,不得请求寄存人提前领取保管物。

第九百条　【返还保管物及其孳息】保管期限届满或者寄存人提前领取保管物的,保管人应当将原物及其孳息归还寄存人。

第九百零一条　【消费保管合同】保管人保管货币的,可以返还相同种类、数量的货币;保管其他可替代物的,可以按照约定返还相同种类、品质、数量的物品。

条文注解

消费保管，又称不规则保管，是指保管物为可替代物时，如约定将保管物的所有权移转于保管人，保管期间届满由保管人以同种类、品质、数量的物返还的保管。消费保管合同与一般保管合同有以下几点不同：

第一，消费保管合同的保管物必须为可替代物，即种类物。种类物是相对于特定物而言的，是指以品种、质量、规格或度量衡确定，不需具体指定的转让物，如标号相同的水泥，相同品牌、规格的电视机等。

第二，并不是所有种类物的寄存都属于消费保管合同。例如，本法第898条规定的寄存货币的情形，就属于需返还原货币的一般保管合同，而不属于消费保管合同。

第三，既然保管物的所有权转移至保管人，因此，从寄存人交付时起，保管人就享有该物的利益，并承担该物的风险。

第四，消费保管的保管人仅须以同种类、品质、数量的物返还即可。而一般保管的保管人须返还原保管物。

第九百零二条 【保管费支付期限】有偿的保管合同，寄存人应当按照约定的期限向保管人支付保管费。

当事人对支付期限没有约定或者约定不明确，依据本法第五百一十条的规定仍不能确定的，应当在领取保管物的同时支付。

第九百零三条 【保管人留置权】寄存人未按照约定支付保管费或者其他费用的，保管人对保管物享有留置权，但是当事人另有约定的除外。

第二十二章 仓储合同

第九百零四条 【仓储合同定义】仓储合同是保管人储存存货人交付的仓储物,存货人支付仓储费的合同。

条文注解

本条是关于仓储合同定义的规定。仓储合同,是指当事人双方约定由保管人(又称仓管人或仓库营业人)为存货人保管储存的货物,存货人支付仓储费的合同。仓储合同与保管合同相比,具有以下联系与区别:

第一,保管人必须是具有仓库营业资质的人,即具有仓储设施、仓储设备、专事仓储保管业务的人。

第二,仓储合同的对象仅为动产,不动产不可能成为仓储合同的对象。

第三,仓储合同为诺成合同。仓储合同自保管人和存货人意思表示一致时成立。

第四,仓储合同为不要式合同,可以是书面形式,也可以是口头形式。保管合同对合同订立的形式也没有特别要求,同样是不要式合同。

第五,仓储合同为双务、有偿合同。保管人提供储存、保管的义务,存货人承担支付仓储费的义务。保管合同可以是双务、有偿合同,也可以是单务、无偿合同。

第六,仓单是仓储合同的重要特征。

仓储合同的定义确定了保管人和存货人的主要义务。保管人的主要义务是储存存货人交付的仓储物,而存货人的主要义务是支付仓储费。

储存存货人交付的仓储物是保管人的主要义务。换言之，就是要妥善保管仓储物。这种义务主要包括以下几个方面的内容：其一，保管人应当具备储存仓储物的相应资质，并能提供符合约定的保管条件。其二，保管人应当亲自保管，不得擅自转交他人保管。其三，保管人应当尽到善良管理人的义务。

第九百零五条 【仓储合同成立时间】仓储合同自保管人和存货人意思表示一致时成立。

第九百零六条 【危险物品和易变质物品的储存】储存易燃、易爆、有毒、有腐蚀性、有放射性等危险物品或者易变质物品的，存货人应当说明该物品的性质，提供有关资料。

存货人违反前款规定的，保管人可以拒收仓储物，也可以采取相应措施以避免损失的发生，因此产生的费用由存货人负担。

保管人储存易燃、易爆、有毒、有腐蚀性、有放射性等危险物品的，应当具备相应的保管条件。

关联法规

《危险化学品安全管理条例》

第九百零七条 【保管人验收义务以及损害赔偿】保管人应当按照约定对入库仓储物进行验收。保管人验收时发现入库仓储物与约定不符合的，应当及时通知存货人。保管人验收后，发生仓储物的品种、数量、质量不符合约定的，保管人应当承担赔偿责任。

关联法规

《粮油仓储管理条例》第9条

第九百零八条 【保管人出具仓单、入库单义务】存货人交付仓储物的，保管人应当出具仓单、入库单等凭证。

第九百零九条 【仓单】保管人应当在仓单上签名或者盖章。仓单包括下列事项：

（一）存货人的姓名或者名称和住所；

（二）仓储物的品种、数量、质量、包装及其件数和标记；

（三）仓储物的损耗标准；

（四）储存场所；

（五）储存期限；

（六）仓储费；

（七）仓储物已经办理保险的，其保险金额、期间以及保险人的名称；

（八）填发人、填发地和填发日期。

第九百一十条 【仓单性质和转让】仓单是提取仓储物的凭证。存货人或者仓单持有人在仓单上背书并经保管人签名或者盖章的，可以转让提取仓储物的权利。

第九百一十一条 【存货人或者仓单持有人有权检查仓储物或者提取样品】保管人根据存货人或者仓单持有人的要求，应当同意其检查仓储物或者提取样品。

第九百一十二条　【保管人危险通知义务】保管人发现入库仓储物有变质或者其他损坏的，应当及时通知存货人或者仓单持有人。

第九百一十三条　【保管人危险催告义务和紧急处置权】保管人发现入库仓储物有变质或者其他损坏，危及其他仓储物的安全和正常保管的，应当催告存货人或者仓单持有人作出必要的处置。因情况紧急，保管人可以作出必要的处置；但是，事后应当将该情况及时通知存货人或者仓单持有人。

第九百一十四条　【储存期限不明确时仓储物提取】当事人对储存期限没有约定或者约定不明确的，存货人或者仓单持有人可以随时提取仓储物，保管人也可以随时请求存货人或者仓单持有人提取仓储物，但是应当给予必要的准备时间。

第九百一十五条　【储存期限届满仓储物提取】储存期限届满，存货人或者仓单持有人应当凭仓单、入库单等提取仓储物。存货人或者仓单持有人逾期提取的，应当加收仓储费；提前提取的，不减收仓储费。

第九百一十六条　【逾期提取仓储物】储存期限届满，存货人或者仓单持有人不提取仓储物的，保管人可以催告其在合理期限内提取；逾期不提取的，保管人可以提存仓储物。

第九百一十七条　【保管人的损害赔偿责任】储存期内,因保管不善造成仓储物毁损、灭失的,保管人应当承担赔偿责任。因仓储物本身的自然性质、包装不符合约定或者超过有效储存期造成仓储物变质、损坏的,保管人不承担赔偿责任。

第九百一十八条　【适用保管合同】本章没有规定的,适用保管合同的有关规定。

第二十三章　委托合同

第九百一十九条　【委托合同定义】委托合同是委托人和受托人约定,由受托人处理委托人事务的合同。

条文注解

委托合同,又称委任合同,是指当事人双方约定一方委托他人处理事务,他人同意为其处理事务的协议。在委托合同关系中,委托他人为自己处理事务的人称委托人,接受委托的人称受托人。

根据委托合同的定义,受托人要按照约定处理委托事务,这是受托人的主要义务。委托人和受托人应当在合同中明确约定委托事项,委托人还应当就委托事务中应该注意的问题向受托人告知说明。受托人处理委托事务过程中,也有很多需要尽到的义务。受托人应当按照合同约定和委托人的指示处理委托事务,需要变更委托人指示的,应当经委托人同意。受托人应当亲自处理委托事务,须经委托人同意才可以进行转委托,不得擅自将委托事务转委托给第三人。

受托人应当按照委托人的要求报告委托事务的处理情况,在委托合同终止时向委托人报告委托事务的结果。受托人处理委托事务取得的财产,应当转交给委托人。受托人处理委托事务不得超越权限,超越权限造成委托人损失的应当进行赔偿。受托人在处理委托事务过程中,还应当尽到一定的注意义务,例如,在需要变更委托人指示,又因情况紧急难以和委托人取得联系的,应当妥善处理委托事务,事后再将该情况及时向委托人报告。

第九百二十条 【委托权限】委托人可以特别委托受托人处理一项或者数项事务,也可以概括委托受托人处理一切事务。

条文注解

受托人在处理委托事务时,应以委托人指示的委托事务范围为准。以受托人处理委托事务的范围为标准把委托划分为两大类,即特别委托和概括委托,前者是指仅将一项或者数项事务委托给受托人,后者则是指将所有事务一并委托给受托人来处理。

划分特别委托与概括委托的意义在于,使受托人能够明确自己可以从事哪些活动,也使第三人知道受托人的身份和权限,使之有目的、有选择地订立民事合同,以防止因委托权限不明确而引起不必要的纠纷,如果发生了纠纷,也便于根据委托权限确定当事人之间的相互责任。委托人可以根据自己的需要选择特别委托还是概括委托。委托人选择特别委托来委托他人处理一项或者数项事务,更有针对性,也可以防止受托人权限过大而损害自己的利益。委托人还可以选择概括委托他人处理其一切事务。

特别委托,是指双方当事人约定受托人为委托人处理一项或者数项事务的委托。特别委托一般有以下几种情况:(1)不动产出售、出租或者就不动产设定抵押权。(2)赠与。由于赠与属于无偿行为,所以需要有委托人的特别授权。(3)和解。在发生纠纷后,有关人员在处理问题时需要双方当事人彼此作出一定的妥协与让步,以终止争执或者防止争执的扩大,它包括民法上的和解或者诉讼法上的和解,以及企业破产法上的和解。(4)诉讼。当事人就有关事宜向法院提起诉讼,请求法院依照法定程序进行审判的行为。(5)仲裁。仲裁,是指当事人发生争执时,不诉请法院判决,而是提请仲裁机构裁判,其效力同法院的判决一样。受托人接受特别委托时,对于委托事务的处理,可以采取一切为维护委托人的合法权益而必要的合法行为。

概括委托,是指双方当事人约定受托人为委托人处理某个方面或者范围内的一切事务的合同。例如,委托人委托受托人处理其买卖业务或租赁业务的所有事宜,即概括委托。

关联法规

《律师法》第25条,《职业教育法》第22条

第九百二十一条 【委托费用的预付和垫付】委托人应当预付处理委托事务的费用。受托人为处理委托事务垫付的必要费用,委托人应当偿还该费用并支付利息。

第九百二十二条 【受托人应当按照委托人的指示处理委托事务】受托人应当按照委托人的指示处理委托事务。需要变更委托人指示的,应当经委托人同意;因情况紧急,难以和委托人取得联系的,受托人应当妥善处理委托事务,但是事后应当将该情况及时报告委托人。

第九百二十三条 【受托人亲自处理委托事务】受托人应当亲自处理委托事务。经委托人同意，受托人可以转委托。转委托经同意或者追认的，委托人可以就委托事务直接指示转委托的第三人，受托人仅就第三人的选任及其对第三人的指示承担责任。转委托未经同意或者追认的，受托人应当对转委托的第三人的行为承担责任；但是，在紧急情况下受托人为了维护委托人的利益需要转委托第三人的除外。

第九百二十四条 【受托人的报告义务】受托人应当按照委托人的要求，报告委托事务的处理情况。委托合同终止时，受托人应当报告委托事务的结果。

第九百二十五条 【委托人介入权】受托人以自己的名义，在委托人的授权范围内与第三人订立的合同，第三人在订立合同时知道受托人与委托人之间的代理关系的，该合同直接约束委托人和第三人；但是，有确切证据证明该合同只约束受托人和第三人的除外。

第九百二十六条 【委托人对第三人的权利和第三人选择权】受托人以自己的名义与第三人订立合同时，第三人不知道受托人与委托人之间的代理关系的，受托人因第三人的原因对委托人不履行义务，受托人应当向委托人披露第三人，委托人因此可以行使受托人对第三人的权利。但是，第三人与受托人订立合同时如果知道该委托人就不会订立合同的除外。

受托人因委托人的原因对第三人不履行义务，受托人应当向第三人披露委托人，第三人因此可以选择受托人或者委托人作为相对人主张其权利，但是第三人不得变更选定的相对人。

委托人行使受托人对第三人的权利的，第三人可以向委托人主张其对受托人的抗辩。第三人选定委托人作为其相对人的，委托人可以向第三人主张其对受托人的抗辩以及受托人对第三人的抗辩。

第九百二十七条 【受托人转移利益】受托人处理委托事务取得的财产，应当转交给委托人。

第九百二十八条 【委托人支付报酬】受托人完成委托事务的，委托人应当按照约定向其支付报酬。

因不可归责于受托人的事由，委托合同解除或者委托事务不能完成的，委托人应当向受托人支付相应的报酬。当事人另有约定的，按照其约定。

第九百二十九条 【受托人的赔偿责任】有偿的委托合同，因受托人的过错造成委托人损失的，委托人可以请求赔偿损失。无偿的委托合同，因受托人的故意或者重大过失造成委托人损失的，委托人可以请求赔偿损失。

受托人超越权限造成委托人损失的，应当赔偿损失。

第九百三十条 【委托人的赔偿责任】受托人处理委托事务时，因不可归责于自己的事由受到损失的，可以向委托人请求赔偿损失。

第九百三十一条　【委托人另行委托他人处理事务】委托人经受托人同意，可以在受托人之外委托第三人处理委托事务。因此造成受托人损失的，受托人可以向委托人请求赔偿损失。

第九百三十二条　【共同委托】两个以上的受托人共同处理委托事务的，对委托人承担连带责任。

条文注解

共同委托，是指委托人委托两个以上的受托人共同行使代理权处理事务。但是，如果委托人为两个以上时，而受托人只有一个时，则不是共同委托。因为有的委托事务，一个受托人可能无法处理或者不能较好地完成，为了提高委托事务的处理效率和完成质量，有时就需要委托给两个以上的受托人。

共同委托的特点如下：

第一，共同委托的代理权必须是由数个受托人共同行使的。

所谓共同行使，是指数个受托人享有共同的权利义务，即平等享有、共同享有的代理权，处理事务时只有经过全体受托人的共同同意，才能行使代理权。并不是一个委托人同时委托了两个以上受托人，都产生共同委托的问题，如委托人在受托人之外另行委托他人处理委托事务的情况。

第二，受托人承担连带责任。

共同委托中的一个受托人与其他受托人协商后或者数个受托人共同协商后，单独或者共同实施的委托行为，其实施的委托行为应该被认为是全体受托人的共同行为，由此造成损失的，若干个受托人依法应当对委托合同的履行承担连带责任。但是，如果共同受托人中的一个受托人或者数个受托人没有经过协商而擅自单独行使代理权的，对于由此造成的损失，若干个受托人仍然承担连带责任。当然，委托人与各受托人事先约定了按份责任的除外，即合同中无特别规定，他们应对委托人承担连带责任。也就是说，无论委托人的损失是出于哪个受托人的过错，也无论各个受托人内部是否约定了对委托事务的处理权限和责任承担，除委托人与受托人有特别约定外，所有受托人都应当对委托人承担连带责任。各受托人在承担连带责任后，可以按照受托人之间的约定、各受托人的过错来处理内部关系。

第九百三十三条 【委托合同解除】委托人或者受托人可以随时解除委托合同。因解除合同造成对方损失的，除不可归责于该当事人的事由外，无偿委托合同的解除方应当赔偿因解除时间不当造成的直接损失，有偿委托合同的解除方应当赔偿对方的直接损失和合同履行后可以获得的利益。

条文注解

本条规定赋予了委托人和受托人对委托合同的任意解除权，以及因解除合同给对方造成损失的责任承担。

委托合同是以双方信任为存在的条件，如果一方不守信用，失信于另一方，则继续履行合同已无必要。法律赋予了双方当事人的权利，即只要一方想终止合同，就可以随时解除合同，而且无须任何理由。一方面，委托人可以随时撤销委托。如果互相没有信任或者已不再需要办理委托的事项，委托人即可单方解除委托合同，无须征得受托人的同意即可发生效力。但是受托人可以就其损失要求委托人承担相应的赔偿责任。另一方面，受托人可以随时辞去委托。委托合同的成立既需要委托人对受托人的了解和信任，也需要受托人对委托人的信任。如果受托人不愿意办理受委托的事务，受托人无须表明任何理由，即可解除合同。

委托合同的一方当事人在不利于对方当事人的时期解除委托合同而造成对方损失的，应当承担赔偿责任。这是对任意解除权的一种限制。如果当事人可以任意解除委托而无须赔偿对方损失，显然是不公平的。所谓不利于对方当事人的时期，就不利于委托人方面而言，是指当受托人在未完成委托事务的情况下解除合同时，委托人自己不可能亲自处理该项事务，而且又不能及时找到合适的受托人代他处理该委托事务而发生损害的情形；就不利于受托人方面而言，是指委托人在受托人处理委托事务尚未完成前解除了合同，使受托人因不能继续履行义务而少获的报酬。委托人除对受托人已履行的部分给付报酬外，对在不可归责于受托人的情况下，因解除委托合同给委托人造成的报酬减少承担赔偿责任。

但是，受托人未尽注意义务，怠于委托事务的处理，委托人无奈而解除委托合同虽会给受托人造成一定损失，但因解除合同事由不可归责于委托人或者不能完全归责于委托人，委托人对受托人因合同终止而遭受的损失不予赔偿或者只赔偿其部分损失。

第九百三十四条　【委托合同终止】委托人死亡、终止或者受托人死亡、丧失民事行为能力、终止的，委托合同终止；但是，当事人另有约定或者根据委托事务的性质不宜终止的除外。

第九百三十五条　【受托人继续处理委托事务】因委托人死亡或者被宣告破产、解散，致使委托合同终止将损害委托人利益的，在委托人的继承人、遗产管理人或者清算人承受委托事务之前，受托人应当继续处理委托事务。

第九百三十六条　【受托人的继承人等的义务】因受托人死亡、丧失民事行为能力或者被宣告破产、解散,致使委托合同终止的,受托人的继承人、遗产管理人、法定代理人或者清算人应当及时通知委托人。因委托合同终止将损害委托人利益的,在委托人作出善后处理之前,受托人的继承人、遗产管理人、法定代理人或者清算人应当采取必要措施。

第二十四章　物业服务合同

第九百三十七条　【物业服务合同定义】物业服务合同是物业服务人在物业服务区域内,为业主提供建筑物及其附属设施的维修养护、环境卫生和相关秩序的管理维护等物业服务,业主支付物业费的合同。

物业服务人包括物业服务企业和其他管理人。

条文注解

相较于一般的民事合同,物业服务人提供物业服务的内容较为复杂,其既要管理物业服务区域内的建筑物及其附属设施等物,也要管理进出小区以及建筑物内的人员。物业服务的内容十分庞杂,既包括物的管理,也包括人的管理。物业服务的具体内容视小区具体情况不同而有所差异,但是都势必包括卫生、环保、安全、消防等方方面面,具有综合性和全面性。

物业服务合同的一方当事人为全体业主,具有集合性的特点。如果由物业服务人与业主逐一签订合同,不仅效率极低,而且无法实现。为了提高订约效率、避免发生纠纷,在物业服务合同的订立方面,需要设置一定的程序性要求，也就是物业服务合同的订立需要遵循法定的程序，业主需要通过一定的方式来作出决定。根据本法物权编第278条的规定，选聘和解聘物业服务企业或者其他管理人时，应当由专有部分面积占比2/3以上的业主且人数占比2/3以上的业主参与表决，并且经参与表决专有部分面积过半数的业主且参与表决人数过半数的业主同意；同时，经过业主大会的选聘之后，由业主委员会代表全体业主与物业服务人签订物业服务合同。

关联法规

《最高人民法院关于审理物业服务纠纷案件适用法律若干问题的解释》第1~4条

第九百三十八条　【物业服务合同内容和形式】物业服务合同的内容一般包括服务事项、服务质量、服务费用的标准和收取办法、维修资金的使用、服务用房的管理和使用、服务期限、服务交接等条款。

物业服务人公开作出的有利于业主的服务承诺，为物业服务合同的组成部分。

物业服务合同应当采用书面形式。

关联法规

《物业管理条例》第34条

第九百三十九条　【物业服务合同的效力】建设单位依法与物业服务人订立的前期物业服务合同，以及业主委员会与业主大会依法选聘的物业服务人订立的物业服务合同，对业主具有法律约束力。

第九百四十条 【前期物业服务合同法定终止条件】建设单位依法与物业服务人订立的前期物业服务合同约定的服务期限届满前,业主委员会或者业主与新物业服务人订立的物业服务合同生效的,前期物业服务合同终止。

关联法规

《物业管理条例》第26条

第九百四十一条 【物业服务转委托的条件和限制性条款】物业服务人将物业服务区域内的部分专项服务事项委托给专业性服务组织或者其他第三人的,应当就该部分专项服务事项向业主负责。

物业服务人不得将其应当提供的全部物业服务转委托给第三人,或者将全部物业服务支解后分别转委托给第三人。

关联法规

《物业管理条例》第39条

第九百四十二条 【物业服务人的一般义务】物业服务人应当按照约定和物业的使用性质,妥善维修、养护、清洁、绿化和经营管理物业服务区域内的业主共有部分,维护物业服务区域内的基本秩序,采取合理措施保护业主的人身、财产安全。

对物业服务区域内违反有关治安、环保、消防等法律法规的行为,物业服务人应当及时采取合理措施制止、向有关行政主管部门报告并协助处理。

条文注解

物业服务人的主要义务，即物业服务人按照合同的约定、法律法规的规定和物业的使用性质，为业主提供物业服务。具体来说物业服务人的主要义务包括以下内容：(1)对业主共有部分的管理和维护。物业服务人的义务首先就是对物业服务区域内的建筑物及其附属设施等共有财产进行管理和维护，这是物业服务人最重要的合同义务之一，也是保障业主正常生活、改善业主生活品质的重要基础。(2)维护物业服务区域内的基本秩序。物业服务区域内的基本秩序，是业主正常生活的重要方面。物业服务人应当负有维护小区内共同生活秩序的义务，该项义务主要涉及对人的管理。(3)保护业主的人身、财产安全。保护业主的人身和财产安全，是物业服务合同对物业服务人的基本要求，也可以说是最为重要的内容。(4)对违法行为的制止、报告义务。本条第2款规定，对物业服务区域内违反有关治安、环保、消防等法律法规的行为，物业服务人应当及时采取合理措施制止，向有关行政主管部门报告并协助处理。

关联法规

《消防法》第18、46条，《物业管理条例》第35、46、47条，《最高人民法院关于依法妥善审理高空抛物、坠物案件的意见》第12条

第九百四十三条　【物业服务人信息公开义务】物业服务人应当定期将服务的事项、负责人员、质量要求、收费项目、收费标准、履行情况，以及维修资金使用情况、业主共有部分的经营与收益情况等以合理方式向业主公开并向业主大会、业主委员会报告。

关联法规

《物业管理条例》第40条

第九百四十四条 【业主支付物业费义务】业主应当按照约定向物业服务人支付物业费。物业服务人已经按照约定和有关规定提供服务的，业主不得以未接受或者无需接受相关物业服务为由拒绝支付物业费。

业主违反约定逾期不支付物业费的，物业服务人可以催告其在合理期限内支付；合理期限届满仍不支付的，物业服务人可以提起诉讼或者申请仲裁。

物业服务人不得采取停止供电、供水、供热、供燃气等方式催交物业费。

条文注解

物业费，即物业服务费用，是指物业服务人按照物业服务合同的约定，对物业服务区域内的建筑物及其附属设施、相关场地进行维修、养护、管理，维护相关区域内的环境卫生和秩序，而向业主收取的报酬。物业服务合同是有偿合同，业主与物业服务人应当在物业服务合同中对业主支付物业费作出约定。业主应当按照物业服务合同的约定向物业服务人支付物业费，既是其最基本也是最核心的合同义务。业主违反该义务的，应当承担相应的法律责任。物业费的缴纳和收取需要注意以下几点，这些同时也是实践中比较容易产生物业费纠纷的问题：(1)物业费的缴纳主体。对于前期物业服务合同，物业费的缴纳义务人应当是建设单位或者业主。对于普通物业服务合同，物业费的缴纳义务人是业主。(2)物业费收取的范围、标准和办法。物业费的收费范围、收费标准和收取办法通常应当在物业服务合同中作出约定。(3)物业服务人不得违规收费。物业服务人有权依据合同约定收取物业服务费用，但物业服务人不仅应当按照合同约定收取物业费，还应当符合法律法规、部门规章的规定。物业费的收取范围、标准必须合理，物业服务人不得擅自单方不合理定价。物业服务人违规收费的行为包括：一是擅自扩大收费范围，即物业服务人违反合同约定、法律法规的规定收取额外费用。二是擅自提高收费标准，即物业服务人违反法律、行政法规、部门规章等关于物业费收取的有关规定或者行业标准收取高额物业费。三是重复收费，即物业服务人收取的物业费中原本就已经包含了有关项目的费用，但物业服务人又针对该项目向业主另行收费。

业主拖欠物业费的行为构成违约的要件主要有：(1)业主逾期没有支付物业费。(2)业主欠缺正当理由。业主逾期不支付物业费构成违约必须欠缺正当理由。业主不得以未接受或者无须接受相关物业服务为抗辩的理由拒绝向物业服务人支付物业费。第一，业主不得以"未接受"为理由提出抗辩。第二，业主不得以无须相关物业服务为抗辩理由。(3)物业服务人进行了催告。业主违反约定逾期不支付物业费的，物业服务人可以催告其在合理期限内支付。一般情况下，在业主逾期未支付物业费时，物业服务人都要先进行催告，而不是直接起诉业主。

业主逾期不支付物业费的，物业服务人可以通过诉讼或者仲裁等合法途径主张权利，但是无权采取停止供电、供水等措施。如果物业服务人为催交物业费，采取停止向业主供电、供水、供热、供燃气等措施，造成业主损失的，应当承担相应的赔偿责任。

关联法规

《物业管理条例》第 7、40~44 条

第九百四十五条 【业主告知、协助义务】业主装饰装修房屋的,应当事先告知物业服务人,遵守物业服务人提示的合理注意事项,并配合其进行必要的现场检查。

业主转让、出租物业专有部分、设立居住权或者依法改变共有部分用途的,应当及时将相关情况告知物业服务人。

关联法规

《物业管理条例》第49~55条

第九百四十六条 【业主合同任意解除权】业主依照法定程序共同决定解聘物业服务人的,可以解除物业服务合同。决定解聘的,应当提前六十日书面通知物业服务人,但是合同对通知期限另有约定的除外。

依据前款规定解除合同造成物业服务人损失的,除不可归责于业主的事由外,业主应当赔偿损失。

条文注解

根据合同法理论,合同的解除方式包括任意解除和非任意解除。任意解除,是指当事人可以在合同约定的期限届满之前,根据法律规定或者合同的约定,无须特别理由,不受条件限制,而根据自己单方的意思表示解除合同。非任意解除,是指当事人根据双方协议,或者当合同约定、法律规定的事由发生而解除合同,适用于所有民事合同。物业服务合同作为一种民事合同,自然适用非任意解除的规则。物业服务合同订立后,可能因为种种原因导致合同无法履行,或者双方均不愿意再继续保持合同关系,此时,双方当事人可以通过协议方式解除合同。业主与物业服务人也可以在物业服务合同中约定,如果发生某种事由，业主或者物业服务人得以解除合同。例如，物业服务合同约定，因可归责于物业服务人的原因，在物业服务区域内发生人身伤害事故的，业主可以解除物业服务合同。当然，业主与物业服务人还享有法定解除权。本法第563条规定了当事人可以解除合同的法定事由，包括因不可抗力致使不能实现合同目的，一方当事人根本违约，等等。

任意解除权并不是所有民事合同当事人都享有的，必须在有法律明确规定或者当事人特别约定的情况下，合同当事人才能享有任意解除权。

关联法规

《物业管理条例》第11条

第九百四十七条　【物业服务合同的续订】物业服务期限届满前，业主依法共同决定续聘的，应当与原物业服务人在合同期限届满前续订物业服务合同。

物业服务期限届满前，物业服务人不同意续聘的，应当在合同期限届满前九十日书面通知业主或者业主委员会，但是合同对通知期限另有约定的除外。

第九百四十八条　【不定期物业服务合同】物业服务期限届满后，业主没有依法作出续聘或者另聘物业服务人的决定，物业服务人继续提供物业服务的，原物业服务合同继续有效，但是服务期限为不定期。

当事人可以随时解除不定期物业服务合同，但是应当提前六十日书面通知对方。

第九百四十九条 【物业服务人的移交义务及法律责任】物业服务合同终止的，原物业服务人应当在约定期限或者合理期限内退出物业服务区域，将物业服务用房、相关设施、物业服务所必需的相关资料等交还给业主委员会、决定自行管理的业主或者其指定的人，配合新物业服务人做好交接工作，并如实告知物业的使用和管理状况。

原物业服务人违反前款规定的，不得请求业主支付物业服务合同终止后的物业费；造成业主损失的，应当赔偿损失。

关联法规

《物业管理条例》第38条

第九百五十条 【物业服务人的后合同义务】物业服务合同终止后，在业主或者业主大会选聘的新物业服务人或者决定自行管理的业主接管之前，原物业服务人应当继续处理物业服务事项，并可以请求业主支付该期间的物业费。

第二十五章 行纪合同

第九百五十一条 【行纪合同定义】行纪合同是行纪人以自己的名义为委托人从事贸易活动，委托人支付报酬的合同。

条文注解

行纪合同，是指行纪人接受委托人的委托，以自己的名义，为委托人从事贸易活动，委托人支付报酬的合同。接受委托的一方为行纪人，另一方则为委托人。行纪合同具有以下特征：(1)行纪人从事贸易行为。根据行纪合同的定义，行纪人从事的活动仅限于贸易行为，这是行纪合同和委托合同的重要区别。(2)行纪人应当具有相应的资质。行纪人一般专门从事贸易活动，其开业和经营往往需要经过国家有关部门的审批或者登记，并不是所有民事主体都可以无条件地成为行纪人从事行纪业务。(3)行纪人的行为是以自己的名义。行纪人必须以自己的名义为委托人从事贸易行为，而非委托人的名义。这也是行纪人和受托人、代理人的重要区别。受托人既可以委托人的名义进行民事活动，也可以自己的名义。代理人则只能以被代理人的名义进行民事法律行为，其在代理权限内从事的代理行为的法律后果直接由被代理人承担。行纪人从事的贸易行为法律效果由行纪人承担，委托人可能不知道行纪人的相对人是谁，相对人也可能不知道委托人是谁，委托人和行纪人的相对人之间并不发生直接的法律关系。在行纪中一般存在两个法律关系，即委托人和行纪人之间的行纪关系，以及行纪人与第三人之间的合同关系。(4)行纪合同为诺成合同、不要式合同、有偿合同、双务合同。

如何理解本条对行纪合同的定义，重要的一点是分清行纪合同与委托合同的界限。行纪合同和委托合同有相同点，如都以提供劳务为合同的标的；都以当事人双方的信任为基础；都以处理一定事务为目的。

行纪合同与委托合同的区别在于：第一，适用范围不同。行纪合同适用范围较窄，仅限于代销等贸易行为；而委托合同的适用范围宽，可以适用于除法律规定禁止委托或者依性质不得委托以外的各种事务，有的学者甚至认为可以包括事实行为。第二，行纪合同的受托人只能以自己的名义处理委托事务；委托合同的受托人处理事务既可以委托人名义，也可以自己的名义。行纪人以自己的名义与第三人订立合同，该合同与行纪合同是相互独立的两个合同，委托人与第三人之间不发生直接的法律关系。而在委托合同中，受托人以委托人的名义处理委托事务的,对委托人直接发生效力,以委托人的名义与第三人订立的合同,合同当事人为委托人与第三人。受托人以自己的名义与第三人订立合同,如果第三人在订立合同时知道受托人和委托人之间的代理关系,则该合同直接对委托人发生效力,即可以直接约束委托人和第三人。第三,行纪人一般是专门为他人从事贸易活动的人,应当取得从事某种行纪行为的特定资质,其开业和经营需要经过国家有关部门的审批或者登记;而委托合同的当事人不必专门从事贸易活动,既可以是一般的自然人,也可以是法人或者非法人组织。第四,行纪合同是双务、有偿合同;而委托合同既可以是双务、有偿合同,也可以是单务、无偿合同,是否有偿由当事人自行约定。第五,处理委托事务的费用负担不同。行纪合同中,如无特别约定,行纪人处理委托事务支出的费用由行纪人负担。而在委托合同中,受托人处理委托事务的费用由委托人负担,委托人还应当预付受托人处理委托事务的费用。

第九百五十二条 【行纪人承担费用的义务】行纪人处理委托事务支出的费用,由行纪人负担,但是当事人另有约定的除外。

第九百五十三条 【行纪人的保管义务】行纪人占有委托物的,应当妥善保管委托物。

第九百五十四条 【行纪人处置委托物的义务】委托物交付给行纪人时有瑕疵或者容易腐烂、变质的,经委托人同意,行纪人可以处分该物;不能与委托人及时取得联系的,行纪人可以合理处分。

第九百五十五条　【行纪人依照委托人指定价格买卖的义务】行纪人低于委托人指定的价格卖出或者高于委托人指定的价格买入的，应当经委托人同意；未经委托人同意，行纪人补偿其差额的，该买卖对委托人发生效力。

行纪人高于委托人指定的价格卖出或者低于委托人指定的价格买入的，可以按照约定增加报酬；没有约定或者约定不明确，依据本法第五百一十条的规定仍不能确定的，该利益属于委托人。

委托人对价格有特别指示的，行纪人不得违背该指示卖出或者买入。

第九百五十六条　【行纪人的介入权】行纪人卖出或者买入具有市场定价的商品，除委托人有相反的意思表示外，行纪人自己可以作为买受人或者出卖人。

行纪人有前款规定情形的，仍然可以请求委托人支付报酬。

条文注解

行纪人的介入权，即行纪人按照委托人的指示实施行纪行为时，有权以自己作为买受人或者出卖人与委托人进行交易活动。

行纪人行使介入权，实际上就是行纪人自己作为买受人或出卖人，与委托人之间直接订立买卖合同。买卖合同的双方当事人是委托人和行纪人。一般认为介入是实施行纪行为的一种特殊方法，行纪人虽然介入买卖合同，但依然是行纪人。此时存在两个独立的合同关系，委托人同时也是出卖人或者买受人，与之对应，行纪人同时也是买受人或者出卖人。

但是，如果在订立行纪合同或者行纪人在履行义务时告知委托人自己想作为买受人或者出卖人，委托人明确表示不同意的，行纪人便不能实施该行为。

自己是否可以作为交易的相对人，是行纪人和代理人的区别之一。法律禁止自己代理，如果不经被代理人同意或者追认，代理人不能以自己作为合同相对人。而在行纪合同中，除了委托人明确表示反对外，行纪人自己可以作为买受人或者出卖人。

第九百五十七条 【委托人及时受领、取回和处分委托物及行纪人提存委托物】行纪人按照约定买入委托物，委托人应当及时受领。经行纪人催告，委托人无正当理由拒绝受领的，行纪人依法可以提存委托物。

委托物不能卖出或者委托人撤回出卖，经行纪人催告，委托人不取回或者不处分该物的，行纪人依法可以提存委托物。

第九百五十八条 【行纪人的直接履行义务】行纪人与第三人订立合同的，行纪人对该合同直接享有权利、承担义务。

第三人不履行义务致使委托人受到损害的，行纪人应当承担赔偿责任，但是行纪人与委托人另有约定的除外。

第九百五十九条 【行纪人的报酬请求权及留置权】行纪人完成或者部分完成委托事务的，委托人应当向其支付相应的报酬。委托人逾期不支付报酬的，行纪人对委托物享有留置权，但是当事人另有约定的除外。

第九百六十条 【参照适用委托合同】本章没有规定的，参照适用委托合同的有关规定。

第二十六章　中介合同

第九百六十一条　【中介合同定义】中介合同是中介人向委托人报告订立合同的机会或者提供订立合同的媒介服务，委托人支付报酬的合同。

条文注解

中介合同，传统理论一般将其称为居间合同，是指当事人双方约定一方接受他方的委托，并按照他方的指示要求，为他方报告订立合同的机会或者为订约提供媒介服务，委托人给付报酬的合同。

在中介合同中，接受委托报告订立合同机会或者提供交易媒介的一方为中介人，也称为居间人，给付报酬的一方为委托人。在中介合同中，中介人的主要义务就是提供中介服务以促成委托人和第三人订立合同，包括提供订约信息、据实报告的义务等；而委托人的主要义务是在其与第三人的合同因中介人提供的中介服务而成立后向中介人支付约定的报酬。

中介的宗旨是中介人把同一商品的买卖双方联系在一起，以促成交易后取得合理佣金的服务。无论何种中介，中介人都不是委托人的代理人，而只是居于交易双方当事人之间起介绍、协助作用的中间人。中介人是独立的民事主体，是完全民事行为能力人，可以自己作出意思表示，实施民事法律行为，中介人可以与委托人订立中介合同，成为中介合同的当事人。但是在中介人促成的交易中，中介人不是合同的当事人，也不是任何一方的代理人，不代表任何一方向对方作出意思表示或者实施民事法律行为，只是为委托人提供订约的机会，或者在双方之间进行周旋，为他们提供媒介服务，努力促成双方的交易。

中介业务根据中介人所接受委托内容的不同，既可以是只为委托人提供订约机会的报告中介，也可以是为促成委托人与第三人订立合同进行介绍或提供机会的媒介中介，还可以是报告中介与媒介中介兼而有之的中介活动。

第九百六十二条 【中介人报告义务】中介人应当就有关订立合同的事项向委托人如实报告。

中介人故意隐瞒与订立合同有关的重要事实或者提供虚假情况，损害委托人利益的，不得请求支付报酬并应当承担赔偿责任。

关联法规

《房地产经纪管理办法》第21条

第九百六十三条 【中介人报酬请求权】中介人促成合同成立的，委托人应当按照约定支付报酬。对中介人的报酬没有约定或者约定不明确，依据本法第五百一十条的规定仍不能确定的，根据中介人的劳务合理确定。因中介人提供订立合同的媒介服务而促成合同成立的，由该合同的当事人平均负担中介人的报酬。

中介人促成合同成立的，中介活动的费用，由中介人负担。

关联法规

《房地产经纪管理办法》第17~19条

第九百六十四条 【中介人必要费用请求权】中介人未促成合同成立的，不得请求支付报酬；但是，可以按照约定请求委托人支付从事中介活动支出的必要费用。

第九百六十五条 【委托人私下与第三人订立合同后果】委托人在接受中介人的服务后，利用中介人提供的交易机会或者媒介服务，绕开中介人直接订立合同的，应当向中介人支付报酬。

第九百六十六条 【参照适用委托合同】本章没有规定的，参照适用委托合同的有关规定。

第二十七章 合伙合同

第九百六十七条 【合伙合同定义】合伙合同是两个以上合伙人为了共同的事业目的，订立的共享利益、共担风险的协议。

条文注解

合伙合同，是指两个以上合伙人为了共同的事业目的，订立的共享利益、共担风险的协议。合伙合同，是以共同出资为基础，以共同事业为目的，以共享利益、共担风险为本质的协议。作为一种新增的典型合同，合伙合同与其他类型的合同有很多不同之处。合伙合同主要有以下几个特征：

(1)对合伙人有所限制。根据合伙合同的定义，合伙合同的主体为两个以上的合伙人。合伙人的数量要求两个以上，只有一个则无法成立合伙。合伙人并不是完全没有限制，不是所有民事主体都可以成为合伙人。国有独资公司、国有企业、上市公司以及公益性的事业单位、社会团体不得成为合伙企业的普通合伙人，也不应当与他人订立合伙合同成为合伙人。

(2)为了共同目的或者共同利益。合伙人订立合伙合同是为了达到共同的事业目的，实现共同的利益，这是合伙合同最重要的特征，也是合伙合同与其他类型的合同最重要的区别之一。

(3)共享利益、共担风险。如前所述，合伙合同的所有合伙人之间具有共同的事业目的，是合作共赢的关系。因此，所有合伙人就应当共享合伙经营之利益，共担合伙经营之风险。

(4)合伙具有较强的人合性和一定的组织性。合伙合同的成立是基于合伙人之间的互相信任，合伙人之间可以互为代理人，且全体合伙人对合伙债务承担连带责任。合伙人具有共同的事业目的，共享利益，共担风险。基于本章规定的合伙合同形成的合伙，具有一定的组织性，但又不是完全独立的组织体，不具有民事主体资格。这是基于本章规定的合伙合同成立的合伙与合伙企业的重要区别。合伙企业具有民事主体资格，属于《民法典》总则编中规定的非法人组织，具有民事权利能力和民事行为能力，可以依法享有民事权利和承担民事义务。

(5)不要式合同、继续性合同。《民法典》对合伙合同的订立形式没有作出特别要求，可以是口头形式，也可以是书面形式或者其他形式。合伙合同是继续性合同。无论合伙合同的共同事业目的是持续性的还是临时性的，都不影响合伙合同为继续性合同。合伙人履行义务的行为不是一次性的，只要共同目的仍未实现，所有合伙人都应持续履行其义务。作为继续性合同，合伙合同的解除等方面也与非继续性合同有所不同，例如合同的解除不具有溯及力，仅向将来发生效力。

关联法规

《律师法》第15、17条，《合伙企业法》第4、18、19条

第九百六十八条 【合伙人履行出资义务】合伙人应当按照约定的出资方式、数额和缴付期限，履行出资义务。

关联法规

《合伙企业法》第16、17条

第九百六十九条 【合伙财产】合伙人的出资、因合伙事务依法取得的收益和其他财产，属于合伙财产。

合伙合同终止前，合伙人不得请求分割合伙财产。

条文注解

合伙财产包括两个部分：一是合伙人对合伙的出资，也就是合伙的原始财产；二是所有因合伙事务依法取得的收益和其他财产，例如，合伙经营的收入、债权、因他人违约或者侵权向合伙作出的赔偿或者补偿等。此处的“财产”仅指积极财产。

从外部关系来看，合伙财产由全体合伙人共有，只有根据合伙合同的约定或者所有合伙人同意才可以对合伙财产进行处分。但是合伙人之间对处分合伙财产的内部约定不能对抗善意第三人。合伙财产中的某个具体财产可能实际为某个合伙人占有，或者仅登记在某个合伙人名下。此时如果该合伙人将该财产转让给并不知晓该财产为合伙财产的善意第三人，第三人可以依据本法第311条的规定取得财产的所有权。当然，如果第三人明知该合伙人处分合伙财产的行为属未授权行为，或者与该合伙人相互串通损害其他合伙人的利益，即不属于善意第三人，则其他合伙人不仅可以此与之相对抗，要求其返回财产或补足差价，而且有权依法追究该第三人的相关责任。

关联法规

《合伙企业法》第20~22条

第九百七十条 【合伙事务的执行】合伙人就合伙事务作出决定的，除合伙合同另有约定外，应当经全体合伙人一致同意。

合伙事务由全体合伙人共同执行。按照合伙合同的约定或者全体合伙人的决定，可以委托一个或者数个合伙人执行合伙事务；其他合伙人不再执行合伙事务，但是有权监督执行情况。

合伙人分别执行合伙事务的，执行事务合伙人可以对其他合伙人执行的事务提出异议；提出异议后，其他合伙人应当暂停该项事务的执行。

条文注解

(1)关于合伙事务的决定。本条第1款规定，合伙人就合伙事务作出决定的，除合伙合同另有约定外，应当经全体合伙人一致同意。

当然，合伙合同可以对此作出特别约定。合伙人之间存在相互信任关系，合伙事务的表决应当更多地体现合伙人意思自治的原则和协商原则。实践中，关于合伙事务的一切事项都由所有合伙人共同决定且一致同意，可能难以实现，就一般事项而言也实在没有必要。而且，随着市场经济的发展，商业机会的时效性强，要求合伙的决策应更加及时、快速。为了提高合伙的决策经营效率，应当允许合伙合同对合伙事务的决定作出更加灵活的规定，如规定某些事项可以采用普通多数决或特别多数决的办法作出决定。

(2)关于合伙事务的执行。合伙不仅由各合伙人共同出资而设立，还通常由合伙人共同进行经营和管理。合伙人通常人数较少，相互十分信任，其从事经营活动具有法律上的相互代理关系，因此无须和公司法人一样设立严密的组织管理机构。

灵活性是合伙的优点之一，可以在很大程度上提高合伙的决策效率和经营效率。合伙人对执行合伙事务享有同等的权利，即每一个合伙人对企业的经营管理和其他事务的执行不但有参与权，而且权利平等。无论出资多少，出资方式是否相同，都不影响这一法定权利，不影响各合伙人在执行合伙事务时的平等资格。

如果所有合伙事务都由全体合伙人共同执行，则程序将变得十分烦琐，容易导致经营效率低下，不利于合伙事务的执行、处理。因此，合伙人可以在合伙合同中约定，或者在订立合伙合同后由全体合伙人共同决定，委托一个或者数个合伙人来执行合伙事务。合伙人分工协作，不仅有利于发挥各个合伙人的专长，也有利于提高合伙的决策和经营效率，促进合伙经营的发展。

(3)关于非执行事务合伙人的监督权。该监督权的内容主要包括：执行事务的合伙人要向不执行事务的合伙人报告业务经营情况；必要时不执行事务合伙人有权查阅企业的有关会计账册，查看合伙财产的实际状况；等等。

需要注意的是，实际上，全体合伙人都享有对合伙事务执行情况的监督权。分别执行合伙事务的合伙人，除了自己执行的事务，对他人执行事务的情况，也应当有监督的权利，应当有权了解、知晓其他合伙人执行事务的情况以及合伙财产的情况等，这种权利也体现在对其他合伙人执行事务有提出异议的权利。

(4)关于合伙人对其他合伙人执行事务的异议权。如果执行事务合伙人的行为有损合伙的利益、不当或有错误，其他执行事务的合伙人可以提出异议。一旦提出异议，就应暂停该项事务的执行。这主要是为了保障执行事务合伙人异议权的实现，防止被提异议人对异议置之不理，如果已经造成损失，还可以防止损失的扩大。在合伙人执行事务的异议中，一种后果往往是可能在一方提出异议后，被异议人具有不同看法，由此产生纠纷。合伙人执行事务产生的纠纷，应当按照合伙合同的约定进行处理。合伙合同没有约定或者约定不明确的，由全体合伙人共同作出决定。

关联法规

《合伙企业法》第 26~36 条

第九百七十一条　【执行合伙事务报酬】合伙人不得因执行合伙事务而请求支付报酬，但是合伙合同另有约定的除外。

第九百七十二条　【合伙的利润分配与亏损分担】合伙的利润分配和亏损分担，按照合伙合同的约定办理；合伙合同没有约定或者约定不明确的，由合伙人协商决定；协商不成的，由合伙人按照实缴出资比例分配、分担；无法确定出资比例的，由合伙人平均分配、分担。

关联法规

《合伙企业法》第 33 条

第九百七十三条　【合伙人的连带责任及追偿权】合伙人对合伙债务承担连带责任。清偿合伙债务超过自己应当承担份额的合伙人，有权向其他合伙人追偿。

条文注解

合伙债务，是指合伙事业经营过程中产生的应当由合伙承担的债务。合伙的债务不同于合伙人的债务，合伙财产由全体合伙人所有，合伙债务也应当由合伙人共同承担。

本条第 1 句规定，合伙人对合伙债务承担连带责任。这是对合伙人的外部关系作出的规定。合伙人对合伙债务承担连带责任，是指全体合伙人以自己的所有财产向债权人承担连带责任，债权人可以请求任何一个或者数个合伙人清偿所有合伙债务。

关于合伙财产和合伙人的个人财产清偿合伙债务的顺序，本条规定的合伙与合伙企业是不同的。合伙企业中的合伙人，对合伙企业的债务承担“无限”连带责任。而本章规定的契约型合伙，虽然具有一定的组织性，却是松散型的合伙，并不具有独立的民事主体资格，其财产还是由全体合伙人共有，合伙财产与合伙人的其他财产难以厘清，因此，并不要求对合伙债务先以合伙财产进行清偿，债权人可以直接请求所有合伙人以包括合伙财产在内的所有财产来履行合伙债务。这是契约型合伙与企业型合伙的重要区别之一。

本条第2句对于经营利润的分配和亏损的分担，本法第972条已明确规定，这是对合伙人内部责任划分的依据。因各合伙人因各自的经济实力不同，承担债务的能力也有区别。在合伙人按一定比例分担合伙债务的情况下，就可能发生有的合伙人因财力所限，一时难以承担债务偿付份额的情况。当合伙人实际偿付的合伙债务超过其应承担的份额时，就该超过部分，应当允许其向其他合伙人进行追偿。

关联法规

《合伙企业法》第38~40条

第九百七十四条　【合伙人转让其财产份额】除合伙合同另有约定外，合伙人向合伙人以外的人转让其全部或者部分财产份额的，须经其他合伙人一致同意。

关联法规

《合伙企业法》第22、23、25条

第九百七十五条 【合伙人权利代位】合伙人的债权人不得代位行使合伙人依照本章规定和合伙合同享有的权利，但是合伙人享有的利益分配请求权除外。

条文注解

合伙人在合伙中不仅享有财产性质的利益分配请求权，还包括其在合伙中的表决权等身份权及合伙事务执行权、监督权等其他权利。合伙人的债权人要求合伙人偿还债务，只能通过与合伙人签订合同或通过诉讼的方式，获得对合伙人在合伙中利益分配的请求权或者分割其在合伙财产中的份额以实现债权，而对合伙人的其他具有人身属性的权利，如合伙事务执行权、重大事务表决权、对合伙的监督权等均没有请求权。此外，合伙还具有一定的组织性，合伙人一旦出资就成为合伙财产，合伙人的出资和其他因合伙取得的财产都是合伙财产，属于所有合伙人共同共有。基于共同共有的理论，在合伙合同终止前，合伙人不得请求分割合伙财产，也不得随意处分合伙财产以及合伙人在合伙财产中的份额。如果允许合伙人的债权人代位行使合伙人对合伙的权利，那就相当于变相分割或者处分了合伙财产。基于以上理由，本条规定合伙人的债权人原则上不得代位行使合伙人在合伙中的权利。

但是，当合伙人的自有财产不足清偿其债务时，还是可以基于合伙产生的其他财产性权利来进行清偿。合伙人将其出资投入合伙即变成合伙财产，是合伙经营的必要条件，如允许合伙人以这部分财产清偿自身债务就意味着要对这种财产进行处分，势必要求对合伙财产进行分割，并按份额予以减出，其结果必然对合伙经营造成负面影响，因此不允许合伙人直接以其在合伙财产中的份额清偿自身债务。合伙人对合伙享有的权利，既包括具有人身属性的权利，也包括财产权利，如利益分配请求权。既要维护合伙的利益，又要考虑到合伙人的债权人实现债权的要求，本条规定允许合伙人的债权人代位行使该合伙人基于合伙享有的利益分配请求权。债权人行使合伙人的利益分配请求权，并不影响合伙的人合性和组织性，也不减少合伙财产，对合伙经营来说并无害处，应当允许。

关联法规

《合伙企业法》第41、42条

第九百七十六条 【合伙期限】合伙人对合伙期限没有约定或者约定不明确，依据本法第五百一十条的规定仍不能确定的，视为不定期合伙。

合伙期限届满，合伙人继续执行合伙事务，其他合伙人没有提出异议的，原合伙合同继续有效，但是合伙期限为不定期。

合伙人可以随时解除不定期合伙合同，但是应当在合理期限之前通知其他合伙人。

关联法规

《合伙企业法》第46条

第九百七十七条 【合伙合同终止】合伙人死亡、丧失民事行为能力或者终止的，合伙合同终止；但是，合伙合同另有约定或者根据合伙事务的性质不宜终止的除外。

关联法规

《合伙企业法》第80条

第九百七十八条 【合伙剩余财产分配顺序】合伙合同终止后，合伙财产在支付因终止而产生的费用以及清偿合伙债务后有剩余的，依据本法第九百七十二条的规定进行分配。

关联法规

《合伙企业法》第89条

第三分编 准 合 同

第二十八章 无 因 管 理

第九百七十九条 【无因管理定义】管理人没有法定的或者约定的义务，为避免他人利益受损失而管理他人事务的，可以请求受益人偿还因管理事务而支出的必要费用；管理人因管理事务受到损失的，可以请求受益人给予适当补偿。

管理事务不符合受益人真实意思的，管理人不享有前款规定的权利；但是，受益人的真实意思违反法律或者违背公序良俗的除外。

条文注解

无因管理虽是法律所鼓励的合法行为，但毕竟具有干涉他人事务的特征，为了避免被滥用，应当对其构成要件作出明确规定，让其在社会观念许可的限度和范围内发挥其积极作用。根据本条的规定，无因管理应当满足以下要件：

首先，管理人对所管理的事务没有法定或者约定的义务。管理人对管理他人事务是否有法定或者约定义务，是认定是否构成无因管理的前提条件。这里的法定义务是指法律法规直接规定的义务，不限于《民法典》规定的义务，约定的义务，是指因当事人之间约定而产生的义务，管理人管理事务不论是履行法定义务，还是履行约定义务，均不构成无因管理。无因管理制度是一种民事制度，只调整平等民事主体之间的关系，不调整公法上的义务，对于行政机关履行行政法等公法上的义务，例如，公安机关救人就是履行公法上的义务，虽客观上是管理他人事务，但不构成无因管理行为。

其次，管理人管理他人的事务。这里的他人事务是指有关人们生活利益并能成为债务的一切事项，既可以是涉及他人经济利益的事项，也可以是涉及他人非经济利益的事项；既可以是管理财产的事项，也可以是提供服务的事项。对于管理属于自己的事务或者不适宜由他人管理的事务，不得为无因管理的事项。一般情况下，下列事项不宜作为无因管理的事项：一是违法行为，如为他人销赃等；二是必须经本人授权、同意或者必须由本人亲为的行为，如股东的投票权，演员亲自表演节目等；三是违反公序良俗的行为；四是单纯属于管理人自己的事项。本规定中的“管理”是指处理事务的行为，是广义的，既包括对财产的保管、利用、改良或者处分行为，也包括提供劳务服务等行为。至于管理他人事务的目的是否最终达到，不影响无因管理的成立。也就是说，即使本人未因管理人的管理行为而获得利益，或者甚至因此还受到损失，也不影响无因管理的成立。

最后，管理人具有管理他人事务的意思，即管理人有为他人谋取利益的意思或者有使管理行为所生的利益归于他人的意思。无因管理制度中的管理人客观上干涉了他人事务，若其主观上没有为他人利益进行管理的意思，必将损害他人权益，管理人也有可能从中获得利益，这违背了无因管理制度的设立目的，所以管理人有无管理意思是区分无因管理与侵权行为、不当得利的重要标准。管理人的这种意思无须明确表示出来，只要其认识到所管理的事务属于他人事务，并且没有将其作为自己事务进行管理的想法和意思,就可以认定为具有管理他人事务的意思。管理人是否具有管理意思,可以从管理人是否具有"为避免本人利益受损害"的目的、效果等因素综合判断。管理人要具有管理他人事务的意思,并不意味着要明确知道他人具体是谁,即使不知道他人具体是谁,也不影响无因管理的成立。但是,若管理人与本人就是否具有管理意思产生争议时,原则上应当由管理人承担举证责任。

关联法规

《最高人民法院关于审理民事案件适用诉讼时效制度若干问题的规定》第7条

第九百八十条 【受益人享有管理利益时的法律适用】管理人管理事务不属于前条规定的情形,但是受益人享有管理利益的,受益人应当在其获得的利益范围内向管理人承担前条第一款规定的义务。

第九百八十一条 【管理人适当管理义务】管理人管理他人事务,应当采取有利于受益人的方法。中断管理对受益人不利的,无正当理由不得中断。

条文注解

管理人在管理他人事务时,应当履行一定的义务,其中最主要的是按照善良管理人的注意义务管理他人事务,这主要体现在三个方面:

一是管理人依本人明示的或者可推知的意思进行管理。实践中,通常是依平常人或者一般人的经验得以推知本人的意思。

二是管理人应当以利于本人的方法进行管理。是否有利于本人应当以客观上能否避免本人利益受损为标准，一般都认为管理人应当以像管理自己事务一样进行管理。管理人未以善良管理人的身份尽到恰当管理义务造成本人损害的，原则上要承担过错的损害赔偿责任，但是若管理人为本人管理的是公共利益上的事务或者紧急事务的，仅就其故意或者重大过失管理行为承担损害赔偿责任。

三是管理人还应当履行继续管理义务。因此，从原则上讲，管理人在受益人自己能进行管理时，可以停止管理行为，并将管理事务移交给受益人，但是管理人在开始管理后，如其中途停止管理行为较不管理对本人更为不利的，若放任管理人中止管理事务，既与设立无因管理制度的目的不符，也不符合《民法典》总则编规定的诚信原则，所以在这种情况下，管理人不得中断对事务的管理，应当继续管理事务。管理人违反该义务导致受益人的利益受到损害的，管理人应当承担损害赔偿责任。

第九百八十二条　【管理人通知义务】管理人管理他人事务，能够通知受益人的，应当及时通知受益人。管理的事务不需要紧急处理的，应当等待受益人的指示。

第九百八十三条　【管理人报告和交付义务】管理结束后，管理人应当向受益人报告管理事务的情况。管理人管理事务取得的财产，应当及时转交给受益人。

第九百八十四条　【受益人追认的法律效果】管理人管理事务经受益人事后追认的，从管理事务开始时起，适用委托合同的有关规定，但是管理人另有意思表示的除外。

第二十九章 不当得利

第九百八十五条 【不当得利定义】得利人没有法律根据取得不当利益的,受损失的人可以请求得利人返还取得的利益,但是有下列情形之一的除外:

(一)为履行道德义务进行的给付;

(二)债务到期之前的清偿;

(三)明知无给付义务而进行的债务清偿。

条文注解

不当得利,是指没有法律根据,取得不当利益,造成他人损失的情形。关于不当得利的类型存在不同的认识,理论上一般区分为给付型不当得利和非给付型不当得利。

(1)给付型不当得利,是指基于给付而产生的不当得利。构成给付型不当得利,有以下几个要件:一是基于给付而取得利益。所谓给付,是指有意识地基于一定目的而增加他人的财产。二是他方当事人受有损失。在损害赔偿制度中,损失(损害),是指权利或利益受到侵害时所发生的不利益,即行为发生前的财产状态和行为发生后的财产状态两相比较,受害人所受的不利益,即为损失(损害)之所在。三是具有因果关系。构成不当得利,需要一方当事人取得的利益与他方当事人受到的损失之间具有因果关系,以决定谁得向谁主张不当得利。四是没有法律根据。即欠缺给付目的,其内容即给付目的的内容,为给付所关联的债的关系及其缘由。

(2)非给付型不当得利。非给付型不当得利是因给付以外的事由而发生的类型,包括:①基于受益人的行为而生的不当得利。有以下几个要件：a. 因侵害他人的权益而取得利益。基于受益人的行为而生的不当得利，以侵害他人的权益而取得利益为基本要件。无权出卖他人之物而取得价款，出租他人之物而收取租金，占用消费他人之物等为其典型表现。b. 使他人受损失。基于受益人的行为而生的不当得利，其构成所要求的“使他人受损失”，只要因侵害应归属于他人的权益而取得利益，就可认为基于同一原因事实“使他人受损失”，不以有财产移转为必要。c. 没有法律根据。②基于受害人的行为而生的不当得利。基于受害人的行为而生的不当得利，有的是给付型不当得利，有的是非给付型不当得利，究竟如何，需要根据个案予以确定。这种类型的不当得利主要有以下两种类型：a. 支出费用的不当得利。b. 因清偿他人的债务而发生的所谓“求偿不当得利请求权”。③基于第三人的行为而生的不当得利。基于第三人的行为而生的不当得利，是指受益人因第三人的行为取得应当归属于他人（受害人）的利益，而成立的不当得利。④基于法律规定而生的不当得利。基于法律的直接规定而生的不当得利，其中的法律规定，应从广义上理解，是指法律秩序，包括法院的判决和行政处分。如果法律规定的目的是在使受益人终局地实质地保有利益，以维护财产状态的新秩序为目的，则不成立不当得利；反之，该法律规定的目的仅仅在技术上谋取方便，形式上使该项利益归属于某人，实质上并不使其终局地保有该项利益时，则可成立不当得利。基于法律规定而生的不当得利，主要发生在添附、善意取得、终局确定判决等场合。⑤基于自然事件而生的不当得利。取得利益出于自然事件的结果，可成立不当得利。例如，甲放养的羊群进入乙承包的牧场，乙取得占有利益，甲可基于占有的不当得利请求乙返还该羊群。当然，在甲能够证明哪些羊属于他（它）所有的情况下，也可以基于物的返还请求权请求乙返还。

该条第 2 款是关于不得请求返还的不当得利的规定。从前述理论构成看，主要针对的是给付型不当得利：

第1项排除事由是不当给付是为履行道德上义务而为之。

第2项排除事由是债务到期之前的清偿。债务到期之前的清偿，因为债务并非不存在，所以债权人受领给付，不能称为缺乏法律上的原因。并且债务因清偿而消灭，所以债权人也没有什么得利可言。

第3项排除事由是明知无给付义务而进行的债务清偿。非债清偿属于典型的不当得利，本来是可以请求返还的，但是法律对于明知无债务而进行的清偿，特别设置了本项这个例外。这一例外的设置的理论根据在于禁反言原则。也就是说，明知没有给付义务而进行的给付再请求返还，则构成了前后矛盾，有违诚信原则，所以不允许。

第九百八十六条 【善意得利人返还义务免除】得利人不知道且不应当知道取得的利益没有法律根据，取得的利益已经不存在的，不承担返还该利益的义务。

第九百八十七条 【恶意得利人返还义务】得利人知道或者应当知道取得的利益没有法律根据的，受损失的人可以请求得利人返还其取得的利益并依法赔偿损失。

关联法规

《最高人民法院关于审理民事案件适用诉讼时效制度若干问题的规定》第6条

第九百八十八条 【第三人返还义务】得利人已经将取得的利益无偿转让给第三人的，受损失的人可以请求第三人在相应范围内承担返还义务。

实用问题

第一章　一般规定

1. 什么是合同?

《民法典》第 464 条第 1 款规定,合同是民事主体之间设立、变更、终止民事法律关系的协议。

合同是指平等主体之间基于自愿的意思表示,以设立、变更、终止民事法律关系为目的的协议。设立是指当事人通过意思表示,使他们之间产生民事权利义务关系的行为;变更是指当事人对于已经设立的民事权利义务关系,通过意思表示使其发生变化,形成新的民事权利义务关系的行为;终止是指当事人通过意思表示,使他们之间既有的民事权利义务关系归于消灭的行为。

2. 婚姻、收养、监护等有关身份关系的协议适用《民法典》合同编的规定吗?

《民法典》第 464 条第 2 款规定,婚姻、收养、监护等有关身份关系的协议,适用有关该身份关系的法律规定;没有规定的,可以根据其性质参照适用本编规定。根据该款规定,婚姻、收养、监护等有关身份关系的协议,如离婚协议、确定监护人的协议、遗赠扶养协议等适用有关该身份关系的法律规定,如果没有规定的,可以根据其性质参照适用《民法典》合同编的有关规定。

3. 什么是合同的相对性?

《民法典》第 465 条规定,依法成立的合同,受法律保护。依法成立的合同,仅对当事人具有法律约束力,但是法律另有规定的除外。

合同的相对性,是指合同所产生的法律后果只对合同双方当事人有约束力,对其他人无约束力,若双方当事人约定合同对第三人发生效力的，该约定无效，但是法律另有规定的除外。“法律另有规定”的情形包括向第三人履行的合同（《民法典》第 522 条）、由第三人履行的合同（《民法典》第 523 条）、债权人代位权（《民法典》第 535 条）等。

4. 当事人对合同条款的理解有争议时怎么办？

《民法典》第 466 条第 1 款规定，当事人对合同条款的理解有争议的，应当依据《民法典》第 142 条第 1 款的规定，确定争议条款的含义。

当事人对合同条款的理解涉及具体的交易内容、权利义务的分配、风险的负担、违约责任的确定、发生纠纷时解决争议的方法等与合同交易密切相关的事项，对当事人双方具有重要意义。根据上述合同解释规则的规定，当事人双方对合同条款的理解发生争议时，应当按照合同条款所使用的词句，结合相关条款、行为的性质和目的、习惯以及诚信原则，确定条款的含义。《最高人民法院关于适用〈中华人民共和国民法典〉合同编通则若干问题的解释》第 1 条对合同条款的解释规则做了进一步的细化：人民法院依据《民法典》第 142 条第 1 款、第 466 条第 1 款的规定解释合同条款时，应当以词句的通常含义为基础，结合相关条款、合同的性质和目的、习惯以及诚信原则，参考缔约背景、磋商过程、履行行为等因素确定争议条款的含义。有证据证明当事人之间对合同条款有不同于词句的通常含义的其他共同理解，一方主张按照词句的通常含义理解合同条款的，人民法院不予支持。对合同条款有两种以上解释，可能影响该条款效力的，人民法院应当选择有利于该条款有效的解释；属于无偿合同的，应当选择对债务人负担较轻的解释。

5. 采用两种以上文字订立的合同文本，如何推定各文本使用的词句含义？

《民法典》第 466 条第 2 款规定，合同文本采用两种以上文字订立并约定具有同等效力的,对各文本使用的词句推定具有相同含义。各文本使用的词句不一致的,应当根据合同的相关条款、性质、目的以及诚信原则等予以解释。

随着全球经济一体化的不断发展,国际贸易日趋频繁,实践中常常出现合同文本采用两种以上文字订立的情况,那么如果两种文字含义不同该如何处理呢? 首先,当事人双方可以约定两种以上文字文本具有同等的法律效力,推定各文本使用的词句具有相同含义。其次,如果出现各文本使用的词句不一致的情况,当事人双方应当根据合同的相关条款、性质、目的以及诚信原则等作出解释。

6. 无名合同如何适用法律?

《民法典》第 467 条第 1 款规定,本法或者其他法律没有明文规定的合同,适用本编通则的规定,并可以参照适用本编或者其他法律最相类似合同的规定。

无名合同是指《民法典》合同编或者其他法律没有明文规定的合同。无名合同的法律适用主要包括两个方面:(1)无名合同适用合同编通则的规定;(2)如果通则没有相关规定的,按照无名合同的具体细节参照适用合同编或者其他法律最相类似合同的规定。例如,加盟店合同是无名合同,如因加盟店合同的订立、效力、履行等发生争议,适用合同编通则的规定;如因加盟店合同中涉及的产品质量等发生争议,可参照适用合同编第九章“买卖合同”的相关规定。

7. 在中华人民共和国境内履行的中外合资经营企业合同、中外合作经营企业合同、中外合作勘探开发自然资源合同适用中华人民共和国法律吗?

根据《民法典》第 467 条第 2 款的规定,在中华人民共和国境内履行的中外合资经营企业合同、中外合作经营企业合同、中外合作勘探开发自然资源合同，适用中华人民共和国法律。

8. 非因合同产生的债权债务关系应该适用哪些法律？

《民法典》第468条规定，非因合同产生的债权债务关系，适用有关该债权债务关系的法律规定；没有规定的，适用本编通则的有关规定，但是根据其性质不能适用的除外。

非因合同产生的债权债务关系包括因侵权行为、无因管理、不当得利以及法律的其他规定产生的债权债务关系。其中“因法律的其他规定”产生的债权债务关系通常指婚姻家庭编规定的亲属之间的抚养请求权、物权编规定的按份共有财产转让的优先购买权、《公司法》规定的股东要求公司回购股份请求权、《税收征收管理法》规定的税收债务等。上述非因合同产生的债权债务关系适用有关该债权债务关系的法律规定，如果没有规定的，适用合同编通则的有关规定，但是根据其性质不能适用的除外。

第二章　合同的订立

9. 当事人订立合同可以采用哪些形式？

《民法典》第469条规定，当事人订立合同，可以采用书面形式、口头形式或者其他形式。书面形式是合同书、信件、电报、电传、传真等可以有形地表现所载内容的形式。以电子数据交换、电子邮件等方式能够有形地表现所载内容，并可以随时调取查用的数据电文，视为书面形式。

在日常生活中，合同的表现形式多种多样，并不一定表现为书面形式的协议才叫合同，其他的以口头或者其他形式的协议也可以称为合同。但尽管法律承认以书面形式、口头形式或者其他形式订立的合同，但是为了避免纠纷，建议当事人最好订立书面形式的合同。

10. 合同的内容一般包括哪些条款?

根据《民法典》第470条第1款的规定,合同的内容由当事人约定,一般包括下列条款:

(1)当事人的姓名或者名称和住所。当事人是合同权利和合同义务的承受者,因此,具体合同条款必须写清当事人的姓名或者名称和住所。

(2)标的。标的是合同权利义务指向的对象,标的条款必须清楚地写明标的的名称,以使标的特定化。

(3)数量。标的的数量要明确。首先应选择双方共同接受的计量单位,其次要确定双方认可的计量方法,最后应允许规定合理的差额。

(4)质量。标的的质量应详细具体,如技术指标、规格、型号等要约定明确。

(5)价款或者报酬。价款是取得标的所应支付的代价;报酬是获得服务所应支付的代价。

(6)履行期限、地点和方式。履行期限可以约定即时履行,也可以约定定时履行或在一定期限内履行;履行地点是确定验收的依据;履行方式可以约定是一次交付还是分批交付,是实物交付还是所有权凭证交付等。

(7)违约责任。违约责任是促使当事人履行债务,使守约方免受或少受损失的法律措施,对当事人的权益关系重大。

(8)解决争议的方法。合同中约定的仲裁条款、协商解决争议的条款、选择诉讼法院的条款等,均属解决争议的方法的条款。

此外,《民法典》第470条第2款规定,当事人可以参照各类合同的示范文本订立合同。

11. 当事人订立合同可以采取哪些方式?

《民法典》第471条规定,当事人订立合同,可以采取要约、承诺方式或者其他方式。

合同订立是当事人为意思表示并达成合意的状态，没有合同订立就没有交易，没有合同。合同是个动态的过程，它始于合同的订立。法律对合同订立的方式未作强制性规定，合同订立可以采取要约、承诺方式，也可以采取其他方式。其他方式主要包括交叉要约、同时表示、意思实现等。

12. 什么是要约？要约什么时候生效？

《民法典》第472条规定，要约是希望与他人订立合同的意思表示，该意思表示应当符合下列条件：(1)内容具体确定；(2)表明经受要约人承诺，要约人即受该意思表示约束。

《民法典》第474条规定，要约生效的时间适用《民法典》第137条的规定。

首先，什么是要约？要约是指一方当事人以缔结合同为目的，向对方当事人提出合同条件，希望对方当事人接受的意思表示。在商业活动中，要约常被称为发价、发盘、报价等。根据《民法典》的上述规定，要约成立必须满足两个条件：第一，内容具体确定。“具体”是指要约的内容必须具备合同的条件，至少是主要条件，得因受要约人的承诺而使合同成立。“确定”是指要约发出之时内容是确定的。第二，表明经受要约人承诺，要约人即受该意思表示约束。要约人发出要约的目的在于订立合同，只有要约人受该意思表示约束，才会使受要约人下决心与要约人签订合同。

其次，要约什么时候生效？要约生效时间分为两类：第一，以对话方式作出的要约，受要约人知道要约内容时生效。第二，以非对话方式作出的要约，要约到达受要约人时生效。以非对话方式作出的采用数据电文形式的要约，受要约人指定特定系统接收数据电文的，该数据电文进入该特定系统时要约生效；未指定特定系统的，受要约人知道或者应当知道该数据电文进入其系统时要约生效。当事人对采用数据电文形式的要约的生效时间另有约定的,按照其约定。

13. 什么情况下要约可以撤回?

《民法典》第475条规定,要约可以撤回。要约的撤回适用《民法典》第141条的规定。

要约的撤回是指要约人在要约生效之前,使要约不发生法律效力的行为。为了同时尊重要约人和受要约人的利益,《民法典》规定要约人可以撤回要约,只要撤回要约的通知在要约到达受要约人前或者与要约同时到达受要约人,就可以产生撤回要约的效力。

14. 什么情况下要约可以撤销?撤销要约的意思表示在时间上有什么要求?

要约的撤销是指要约人在要约生效之后,受要约人作出承诺之前,将该要约取消,使要约的法律效力归于消灭的意思表示。要约可以撤销,但考虑到要约的撤销会对受要约人产生不利的影响,《民法典》第476条规定了要约不得撤销的情况,具体包括:

(1)要约人以确定承诺期限或者其他形式明示要约不可撤销。例如,要约人在要约中作明确的声明,“这是一个确定的要约”“我们坚持我们的要约直到收到贵方的回复”等。

(2)受要约人有理由认为要约是不可撤销的,并已经为履行合同做了合理准备工作。例如,某一项要约作出承诺前受要约人已经进行广泛的、费用昂贵的调查。

此外,《民法典》第477条对撤销要约意思表示的时间作出了规定,撤销要约的意思表示以对话方式作出的,该意思表示的内容应当在受要约人作出承诺之前为受要约人所知道;撤销要约的意思表示以非对话方式作出的,应当在受要约人作出承诺之前到达受要约人。

撤销要约的时间因对话与否而有不同。以对话方式作出的撤销要约的意思表示，该意思表示的内容应当在受要约人作出承诺之前为受要约人所知道；以非对话方式作出的撤销要约的意思表示，应当在受要约人作出承诺之前到达受要约人。

15. 哪些情形下要约会失效？

要约失效是指要约丧失其法律效力，要约人和受要约人不再受其约束。根据《民法典》第 478 条的规定，要约失效主要有以下几种情形：

（1）要约被拒绝。要约被拒绝一般发生在要约向特定人发出的情况，对不特定人发出的要约，如自助商场的商品标价陈列，并不因特定人拒绝而失效。

（2）要约被依法撤销。要约人在法律允许的时间内作出撤销要约的意思表示，除例外情形外，要约即失效。

（3）承诺期限届满，受要约人未作出承诺。要约中规定了承诺期限的，受要约人未在期限内作出承诺，要约即失效。

（4）受要约人对要约的内容作出实质性变更。受要约人对要约的内容作出实质性变更的，表明受要约人已经拒绝了要约，要约失效。但是为了鼓励交易，受要约人对要约的内容作出实质性变更的，为新要约。

16. 什么是要约邀请？

《民法典》第 473 条规定，要约邀请是希望他人向自己发出要约的表示。拍卖公告、招标公告、招股说明书、债券募集办法、基金招募说明书、商业广告和宣传、寄送的价目表等为要约邀请。商业广告和宣传的内容符合要约条件的，构成要约。

要约邀请是希望他人向自己发出要约的意思表示，是当事人订立合同的预备行为。常见的要约邀请包括拍卖公告、招标公告、招股说明书、债券募集办法、基金招募说明书、商业广告和宣传、寄送的价目表等。需要注意的是,商业广告和宣传的内容如果清楚、明确,足以使相对人知其对待义务,满足要约条件的,构成要约。例如,《最高人民法院关于审理商品房买卖合同纠纷案件适用法律若干问题的解释》第3条规定,商品房的销售广告和宣传资料为要约邀请,但是出卖人就商品房开发规划范围内的房屋及相关设施所作的说明和允诺具体确定,并对商品房买卖合同的订立以及房屋价格的确定有重大影响的,构成要约。该说明和允诺即使未载入商品房买卖合同,亦应当为合同内容,当事人违反的,应当承担违约责任。

17. 什么是承诺?承诺应当以什么方式作出、在什么期限内到达要约人?

首先,什么是承诺?根据《民法典》第479条的规定,承诺是受要约人同意要约的意思表示。

其次,承诺应当以什么方式作出?根据《民法典》第480条的规定,承诺应当以通知的方式作出。但是,根据交易习惯或者要约表明可以通过行为作出承诺的除外。这里的"行为"通常是履行行为,如预付价款、工厂开始工作等。

最后,承诺应当在什么期限内到达要约人?根据《民法典》第481条的规定,承诺应当在要约确定的期限内到达要约人。要约没有确定承诺期限的,承诺应当依照下列规定到达:(1)要约以对话方式作出的,应当即时作出承诺;(2)要约以非对话方式作出的,承诺应当在合理期限内到达。

此外,根据《民法典》第482条的规定,要约以信件或者电报作出的,承诺期限自信件载明的日期或者电报交发之日开始计算。信件未载明日期的,自投寄该信件的邮戳日期开始计算。要约以电话、传真、电子邮件等快速通讯方式作出的，承诺期限自要约到达受要约人时开始计算。

18. 承诺生效时会产生什么法律效果？承诺生效的时间如何确定？

《民法典》第483条规定，承诺生效时合同成立，但是法律另有规定或者当事人另有约定的除外。

《民法典》第484条规定，以通知方式作出的承诺，生效的时间适用《民法典》第137条的规定。承诺不需要通知的，根据交易习惯或者要约的要求作出承诺的行为时生效。

承诺生效时会产生合同成立的法律效果，但是法律另有规定或者当事人另有约定的除外。例如，当事人约定书面合同自双方签字盖章时生效。

承诺生效的时间因是否需要通知而分为以下两种情况：第一，以通知方式作出的承诺。通知以对话方式作出的，相对人知道其内容时承诺生效；通知以非对话方式作出，到达相对人时承诺生效。第二，不需要通知的承诺。根据交易习惯或者要约的要求作出承诺的行为时生效。例如，依价目表向书店购书等。

19. 承诺可以撤回吗？

《民法典》第485条规定，承诺可以撤回。承诺的撤回适用《民法典》第141条的规定。

承诺的撤回是承诺人阻止承诺发生法律效力的行为，撤回承诺的通知只有先于或者与承诺通知到达要约人，才发生承诺撤回的效力。否则，承诺已经生效，不能发生承诺撤回的效果。

20. 什么是新要约？

根据《民法典》第486、488条规定，新要约分为以下两种情形：

第一，受要约人超过承诺期限发出承诺，或者在承诺期限内发出承诺，按照通常情形不能及时到达要约人的，为新要约；但是，要约人及时通知受要约人该承诺有效的除外。

第二，受要约人对要约的内容作出实质性变更的，为新要约。有关合同标的、数量、质量、价款或者报酬、履行期限、履行地点和方式、违约责任和解决争议方法等的变更，是对要约内容的实质性变更。

21. 因其他原因致使承诺到达要约人时超过承诺期限的，该承诺还有效吗？

根据《民法典》第487条规定，受要约人在承诺期限内发出承诺，按照通常情形能够及时到达要约人，但是因其他原因致使承诺到达要约人时超过承诺期限的，除要约人及时通知受要约人因承诺超过期限不接受该承诺外，该承诺有效。“其他原因”通常指信函误投、互联网中断运行、其他传达故障等。因上述原因导致承诺到达要约人时超过承诺期限，要约人未通知受要约人因承诺超过期限不接受该承诺的，该承诺有效。

22. 承诺对要约的内容作出非实质性变更还有效吗？

随着经济的发展，要求承诺与要约的内容绝对一致是不现实的，也不利于鼓励交易。因此，《民法典》第489条规定，承诺对要约的内容作出非实质性变更的，除要约人及时表示反对或者要约表明承诺不得对要约的内容作出任何变更外，该承诺有效，合同内容以承诺的内容为准。

23. 当事人采用合同书、信件、数据电文等形式订立合同时，合同分别于什么时间成立？

合同成立的时间因当事人采用合同形式的不同而不同。

第一，采用合同书形式订立的合同。根据《民法典》第 490 条的规定，当事人采用合同书形式订立合同的，自当事人均签名、盖章或者捺指印时合同成立。在签名、盖章或者捺指印之前，当事人一方已经履行主要义务，对方接受时，该合同成立。法律、行政法规规定或者当事人约定合同应当采用书面形式订立，当事人未采用书面形式但是一方已经履行主要义务，对方接受时，该合同成立。

第二，采用信件、数据电文等形式订立的合同。《民法典》第 491 条规定，当事人采用信件、数据电文等形式订立合同要求签订确认书的，签订确认书时合同成立。当事人一方通过互联网等信息网络发布的商品或者服务信息符合要约条件的，对方选择该商品或者服务并提交订单成功时合同成立，但是当事人另有约定的除外。

24. 如何确定合同成立的地点？

合同成立的地点因约定、合同形式等不同而不同。

第一，承诺生效的地点。根据《民法典》第 492 条第 1 款的规定，承诺生效的地点为合同成立的地点。

第二，收件人的主营业地或住所地。根据《民法典》第 492 条第 2 款的规定，采用数据电文形式订立合同的，收件人的主营业地为合同成立的地点；没有主营业地的，其住所地为合同成立的地点。当事人另有约定的，按照其约定。

第三，最后签名、盖章或者捺指印的地点。根据《民法典》第 493 条的规定，当事人采用合同书形式订立合同的，最后签名、盖章或者捺指印的地点为合同成立的地点，但是当事人另有约定的除外。

第四，当事人可以约定合同成立的地点。

25. 强制缔约包括哪些情形？

《民法典》第 494 条规定，国家根据抢险救灾、疫情防控或者其他需要下达国家订货任务、指令性任务的，有关民事主体之间应当依照有关法律、行政法规规定的权利和义务订立合同。依照法律、行政法规的规定负有发出要约义务的当事人，应当及时发出合理的要约。依照法律、行政法规的规定负有作出承诺义务的当事人，不得拒绝对方合理的订立合同要求。

合同自由是合同编的基本原则，合同应由当事人双方自愿订立，任何一方不得强迫他人订立合同。但是，出于维护国家利益、社会公共利益的考虑，《民法典》规定了两种强制缔约的情形：第一种，双方强制的情形。国家根据抢险救灾、疫情防控或者其他需要下达国家订货任务、指令性任务的，有关民事主体之间应当依照有关法律、行政法规规定的权利和义务订立合同。第二种，单方强制的情形。依照法律、行政法规的规定负有发出要约义务的当事人，应当及时发出合理的要约。依照法律、行政法规的规定负有作出承诺义务的当事人，不得拒绝对方合理的订立合同要求。例如，从事公共运输的承运人不得拒绝载客、医院不得拒绝对危重病人实施抢救等。

26. 什么是预约合同？

《民法典》第495条规定，当事人约定在将来一定期限内订立合同的认购书、订购书、预订书等，构成预约合同。当事人一方不履行预约合同约定的订立合同义务的，对方可以请求其承担预约合同的违约责任。

实践中，很多交易特别是重大交易并非一蹴而就，在订立正式合同之前，当事人往往会通过签订预约合同的方式，暂时将交易的意愿或模式固定下来。预约合同指当事人双方以将来订立合同为目的而达成的合意。预约合同成立之后，当事人负有履行预约合同所规定的订立本约的义务。如果当事人一方不履行预约合同约定的订立合同义务的，对方可以请求其承担预约合同的违约责任。实务中最常见的预约合同是商品房认购书。

27. 什么是格式条款？有哪些需要注意的事项？

《民法典》第496条规定，格式条款是当事人为了重复使用而预先拟定，并在订立合同时未与对方协商的条款。采用格式条款订立合同的，提供格式条款的一方应当遵循公平原则确定当事人之间的权利和义务，并采取合理的方式提示对方注意免除或者减轻其责任等与对方有重大利害关系的条款，按照对方的要求，对该条款予以说明。提供格式条款的一方未履行提示或者说明义务，致使对方没有注意或者理解与其有重大利害关系的条款的，对方可以主张该条款不成为合同的内容。

格式条款在日常生活中的运用非常广泛，某些行业在进行频繁地、重复性地交易的过程中为了简化合同订立的程序常常制定格式条款。使用格式条款的好处是简捷、省时、方便、降低交易成本。但其也有弊端，主要表现在，提供商品或者服务的一方往往利用其优势地位，制定有利于自己、不利于交易对方的格式条款，从而损害了对方的利益。这一点在消费合同中表现得尤为突出。因此，出于保护对方合法利益的目的，《民法典》规定，提供格式条款的一方应当遵循公平原则确定当事人之间的权利和义务，并采取合理的方式提示对方注意免除或者减轻其责任等与对方有重大利害关系的条款，按照对方的要求，对该条款予以说明。如果提供格式条款的一方未履行提示或者说明义务，致使对方没有注意或者理解与其有重大利害关系的条款的，对方可以主张该条款不成为合同的内容。

28. 哪些情形下格式条款无效？对格式条款的理解发生争议的怎么办？

一般来说，合同条款不会因为其是格式条款而归于无效，但是为了平衡合同双方的利益，根据《民法典》第 497 条的规定，有下列情形之一的，该格式条款无效：

(1)具有《民法典》第一编第六章第三节和本法第 506 条规定的无效情形。具体包括：行为人不具备订立合同的民事行为能力；意思表示不真实；违反法律、行政法规的强制性规定，违背公序良俗；合同双方当事人恶意串通，损害他人合法权益；造成对方人身损害的免责条款；因故意或者重大过失造成对方财产损失的免责条款等情形。

(2)提供格式条款一方不合理地免除或者减轻其责任、加重对方责任、限制对方主要权利。

(3)提供格式条款一方排除对方主要权利。

此外，如果双方当事人对格式条款的理解发生争议的，根据《民法典》第 498 条的规定，应当按照通常理解予以解释。对格式条款有两种以上解释的，应当作出不利于提供格式条款一方的解释。格式条款和非格式条款不一致的，应当采用非格式条款。

29. 悬赏广告有法律效力吗？

《民法典》第 499 条对悬赏广告制度提供了基本依据：悬赏人以公开方式声明对完成特定行为的人支付报酬的，完成该行为的人可以请求其支付。

构成悬赏广告要满足以下三个条件：一是以公开的方式作出声明。公开的具体方式，可以通过广播电视、报纸期刊或者互联网等媒介发布，也可以在公众场所发传单、在公开的宣传栏张贴广告等。二是悬赏人在声明中提出明确的要求，即要完成特定行为。三是悬赏人具有支付报酬的意思表示，即对完成特定行为的人给付一定报酬。悬赏人应当对报酬的形式、给付方式等作出明确的表达。对于满足以上条件的悬赏广告，完成该特定行为的人可以请求悬赏人支付报酬，悬赏人不得拒绝。

30. 当事人在订立合同过程中有哪些情形应当承担赔偿责任？

当事人在订立合同过程中造成对方损失的，应当承担赔偿责任。具体包括以下两种情况：

第一，缔约过失责任。缔约过失责任是指合同不成立、无效、被撤销或者不被追认，当事人一方因此受有损失，对方当事人对此有过错时，应赔偿受害人的损失。《民法典》第500条规定，当事人在订立合同过程中有下列情形之一，造成对方损失的，应当承担赔偿责任：(1)假借订立合同，恶意进行磋商；(2)故意隐瞒与订立合同有关的重要事实或者提供虚假情况；(3)有其他违背诚信原则的行为。

第二，泄露、不正当地使用对方商业秘密或者信息造成对方损失的。《民法典》第501条规定，当事人在订立合同过程中知悉的商业秘密或者其他应当保密的信息，无论合同是否成立，不得泄露或者不正当地使用；泄露、不正当地使用该商业秘密或者信息，造成对方损失的，应当承担赔偿责任。

第三章　合同的效力

31. 依法成立的合同什么时候生效？合同应当办理批准等手续的有哪些注意事项？

《民法典》第502条规定，依法成立的合同，自成立时生效，但是法律另有规定或者当事人另有约定的除外。依照法律、行政法规的规定，合同应当办理批准等手续的，依照其规定。未办理批准等手续影响合同生效的，不影响合同中履行报批等义务条款以及相关条款的效力。应当办理申请批准等手续的当事人未履行义务的，对方可以请求其承担违反该义务的责任。依照法律、行政法规的规定，合同的变更、转让、解除等情形应当办理批准等手续的，适用前款规定。

合同生效是指合同具备一定的要件后,便能产生法律上的效力。也就是说,只要是符合法定生效要件的合同,便可以受到法律的保护,并能够产生合同当事人所预期的法律效果。依法成立的合同自成立时生效,但是法律另有规定或者当事人另有约定的除外。

此外,依照法律、行政法规的规定,合同应当办理批准等手续的,合同自办理批准等手续后生效。未办理批准等手续影响合同生效、变更、转让、解除等情形的,不影响合同中履行报批等义务条款以及相关条款的效力。负有办理申请批准等手续义务的当事人未履行的,对方当事人可以请求其承担违反该义务的责任。

32. 被代理人的何种行为可以视为对无权代理合同的追认?

《民法典》第 503 条规定,无权代理人以被代理人的名义订立合同,被代理人已经开始履行合同义务或者接受相对人履行的,视为对合同的追认。

无权代理人以被代理人的名义订立合同的行为包括行为人没有代理权、超越代理权或者代理权终止后,实施的代理行为。如果该行为未经被代理人追认,对被代理人不发生法律效力。但是如果被代理人已经开始履行合同义务或者接受相对人履行的,可以看作被代理人对无权代理行为产生后果的接受,视为对合同的追认。

33. 法人的法定代表人或者非法人组织的负责人超越权限订立的合同有效吗?

《民法典》第 504 条规定,法人的法定代表人或者非法人组织的负责人超越权限订立的合同,除相对人知道或者应当知道其超越权限外,该代表行为有效,订立的合同对法人或者非法人组织发生效力。

法人的法定代表人或者非法人组织的负责人超越权限订立的合同,相对人不知亦不应知法定代表人或者负责人超越其权限的,他们之间订立的合同有效，合同对法人或者非法人组织发生效力；反之，如果相对人存在恶意，即知道或者应当知道法定代表人或者负责人超越其权限的，合同无效。

34. 当事人超越经营范围订立的合同有效吗？

《民法典》第 505 条规定，当事人超越经营范围订立的合同的效力，应当依照《民法典》第一编第六章第三节和本编的有关规定确定，不得仅以超越经营范围确认合同无效。

经营范围是市场主体从事经营活动的业务范围。我国在相当一段时间内对市场主体经营范围的管控较为严格，超越经营范围而订立的合同往往会被认定为无效合同。但随着我国社会主义市场经济的快速发展，这种做法越来越不能适应实践需求。2005 年全面修订后的《公司法》第 12 条规定，公司的经营范围由公司章程规定，并依法登记。公司可以修改公司章程，改变经营范围，但是应当办理变更登记。至此，我国对于公司法人的经营范围已经基本放开。因此，当事人超越经营范围订立合同不影响合同的效力，双方当事人不得以超越经营范围为由主张合同无效。

35. 合同中的哪些免责条款无效？

免责条款是指当事人以协议排除或者限制其未来责任的合同条款。具有免责功能，是免责条款最重要的属性，是区别于其他合同条款的明显特征。免责条款成为合同的组成部分，并不意味着它一定有效。根据《民法典》第 506 条的规定，合同中的下列免责条款无效：(1)造成对方人身损害的；(2)因故意或者重大过失造成对方财产损失的。

36. 合同不生效、无效、被撤销或者终止的情形下，影响合同中有关解决争议方法的条款效力吗？

不影响。《民法典》第 507 条规定，合同不生效、无效、被撤销或者终止的，不影响合同中有关解决争议方法的条款的效力。

当事人双方在合同中约定的仲裁条款、选择诉讼法院的条款、选择检验或鉴定机构的条款、涉外合同中的法律适用条款、协商解决争议的条款等，均属于有关解决争议方法的条款。此类条款的目的是解决因合同出现的争议，因此其不受合同不生效、无效、被撤销或者终止的影响。

第四章　合同的履行

37. 当事人应该如何履行合同？

根据《民法典》第509条的规定，当事人履行合同应当遵守以下原则：

（1）全面履行原则。即应当按照约定全面履行自己的义务。例如，买卖合同的出卖人应当按照约定的履行期限、履行地点和方式，将符合约定的数量、质量要求的标的物的所有权转移于买受人，买受人应当按照约定的价款金额、结算方式支付价款。

（2）诚信履行的原则。当事人除应当按照合同约定履行自己的义务外，也要履行合同未作约定但依照诚信原则应当履行的通知、协助、保密等义务。在某一合同的履行中，当事人应当履行哪些附随义务，应当依照诚信原则，根据该合同的性质、目的和交易习惯作具体判断。

（3）绿色原则。当事人在履行合同过程中，应当避免浪费资源，避免污染环境和破坏生态。

38. 当事人在合同中就质量、价款或者报酬、履行地点等内容没有约定或者约定不明确怎么办？

根据《民法典》第510、511条的规定，合同生效后，当事人就质量、价款或者报酬、履行地点等内容没有约定或者约定不明确的，按照以下顺序解决：

首先，由双方当事人协议补充。

其次，如果不能达成补充协议的，按照合同相关条款或者交易习惯确定。

最后，既不能达成补充协议也不能按照合同相关条款或者交易习惯确定的，适用下列规定确定：

（1）质量要求不明确的，按照强制性国家标准履行；没有强制性国家标准的，按照推荐性国家标准履行；没有推荐性国家标准的，按照行业标准履行；没有国家标准、行业标准的，按照通常标准或者符合合同目的的特定标准履行。

（2）价款或者报酬不明确的，按照订立合同时履行地的市场价格履行；依法应当执行政府定价或者政府指导价的，依照规定履行。

（3）履行地点不明确，给付货币的，在接受货币一方所在地履行；交付不动产的，在不动产所在地履行；其他标的，在履行义务一方所在地履行。

（4）履行期限不明确的，债务人可以随时履行，债权人也可以随时请求履行，但是应当给对方必要的准备时间。

（5）履行方式不明确的，按照有利于实现合同目的的方式履行。

（6）履行费用的负担不明确的，由履行义务一方负担；因债权人原因增加的履行费用，由债权人负担。

39. 电子合同的交付时间和提供服务时间如何认定？

通过互联网等信息网络订立的电子合同的交付时间和提供服务时间因标的不同而不同。根据《民法典》第512条的规定，具体包括以下几种情况：

（1）标的为交付商品并采用快递物流方式交付的，收货人的签收时间为交付时间。例如，使用网络购物平台购买纸质图书。

(2)标的为提供服务的,生成的电子凭证或者实物凭证中载明的时间为提供服务时间。如果前述凭证没有载明时间或者载明时间与实际提供服务时间不一致的,以实际提供服务的时间为准。例如,通过在线教育机构购买课程。

(3)标的物为采用在线传输方式交付的,合同标的物进入对方当事人指定的特定系统且能够检索识别的时间为交付时间。例如,通过读书软件购买电子书。

(4)电子合同的电子合同当事人对交付商品或者提供服务的方式、时间另有约定的,按照其约定。

40. 执行政府定价或者政府指导价的合同,如遇价格调整则应按照什么价格计价?

《民法典》第513条规定,执行政府定价或者政府指导价的,在合同约定的交付期限内政府价格调整时,按照交付时的价格计价。逾期交付标的物的,遇价格上涨时,按照原价格执行;价格下降时,按照新价格执行。逾期提取标的物或者逾期付款的,遇价格上涨时,按照新价格执行;价格下降时,按照原价格执行。

简言之,执行政府定价或者政府指导价的合同,如果双方均守约,在合同约定的交付期限内政府价格调整时,按照交付时的价格计价;如果一方存在逾期,价格风险由逾期方承担。

41. 以支付金钱为内容的债,债权人可以请求债务人以实际履行地的法定货币履行吗?

伴随"一带一路"倡议的践行,我国企业与国外企业的经济合作越来越广泛频繁。在跨国合同中以何种货币履行是非常重要的问题,根据《民法典》第514条的规定,以支付金钱为内容的债,除法律另有规定或者当事人另有约定外,债权人可以请求债务人以实际履行地的法定货币履行。

42. 标的有多项时的选择权由哪方行使？当事人如何行使选择权？

选择之债是指债的标的为两个以上，当事人可以选择其一进行履行的债。选择之债的特点在于，债成立时存在两种以上类型的给付，但履行债务时仅由债务人给付其中之一，这就需要在履行债务前将两种以上的给付特定为一种。

首先，选择之债的选择权由哪方行使？根据《民法典》第 515 条的规定，在当事人无约定，无交易习惯，法律亦无规定的情况下，原则上选择权归属于债务人，这是因为选择和债的履行有关，由债务人选择比较方便。但是如果债务人不行使选择权，则债的标的始终处于不特定状态，为解决此种困境，法律规定债务人在约定期限内或者履行期限届满未作选择，经债权人催告后在合理期限内仍未选择的，选择权转移至债权人。

其次，选择权如何行使呢？《民法典》第 516 条对选择权行使的方式作出了规定，当事人行使选择权应当及时通知对方，通知到达对方时，标的确定。标的确定后不得变更，但是经对方同意的除外。可选择的标的发生不能履行情形的，享有选择权的当事人不得选择不能履行的标的，但是该不能履行的情形是由对方造成的除外。

43. 按份债权和按份债务各指什么？

根据《民法典》第 517 条的规定，按份债权是指债权人为二人以上，标的可分，各债权人按照份额各自享有债权。按份债权人的份额难以确定的，视为份额相同。如甲乙各出资 1/2 购买一房屋，出租于丙，甲乙对丙各收 1/2 的租金债权，为按份债权。

根据《民法典》第 517 条的规定，按份债务是指债务人为二人以上,标的可分,各债务人按照份额各自负担债务。按份债务人的份额难以确定的,视为份额相同。如甲乙共同承租丙所有的一房屋,甲乙对丙各承担 1/2 的租金债务,为按份债务。

44. 连带债权和连带债务各指什么?

连带之债,是指债的主体一方为多数人,多数人一方的各个当事人之间存有连带关系的债。所谓连带关系,是指当事人各自的债务或者债权具有共同目的,从而在债的效力上、债的消灭上相互发生牵连。连带之债包括连带债权和连带债务。

根据《民法典》第 518 条的规定,连带债权是指债权人为二人以上,部分或者全部债权人均可以请求债务人履行债务的情况。连带债权由法律规定或者当事人约定。例如,乙和丙将其共有的汽车一辆,以 10 万元的价格卖给甲,乙和丙各自都有请求甲支付 10 万元的权利。

根据《民法典》第 518 条的规定,连带债务是指债务人为二人以上,债权人可以请求部分或者全部债务人履行全部债务的情况。连带债务由法律规定或者当事人约定。例如,甲将其所有的汽车一辆以 10 万元的价格卖给乙、丙二人,乙、丙各自都有向甲支付 10 万元的义务。

45. 连带债务会产生什么法律效力?

连带债务的效力分为以下三个部分:

第一,对内效力。连带债务人在内部关系上的份额,当事人有特别约定的,依照约定处理;法律有特别规定的,依照规定处理;当事人既没有约定,法律也没有规定的,视为份额相同。一连带债务人对外负担的债务份额,超过了其在内部关系上应负担的份额,该债务人享有对其他连带债务人的追偿权。《民法典》第 519 条规定,连带债务人之间的份额难以确定的,视为份额相同。实际承担债务超过自己份额的连带债务人，有权就超出部分在其他连带债务人未履行的份额范围内向其追偿，并相应地享有债权人的权利，但是不得损害债权人的利益。其他连带债务人对债权人的抗辩，可以向该债务人主张。被追偿的连带债务人不能履行其应分担份额的，其他连带债务人应当在相应范围内按比例分担。

第二，就当事人中一人所发生事项的效力。连带债务人中的一人与债权人之间发生的事项，对其他连带债务人也发生效力，主要体现在债的各种消灭原因，包括债务的履行、抵销、提存、免除、混同、给付受领延迟。例如，债权人免除连带债务人中一人应分担的债务，剩余的债务额由其他债务人承担连带义务。《民法典》第520条规定，部分连带债务人履行、抵销债务或者提存标的物的，其他债务人对债权人的债务在相应范围内消灭；该债务人可以依据前条规定向其他债务人追偿。部分连带债务人的债务被债权人免除的，在该连带债务人应当承担的份额范围内，其他债务人对债权人的债务消灭。部分连带债务人的债务与债权人的债权同归于一人的，在扣除该债务人应当承担的份额后，债权人对其他债务人的债权继续存在。债权人对部分连带债务人的给付受领迟延的，对其他连带债务人发生效力。

第三，对外效力。连带债务的债权人请求权的行使，比较自由，可以向债务人一人、数人或者全体请求履行，也可以向不同债务人同时或者先后请求履行，还可以请求全部或者部分履行。

46. 连带债权人之间的份额难以确定的怎么办？实际受领债权的连带债权人应向其他连带债权人返还多受领的部分吗？

根据《民法典》第521条的规定，连带债权人之间的份额难以确定的，视为份额相同。实际受领债权的连带债权人应当按比例向其他连带债权人返还。此外，对连带债权参照适用连带债务的有关规定。

47. 合同约定向第三人履行债务的，请求权由谁行使？

《民法典》第 522 条规定，当事人约定由债务人向第三人履行债务，债务人未向第三人履行债务或者履行债务不符合约定的，应当向债权人承担违约责任。法律规定或者当事人约定第三人可以直接请求债务人向其履行债务，第三人未在合理期限内明确拒绝，债务人未向第三人履行债务或者履行债务不符合约定的，第三人可以请求债务人承担违约责任；债务人对债权人的抗辩，可以向第三人主张。

一般情况下，合同约定向第三人履行的，请求权由债权人行使。但是如果满足法律规定或者当事人约定第三人享有请求权和第三人未在合理期限内明确拒绝这两个条件的，第三人可以行使请求权。常见的向第三人履行的合同包括向第三人汇款的合同、将快递寄给第三人的合同等。

48. 由第三人履行的合同由谁承担违约责任？

由第三人履行的合同，又称第三人代为履行的合同，是指经当事人约定，由第三人代替债务人履行义务。根据《民法典》第 523 条的规定，当事人约定由第三人向债权人履行债务，第三人不履行债务或者履行债务不符合约定的，债务人应当向债权人承担违约责任。

49. 什么情况下第三人有权向债权人代为履行债务？

《民法典》第 524 条规定，债务人不履行债务，第三人对履行该债务具有合法利益的，第三人有权向债权人代为履行；但是，根据债务性质、按照当事人约定或者依照法律规定只能由债务人履行的除外。债权人接受第三人履行后，其对债务人的债权转让给第三人，但是债务人和第三人另有约定的除外。

此处的“第三人对履行该债务具有合法利益”包括两类：一是财产

利益，如买房人代卖房人偿还银行贷款；二是身份利益，如父母代子女还款。债务人不履行债务，第三人对履行该债务具有合法利益且不存在根据债务性质、按照当事人约定或者依照法律规定只能由债务人履行的，第三人有权向债权人代为履行。

50. 当事人互负债务应当如何履行？

当事人互负债务时会产生双务合同履行中的抗辩权。它包括同时履行抗辩权、先履行抗辩权和不安抗辩权。

第一，同时履行抗辩权。《民法典》第525条规定，当事人互负债务，没有先后履行顺序的，应当同时履行。一方在对方履行之前有权拒绝其履行请求。一方在对方履行债务不符合约定时，有权拒绝其相应的履行请求。例如，甲将自己所有的汽车以10万元的价格卖给乙，甲可以乙未支付价款为由拒绝自己的履行。

第二，先履行抗辩权。《民法典》第526条规定，当事人互负债务，有先后履行顺序，应当先履行债务一方未履行的，后履行一方有权拒绝其履行请求。先履行一方履行债务不符合约定的，后履行一方有权拒绝其相应的履行请求。例如，甲将自己所有的汽车以10万元的价格卖给乙，约定货到付款，乙在甲未将汽车送到其收货地前有权拒绝支付价款。

第三，不安抗辩权。在后给付义务人定约后财产状况恶化，危及先给付义务人的债权实现的情况下，不安抗辩权能保护先给付义务人的合法权益。《民法典》第527条规定，应当先履行债务的当事人，有确切证据证明对方有下列情形之一的，可以中止履行：（1）经营状况严重恶化；（2）转移财产、抽逃资金，以逃避债务；（3）丧失商业信誉；（4）有丧失或者可能丧失履行债务能力的其他情形。当事人没有确切证据中止履行的，应当承担违约责任。

在预期不能履行场合，当事人有权中止自己的履行，请求对方提供担保。对方未在合理的期限提供担保的,当事人有权请求违约责任并解除合同。《民法典》第 528 条规定,当事人依据前条规定中止履行的,应当及时通知对方。对方提供适当担保的,应当恢复履行。中止履行后,对方在合理期限内未恢复履行能力且未提供适当担保的,视为以自己的行为表明不履行主要债务,中止履行的一方可以解除合同并可以请求对方承担违约责任。

51. 什么情形下债务人可以中止履行或者将标的物提存?

债务的履行往往需要债权人的协助,如果因债权人的原因导致债务人履行债务发生困难,如仍要求债务人随时准备履行债务显然有失公平。为了解决这一问题,《民法典》第 529 条规定,债权人分立、合并或者变更住所没有通知债务人,致使履行债务发生困难的,债务人可以中止履行或者将标的物提存。

52. 债权人可以拒绝债务人提前履行债务吗? 可以拒绝债务人部分履行债务吗?

《民法典》第 530 条规定,债权人可以拒绝债务人提前履行债务,但是提前履行不损害债权人利益的除外。债务人提前履行债务给债权人增加的费用,由债务人负担。

《民法典》第 531 条规定,债权人可以拒绝债务人部分履行债务,但是部分履行不损害债权人利益的除外。债务人部分履行债务给债权人增加的费用,由债务人负担。

一般情况下,债权人可以拒绝债务人提前履行或者部分履行债务。例如,甲向乙购买活鱼 100 斤,约定 10 日后交货,如果乙提前将活鱼送到甲处,将会给甲增加负担,甲需要另外承担仓库费用、饲养活鱼费用等,这损害了甲的利益。但是如果提前履行或者部分履行不损害债权人利益的,债务人可以提前履行或者部分履行债务。因债务人提前履行或部分履行债务给债权人增加的费用，由债务人负担。

53. 合同生效后法定代表人发生变动，当事人可以不履行合同义务吗？

不可以。根据《民法典》第532条的规定，合同生效后，当事人不得因姓名、名称的变更或者法定代表人、负责人、承办人的变动而不履行合同义务。

54. 情势变更原则是什么？

合同依法成立之时，有其信赖的基础条件，当事人在合同中约定的权利义务与这种基础条件相适应。在合同成立之后，如果该基础条件发生重大改变，再按照原来约定的权利义务履行合同已明显不公平。只有将合同加以改变乃至解除，才符合诚实信用原则的要求，实现实质的公平，这就是情势变更原则。《民法典》第533条为情势变更原则提供了法律依据，即合同成立后，合同的基础条件发生了当事人在订立合同时无法预见的、不属于商业风险的重大变化，继续履行合同对于当事人一方明显不公平的，受不利影响的当事人可以与对方重新协商；在合理期限内协商不成的，当事人可以请求人民法院或者仲裁机构变更或者解除合同。人民法院或者仲裁机构应当结合案件的实际情况，根据公平原则变更或者解除合同。

适用情势变更原则必须满足以下条件：一是合同的基础条件发生了重大变化；二是发生在合同成立后；三是无法预见；四是不属于商业风险；五是继续履行合同对于当事人一方明显不公平的。情势变更原则多用于长期合同，如供油合同、购销合同等。

55. 对当事人利用合同实施危害国家利益、社会公共利益行为的应该如何处理？

根据《民法典》第534条的规定，当事人利用合同实施危害国家利益、社会公共利益行为的，由市场监督管理和其他有关行政主管部门依照法律、行政法规的规定负责监督处理。

第五章　合同的保全

56. 债权人的代位权是什么？

在经济生活中，往往会出现承担债务的一方对第三人享有到期债权，但是怠于行使，损害债权人的债权的情况。在这种情况下，为了保全债务人的责任财产，维护债权人的权利，法律赋予债权人代位权。债权人代位权是指债务人怠于行使其对第三人享有的到期的权利，而对债权人的债权造成危害时，债权人为了保护自己的债权，向人民法院请求以自己的名义向第三人代位行使债务人债权的权利。《民法典》第535条规定，因债务人怠于行使其债权或者与该债权有关的从权利，影响债权人的到期债权实现的，债权人可以向人民法院请求以自己的名义代位行使债务人对相对人的权利，但是该权利专属于债务人自身的除外。代位权的行使范围以债权人的到期债权为限。债权人行使代位权的必要费用，由债务人负担。相对人对债务人的抗辩，可以向债权人主张。

57. 债权人的债权未到期情形下的保存行为指什么？

《民法典》第536条规定，债权人的债权到期前，债务人的债权或者与该债权有关的从权利存在诉讼时效期间即将届满或者未及时申报破产债权等情形，影响债权人的债权实现的，债权人可以代位向债务人的相对人请求其向债务人履行、向破产管理人申报或者作出其他必要的行为。

上述条款列举规定了保存行为的两种典型类型：一是债权人可以代位债务人作出中断诉讼时效的行为。针对的是债权人的债权到期前，债务人的债权或者与债权有关的从权利存在诉讼时效期间即将届满的情况。例如，债权人甲对债务人乙享有债权，债务人乙对丙享有债权，保证人丁为乙对丙的债权提供了保证担保，丙自身无财产，现债务人乙对保证人丁所享有的保证债权的诉讼时效期间即将届满仍不积极主张权利，影响甲对乙的债权将来实现的，甲可以依照本条规定，代位向丁主张保证债权，请求丁向乙履行保证债务。二是债权人可以代位向破产管理人申报破产债权。针对的是债务人的相对人破产，债务人不积极申报破产债权，影响债权人的债权将来实现的，债权人可以代位向债务人的相对人的破产管理人申报破产债权。

58. 债权人如何行使代位权？

《民法典》第537条规定，人民法院认定代位权成立的，由债务人的相对人向债权人履行义务，债权人接受履行后，债权人与债务人、债务人与相对人之间相应的权利义务终止。债务人对相对人的债权或者与该债权有关的从权利被采取保全、执行措施，或者债务人破产的，依照相关法律的规定处理。

由此可见，债权人不能随意行使代位权，必须通过诉讼方式来解决。请求清偿的财产额，以债务人的债权额为限。债务人的相对人向债权人履行义务，债权人接受履行后，债权人与债务人、债务人与相对人之间相应的权利义务终止。

59. 债务人存在积极减少责任财产的不当行为时，债权人如何救济？

在经济生活中，除了债务人消极地不行使其到期债权会给债权人造成损害以外，债务人积极减少责任财产，也会给债权人造成损害。

具体而言，债务人积极减少责任财产分为以下两种情形：

第一，债务人无偿处分财产权益或者恶意延长其到期债权的履行期限的情形。《民法典》第538条规定,债务人以放弃其债权、放弃债权担保、无偿转让财产等方式无偿处分财产权益,或者恶意延长其到期债权的履行期限,影响债权人的债权实现的,债权人可以请求人民法院撤销债务人的行为。

第二,债务人以明显不合理的低价转让财产、以明显不合理的高价受让他人财产或者为他人的债务提供担保的情形。《民法典》第539条规定,债务人以明显不合理的低价转让财产、以明显不合理的高价受让他人财产或者为他人的债务提供担保,影响债权人的债权实现,债务人的相对人知道或者应当知道该情形的,债权人可以请求人民法院撤销债务人的行为。

60.债权人行使撤销权的范围、期限和后果分别是什么?

首先,根据《民法典》第540条规定,撤销权的行使范围以债权人的债权为限。债权人行使撤销权的必要费用,由债务人负担。

其次,根据《民法典》第541条规定,撤销权自债权人知道或者应当知道撤销事由之日起1年内行使。自债务人的行为发生之日起5年内没有行使撤销权的,该撤销权消灭。

最后,根据《民法典》第542条规定,债务人影响债权人的债权实现的行为被撤销的,自始没有法律约束力。

第六章　合同的变更和转让

61.合同订立之后还可以变更吗?什么样的变更被推定为未变更?

可以。合同变更是指在合同有效成立后,改变合同的权利义务的行为。如标的物数量的增减、标的物品质的改变、价格或者酬金的增减以及履行期限的改变等。《民法典》第543条规定,当事人协商一致，可以变更合同。此外，《民法典》第544条规定，当事人对合同变更的内容约定不明确的，推定为未变更。

62. 债权人的债权可以转让吗？

债权转让是指不改变债权关系的内容，债权人通过转让方式将其债权移转于第三人享有的现象。原则上允许债权人将债权的全部或者部分转让给第三人，但仍不能无视特定债务人的立场以及交易关系的个性、特殊性，如人格的信赖关系等个人色彩浓厚的关系。再如，基于社会政策和保护社会公共秩序的需要，债权转让的范围也应受到一定的限制。《民法典》第545条第1款明确规定，以下三种情形下债权不得转让：

（1）根据债权性质不得转让。主要包括以下情形：因债权人变更，其给付内容会完全变更的债权，如专门为特定人画肖像的合同等；因债权人变更，债权行使会产生显著差异的债权，如雇佣、租赁等合同；预约上的债权，如以借用人的信用进行预约借贷等。

（2）按照当事人约定不得转让。当事人在合同中可以特别地约定禁止债权人转让债权的内容，并具有法律效力，据此，此类债权便不能转让。需要注意的是，《民法典》第545条第2款规定，当事人约定非金钱债权不得转让的，不得对抗善意第三人。当事人约定金钱债权不得转让的，不得对抗第三人。

（3）依照法律规定不得转让。法律规定债权不得转让，即该债权为禁止流通物，让与人和受让人让与该债权的行为无效。

63. 债权人转让债权需要通知债务人吗？

《民法典》第546条规定，债权人转让债权，未通知债务人的，该转让对债务人不发生效力。债权转让的通知不得撤销，但是经受让人同意的除外。

为保护债务人,债权转让未通知债务人,该转让对债务人不发生效力,即使受让人取得了债权,债务人有权拒绝受让人的履行请求;债务人向让与人履行债务的,债权消灭。如果债权转让通知了债务人,则债权转让对债务人发生效力,此时债务人即对受让人负有履行义务,并且有权以此拒绝让与人的履行请求;如果债务人仍然向让与人履行,则不发生债权消灭的效力。

64. 债权人转让债权的,受让人会取得与之债权有关的从权利吗?

会。《民法典》第 547 条规定,债权人转让债权的,受让人取得与债权有关的从权利,但是该从权利专属于债权人自身的除外。受让人取得从权利不因该从权利未办理转移登记手续或者未转移占有而受到影响。

主债权发生转移时,其从权利原则上应随之一同转移,但该从权利专属于债权人自身的除外。随同债权转移而一并转移的从权利包括担保权和其他从权利。所谓担保权包括担保物权、保证债权、定金债权、押金债权、保证金债权等。所谓其他从权利包括利息债权、违约金债权和损害赔偿请求权等。

65. 债权转让后,债务人可否对受让人主张对原债权人的抗辩权?

可以。《民法典》第 548 条规定,债务人接到债权转让通知后,债务人对让与人的抗辩,可以向受让人主张。

债务人对受让人享有的抗辩权包括实体法上的抗辩权和程序法上的抗辩权。实体法上的抗辩权包括合同不成立的抗辩权、合同已经终止的抗辩权、不安抗辩权等;程序法上的抗辩权包括通过仲裁条款对抗受让人、涉及合同的判决对受让人有效等。债务人对让与人的抗辩，可以向受让人主张。

66. 债务人在什么情况下可以向受让人主张抵销？

抵销是指二人互负债务时，各以其债权充当债务之清偿，而使其债务与相对人的债务在对等额内相互消灭的行为。

《民法典》第549条规定，有下列情形之一的，债务人可以向受让人主张抵销：(1)债务人接到债权转让通知时，债务人对让与人享有债权，且债务人的债权先于转让的债权到期或者同时到期；(2)债务人的债权与转让的债权是基于同一合同产生。

67. 债务人转让合同中的义务，是否需要征得债权人同意？

需要。《民法典》第551条规定，债务人将债务的全部或者部分转移给第三人的，应当经债权人同意。债务人或者第三人可以催告债权人在合理期限内予以同意，债权人未作表示的，视为不同意。

因为债的关系是建立在债权人对债务人履行能力的了解和信任的基础上，债务人的支付能力对于债权人权利的实现至关重要。为了保护债权人的利益不受债务人和承担人之间的债务承担约定的影响，法律规定债权人同意为债务承担对于债权人的生效要件。为了避免债务承担约定久悬不决，债务人或者第三人可以催告债权人在合理期限内对同意与否作出答复，债权人逾期不答复的，视为不同意。

68. 债权人可以请求加入债务的第三人承担债务吗？

《民法典》第552条规定，第三人与债务人约定加入债务并通知债权人，或者第三人向债权人表示愿意加入债务，债权人未在合理期限内明确拒绝的，债权人可以请求第三人在其愿意承担的债务范围内和债务人承担连带债务。

第三人加入债的关系之中，与原债务人一起向债权人承担债务的现象称为并存的债务承担。并存的债务承担不发生债务人免责的效果,也不属于第三人清偿,它所产生的法律效果与保证相类似。债权人如果未在合理期限内对第三人加入债务表示明确拒绝的,视为同意,其有权请求第三人在其愿意承担的债务范围内和债务人承担连带债务。

69. 债务转移的新债务人享有抗辩权吗?

《民法典》第 553 条规定,债务人转移债务的,新债务人可以主张原债务人对债权人的抗辩;原债务人对债权人享有债权的,新债务人不得向债权人主张抵销。

债务转移后,新债务人可以主张原债务人对债权人的抗辩。例如,债务履行期尚未届满,新债务人有权对债权人的履行请求行使抗辩权等。需要注意的是,在债务转移的情况下,新债务人不得因原债务人对债权人享有债权的而主张抵销。

70. 债务转移时从债务也一并转移吗?

《民法典》第 554 条规定,债务人转移债务的,新债务人应当承担与主债务有关的从债务,但是该从债务专属于原债务人自身的除外。

一般情况下,从债务随主债务一并转移,例如,利息债务随主债务一并转移到新债务人。但是该从债务专属于原债务人自身的除外。

71. 当事人一方可以将其在合同中的权利义务一并转让给第三人吗?

可以。《民法典》第 555 条规定,当事人一方经对方同意,可以将自己在合同中的权利和义务一并转让给第三人。因此,当事人一方将自己在合同中的权利和义务一并转让给第三人必须经过对方当事人的同意才能生效。在取得对方当事人同意后,第三人完全取代原当事人的法律地位，成为合同关系的当事人，原当事人脱离合同关系。其后，如果承受人不履行合同义务，也不能再诉请原当事人承担责任。

此外，《民法典》第556条规定，合同的权利和义务一并转让的，适用债权转让、债务转移的有关规定。例如，从权利或从债务的一并转移、抗辩权的转移等规定同样适用于合同的权利和义务一并转让的情形。

第七章　合同的权利义务终止

72. 债权债务在什么情形下终止？

根据《民法典》第557条的规定，债权债务终止有以下几种情形：

(1)债务已经履行。债务一经履行，债权即因其达到目的而消灭。例如，甲将欠乙的1万元还清。

(2)债务相互抵销。在二人互负债务时，各以其债权充当债务之清偿，而使其债务与相对人的债务在对等额内相互消灭，债权债务随即终止。例如，甲对乙享有1万元债权，乙对甲享有1万元债权，二者1万元的债务相互抵销。

(3)债务人依法将标的物提存。由于债权人的原因而无法向其交付合同标的物时，债务人将该标的物交给提存部门而使债权债务终止。例如，甲欠乙1万元，但乙下落不明，甲将1万元存入提存部门的账户，自存款划入提存账户之日起，甲与乙的债权债务终止。

(4)债权人免除债务。免除是指债权人抛弃债权的行为，免除发生债务绝对消灭的效力。例如，甲欠乙1万元，乙明确告诉甲不用还钱了，此时，甲乙之间的债权债务终止。

(5)债权债务同归于一人。例如，甲欠乙1万元，乙去世，甲是乙唯一的法定继承人，此时，甲乙之间的债权债务终止。

(6)法律规定或者当事人约定终止的其他情形。

此外，合同解除的，该合同的权利义务关系终止。合同成立以后，当解除条件具备时，因当事人一方或双方的意思表示，该合同的权利义务关系终止。例如，甲与乙签订购买电脑的买卖合同，但在交货前，乙的电脑被偷了，甲乙经过协商解除了原来订立的买卖合同。

73. 债权债务终止后当事人双方就不负任何义务了吗？

不是。《民法典》第558条规定，债权债务终止后，当事人应当遵循诚信等原则，根据交易习惯履行通知、协助、保密、旧物回收等义务。例如，离职的受雇人仍负有保守原雇主营业秘密的义务，房屋的出租人在租赁合同终止后仍应允许承租人在适当位置张贴移居启事等。

74. 债务人对同一债权人负担的数项债务种类相同时，债的清偿抵充顺序如何确定？

根据《民法典》第560条的规定，债务人对同一债权人负担的数项债务种类相同，债务人的给付不足以清偿全部债务的，债的清偿抵充按照以下顺序进行：

首先，由当事人约定。如果当事人没有约定的，由债务人在清偿时指定其履行的债务。

其次，如果既没有约定也没有债务人指定的，应当优先履行已经到期的债务；数项债务均到期的，优先履行对债权人缺乏担保或者担保最少的债务；均无担保或者担保相等的，优先履行债务人负担较重的债务；负担相同的，按照债务到期的先后顺序履行；到期时间相同的，按照债务比例履行。

75. 费用、利息和主债务的抵充顺序如何确定？

债务人在履行主债务外还应当支付利息和实现债权的有关费用，其给付不足以清偿全部债务的，双方当事人可以约定费用、利息和主债务的抵充顺序。如果当事人没有约定的，根据《民法典》第561条的规定，应当按照下列顺序履行：(1)实现债权的有关费用；(2)利息；(3)主债务。

76. 当事人可以通过协商或约定的方式解除合同吗？

可以。《民法典》第562条第1款规定了当事人协商解除合同的情形：当事人协商一致，可以解除合同。合同的协商解除取决于当事人双方意思表示一致。

《民法典》第562条第2款规定了当事人约定解除合同的情形：当事人可以约定一方解除合同的事由。解除合同的事由发生时，解除权人可以解除合同。约定解除是当事人约定一方保留解除权的解除，当约定的解除事由发生时，解除权人可以解除合同。

77. 法定解除合同的情形包括哪些？

根据《民法典》第563条的规定，法定解除合同的情形包括以下几种：

(1)因不可抗力致使不能实现合同目的。例如，甲乙双方签订了设备买卖合同，但合同签订后，乙所在地发生严重地震，致使乙的生产设备全部损失，不可能按原合同约定期限生产、交付设备，这时乙有权以不可抗力为由解除合同。

(2)在履行期限届满前，当事人一方明确表示或者以自己的行为表明不履行主要债务。例如，甲乙双方签订买卖电脑的合同并约定2日后交付，同日甲将电脑转卖给丙，此时乙有权要求解除合同。

(3)当事人一方迟延履行主要债务，经催告后在合理期限内仍未履行。例如，甲乙签订建设工程施工合同，乙未能在合同约定的期限内完工，且在甲催告的合理期限内仍未完工的，甲可以请求解除合同。

(4)当事人一方迟延履行债务或者有其他违约行为致使不能实现合同目的。例如，甲乙签订建设工程施工合同，乙已经完成的建设工程质量不合格并拒绝修复的，甲有权请求解除合同。

(5)法律规定的其他情形。例如，《民法典》第 610 条规定，因标的物不符合质量要求，致使不能实现合同目的的，买受人可以拒绝接受标的物或者解除合同。买受人拒绝接受标的物或者解除合同的，标的物毁损、灭失的风险由出卖人承担；《民法典》第 634 条第 1 款规定，分期付款的买受人未支付到期价款的数额达到全部价款的 1/5，经催告后在合理期限内仍未支付到期价款的，出卖人可以请求买受人支付全部价款或者解除合同。

此外，以持续履行的债务为内容的不定期合同，当事人可以随时解除合同，但是应当在合理期限之前通知对方。

78. 解除权人应在什么期限内行使解除权？

根据《民法典》第 564 条的规定，解除权人行使解除权的期限有以下几种情形：

(1)法律规定或者当事人约定解除权行使期限的，解除权人应当在期限内行使解除权，逾期不行使，该权利消灭。

(2)法律没有规定或者当事人没有约定解除权行使期限的，解除权人应在知道或者应当知道解除事由之日起 1 年内，或者在对方催告的合理期限内行使解除权，逾期不行使的，该权利消灭。

79. 合同何时解除？

根据《民法典》第 565 条的规定，关于合同何时解除有以下几种情况：

(1)合同自通知到达对方时解除。当事人一方依法主张解除合同的，应当通知对方，合同自通知到达对方时解除。

(2)合同自通知载明的期限届满时解除。通知载明债务人在一定期限内不履行债务则合同自动解除，债务人在该期限内未履行债务的，合同自通知载明的期限届满时解除。

(3)合同自起诉状副本或者仲裁申请书副本送达对方时解除。对方对解除合同有异议的，任何一方当事人均可以请求人民法院或者仲裁机构确认解除行为的效力。当事人一方未通知对方，直接以提起诉讼或者申请仲裁的方式依法主张解除合同，人民法院或者仲裁机构确认该主张的，合同自起诉状副本或者仲裁申请书副本送达对方时解除。

80. 合同解除有什么效力？

根据《民法典》第566条的规定，合同解除产生以下效力：

(1)合同解除后，尚未履行的，终止履行；已经履行的，根据履行情况和合同性质，当事人可以请求恢复原状或者采取其他补救措施，并有权请求赔偿损失。

(2)合同因违约解除的，解除权人可以请求违约方承担违约责任，但是当事人另有约定的除外。

(3)主合同解除后，担保人对债务人应当承担的民事责任仍应当承担担保责任，但是担保合同另有约定的除外。

需要注意的是，《民法典》第567条规定，合同的权利义务关系终止，不影响合同中结算和清理条款的效力。

81. 合同双方互负债务的，是否可以抵销？

可以。债务抵销是指二人互负债务时，各以其债权充当债务之清偿，而使其债务与相对人的债务在对等额内相互消灭。《民法典》规定了两类债务抵销的情形：

(1)《民法典》第568条规定，当事人互负债务，该债务的标的物种类、品质相同的，任何一方可以将自己的债务与对方的到期债务抵销；但是，根据债务性质、按照当事人约定或者依照法律规定不得抵销的除外。当事人主张抵销的,应当通知对方。通知自到达对方时生效。抵销不得附条件或者附期限。所谓“根据债务性质不得抵销的”是指因债务性质,如果互相抵销即违背债的本旨或不符合给付目的的情形。例如,互相不得竞业的不作为债务等。“按照当事人约定不得抵销的”是指当事人之间有禁止抵销的约定时,债务不得抵销。“依照法律规定不得抵销的”是指法律规定明确禁止不得抵销的情形。例如,《合伙企业法》第 41 条规定,合伙人发生与合伙企业无关的债务,相关债权人不得以其债权抵销其对合伙企业的债务;也不得代位行使合伙人在合伙企业中的权利。

(2)《民法典》第 569 条规定,当事人互负债务,标的物种类、品质不相同的,经协商一致,也可以抵销。此条款赋予当事人合意抵销的权利,双方当事人协商一致的,可以抵销。

82. 如何把握《民法典》合同编中的提存制度?

在现实生活中,存在由于债权人原因而使债务人无法向其交付合同标的物的情形。此时,为了使合同关系尽快归于消灭,《民法典》第 570~574 条规定了提存制度,允许债务人将该标的物交给提存机关,进而消灭债务。关于提存制度需要把握以下五点:

(1)在什么情况下债务人可以将标的物提存?《民法典》第 570 条规定,有下列情形之一,难以履行债务的,债务人可以将标的物提存:①债权人无正当理由拒绝受领;②债权人下落不明;③债权人死亡未确定继承人、遗产管理人,或者丧失民事行为能力未确定监护人;④法律规定的其他情形。标的物不适于提存或者提存费用过高的,债务人依法可以拍卖或者变卖标的物,提存所得的价款。

(2)提存什么时候成立?《民法典》第 571 条规定,债务人将标的物或者将标的物依法拍卖、变卖所得价款交付提存部门时,提存成立。提存成立的,视为债务人在其提存范围内已经交付标的物。

(3)债务人提存标的物应该通知债权人吗?《民法典》第572条规定,标的物提存后,债务人应当及时通知债权人或者债权人的继承人、遗产管理人、监护人、财产代管人。

(4)提存的风险由谁承担?《民法典》第573条规定,标的物提存后,毁损、灭失的风险由债权人承担。提存期间,标的物的孳息归债权人所有。提存费用由债权人负担。

(5)债权人何时可以领取提存物?《民法典》第574条规定,债权人可以随时领取提存物。但是,债权人对债务人负有到期债务的,在债权人未履行债务或者提供担保之前,提存部门根据债务人的要求应当拒绝其领取提存物。债权人领取提存物的权利,自提存之日起5年内不行使而消灭,提存物扣除提存费用后归国家所有。但是,债权人未履行对债务人的到期债务,或者债权人向提存部门书面表示放弃领取提存物权利的,债务人负担提存费用后有权取回提存物。

83. 债权人免除债务人的债务会产生什么法律效果?

债务免除的效力是使债消灭。债务全部免除的,债即全部消灭;债务部分免除的,债即于免除的范围内消灭。《民法典》第575条规定,债权人免除债务人部分或者全部债务的,债权债务部分或者全部终止,但是债务人在合理期限内拒绝的除外。据此,债务人有权在合理期限内拒绝债权人的免除。

84. 债权和债务归于一人时会产生什么法律效果?

《民法典》第576条规定,债权和债务同归于一人的,债权债务终止,但是损害第三人利益的除外。

一般来说,债权和债务同归于一人的原因有两种:其一,概括承受,即债的关系的一方当事人概括承受他人权利与义务。例如,债务人继承被继承人对其享有的债权。其二,特定承受,即因债权让与或债务承担而承担权利义务。例如,债务人自债权人处受让债权。

第八章 违约责任

85. 违约责任的类型包括哪些?

根据《民法典》第577条的规定,当事人一方不履行合同义务或者履行合同义务不符合约定的,应当承担继续履行、采取补救措施或者赔偿损失等违约责任。故此,违约责任的类型包括继续履行、采取补救措施或者赔偿损失等。

86. 一方当事人在合同履行期限届满前明确表示不履行合同义务的,另一方当事人如何救济?

一般来说,合同履行期限届满才能判断当事人是否履行合同义务,是否需要承担违约责任。但是,《民法典》第578条规定,当事人一方明确表示或者以自己的行为表明不履行合同义务的,对方可以在履行期限届满前请求其承担违约责任。也就是说,一方当事人在合同履行期限届满之前明确表示不履行合同义务或者以自己的行为表明不履行合同义务的,对方当事人可以在履行期限届满之前要求其承担违约责任。

87. 当事人一方不履行债务,对方当事人如何救济?

当事人一方不履行债务分为以下两种情况:

第一,当事人一方不履行金钱债务。根据《民法典》第579条的规定,当事人一方未支付价款、报酬、租金、利息,或者不履行其他金钱债务的,对方可以请求其支付。

第二,当事人一方不履行非金钱债务。《民法典》第580条规定,当事人一方不履行非金钱债务或者履行非金钱债务不符合约定的,对方可以请求履行，但是有下列情形之一的除外：(1)法律上或者事实上不能履行；(2)债务的标的不适于强制履行或者履行费用过高；(3)债权人在合理期限内未请求履行。有前款规定的除外情形之一，致使不能实现合同目的的，人民法院或者仲裁机构可以根据当事人的请求终止合同权利义务关系，但是不影响违约责任的承担。

据此，要求不履行非金钱债务或者履行非金钱债务不符合约定的一方继续履行非金钱债务应具备以下条件：首先，继续履行必须可能。继续履行是按合同约定的标的履行，只有在合同有继续履行的可能时，违约方才能承担继续履行的责任。其次，继续履行存在必要。由于继续履行只是违约的一种补救措施，而不是惩罚性措施，债权人是否要求违约方继续履行以及违约方应否继续履行都应考虑其经济合理性。再次，债务标的适于强制履行。最后，债权人在合理期限内请求继续履行，否则，债权人即丧失请求违约方继续履行合同的权利。如果出现不能请求对方履行非金钱债务的情况，当事人可以请求终止合同权利义务关系，并主张对方承担违约责任。

88. 守约方可以请求不履行义务的当事人负担由第三人替代履行的费用吗？

《民法典》第 581 条规定，当事人一方不履行债务或者履行债务不符合约定，根据债务的性质不得强制履行的，对方可以请求其负担由第三人替代履行的费用。

上述条款中所称的“根据债务的性质不得强制履行的”是指债务的标的不适于强制履行的情形，如委托合同、技术开发合同、演出合同、出版合同等。这些合同通常具有人身专属性，不适于强制履行。此时，对方可以请第三人替代履行，替代履行的费用可以请求由不履行债务或者履行债务不符合约定的当事人负担。

89. 履行不符合约定的当事人应当承担什么违约责任?

根据《民法典》第582条的规定,履行不符合约定的,应当按照当事人的约定承担违约责任。如果当事人对违约责任没有约定或者约定不明确,依照《民法典》第510条的规定确定违约责任。如果仍不能确定的,受损害方根据标的的性质以及损失的大小,可以合理选择请求对方承担修理、重作、更换、退货、减少价款或者报酬等违约责任。

90. 什么情况下可以请求违约损害赔偿?如何确定损害赔偿的数额?

违约赔偿损失,是指行为人违反合同约定造成对方损失时,行为人向受害人支付一定数额的金钱以弥补其损失,是运用较为广泛的一种责任方式。根据《民法典》第583条的规定,当事人一方不履行合同义务或者履行合同义务不符合约定的,在履行义务或者采取补救措施后,对方还有其他损失的,应当赔偿损失。

《民法典》第584条规定,当事人一方不履行合同义务或者履行合同义务不符合约定,造成对方损失的,损失赔偿额应当相当于因违约所造成的损失,包括合同履行后可以获得的利益;但是,不得超过违约一方订立合同时预见到或者应当预见到的因违约可能造成的损失。此条款是对损害赔偿的一般法定赔偿范围所作的原则性规定。

违约赔偿损失的范围为违约方的违约使受害人遭受的全部损失。具体而言,即假定违约方按照约定履行了合同义务时非违约方所能获得的利益,扣除在违约情形下非违约方现在的利益,就得到了赔偿的数额。赔偿全部损失,是使当事人尽可能地处于如果债务得以适当履行时其所处状态,这样才能督促当事人有效地履行合同。但是,不得超过违约一方订立合同时预见到或者应当预见到的因违约可能造成的损失。

91. 约定的违约金低于或者高于造成的损失，可以请求调整吗？

违约金是由当事人约定的，在一方当事人不履行或者不完全履行合同时向另一方当事人支付一定数额的金钱或者其他给付。违约金作为赔偿损失额的预定，虽然不要求其数额与损失额完全一致，但也不宜使两者相差悬殊，因此，违约金的数额过高或者过低时允许适当的调整。

《民法典》第585条规定，当事人可以约定一方违约时应当根据违约情况向对方支付一定数额的违约金，也可以约定因违约产生的损失赔偿额的计算方法。约定的违约金低于造成的损失的，人民法院或者仲裁机构可以根据当事人的请求予以增加；约定的违约金过分高于造成的损失的，人民法院或者仲裁机构可以根据当事人的请求予以适当减少。当事人就迟延履行约定违约金的，违约方支付违约金后，还应当履行债务。

92. 合同编关于定金制度是怎样规定的？

《民法典》第586、587条对定金制度作出了具体规定。

首先，定金是当事人约定一方向对方给付的作为债权的担保。

其次，定金合同自实际交付定金时成立。

再次，定金的数额由当事人约定。但是，不得超过主合同标的额的20%，超过部分不产生定金的效力。实际交付的定金数额多于或者少于约定数额的，视为变更约定的定金数额。

最后，定金罚则。债务人履行债务的，定金应当抵作价款或者收回。给付定金的一方不履行债务或者履行债务不符合约定，致使不能实现合同目的的，无权请求返还定金；收受定金的一方不履行债务或者履行债务不符合约定，致使不能实现合同目的的，应当双倍返还定金。

93. 当事人既约定违约金又约定定金的，如何处理？

《民法典》第588条规定，当事人既约定违约金，又约定定金的，一方违约时，对方可以选择适用违约金或者定金条款。定金不足以弥补一方违约造成的损失的，对方可以请求赔偿超过定金数额的损失。

合同当事人既约定了违约金，又约定了定金，在当事人不存在明确的特别约定的情况下，如果一方违约，对方当事人可以选择适用违约金或者定金条款，即对方当事人享有选择权，可以选择适用违约金条款，也可以选择适用定金条款，但二者不能并用。当然，不能并用的前提是针对同一违约行为，如果违约金和定金是针对不同的违约行为，在这些违约行为都存在的前提下，仍然存在并用的可能性，但无论如何不应超过违约行为所造成的损失总额。

94. 债权人无正当理由拒绝受领的，债务人可以请求债权人赔偿增加的费用吗？

可以。《民法典》第589条规定，债务人按照约定履行债务，债权人无正当理由拒绝受领的，债务人可以请求债权人赔偿增加的费用。在债权人受领迟延期间，债务人无须支付利息。

债权人负有协助债务人履行债务的义务，如果因债权人原因导致债务人不能履行债务的，由此增加债务人的费用应有债权人承担，且债务人无须支付受领迟延期间的利息。

95. 合同当事人在什么情况下违约可以不用承担责任？

当合同签订后，双方当事人就应该严格履行合同义务，否则就要承担相应的合同责任。但是，在某些特定的情况下，法律规定即使一方当事人不履行合同义务，也可以不承担违约责任或者免除法律责任。根据《民法典》第590条的规定，不可抗力是通用的免责条件。所谓不可抗力，是指不能预见、不能避免和不能克服的客观情况。一般来说，以下情形属于不可抗力：(1)自然灾害；(2)战争；(3)社会异常事件，如罢工、骚乱。当事人一方因不可抗力不能履行合同的，根据不可抗力的影响，部分或者全部免除责任，但是法律另有规定的除外。因不可抗力不能履行合同的，应当及时通知对方，以减轻可能给对方造成的损失，并应当在合理期限内提供证明。

需要注意的是，如果不可抗力发生在当事人迟延履行后的，不免除其违约责任。

96. 当事人一方违约后，另一方有防止损失扩大的义务吗？

《民法典》第591条规定，当事人一方违约后，对方应当采取适当措施防止损失的扩大；没有采取适当措施致使损失扩大的，不得就扩大的损失请求赔偿。当事人因防止损失扩大而支出的合理费用，由违约方负担。

根据上述规定，在当事人一方违约后，对方有采取适当措施防止损失扩大的义务，此义务的履行与否直接关系到其可获得的损害赔偿的范围。防止损失扩大的措施包括停止工作、替代安排、变更合同、继续履行等，根据具体合同类型的不同而有所不同。

97. 双方都违约的情况下如何承担责任？

《民法典》第592条规定，当事人都违反合同的，应当各自承担相应的责任。当事人一方违约造成对方损失，对方对损失的发生有过错的，可以减少相应的损失赔偿额。因此，如果合同双方当事人都违反合同的，应当各自承担相应的责任。当事人一方违约造成对方损失，对方对损害的发生或者扩大有过错时，可以减少违约方相应的损失赔偿额。

98. 因第三人原因造成违约的，应由谁承担违约责任？

《民法典》第 593 条规定，当事人一方因第三人的原因造成违约的，应当依法向对方承担违约责任。当事人一方和第三人之间的纠纷，依照法律规定或者按照约定处理。

因第三人原因造成一方当事人违约的，如第三人迟延交货造成一方当事人迟延履行的，由该当事人承担违约责任。该当事人与第三人之间的纠纷依照法律规定或者按照约定另行解决。

99. 因国际货物买卖合同和技术进出口合同争议提起诉讼或者申请仲裁的时效期间是多久？

由于国际货物买卖合同和技术进出口合同发生的争议一般都比较复杂、涉及的标的额也较大、主张权利也更为困难，为了更有效地保护当事人的合法权益，《民法典》第 594 条规定，因国际货物买卖合同和技术进出口合同争议提起诉讼或者申请仲裁的时效期间为 4 年。

其他合同争议提起诉讼或者申请仲裁的期限，不适用本条规定，依照其他有关的规定；法律无其他特别规定的，适用《民法典》第 188 条第 1 款的规定，诉讼时效期间为 3 年。

第九章　买卖合同

100. 买卖合同是什么？买卖合同应包含哪些条款？

买卖合同是商品交换的基本法律形式，在所有的双务有偿合同中，它是最基本的合同类型。根据《民法典》第 595 条的规定，买卖合同是指出卖人转移标的物的所有权于买受人，买受人支付价款的合同。买卖合同一般包括以下条款：

(1)标的物的名称。标的物是买卖合同当事人权利义务指向的对象，作为对象的具体的不动产或者动产即为标的物的名称，是买卖合同不可或缺的内容。

（2）标的物的数量。数量是对买卖合同标的物的计量要求，包括计量单位和计量方法。

（3）标的物的质量。质量是对买卖合同标的物标准和技术方面的要求。标的物的质量也是买卖合同中的重要条款，为了准确表示，当事人应当就标的物的品种、规格、品质等级、型号、级别等作出明确约定。

（4）标的物的价款。标的物的价款又称价金，是指买卖合同中买受人为了得到标的物向出卖人支付的货币。

（5）履行期限。履行期限是指买卖合同的当事人所约定的履行合同义务的时间界限，包括交货时间和付款时间。

（6）履行地点和方式。履行地点是指买卖合同的当事人所约定的履行合同义务的具体地点，比如合同的提货地点、付款地点等。履行方式是指买卖合同当事人履行合同义务的具体方式，比如在交付标的物方式上是送货式、自提式还是代办托运式等。

（7）包装方式。标的物的包装有两种含义：一种是指盛标的物的容器，通常称为包装用品或者包装物；另一种是指包装标的物的操作过程。

（8）检验标准和方法。标的物的检验是指买受人收到出卖人交付的标的物时，对其等级、质量、重量、包装、规格等情况的查验、测试或者鉴定。

（9）结算方式。合同的结算是当事人之间因履行合同发生款项往来而进行的清算和了结。主要有两种方式：一是现金结算；二是转账结算。

（10）合同使用的文字及其效力。合同使用的文字及其效力条款主要涉及涉外合同。涉外合同常用中外文两种文字书写，且两种文本经约定具有同样的效力。

(11)其他条款。

101. 出卖人无处分权致使标的物所有权不能转移，买受人可以解除合同吗？

无权处分，是指没有处分权而处分他人财产，无权处分行为是现代社会生活中的常见现象，在买卖交易关系中尤为普遍。《民法典》第597条规定，因出卖人未取得处分权致使标的物所有权不能转移的，买受人可以解除合同并请求出卖人承担违约责任。法律、行政法规禁止或者限制转让的标的物，依照其规定。

根据上述规定，在出卖一方尚未取得处分权的前提下，擅自出卖标的物，而出现标的物所有权无法转移的情形，此时买受人可以要求解除合同并请求出卖人承担违约责任。而在出卖方无权擅自出卖法律、行政法规禁止或者限制转让的标的物，而出现标的物所有权无法转移的情形，此时买受人如何寻求法律救济要看相关法律、行政法规是如何规定的。

102. 买卖合同的出卖人负有哪些义务？

根据《民法典》第598、599条的规定，买卖合同的出卖人负有以下义务：

第一，出卖人的基本义务。出卖人负有履行向买受人交付标的物或者交付提取标的物的单证，并转移标的物所有权的义务。

第二，出卖人交付有关单证和资料的义务。出卖人应当按照约定或者交易习惯向买受人交付提取标的物单证以外的有关单证和资料。主要包括保险单、保修单、普通发票、增值税专用发票、产品合格证、质量保证书、质量鉴定书、品质检验证书、产品进出口检疫书、原产地证明书、使用说明书、装箱单等。

103. 知识产权随标的物转移吗？

《民法典》第600条规定，出卖具有知识产权的标的物的，除法律另有规定或者当事人另有约定外，该标的物的知识产权不属于买受人。

根据本条规定，如果一个买卖合同的标的物本身体现着一定的知识产权，除非当事人明确表明或者法律有相关规定（如《著作权法》第18条规定，美术等作品原件所有权的转移，不视为作品著作权的转移，但美术作品原件的展览权由原件所有人享有），买卖可以影响知识产权，否则，该标的物所体现的知识产权不转移于买受人。另举一例来说，某人购买了一台计算机，其中计算机内包括了各种软件，作为买受人来讲，只是对计算机这一物体享有了所有权，但是对于计算机内所包括的作为软件的知识产权不属于买受人，买受人只有使用权，没有权利处分该计算机中所包含的知识产权。

104. 交付标的物的期限如何确定？

根据《民法典》第601、602条的规定，交付标的物的期限按照以下顺序确定：

首先，买受人与出卖人约定交付时间的，出卖人应当按照约定的时间交付标的物。

其次，买受人与出卖人约定交付期限的，出卖人可以在该交付期限内的任何时间交付。

最后，如果当事人没有约定标的物的交付期限或者约定不明确的，双方可以协议补充；不能达成补充协议的，按照合同相关条款或者交易习惯确定；如果仍不能确定履行期限的，债务人可以随时履行，债权人也可以随时请求履行，但是应当给对方必要的准备时间。

105. 交付标的物的地点如何确定?

根据《民法典》第 603 条的规定,交付标的物的地点按照以下顺序确定:

首先,买受人与出卖人约定交付地点的,出卖人应当按照约定的地点交付标的物。

其次,买受人与出卖人没有约定交付地点或者约定不明确,双方可以协议补充;不能达成补充协议的,按照合同相关条款或者交易习惯确定。

最后,仍不能确定的,适用下列规定:(1)标的物需要运输的,出卖人应当将标的物交付给第一承运人以运交给买受人。(2)标的物不需要运输,出卖人和买受人订立合同时知道标的物在某一地点的,出卖人应当在该地点交付标的物;不知道标的物在某一地点的,应当在出卖人订立合同时的营业地交付标的物。

106. 标的物毁损、灭失的风险由谁负担?

标的物毁损、灭失的风险负担,是指买卖合同订立后,标的物因不可归责于双方当事人的事由而发生毁损、灭失的损失,由谁承担责任的问题。

对于标的物毁损、灭失的风险的负担,可由当事人约定。当事人没有特别约定的,贯彻交付主义,但当事人有过错的,则采用过错主义,具体包括以下情况:

第一,标的物毁损、灭失的风险依标的物的交付而转移。《民法典》第 604 条规定,标的物毁损、灭失的风险,在标的物交付之前由出卖人承担,交付之后由买受人承担,但是法律另有规定或者当事人另有约定的除外。《民法典》第 609 条规定,出卖人按照约定未交付有关标的物的单证和资料的,不影响标的物毁损、灭失风险的转移。

第二，标的物毁损、灭失的风险由买受人承担。《民法典》第605条规定，因买受人的原因致使标的物未按照约定的期限交付的，买受人应当自违反约定时起承担标的物毁损、灭失的风险。《民法典》第606条规定，出卖人出卖交由承运人运输的在途标的物，除当事人另有约定外，毁损、灭失的风险自合同成立时起由买受人承担。《民法典》第607条规定，出卖人按照约定将标的物运送至买受人指定地点并交付给承运人后，标的物毁损、灭失的风险由买受人承担。当事人没有约定交付地点或者约定不明确，依据《民法典》第603条第2款第1项的规定标的物需要运输的，出卖人将标的物交付给第一承运人后，标的物毁损、灭失的风险由买受人承担。《民法典》第608条规定，出卖人按照约定或者依据本法第603条第2款第2项的规定将标的物置于交付地点，买受人违反约定没有收取的，标的物毁损、灭失的风险自违反约定时起由买受人承担。《民法典》第611条规定，标的物毁损、灭失的风险由买受人承担的，不影响因出卖人履行义务不符合约定，买受人请求其承担违约责任的权利。

第三，标的物毁损、灭失的风险由出卖人承担。《民法典》第610条规定，因标的物不符合质量要求，致使不能实现合同目的的，买受人可以拒绝接受标的物或者解除合同。买受人拒绝接受标的物或者解除合同的，标的物毁损、灭失的风险由出卖人承担。

107. 权利瑕疵担保是什么？

权利瑕疵担保是指出卖人应就买卖的标的物负有第三人不向买受人主张任何权利的一种民事义务。《民法典》第612条对权利瑕疵担保设有明文规定：出卖人就交付的标的物，负有保证第三人对该标的物不享有任何权利的义务，但是法律另有规定的除外。此外，根据《民法典》第613条的规定，如果买受人订立合同时知道或者应当知道第三人对买卖的标的物享有权利的，出卖人不承担权利瑕疵担保义务。

实务中常见的权利瑕疵有以下三种:第一,标的物的所有权全部或一部属于第三人;第二,买受人取得的所有权负担有第三人的合法权利,使其行使受到限制;第三,标的物所有权的其他瑕疵,如法院查封、专利权纠纷等。

根据《民法典》第 614 条的规定,买受人有确切证据证明第三人对标的物享有权利的,可以中止支付相应的价款,但是出卖人提供适当担保的除外。

108. 交付标的物的质量要求如何确定?

根据《民法典》第 615、616 条的规定,交付标的物的质量要求按照以下顺序确定:

首先,买受人与出卖人约定交付标的物的质量的,出卖人应当按照约定的质量要求交付标的物。出卖人提供有关标的物质量说明的,交付的标的物应当符合该说明的质量要求。

其次,买受人与出卖人对标的物的质量要求没有约定或者约定不明确,双方可以协议补充;不能达成补充协议的,按照合同相关条款或者交易习惯确定。

最后,仍不能确定的,质量要求不明确的,按照强制性国家标准履行;没有强制性国家标准的,按照推荐性国家标准履行;没有推荐性国家标准的,按照行业标准履行;没有国家标准、行业标准的,按照通常标准或者符合合同目的的特定标准履行。

109. 出卖人的质量瑕疵担保责任指什么?

根据《民法典》第 617 条的规定,出卖人应当保证其交付的标的物符合质量要求,如果不符合质量要求的,买受人可以要求其承担质量瑕疵担保责任。买受人可以依据《民法典》合同编第 582~584 条的规定请求出卖人承担违约责任。据此,出卖人交付的标的物不符合质量要求时，承担违约责任的方式有两种：一种是当事人约定的方式。当事人可以根据本合同情况和合同编关于违约责任的规定，约定出具体的违约责任。另一种是法定方式。即没有约定或者重新约定不成功的情况下，按照法定的方式承担违约责任。也就是说，买受人依据规定可以要求出卖人承担以下一种或者几种违约责任：修理、重作、更换、退货、减少价款或者报酬、赔偿损失。

此外，《民法典》第 618 条规定，当事人约定减轻或者免除出卖人对标的物瑕疵承担的责任，因出卖人故意或者重大过失不告知买受人标的物瑕疵的，出卖人无权主张减轻或者免除责任。

110. 买受人收到标的物后的检验期限如何确定？

《民法典》第 620~623 条对买受人收到标的物后的检验期限作出了明确规定，具体如下：

首先，买受人与出卖人约定检验期限的，买受人收到标的物时应当在约定的检验期限内检验。买受人应当在检验期限内将标的物的数量或者质量不符合约定的情形通知出卖人。买受人怠于通知的，视为标的物的数量或者质量符合约定。

其次，如果买受人与出卖人约定检验期限过短的，根据标的物的性质和交易习惯，买受人在检验期限内难以完成全面检验的，该期限仅视为买受人对标的物的外观瑕疵提出异议的期限。约定的检验期限或者质量保证期短于法律、行政法规规定期限的，应当以法律、行政法规规定的期限为准。

最后，买受人与出卖人没有约定检验期限的，买受人应当及时检验。买受人应当在发现或者应当发现标的物的数量或者质量不符合约定的合理期限内通知出卖人。买受人在合理期限内未通知或者自收到标的物之日起 2 年内未通知出卖人的，视为标的物的数量或者质量符合约定；但是，对标的物有质量保证期的，适用质量保证期，不适用该2年的规定。出卖人知道或者应当知道提供的标的物不符合约定的,买受人不受上述的通知时间的限制。需要注意的是,在买受人与出卖人对检验期限未作约定的情况下,买受人签收的送货单、确认单等载明标的物数量、型号、规格的,推定买受人已经对数量和外观瑕疵进行检验,但是有相关证据足以推翻的除外。

111. 向第三人交付标的物时的检验标准如何确定?

在市场交易实践过程中,行使检验义务的验货人并非限于买受人及其代理人,在出卖人直接向买卖合同当事人以外的第三人履行的场合中,如果合同没有明确约定买受人是唯一的验货人,且买受人和第三人之间可能存在特殊约定,就会面临双重检验标准的问题,对此,《民法典》第624条规定,出卖人依照买受人的指示向第三人交付标的物,出卖人和买受人约定的检验标准与买受人和第三人约定的检验标准不一致的,以出卖人和买受人约定的检验标准为准。因此,当出卖人和买受人约定的检验标准与买受人和第三人约定的检验标准发生冲突时,要以出卖人和买受人约定的检验标准为准。

112. 出卖人有回收的义务吗?

出于绿色原则的要求,出卖人负有回收的义务。《民法典》第625条规定,依照法律、行政法规的规定或者按照当事人的约定,标的物在有效使用年限届满后应予回收的,出卖人负有自行或者委托第三人对标的物予以回收的义务。

113. 买受人支付价款的数额、地点、时间如何确定?

支付价款是买受人的主要义务,买受人支付价款应按照合同约定的数额、地点、时间为之,这三个因素至关重要。那么应该如何依法确定呢?具体来说:

第一，买受人支付价款的数额如何确定？根据《民法典》第 626 条的规定，买受人应当按照约定的数额和支付方式支付价款。对价款的数额和支付方式没有约定或者约定不明确的，可以由双方当事人协议补充；不能达成补充协议的，按照合同相关条款或者交易习惯确定。仍不能确定的，按照订立合同时履行地的市场价格履行；依法应当执行政府定价或者政府指导价的，依照规定履行。履行方式不明确的，按照有利于实现合同目的的方式履行。

第二，买受人支付价款的地点如何确定？根据《民法典》第 627 条的规定，买受人应当按照约定的地点支付价款。对支付地点没有约定或者约定不明确，可以由双方当事人协议补充；不能达成补充协议的，按照合同相关条款或者交易习惯确定。仍不能确定的，买受人应当在出卖人的营业地支付；但是，约定支付价款以交付标的物或者交付提取标的物单证为条件的，在交付标的物或者交付提取标的物单证的所在地支付。

第三，买受人支付价款的时间如何确定？根据《民法典》第 628 条的规定，买受人应当按照约定的时间支付价款。对支付时间没有约定或者约定不明确，可以由双方当事人协议补充；不能达成补充协议的，按照合同相关条款或者交易习惯确定。仍不能确定的，买受人应当在收到标的物或者提取标的物单证的同时支付。

114. 出卖人多交标的物的，买受人该怎么处理？

《民法典》第 629 条规定，出卖人多交标的物的，买受人可以接收或者拒绝接收多交的部分。买受人接收多交部分的，按照约定的价格支付价款；买受人拒绝接收多交部分的，应当及时通知出卖人。

出卖人多交标的物，在实际生活中并不鲜见。对于出卖人多交标的物的情况，除当事人另有约定外，有以下两种法定处理方法：(1) 买受人接收多交的部分。出卖人多交，买受人接收，在一定程度而言系在原买卖合同的基础上,就产品的数量达成了事实的补充条款。由于买受人接收了多交的部分,又对多收部分价款没有提出异议,等于同意以原价格购买该部分标的物。(2)拒绝接收。对于拒绝接收的,买受人应当履行通知和保管的义务,至于通知的具体方式,可以是书面的,也可以是非书面的,如电话通知等。

115. 标的物的孳息归谁所有?

孳息是指由原物产生的收益。孳息分为天然孳息与法定孳息。前者指依物的自然属性所生的收益,如树所结的果实;后者指依法律关系所生的收益,如出租房屋的租金。

《民法典》第630条规定,标的物在交付之前产生的孳息,归出卖人所有;交付之后产生的孳息,归买受人所有。但是,当事人另有约定的除外。因此,除当事人另有约定外,孳息随标的物的交付而转移。

116. 标的物的从物不符合约定被解除的,解除的效力影响主物吗?

《民法典》第631条规定,因标的物的主物不符合约定而解除合同的,解除合同的效力及于从物。因标的物的从物不符合约定被解除的,解除的效力不及于主物。

除法律另有规定或者当事人另有约定外,主物的处分效力及于从物,从物随主物的转移而转移。因标的物的主物不符合约定而解除合同的,解除合同的效力及于从物。但是如果标的物的从物不符合约定被解除的,解除的效力不影响主物。例如,甲与乙签订买卖汽车的合同,汽车含有备胎一个,汽车是主物,备胎是从物,如果乙发现甲交付的汽车不符合合同约定而解除合同的,效力及于备胎;如果乙发现甲交付的备胎不符合约定而解除的,解除的效力不影响汽车。

117. 标的物为数物的，其中一物不符合约定，买受人可以就数物解除合同吗？

《民法典》第632条规定，标的物为数物，其中一物不符合约定的，买受人可以就该物解除。但是，该物与他物分离使标的物的价值显受损害的，买受人可以就数物解除合同。

上述条款将标的物为数物时，买受人有权解除合同分为两种情形：一是买受人解除一物不影响数物的解除。在标的物为数物的买卖合同中，出卖人交付的标的物中的一物不符合约定不被买受人接受，而出卖人交付的作为标的物的其他物符合要求又被买受人所接受时，买受人可以仅就不符合约定的物解除合同，但不影响符合要求的其他物的解除。例如，买受人向出卖人购买鼠标和键盘，如果买受人发现鼠标质量不符合约定，可就鼠标部分解除合同，只接受键盘。二是买受人解除一物影响到数物的解除。买受人购买了数物，其中一物的质量不符合约定，而该物又不宜与数物中的其他物分离，否则将明显受到损害，那么买受人可以要求就数物解除合同，即解除合同的全部。例如，买卖标的物是古对联一副，其中一联不符合约定的标准，显然该副对联就失去了悬挂的价值。这种情况下，买受人有权就整副对联行使解除权。

118. 分批交付标的物的合同如何解除？

根据《民法典》第633条的规定，出卖人分批交付标的物的，买受人的解除分为以下三种情况：

第一，仅就该批标的物解除。出卖人对其中一批标的物不交付或者交付不符合约定，致使该批标的物不能实现合同目的的，买受人可以就该批标的物解除。

第二，就该批以及之后其他各批标的物解除。出卖人不交付其中一批标的物或者交付不符合约定,致使之后其他各批标的物的交付不能实现合同目的的,买受人可以就该批以及之后其他各批标的物解除。

第三,就已经交付和未交付的各批标的物解除。买受人如果就其中一批标的物解除,该批标的物与其他各批标的物相互依存的,可以就已经交付和未交付的各批标的物解除。

119. 出卖人何时可以请求解除分期付款买卖合同?

分期付款买卖合同是一种特殊的买卖形式,是买受人将其应付的总价款按照一定期限分批向出卖人支付的买卖。分期付款买卖在我国常常用于房屋及高档消费品的买卖。因在分期付款买卖合同中,出卖人须先交付标的物,买受人于受领标的物后分若干次付款,此时出卖人有收不到全部价款的风险。因此,法律赋予出卖人在一定情况下请求解除合同的权利。《民法典》第634条规定,分期付款的买受人未支付到期价款的数额达到全部价款的1/5,经催告后在合理期限内仍未支付到期价款的,出卖人可以请求买受人支付全部价款或者解除合同。出卖人解除合同的,可以向买受人请求支付该标的物的使用费。

120. 凭样品买卖合同有什么特殊规定?

凭样品买卖合同是指当事人双方约定一定的样品,出卖人交付的标的物应与样品具有相同质量的买卖合同。根据《民法典》第635、636条的规定,凭样品买卖合同除适用普通买卖合同的规定外,还适用以下特殊规定:

第一,出卖人交付的标的物应当与样品及其说明的质量相同。

第二,如果样品本身有隐蔽瑕疵的,且买卖的买受人不知道样品有隐蔽瑕疵的,无论交付的标的物是否与样品相同,出卖人都负有交付的标的物具有同种物的通常标准的义务。

121. 试用买卖合同有什么特殊规定？

试用买卖合同是指当事人双方约定，于合同成立时，出卖人将标的物交付买受人试用，并以买受人在约定期限内对标的物的认可为生效要件的买卖合同。试用买卖合同常发生于新产品推广的场合。试用买卖合同作为一种特殊的买卖合同，《民法典》第637～640条对其作出以下特殊规定：

第一，试用期限。试用买卖的当事人可以约定标的物的试用期限。对试用期限没有约定或者约定不明确，可以由当事人协议补充；不能达成补充协议的，按照合同相关条款或者交易习惯确定。仍不能确定的，由出卖人确定。

第二，试用买卖合同的效力。试用买卖的买受人在试用期内可以购买标的物，也可以拒绝购买。试用期限届满，买受人对是否购买标的物未作表示的，视为购买。试用买卖的买受人在试用期内已经支付部分价款或者对标的物实施出卖、出租、设立担保物权等行为的，视为同意购买。

第三，试用买卖使用费的负担。试用买卖的当事人对标的物使用费没有约定或者约定不明确的，出卖人无权请求买受人支付。

第四，试用期间标的物灭失风险的承担。标的物在试用期内毁损、灭失的风险由出卖人承担。

122. 当事人可以在买卖合同中约定所有权保留吗？

可以。《民法典》第641条规定，当事人可以在买卖合同中约定买受人未履行支付价款或者其他义务的，标的物的所有权属于出卖人。出卖人对标的物保留的所有权，未经登记，不得对抗善意第三人。

所有权保留是指标的物虽然交付了，但其所有权仍然保留在出卖人之手，待一定的条件成就时该所有权才转移给买受人的制度。它在分期付款买卖合同中运用得最为广泛。所有权保留是买受人于价款或者其他义务未履行前可以先占有、使用标的物，同时能保障出卖人的价款或其他债权得以实现的较为理想的担保方式。同时，出于保护善意第三人的目的，该条明确规定出卖人对标的物保留的所有权，未经登记，不得对抗善意第三人。

123. 在买卖合同中约定所有权保留的情形下，出卖人和买受人各享有什么权利？

根据《民法典》第642、643条的规定，当事人约定出卖人保留合同标的物的所有权的，出卖人享有取回权，买受人享有赎回权。

第一，出卖人的取回权。在标的物所有权转移前，买受人有下列情形之一，造成出卖人损害的，除当事人另有约定外，出卖人有权取回标的物：(1)未按照约定支付价款，经催告后在合理期限内仍未支付；(2)未按照约定完成特定条件；(3)将标的物出卖、出质或者作出其他不当处分。

出卖人可以与买受人协商取回标的物；协商不成的，可以参照适用担保物权的实现程序。

第二，买受人的赎回权。出卖人行使取回权取回标的物后，买受人在双方约定或者出卖人指定的合理回赎期限内，消除出卖人取回标的物的事由的，可以请求回赎标的物。买受人在回赎期限内没有回赎标的物，出卖人可以以合理价格将标的物出卖给第三人，出卖所得价款扣除买受人未支付的价款以及必要费用后仍有剩余的，应当返还买受人；不足部分由买受人清偿。

124. 招投标买卖和拍卖的当事人的权利义务如何确定？

招标投标买卖，是指招标人公布买卖标的物的出卖条件，投标人参加投标竞买，招标人选定中标人的买卖方式。《民法典》第644条规定，招标投标买卖的当事人的权利和义务以及招标投标程序等，依照有关法律、行政法规的规定。

拍卖，是指以公开竞价的形式，将特定物品或者财产权利转让给最高应价者的买卖方式。拍卖按性质可分为强制拍卖和任意拍卖。强制拍卖是依据法律规定而必须发生的拍卖，是由国家机关通过强制执行程序所进行的拍卖；而任意拍卖则是根据委托人的意愿来决定，而不是通过强制执行程序进行的拍卖。《民法典》第645条规定，拍卖的当事人的权利和义务以及拍卖程序等，依照有关法律、行政法规的规定。

125. 买卖合同的有关规定还可以参照适用哪些情形？

根据《民法典》第646、647条的规定，买卖合同的有关规定还可以参照适用在以下两种情形：(1)法律对其他有偿合同有规定的，依照其规定；没有规定的，参照适用买卖合同的有关规定。(2)当事人约定易货交易，转移标的物的所有权的，参照适用买卖合同的有关规定。

第十章　供用电、水、气、热力合同

126. 供用电合同是什么？向社会公众供电的供电人可以拒绝用电人订立合同的要求吗？

根据《民法典》第648条的规定，供用电合同是指供电人向用电人供电，用电人支付电费的合同。向社会公众供电的供电人，不得拒绝用电人合理的订立合同要求。

供用电合同具有公共利用性质，是一种提供基础设施性质的合同。它对整个社会经济的发展和人民生活水平的提供，有着十分重要的作用，因此，法律规定，向社会公众供电的供电人，不得拒绝用电人合理的订立合同要求。

127. 供用电合同应包含哪些条款?

根据《民法典》第 649 条的规定,供用电合同应包括以下条款:(1)供电的方式。(2)供电质量。供电质量主要是指供电方提供的电力的电压和频率符合国家的标准。(3)供电时间。供电时间是指提供电力的起止时间。(4)用电容量。电量是确定用电方耗用电力的数值指标,是用电方在一定的时间内根据供电部门的计划所允许消耗的电能。(5)用电地址。(6)用电性质。(7)计量方式。(8)电价。电价是用户按用电数量和国家规定的标准向供电局所支付的电费。(9)电费的结算方式。(10)供用电设施的维护责任。(11)其他条款。

此外,《民法典》第 650 条规定,供用电合同的履行地点,按照当事人约定;当事人没有约定或者约定不明确的,供电设施的产权分界处为履行地点。

128. 供电人负有哪些义务?

供电人负有以下义务:

第一,及时、安全、合格供电的义务。《民法典》第 651 条规定,供电人应当按照国家规定的供电质量标准和约定安全供电。供电人未按照国家规定的供电质量标准和约定安全供电,造成用电人损失的,应当承担赔偿责任。

第二,因检修、限电等中断供电的通知义务。《民法典》第 652 条规定,供电人因供电设施计划检修、临时检修、依法限电或者用电人违法用电等原因,需要中断供电时,应当按照国家有关规定事先通知用电人;未事先通知用电人中断供电,造成用电人损失的,应当承担赔偿责任。

第三,对事故断电的抢修义务。《民法典》第 653 条规定,因自然灾害等原因断电,供电人应当按照国家有关规定及时抢修;未及时抢修，造成用电人损失的，应当承担赔偿责任。

129. 用电人负有哪些义务？

用电人负有以下义务：

第一，支付电费的义务。《民法典》第654条规定，用电人应当按照国家有关规定和当事人的约定及时支付电费。用电人逾期不支付电费的，应当按照约定支付违约金。经催告用电人在合理期限内仍不支付电费和违约金的，供电人可以按照国家规定的程序中止供电。供电人依据前款规定中止供电的，应当事先通知用电人。

第二，依照约定用电的义务。《民法典》第655条规定，用电人应当按照国家有关规定和当事人的约定安全、节约和计划用电。用电人未按照国家有关规定和当事人的约定用电，造成供电人损失的，应当承担赔偿责任。

130. 供用水、供用气、供用热力合同如何适用法律？

《民法典》第656条规定，供用水、供用气、供用热力合同，参照适用供用电合同的有关规定。因此，《民法典》第十章为“供用电、水、气、热力合同”，出于篇幅考虑在条文中仅就供用电合同作出规定，而其余的供用水、供用气、供用热力合同参照适用供用电合同的有关规定。

第十一章　赠与合同

131. 赠与合同是什么？

根据《民法典》第657条的规定，赠与合同是指赠与人将自己的财产无偿给予受赠人，受赠人表示接受赠与的合同。

赠与人可以自由决定将自己的财产赠与他人，财产的范围包括动产或不动产的所有权及定限物权、债权、有价证券、无体财产权、股权等。赠与合同作为现代理智性社会生活关系的调剂,是必不可少的。

132. 赠与人可以随意撤销赠与吗?

《民法典》第 658 条规定,赠与人在赠与财产的权利转移之前可以撤销赠与。经过公证的赠与合同或者依法不得撤销的具有救灾、扶贫、助残等公益、道德义务性质的赠与合同,不适用前款规定。

据此,一般情况下,赠与人依其意思可以任意撤销赠与合同。但在下列情况下,出于维护经济秩序和确保救灾、扶贫等工作的开展等原因考虑,赠与人不得任意撤销赠与:第一,标的物已经交付或已经办理登记等有关手续。如房屋等不动产、汽车等动产、股权等权利作为赠与财产已经办理登记等手续。第二,经过公证的赠与合同或者依法不得撤销的具有救灾、扶贫、助残等公益、道德义务性质的赠与合同。

133. 受赠人可以请求赠与人交付赠与财产吗?

《民法典》第 660 条规定,经过公证的赠与合同或者依法不得撤销的具有救灾、扶贫、助残等公益、道德义务性质的赠与合同,赠与人不交付赠与财产的,受赠人可以请求交付。依据前款规定应当交付的赠与财产因赠与人故意或者重大过失致使毁损、灭失的,赠与人应当承担赔偿责任。

赠与合同以使赠与财产归于受赠人为直接目的,对于赠与人不得撤销的赠与合同,赠与人不交付赠与财产的,受赠人有权请求交付。当应当交付的赠与财产因赠与人故意或者重大过失致使毁损、灭失的,赠与人应当承担赔偿责任。由此也在一定程度上限制了赠与人的用权任性。

134. 赠与合同可以附义务吗?

可以。《民法典》第 661 条规定,赠与可以附义务。赠与附义务的，受赠人应当按照约定履行义务。

附义务的赠与是指赠与人在赠与时使受赠人对于赠与人或者第三人负担一定义务的赠与。例如，甲将自己的房屋在出国前赠给乙，要求乙在甲出国期间妥善保管该房屋内的物品。在附义务的赠与中，受赠人应当按照约定履行义务。受赠人不履行所附的义务，赠与人有权请求其履行或者撤销赠与。

135. 赠与的财产有瑕疵的，赠与人应当承担责任吗？

赠与合同中，一般不要求赠与人承担瑕疵担保责任。但是《民法典》第662条规定有以下两种例外：

第一，附义务的赠与，赠与的财产有瑕疵的，赠与人在附义务的限度内承担与出卖人相同的责任。对于附义务的赠与，受赠人虽受有利益，但又需履行约定的义务。如赠与的财产有瑕疵，必然导致受赠人所受利益有所减损，这便与赠与合同约定的权利与义务不相对应，使受赠人遭受损失。为保护受赠人的利益，应由赠与人承担瑕疵担保责任。

第二，赠与人故意不告知瑕疵或者保证无瑕疵，造成受赠人损失的，应当承担赔偿责任。"故意不告知瑕疵"指赠与人自赠与合同订立时起到合同履行时止了解到赠与财产的瑕疵，但出于主观故意未告知被赠与人；"保证无瑕疵"指保证赠与财产处于普通的无瑕疵状态；"造成受赠人损失"指受赠人因相信赠与物无瑕疵所产生的损失。

136. 受赠人有什么情形时赠与人可以撤销赠与？

根据《民法典》第663条的规定，受赠人有下列情形之一的，赠与人可以撤销赠与：

(1)严重侵害赠与人或者赠与人近亲属的合法权益。其要点在于：一是受赠人实施的是严重侵害行为，而不是轻微的、一般的侵害行为;二是受赠人侵害的是赠与人本人或其近亲属。

(2)对赠与人有扶养义务而不履行。其要点在于:一是受赠人对赠与人有扶养义务;二是受赠人对赠与人有扶养能力,而不履行对赠与人的扶养义务。

(3)不履行赠与合同约定的义务。其要点在于:一是赠与合同约定了受赠人负有一定的义务;二是赠与人已将赠与的财产交付于受赠人;三是受赠人不履行赠与合同约定的义务。

赠与人的撤销权,自知道或者应当知道撤销事由之日起 1 年内行使。超过这一期间,赠与人不得再行使撤销权,此期间为除斥期间。

137. 赠与人的继承人或者法定代理人可以撤销赠与吗?

因受赠人的违法行为致使赠与人死亡或者丧失民事行为能力的,其继承人或者法定代理人可以撤销赠与。根据《民法典》第 664 条的规定,其构成条件包括以下两点:一是赠与人死亡或者丧失民事行为能力。二是赠与人死亡或者丧失民事行为能力是因受赠人的违法行为导致。

赠与人的继承人或者法定代理人的撤销权,自知道或者应当知道撤销事由之日起 6 个月内行使。

138. 撤销赠与后撤销权人有权要求受赠人返还赠与的财产吗?

有权。《民法典》第 665 条规定,撤销权人撤销赠与的,可以向受赠人请求返还赠与的财产。

赠与撤销使赠与关系永久地消灭。在赠与人已将赠与财产交付或登记转移之后,撤销权人撤销赠与的,受赠人占有财产失去依据,撤销权人有权请求受赠人返还赠与的财产。

139. 赠与人何时可以不再履行赠与义务?

《民法典》第 666 条规定,赠与人的经济状况显著恶化,严重影响其生产经营或者家庭生活的，可以不再履行赠与义务。

赠与人不再履行赠与义务应当符合三个条件：一是赠与合同已经成立，但是赠与财产的权利尚未完全转移。二是赠与人的经济状况显著恶化。所谓显著恶化，是指在赠与合同成立之后，赠与人的经济状况出现明显恶化的状态。状态恶化的时间应当是在赠与合同成立之后，而不是成立之前。三是经济状况显著恶化达到严重影响其生产经营或者家庭生活的程度。比如，经济状况恶化致使严重影响赠与人企业的生产经营，若强制履行赠与义务，将无法继续正常经营；或者经济状况显著恶化使赠与人的家庭生活发生困难，不能维持自己的正常生计，不能履行扶养义务等。符合上述条件的，无论赠与合同以何种方式订立，无论赠与的目的性质如何，赠与人可以不再履行尚未履行的赠与义务。

第十二章　借款合同

140. 借款合同是什么？

根据《民法典》第 667 条的规定，借款合同是指借款人向贷款人借款，到期返还借款并支付利息的合同。

本章借款合同适用于金融机构与自然人、法人、非法人组织之间的借款，也适用于自然人、法人、非法人组织相互之间的借款。借款合同主要调整两部分内容：一部分是金融机构与自然人、法人和非法人组织之间的金融借款合同关系；另一部分是自然人、法人、非法人组织相互之间的借款合同关系。以金融机构与自然人、法人和非法人组织之间的合同关系为主。

141. 借款合同应采用何种形式？

《民法典》第 668 条第 1 款规定，借款合同应当采用书面形式，但是自然人之间借款另有约定的除外。

借款合同应当采用书面形式,这是因为书面合同内容明确、责任清楚,有利于合同的履行,便于检查,发生纠纷后容易举证。在实践中,金融借款合同通常采用书面形式,既有利于合同的履行,避免当事人之间发生纠纷,也便于发生合同纠纷后举证,及时解决纠纷。但是考虑到实践中时常出现自然人之间的小额短期借款,大多当事人之间较为熟悉,没有必要强制采用书面形式订立合同。因此,对于自然人之间的借款允许当事人约定采用口头形式。

142. 借款合同应包含哪些内容?

根据《民法典》第668条第2款的规定,借款合同的内容包括以下条款:

(1)借款种类。这主要是指金融机构作为贷款人的情况下,根据国家有关规定和资金市场的需求创设的货币商品种类。借款人可以根据自己的需要向贷款人申请某种特定形式的贷款。

(2)币种。这主要是指借款合同标的是哪一种货币,是人民币还是其他国家或地区的货币。

(3)用途。这主要是指借款使用的目的和范围。

(4)数额。数量是借款合同的重要内容,是确定资金的拨付和计算利息的依据,是借贷双方当事人权利义务的重要标志。

(5)利率。这是指借款人和贷款人约定的应当收的利息的数额与所借出资金的比率。利率的高低直接决定利息金额的大小。按照不同的标准,利率可以分为:年利率、月利率和日利率;法定利率和市场利率;短期利率和中长期利率;固定利率和浮动利率;名义利率和实际利率。

(6)期限。这是指借款人在合同中约定能使用借款的时间。当事人一般根据借款人的生产经营周期、还款能力和贷款人的资金供给能力等，约定借款期限。

（7）还款方式。这是指贷款人和借款人约定以什么结算方式偿还借款给贷款人。例如，是到期一次还本付息，还是分期返还；是逐期先还息到期一次还本，还是以其他方式还本付息等。

（8）其他条款。

143. 借款人是否有提供其真实情况的义务？

《民法典》第669条规定，订立借款合同，借款人应当按照贷款人的要求提供与借款有关的业务活动和财务状况的真实情况。

依据本条规定，借款人在提出借款申请的同时，应当按照借款人的要求如实提供以下三个方面资料：

第一，与借款人资格有关的基本情况。比如，作为法人、非法人组织和个体工商户的借款人是否经工商行政管理机关核准登记；借款人是自然人的，是否具有完全民事行为能力等。

第二，与借款有关的业务活动的真实情况。比如，金融机构作为贷款人时，借款人应当提供有关近期生产经营状况，生产经营的效益，产品的产、供、销情况，内部经营管理和生产条件的情况，以及与借款用途直接相关的经济效益的情况等。如果借款用于固定资产，应当提供固定资产投资项目建议书和可行性研究报告等。

第三，借款人财务状况的真实情况。借款人应当按照贷款人的要求，如实提供所有的开户行、账号及存贷款余额情况，使贷款人全面充分地了解借款人实际账面资金的运作情况，以便贷款人判断借款人偿还借款的能力。借款人还应当提供财政部门或会计师事务所核准的上年度财务报告，使贷款人了解即期的生产经营情况和财务状况，从而在总体上把握借款人的经营和资信状况，保障借款的安全。

144. 借款的利息可以预先扣除吗？

不可以。《民法典》第670条规定，借款的利息不得预先在本金中扣除。利息预先在本金中扣除的,应当按照实际借款数额返还借款并计算利息。

一般来说,借款利息是在借款期限届满时或者合同履行期间按照约定分批偿付给贷款人。但是,现实中有的贷款人为了确保利息的收回,在提供借款时就将利息从本金中扣除,造成借款人借到的本金实质上为扣除利息后的数额。上述条款明确规定,贷款人在提供借款时不得预先将利息从本金中扣除。如果贷款人违反法律规定,仍在提供借款时将利息从本金中扣除,那么,借款人只需按照实际借款数额返还借款并计算利息。

例如,借款人向贷款人借款 10 万元,借期 1 年,年利率为 10%,到期应当向贷款人支付的利息为 1 万元,贷款人在提供借款时就直接将利息扣除,仅向借款人支付 9 万元借款,这时应将借款数额确定为 9 万元,到期后贷款人应当向借款人返还本金 9 万元,支付利息 9×10%=0.9 万元,合计 9.9 万元。

145. 贷款人未按照约定提供借款、借款人未按照约定收取借款会产生什么后果?

借款合同依法成立后,即对当事人具有法律约束力。贷款人和借款人都应当全面、正确、及时履行合同约定的义务,任何一方不得擅自变更或者解除合同。借贷双方订立借款合同,建立信贷关系的目的是满足各自生产、经营的需要,实现各自的经济目标。因此,只有合同当事人按照约定履行义务,才能实现各自订立合同的目的。如果有一方当事人不履行或者不正确履行合同义务,就会影响另一方当事人正常的资金周转和生产经营活动,既不能实现当事人订立借款合同的目的,也给社会经济活动造成不利的影响。因此,借贷双方当事人在合同订立后,应当切实履行合同约定的义务。

根据《民法典》第 671 条的规定,如贷款人未按照约定的日期、数额提供借款，造成借款人损失的，应当赔偿损失。如借款人未按照约定的日期、数额收取借款的，应当按照约定的日期、数额支付利息。

146. 贷款人可以检查、监督借款的使用情况吗？

可以。为了保证贷款人按照合同约定收回借款，借款合同成立后，贷款人也需要能够对借款的使用情况行使一定的监督权。金融机构还需要对所提供的借款进行跟踪检查，以防止借款人出现违反合同的行为。

因此，《民法典》第672条规定，贷款人按照约定可以检查、监督借款的使用情况。借款人应当按照约定向贷款人定期提供有关财务会计报表或者其他资料。在实践中，借款人应当主动向贷款人提供的主要资料包括资产负债表、损益表、财务状况变动表、现金流量表、附表及会计报表附注和财务状况说明书等。

147. 如果发现借款人未按照约定的借款用途使用借款，贷款人可以采取哪些措施？

《民法典》第673条规定，借款人未按照约定的借款用途使用借款的，贷款人可以停止发放借款、提前收回借款或者解除合同。

比如，借款人将取得的基本建设贷款用于炒股，严重改变了借款的用途，虽然也有获利的可能，但使得贷款人的贷款风险急剧加大，一旦发生股灾，很可能使贷款人蒙受重大损失。另外，金融机构作为贷款人的，有些借款还是依据国家的宏观经济政策、国家的信贷政策和产业政策发放的，其借款用途和国家的经济政策有着直接的关系。如果不按借款用途使用借款，还会造成资金的使用不符合国家政策的情况。因此，贷款人对借款除加强监督检查外，对于借款人违约使用借款的，应当采取相应的风险防范措施。根据上述规定，如果借款人未按照约定的借款用途使用借款的，贷款人可以采取停止发放借款、提前收回借款或者解除合同的措施。

148. 如何确定借款人支付利息的期限?

根据《民法典》第 674 条的规定,借款人支付利息期限按照以下顺序确定:

第一,借款人与贷款人约定支付利息期限的,借款人应当按照约定的期限支付利息。

第二,借款人与贷款人对支付利息的期限没有约定或者约定不明确,可以由双方当事人协议补充;不能达成补充协议的,按照合同相关条款或者交易习惯确定。

第三,仍不能确定,借款期间不满 1 年的,应当在返还借款时一并支付;借款期间 1 年以上的,应当在每届满 1 年时支付,剩余期间不满 1 年的,应当在返还借款时一并支付。

149. 如何确定借款人返还借款的期限?

根据《民法典》第 675 条的规定,借款人返还借款的期限按照以下顺序确定:

第一,借款人与贷款人约定返还借款期限的,借款人应当按照约定的期限返还借款。

第二,借款人与贷款人对返还借款的期限没有约定或者约定不明确,可以由双方当事人协议补充;不能达成补充协议的,按照合同相关条款或者交易习惯确定。

第三,仍不能确定的,借款人可以随时返还;贷款人可以催告借款人在合理期限内返还。

150. 借款人未按照约定的期限返还借款的,应承担什么责任?

《民法典》第 676 条规定,借款人未按照约定的期限返还借款的,应当按照约定或者国家有关规定支付逾期利息。

根据上述规定，当事人可以在合同中对逾期利息的问题作出约定，这种约定既可以是自然人之间对是否收取逾期利息或者逾期利率为多少的约定，也可以是金融机构与借款人在国家规定的幅度内对逾期利率的确定。如果金融机构借款时，没有对逾期利率作出约定，那么，金融机构按照国家有关规定的利率向借款人收取逾期利息。

需要注意的是，中国人民银行于 2019 年 8 月 17 日发布公告，决定改革完善贷款市场报价利率（LPR）形成机制，从 2019 年 8 月 20 日起，中国人民银行授权全国银行间同业拆借中心于每月 20 日 9 时 30 分公布贷款市场报价利率。2019 年 10 月 28 日，中国人民银行再次发布公告，要求自 2020 年 1 月 1 日起，各金融机构不得签订参考贷款基准利率定价的浮动利率贷款合同。

151. 借款人提前返还借款还需要按照约定借款期限计算利息吗？

《民法典》第 677 条规定，借款人提前返还借款的，除当事人另有约定外，应当按照实际借款的期间计算利息。

对于提前还款应当按照以下原则确定双方的权利和义务：首先，当事人可以在借款合同中对提前还款问题作出约定，按照约定确定是否经贷款人同意及利息如何计算等问题。实际履行中发生提前还款的，按照约定执行。其次，当事人在合同中对提前还款没有约定的，提前还款不损害贷款人利益的，可以不经贷款人同意，利息按照实际借款期间计算；提前还款损害贷款人利益的，贷款人有权拒绝借款人提前还款的要求。

152. 借款展期指什么？

《民法典》第 678 条规定，借款人可以在还款期限届满前向贷款人申请展期;贷款人同意的,可以展期。

借款展期,是指借款人在合同约定的借款期限不能偿还借款,在征得贷款人同意的情况下,延长原借款的期限,使借款人能够继续使用借款。借款展期实际上是对原合同的履行期限的变更。借款人申请展期的,应当在还款期限届满前向贷款人提出申请。

153. 自然人之间的借款合同何时成立?

《民法典》第679条规定,自然人之间的借款合同,自贷款人提供借款时成立。

在实践中,自然人之间借款的情况经常出现。比如,甲因买房向同事乙借钱、丙因家庭困难向同学丁借钱等,都属于自然人借款的情形。自然人之间借款一般具有互助性质,无偿的情况也有不少,对合同的形式并不太注意,往往是一手交钱,一手写借条。自然人之间借款的,自贷款人交付借款时成立,这样有利于确定当事人之间的权利和义务,进而预防或减少纠纷的发生。

154. 借款合同对支付利息没有约定或约定不明确的如何处理?

近年来,社会上出现大量非法金融、非法放贷、“套路贷”、“校园贷”等问题,严重扰乱社会经济秩序,严重损害人民群众合法权益和生活安宁。为解决民间借贷领域存在的突出问题,《民法典》第680条第1款明确规定禁止高利放贷,借款的利率不得违反国家有关规定。

《民法典》第680条第2款规定,借款合同对支付利息没有约定的,视为没有利息。相较于原《合同法》的规定而言,该款有了较大突破。原合同法只是规定自然人之间没有约定利息的,视为没有利息,而该款将没有约定支付利息的借贷情形,拓展到了所有借贷领域,即所有类型或者当事人之间订立的借贷合同,只要没有约定支付利息,就一律视为没有利息。

《民法典》第 680 条第 3 款规定，借款合同对支付利息约定不明确，当事人不能达成补充协议的，按照当地或者当事人的交易方式、交易习惯、市场利率等因素确定利息；自然人之间借款的，视为没有利息。

第十三章 保证合同

155. 保证合同是什么？

根据《民法典》第 681 条的规定，保证合同是指为保障债权的实现，保证人和债权人约定，当债务人不履行到期债务或者发生当事人约定的情形时，保证人履行债务或者承担责任的合同。

保证是指法人、非法人组织和公民以其信誉和不特定的财产为他人的债务提供担保，当债务人不履行其债务时，该第三人按照约定履行债务或者承担责任的担保方式。保证不是用具体的财产提供担保，而是以保证人的信誉和不特定的财产为他人的债务提供担保。

156. 主债权债务合同无效时会影响保证合同的效力吗？

《民法典》第 682 条第 1 款规定，保证合同是主债权债务合同的从合同。主债权债务合同无效的，保证合同无效，但是法律另有规定的除外。

保证合同是主债权债务合同的从合同，保证合同具有附从性。保证债务以主合同的存在或将来可能存在为前提，随主合同的消灭而消灭。其范围不得超过主合同中的债务，不得与主合同债务分离而移转。

此外，该条第 2 款规定，保证合同被确认无效后，债务人、保证人、债权人有过错的，应当根据其过错各自承担相应的民事责任。

157. 哪些主体不能作为保证人?

市场化主体才能成为保证人。机关法人等非以营利为目的的法人以及以公益为目的的非营利法人并不是市场上的主体,不适合作为保证人。《民法典》第683条规定,机关法人不得为保证人,但是经国务院批准为使用外国政府或者国际经济组织贷款进行转贷的除外。以公益为目的的非营利法人、非法人组织不得为保证人。

158. 保证合同应包含哪些条款?

根据《民法典》第684条的规定,保证合同的内容一般包括以下条款:

(1)被保证的主债权的种类和数额。被保证的主债权种类,如借款合同中的还本付息债权、买卖合同中的请求交付标的物或支付价款的债权等。

(2)债务人履行债务的期限。债务人履行债务的期限是衡量债务人是否违约的标准之一,也是保证人是否实际承担保证责任的因素之一,因为债务人在合同约定的履行期限内不能履行债务时,保证人依据保证方式的不同承担保证责任,因而应该明确约定。它有两种情形:一为期日,二为期间。

(3)保证的方式。保证的方式是保证人如何承担保证责任的重要问题,包括一般保证方式和连带责任保证方式。

(4)保证范围。保证担保的范围是指保证人对哪些债务承担保证责任。

(5)保证期间。保证期间为保证人承担保证责任的期间,事关保证人和债权人之间的债权债务能否行使或履行,也是确定保证债务和诉讼时效关系的依据,保证合同应明确约定。

(6)其他条款。例如,赔偿损失的范围及计算方法、是否设立反担保等。

159. 订立保证合同应采用什么形式？保证合同何时成立？

《民法典》第 685 条规定，保证合同可以是单独订立的书面合同，也可以是主债权债务合同中的保证条款。第三人单方以书面形式向债权人作出保证，债权人接收且未提出异议的，保证合同成立。

保证合同应采用书面形式，既可以是单独订立的书面合同，也可以是书面订立的主债权债务合同中的保证条款。

债权人和保证人可以协议约定保证合同的成立方式和时间。但当第三人单方以书面形式向债权人作出保证时，只要债权人接收第三人的保证书或主债权债务中的保证条款且未提出异议的，保证合同也可成立，此时推定债权人默示同意，因为此时债权人无附加义务而增加了权利，对债权人只会有利。

160. 保证的方式有哪些？

《民法典》第 686 条第 1 款规定，保证的方式包括一般保证和连带责任保证。

保证的方式分为一般保证和连带责任保证两种。根据《民法典》第 687 条第 1 款的规定，一般保证是指当事人在保证合同中约定，债务人不能履行债务时，由保证人承担保证责任的保证。根据《民法典》第 688 条的规定，连带责任保证是指当事人在保证合同中约定保证人和债务人对债务承担连带责任的保证。连带责任保证的债务人不履行到期债务或者发生当事人约定的情形时，债权人可以请求债务人履行债务，也可以请求保证人在其保证范围内承担保证责任。

这两种保证之间最大的区别在于保证人是否享有先诉抗辩权。在一般保证的情况下，保证人享有先诉抗辩权，即一般保证的保证人在就债务人的财产依法强制执行仍不能履行债务前，对债权人可以拒绝承担保证责任。而在连带责任保证的情况下，保证人不享有先诉抗辩权，即连带责任保证的债务人在主合同约定的债务履行期届满没有履行债务的，债权人可以要求债务人履行债务，也可以要求保证人在其保证范围内承担保证责任。

161. 当事人对保证方式没有约定或者约定不明确的如何确定？

实践中，尤其是在民间借贷的案件中，很多当事人是出于人情关系为他人的借款提供保证，但因为债权人实现自己的债权时首先考虑的是债务人还是保证人的财产更有利于执行的问题，所以很可能出现主债务人下落不明或有财产但不便执行时，债权人直接请求保证人履行保证责任而非请求债务人履行债务的情况，这样导致保证人本来只是基于人情关系为他人提供保证，但最终主债务人的财产未被执行而保证人的财产先被执行。另外，当保证人承担保证责任之后，又需要保证人向主债务人追偿，很可能导致保证人与主债务人之间人情关系破裂。因此，《民法典》第 686 条第 2 款规定，当事人在保证合同中对保证方式没有约定或者约定不明确的，按照一般保证承担保证责任。

162. 一般保证人的先诉抗辩权是什么？先诉抗辩权在什么情形下不得行使？

一般保证人享有先诉抗辩权，又称为检索抗辩权，是指一般保证的保证人在就债务人的财产依法强制执行仍不能履行债务前，对债权人可以拒绝承担保证责任的权利。

但根据《民法典》第 687 条第 2 款的规定，先诉抗辩权在下列四种情形下不得行使：

(1)债务人下落不明，且无财产可供执行。债务人下落不明致债权人请求主债务人履行债务发生重大困难，而对于重大困难的判断，应综合诉讼及执行的难易程度、债务人的财产状况等客观情况进行。

(2)人民法院已经受理债务人破产案件。如果破产的债务人有保证人提供保证的，债权人可以不向破产组织申报债权，而直接要求保证人承担保证责任。

(3)债权人有证据证明债务人的财产不足以履行全部债务或者丧失履行债务能力。此种情况下，债权人在一定期间内无法从主债务人处实现债权，故只能要求保证人承担保证责任。

(4)保证人书面表示放弃本款规定的权利。先诉抗辩权的放弃应当以书面形式作出，主要是为了证明保证人确实放弃该权利，同时也可以防止债权人和保证人在先诉抗辩权是否放弃问题上发生争议。

163. 反担保是什么？

《民法典》第 689 条规定，保证人可以要求债务人提供反担保。

反担保，是指在商品贸易、工程承包和资金借贷等经济往来中，为了换取担保人提供保证、抵押或质押等担保方式，由债务人或第三人向该担保人新设担保，以担保该担保人在承担了担保责任后易于实现其追偿权的制度。

164. 最高额保证合同是什么？

《民法典》第 690 条规定，保证人与债权人可以协商订立最高额保证的合同，约定在最高债权额限度内就一定期间连续发生的债权提供保证。最高额保证除适用本章规定外，参照适用本法第二编最高额抵押权的有关规定。

最高额保证合同，是指保证人和债权人签订一个总的保证合同，为一定期限内连续发生的借款合同或同种类其他债权提供保证，只要债权人和债务人在保证合同约定的期限内且债权额限度内进行交易，保证人则依法承担保证责任的保证合同。最高额保证合同是银行融资业务中一种较为常用的担保合同。

165. 保证的范围包括哪些?

根据《民法典》第691条的规定,保证的范围包括以下内容:

(1)主债权及其利息。主债权即主合同所确立的债权,这是保证范围的主要部分,当事人设立保证合同,就是为了担保主债权的实现。

(2)违约金。违约金具有从合同的性质,它以主合同的生效为前提条件,违约金是违反有效合同所产生的责任,将违约金纳入保证的范围之内,这是普通保证人可以预见到的。

(3)损害赔偿金。损害赔偿金是在违约情况下对非违约方的重要补救方式,故而也应当将其纳入保证的范围。

(4)实现债权的费用。实现债权的费用包括诉讼费用,申请扣押、执行等的费用。

保证范围是保证合同的一项内容,保证人可以约定保证范围,约定范围既可大于上述法定范围,也可等于或小于上述法定范围。

166. 保证期间如何确定?

根据《民法典》第692条的规定,保证期间为确定保证人承担保证责任的期间,事关保证人和债权人之间的债权债务能否行使或履行,也是确定保证债务和诉讼时效关系的依据。保证期间不发生中止、中断和延长。

保证合同的当事人可以就保证期间作出约定,只要此种约定不违反法律的强制性规定,该约定就是有效的,其应当成为保证合同的重要组成部分。

保证合同的当事人约定的保证期间早于主债务履行期限或者与主债务履行期限同时届满的,视为没有约定;没有约定或者约定不明确的,保证期间为主债务履行期限届满之日起6个月。债权人与债务人对主债务履行期限没有约定或者约定不明确的,保证期间自债权人请求债务人履行债务的宽限期届满之日起计算。

167. 什么情况下保证人可以不再承担保证责任？

根据《民法典》第693条的规定，保证人不再承担保证责任的事由因保证方式的不同而不同。

第一，一般保证。一般保证的债权人未在保证期间对债务人提起诉讼或者申请仲裁的，保证人不再承担保证责任。法律将债权人在保证期间内要求债务人偿债（提起诉讼或者申请仲裁）作为要求一般保证人承担保证责任的法定方式。如果债权人在合同约定的保证期间内或没有约定及约定不明时在6个月内不向主债务人提起诉讼或者申请仲裁，则一般保证人的保证责任免除。

第二，连带保证。连带责任保证的债权人未在保证期间请求保证人承担保证责任的，保证人不再承担保证责任。在连带责任保证期间以内，债权人未对保证人提出请求，保证期间经过的，保证责任将发生消灭。

168. 何时开始计算保证债务的诉讼时效？

保证债务的诉讼时效，是指当债权人请求保证人履行保证债务，经过法定的时效期间即丧失获得法院强制执行保证人承担保证责任的权利。根据《民法典》第694条的规定，开始计算保证债务诉讼时效的时间因保证方式的不同而不同。

第一，一般保证。一般保证的债权人在保证期间届满前对债务人提起诉讼或者申请仲裁的，从保证人拒绝承担保证责任的权利消灭之日起，开始计算保证债务的诉讼时效。

第二，连带保证。连带责任保证的债权人在保证期间届满前请求保证人承担保证责任的，从债权人请求保证人承担保证责任之日起，开始计算保证债务的诉讼时效。

169. 主债权债务合同变更未经保证人书面同意的，保证人还需要承担保证责任吗？

《民法典》第 695 条规定，债权人和债务人未经保证人书面同意，协商变更主债权债务合同内容，减轻债务的，保证人仍对变更后的债务承担保证责任；加重债务的，保证人对加重的部分不承担保证责任。债权人和债务人变更主债权债务合同的履行期限，未经保证人书面同意的，保证期间不受影响。

主债权债务合同变更后，原由保证人承担的保证范围可能发生变化，由此可能加大保证人的责任，这于保证人而言是十分不利的。因此，要求债权人与债务人协议变更主债权债务合同时需要取得保证人的书面同意。保证人书面同意，意味着其愿意为变更后的合同内容提供保证。否则，在未取得保证人书面同意的情况下，减轻债务的，保证人仍对变更后的债务承担保证责任，而加重债务的，保证人对加重的部分不承担保证责任。

170. 债权转让是否对保证人发生效力？

《民法典》第 696 条规定，债权人转让全部或者部分债权，未通知保证人的，该转让对保证人不发生效力。保证人与债权人约定禁止债权转让，债权人未经保证人书面同意转让债权的，保证人对受让人不再承担保证责任。

首先，债权人转让债权必须通知保证人，保证人接到转让通知后才能够向受让人承担保证责任。若未通知，该转让对保证人不发生效力。

其次，当保证人与债权人约定禁止债权转让时，债权人就要受到该意思自治的约束。受意思自治的约束并不意味着债权人不能转让主债权。债权人仍然可以将自己的债权转让给他人，只是这种行为违反了保证合同的约定，是对保证人的违约，若未能征得保证人的书面同意，其后果是保证人不再承担保证责任。

171. 债务转移未经保证人书面同意的，保证人还需要承担保证责任吗？第三人加入债务对保证人的保证责任有影响吗？

《民法典》第697条规定，债权人未经保证人书面同意，允许债务人转移全部或者部分债务，保证人对未经其同意转移的债务不再承担保证责任，但是债权人和保证人另有约定的除外。第三人加入债务的，保证人的保证责任不受影响。

首先，债务转移未经保证人书面同意的，保证人对未经其同意转移的债务不再承担保证责任，但是债权人和保证人另有约定的除外。据此，债权人允许债务人转移债务必须要经保证人的书面同意才不影响保证人承担保证责任。

其次，第三人加入债务的，保证人的保证责任不受影响。第三人加入债务，债务人的整体责任承担能力只会增加而不会有所减损，对保证人的权益不会有影响，只会更有利于保证人，因此，不需要保证人书面同意，保证人按照约定继续承担保证责任。

172. 一般保证的保证人在因债权人的原因导致对债务人财产执行不能时，可以免除保证责任吗？

《民法典》第698条规定，一般保证的保证人在主债务履行期限届满后，向债权人提供债务人可供执行财产的真实情况，债权人放弃或者怠于行使权利致使该财产不能被执行的，保证人在其提供可供执行财产的价值范围内不再承担保证责任。

一般保证情形下，债权人需要在对债务人财产执行不能之后，才能主张保证人承担保证责任，也就是说，债务人财产执行不能时，保证人有承担责任的义务。如果是因为债权人自己放弃或者怠于行使权利致使债务人相应财产执行不能时,此时是债权人自己的原因导致对债务人财产执行不能,因此,保证人可以在相应范围内免责。

173. 两个以上保证人如何确定保证份额?

《民法典》第699条规定,同一债务有两个以上保证人的,保证人应当按照保证合同约定的保证份额,承担保证责任;没有约定保证份额的,债权人可以请求任何一个保证人在其保证范围内承担保证责任。

按照上述规定,两个以上保证人保证份额的确定分为两种情况:

第一,保证合同明确约定保证份额。分为明确约定为按份共同保证和明确约定为连带共同保证。

第二,保证合同没有约定保证份额。此时债权人可以请求任何一个保证人承担其保证范围内的保证责任,保证人承担保证责任之后可以找债务人追偿,但是多个保证人之间没有相互追偿权。

174. 保证人何时可以行使追偿权?

《民法典》第700条规定,保证人承担保证责任后,除当事人另有约定外,有权在其承担保证责任的范围内向债务人追偿,享有债权人对债务人的权利,但是不得损害债权人的利益。

保证人的追偿权,又称保证人的求偿权,是指保证人在承担保证责任后,可以向主债务人请求偿还的权利。保证人行使追偿权必须具备以下几项要件:一是必须是保证人已经对债权人承担了保证责任;二是必须使主债务人对债权人因保证而免责;三是必须是保证人没有赠与的意思。

175. 保证人可以向债权人抗辩吗?

《民法典》第701条规定,保证人可以主张债务人对债权人的抗辩。债务人放弃抗辩的，保证人仍有权向债权人主张抗辩。

凡是主债务人所享有的抗辩权，保证人都能主张，这些抗辩包括主合同未生效的抗辩、主合同无效的抗辩、主合同已经终止的抗辩、主合同已过诉讼时效的抗辩、抵销抗辩等。即使主债务人放弃这些抗辩权，保证人仍然可以主张。这是因为，这些抗辩权既是主债务人享有的抗辩权，也是法律赋予保证人的抗辩权，主债务人放弃此类抗辩权不应当对保证人的抗辩权产生影响。

第十四章　租赁合同

176. 租赁合同是什么？租赁合同包含哪些条款？

根据《民法典》第 703 条的规定，租赁合同是指出租人将租赁物交付承租人使用、收益，承租人支付租金的合同。

根据《民法典》第 704 条的规定，租赁合同的内容一般包括以下条款：

（1）租赁物的名称。租赁物应以明确的语言加以确定，如汽车，是小轿车还是货车，要约定清楚。

（2）租赁物的数量。明确数量，出租人才能准确地履行交付租赁物的义务，它也是租赁期限届满时，承租人返还租赁物时的依据。

（3）租赁物的用途。租赁物的用途关系到承租人如何使用该租赁物，因为承租人负有按照约定使用租赁物的义务，租赁物的用途就必须约定清楚，否则当租赁物损坏时，出租人就难以行使其请求权。

（4）租赁期限。租赁期限关系承租人使用租赁物的时间长短、支付租金的时间、交还租赁物的时间等。

（5）租金及其支付期限和方式。包括租金的多少；是以人民币支付，还是以外汇支付；是现金支付，还是转账支付；是按月支付，还是按年支付；是一次支付，还是分次支付；是预先支付，还是事后支付等。

(6)租赁物维修等条款。对租赁物的维修义务应当由出租人承担,这是出租人在租赁合同中的主要义务。但并不排除在有些租赁合同中承租人负有维修义务。

177. 租赁的最长期限是多久?

《民法典》第 705 条规定,租赁期限不得超过 20 年。超过 20 年的,超过部分无效。租赁期限届满,当事人可以续订租赁合同;但是,约定的租赁期限自续订之日起不得超过 20 年。

租赁期限的长短由当事人根据其使用租赁物的目的和租赁物的性质自主决定。考虑到我国经济发展很快,变化也很快,为了更有效地保护租赁合同双方当事人的权益,对租赁期限的最高期限有所限制是有必要的。因此,上述条款作出了租赁合同的期限最长不得超过 20 年的规定。但确有需要延长租赁期限的,可以在租赁期限届满后续订租赁合同。

178. 租赁合同应采用何种形式?

为了既便利交易又保证交易安全,《民法典》第 707 条规定对租赁合同的形式作了以下三个层次的规定:

(1)租赁期限不满 6 个月的租赁合同,可以采用口头形式也可以采用书面形式。

(2)租赁期限在 6 个月以上的应当采用书面形式。

(3)租赁期限 6 个月以上的,当事人没有采用书面形式,并非导致合同无效,而是产生约定的期限不予承认的效果,视为不定期租赁。

179. 租赁合同的出租人应当负担哪些义务?

租赁合同的出租人应当负担以下义务:

(1)依约定交付租赁物且使租赁物符合约定用途的义务。《民法典》第 708 条规定，出租人应当按照约定将租赁物交付承租人，并在租赁期限内保持租赁物符合约定的用途。

(2)租赁物的维修义务。《民法典》第 712 条规定，出租人应当履行租赁物的维修义务，但是当事人另有约定的除外。《民法典》第 713 条规定，承租人在租赁物需要维修时可以请求出租人在合理期限内维修。出租人未履行维修义务的，承租人可以自行维修，维修费用由出租人负担。因维修租赁物影响承租人使用的，应当相应减少租金或者延长租期。因承租人的过错致使租赁物需要维修的，出租人不承担前款规定的维修义务。

180. 租赁合同的承租人应当负担哪些义务？

租赁合同的承租人应当负担以下义务：

(1)按照约定的方法使用租赁物的义务。《民法典》第 709 条规定，承租人应当按照约定的方法使用租赁物。对租赁物的使用方法没有约定或者约定不明确，依据本法第 510 条的规定仍不能确定的，应当根据租赁物的性质使用。《民法典》第 710 条规定，承租人按照约定的方法或者根据租赁物的性质使用租赁物，致使租赁物受到损耗的，不承担赔偿责任。《民法典》第 711 条规定，承租人未按照约定的方法或者未根据租赁物的性质使用租赁物，致使租赁物受到损失的，出租人可以解除合同并请求赔偿损失。

(2)保管租赁物的义务。《民法典》第 714 条规定，承租人应当妥善保管租赁物，因保管不善造成租赁物毁损、灭失的，应当承担赔偿责任。

181. 承租人可以对租赁物进行改善或增设他物吗？

《民法典》第 715 条规定，承租人经出租人同意，可以对租赁物进行改善或者增设他物。承租人未经出租人同意，对租赁物进行改善或者增设他物的,出租人可以请求承租人恢复原状或者赔偿损失。

改善是指对租赁物并不改变其外观形状,而是对其性能进行改良。例如,将汽车由原来的化油器改装为电喷的。增设他物是指在原有的租赁物上添加另外的物,如在汽车上安装音响设备等。有时,承租人为了使租赁物充分有效地发挥作用,需要对租赁物进行改善或者增设他物,但承租人对租赁物只是享有占有、使用的权利,而不具有处分权,因此,他不能擅自在租赁物上进行改善或者增设他物,须经出租人同意。如承租人未经出租人同意对租赁物进行改善或者增设他物的,出租人可以请求承租人恢复原状或者赔偿损失。

182.《民法典》对转租是怎么规定的?

首先,承租人转租需要经过出租人同意。《民法典》第716条规定,承租人经出租人同意,可以将租赁物转租给第三人。承租人转租的,承租人与出租人之间的租赁合同继续有效;第三人造成租赁物损失的,承租人应当赔偿损失。承租人未经出租人同意转租的,出租人可以解除合同。

其次,转租期限超过承租人剩余租赁期限的约定对出租人不具有法律约束力。《民法典》第717条规定,承租人经出租人同意将租赁物转租给第三人,转租期限超过承租人剩余租赁期限的,超过部分的约定对出租人不具有法律约束力,但是出租人与承租人另有约定的除外。

再次,视为出租人同意转租的情形。《民法典》第718条规定,出租人知道或者应当知道承租人转租,但是在6个月内未提出异议的,视为出租人同意转租。

最后,次承租人可以代承租人支付租金和违约金。《民法典》第719条规定,承租人拖欠租金的,次承租人可以代承租人支付其欠付的租金和违约金,但是转租合同对出租人不具有法律约束力的除外。次承租人代为支付的租金和违约金，可以充抵次承租人应当向承租人支付的租金；超出其应付的租金数额的，可以向承租人追偿。

183. 租赁期限内因占有、使用租赁物获得的收益归谁所有？

《民法典》第 720 条规定，在租赁期限内因占有、使用租赁物获得的收益，归承租人所有，但是当事人另有约定的除外。

除当事人在合同中另有约定外，租赁期限内归承租人所有的收益包括两类：一类是因为占有租赁物而产生的收益；另一类是使用租赁物而产生的收益。例如，承租人从房屋租赁的转租中收取的超额租金、承租人租用汽车经营货物运输获得的收益等。

184. 承租人支付租金的期限如何确定？承租人违反支付租金的义务会产生什么法律后果？

首先，承租人支付租金的期限。根据《民法典》第 721 条的规定，承租人与出租人对租金支付约定期限的，承租人应当按照约定的期限支付租金。对支付租金的期限没有约定或者约定不明确，双方可以协议补充；不能达成补充协议的，按照合同相关条款或者交易习惯确定；如果仍不能确定的，租赁期限不满 1 年的，应当在租赁期限届满时支付；租赁期限 1 年以上的，应当在每届满 1 年时支付，剩余期限不满 1 年的，应当在租赁期限届满时支付。

其次，承租人违反支付租金义务的法律后果。《民法典》第 722 条规定，承租人无正当理由未支付或者迟延支付租金的，出租人可以请求承租人在合理期限内支付；承租人逾期不支付的，出租人可以解除合同。

185. 出租人何时应承担权利瑕疵担保责任？

《民法典》第 723 条规定，因第三人主张权利，致使承租人不能对租赁物使用、收益的，承租人可以请求减少租金或者不支付租金。第三人主张权利的，承租人应当及时通知出租人。据此，出租人承担权利瑕疵担保责任的条件为：

第一，因第三人向承租人主张权利。第三人可能是租赁物的所有人、抵押权人等。

第二，第三人主张权利妨碍承租人对租赁物的使用和收益。例如，第三人主张抵押权的实现时，因其涉及对租赁物实体的处置，则会妨碍承租人对租赁物的使用。

第三，承租人在订立合同时不知有权利瑕疵。如果承租人在订立合同时明知出租人对该租赁物没有处分权，而自愿承担第三人主张权利的风险，出租人不负瑕疵担保责任。

在第三人主张权利时，除出租人已经知道第三人主张权利外，承租人应当及时通知出租人，如果承租人怠于通知致使出租人能够救济而未能及时救济的，则出租人对承租人的损失不负赔偿责任。承租人及时通知出租人，出租人对第三人主张权利不能排除的，承租人事实上对租赁物已无法使用、收益，这时，承租人有权请求减少租金或不支付租金。

186. 非因承租人原因致使租赁物无法使用时，承租人可以解除合同的情形有哪些？

《民法典》第724条规定，有下列情形之一，非因承租人原因致使租赁物无法使用的，承租人可以解除合同：(1)租赁物被司法机关或者行政机关依法查封、扣押；(2)租赁物权属有争议；(3)租赁物具有违反法律、行政法规关于使用条件的强制性规定情形。

需要注意的是，出现上述情形必须导致“租赁物无法使用”的，承租人才可以解除合同。所谓“无法使用”是指无法按照租赁物的约定用途使用，或者无法按照租赁物的性质使用。

187.“买卖不破租赁”指的是什么？

《民法典》第 725 条规定了“买卖不破租赁”条款。根据该条规定，具体是指租赁物在承租人按照租赁合同占有期限内发生所有权变动的，不影响租赁合同的效力，租赁合同对新所有权人有效。

《合同法》对“买卖不破租赁”的表述是“租赁物在租赁期间发生所有权变动的，不影响租赁合同的效力”。该条规定存在一个重大问题，即租赁合同的真实签订时间难以确定，司法实践中出现了大量的倒签租赁合同去损害房屋买受人利益的情形。《民法典》对这一问题进行了修改，修改的核心在于使“买卖不破租赁”规则中租赁的时间点显形化，必须是一个有对外公示可能性的时间点，即对租赁物的占有。这一改动实际上也间接对房屋买受人提出了一个新的要求，即在签订买卖合同之前实地调查房屋的实际占有使用状况，否则其权利就有可能被在先占有适用的租赁期所限制。这一选择固然增加了买受人的调查成本，但从另一方面表现出房屋更强的住宅属性，而非金融属性，这和“房子是用来住的，不是用来炒的”的定位也是相符的。

此外，“买卖不破租赁”并不限于出租人出售租赁物的行为，还应包括赠与以及遗赠、互易甚至将租赁物作为合伙投资等情况。

188. 房屋承租人什么情况下可以行使优先购买权？

《民法典》第 726 条规定，出租人出卖租赁房屋的，应当在出卖之前的合理期限内通知承租人，承租人享有以同等条件优先购买的权利；但是，房屋按份共有人行使优先购买权或者出租人将房屋出卖给近亲属的除外。出租人履行通知义务后，承租人在 15 日内未明确表示购买的，视为承租人放弃优先购买权。

房屋承租人的优先购买权是指房屋承租人在出租人出卖房屋时，在同等条件下优先购买该房屋的权利。房屋承租人优先购买权的适用条件包括以下几个方面：

第一，存在合法有效的房屋租赁合同关系，即两者之间的房屋租赁合同依法成立并生效。

第二，在同等条件下行使。所谓同等条件，是指承租人与其他购买人在买卖条件上等同，要综合考虑价格的多少、付款期限的长短、一次性付清还是分期付款、有无担保等因素。在非同等条件下，承租人不能享有优先购买权。

第三，必须在一定期限内行使。如果出租人通知承租人其将要出卖租赁的房屋，而承租人在15日内没有购买的意思表示，则承租人优先购买权丧失。

第四，不存在房屋按份共有人行使优先购买权或者出租人将房屋出卖给近亲属的情况。

189. 出租人妨害承租人行使优先购买权的法律后果有哪些？

《民法典》第728条规定，出租人未通知承租人或者有其他妨害承租人行使优先购买权情形的，承租人可以请求出租人承担赔偿责任。但是，出租人与第三人订立的房屋买卖合同的效力不受影响。

承租人的优先购买权受到侵害的，不影响转让合同的效力，承租人有权请求出租人承担损害赔偿责任。损害赔偿的范围是实际损失，即承租人要获得类似房屋所多支出的价款损失，以及在购买房屋过程中支出的费用损失。这些损失都是因为出租人侵害承租人优先购买权而造成的，所以出租人应当赔偿。

190. 因不可归责于承租人的事由致使租赁物发生毁损、灭失的，承租人的请求权如何行使？

《民法典》第729条规定，因不可归责于承租人的事由，致使租赁物部分或者全部毁损、灭失的，承租人可以请求减少租金或者不支付租金；因租赁物部分或者全部毁损、灭失，致使不能实现合同目的的，承租人可以解除合同。

不可归责于承租人的事由主要包括：因不可抗力的原因造成租赁物毁损、灭失的；因意外事件造成租赁物毁损、灭失的；因出租人不履行义务造成租赁物毁损、灭失的。由此，承租人对租赁物已不能使用或使用的效能受到了影响。根据上述条款承租人可以行使如下请求权：

第一，要求减少租金或不支付租金。减少租金一般适用于租赁物部分毁损，但还能够使用，或者是承租人已经支付了部分租金，租赁物全部毁损、灭失的，已支付的租金不再返还，未支付的租金不再支付。不支付租金一般是指租赁物虽然部分毁损，但已失去其效用或者租赁物全部毁损、灭失，承租人已不能使用该租赁物，当然可以要求不支付租金。

第二，解除合同。承租人主张解除合同的，只要通知到达出租人，合同即行解除，如果出租人对此有异议，提请诉讼或仲裁，人民法院或者仲裁机构也只是对承租人行使解除权的效力进行确认。

191. 租赁期限没有约定或者约定不明确时会产生什么法律后果？

《民法典》第730条规定，当事人对租赁期限没有约定或者约定不明确，依据本法第510条的规定仍不能确定的，视为不定期租赁；当事人可以随时解除合同，但是应当在合理期限之前通知对方。

对于不定期租赁，双方当事人可以随时解除合同。如果承租人在使用租赁物后已达到了其预期目的，同时履行了其义务，可以提出终止合同的履行；如果出租人对租赁物有客观原因需要利用，而非出于其他恶意，可以在保障承租人利益不受损害的情况下，收回租赁物。依诚实信用原则，解除合同一方当事人应在合理期限之前通知对方当事人。

192. 租赁物危及承租人安全或者健康且承租人明知的，承租人可以随时解除合同吗？

为保证承租人一方的人身安全或者健康，《民法典》第 731 条规定，租赁物危及承租人的安全或者健康的，即使承租人订立合同时明知该租赁物质量不合格，承租人仍然可以随时解除合同。

193. 房屋承租人死亡的租赁关系如何处理？

在房屋租赁中，承租人取得的只是房屋使用权，原则上其承租权不得继承。但考虑到承租人死亡后其他共同居住人的居住利益，《民法典》第 732 条规定，承租人在房屋租赁期限内死亡的，与其生前共同居住的人或者共同经营人可以按照原租赁合同租赁该房屋。

194. 租赁期限届满承租人应当返还租赁物吗？如果承租人继续使用租赁物的应该如何处理？承租人的优先承租权是什么？

首先，根据《民法典》第 733 条的规定，租赁期限届满，承租人应当返还租赁物。返还的租赁物应当符合按照约定或者根据租赁物的性质使用后的状态。

其次，根据《民法典》第 734 条第 1 款的规定，租赁期限届满承租人继续使用租赁物，出租人没有提出异议的，原租赁合同继续有效，但是租赁期限为不定期。对于不定期租赁，任何一方当事人均可以随时解除合同。

最后，根据《民法典》第 734 条第 2 款的规定，优先承租权是指承租人依法或者依约享有的，在租赁期限届满后以同等条件优先承租原租赁物的权利。优先承租权的确立，对承租人的权益进行了一定程度的保护，防止出租人随意变更租赁关系从而影响承租人的生活经营，有效防范纠纷的产生。

第十五章　融资租赁合同

195. 融资租赁合同是什么？融资租赁合同应包含哪些条款？

根据《民法典》第735条的规定，融资租赁合同是指出租人根据承租人对出卖人、租赁物的选择，向出卖人购买租赁物，提供给承租人使用，承租人支付租金的合同。

根据《民法典》第736条的规定，融资租赁合同一般包括以下条款：

（1）有关租赁物的条款。融资租赁合同的标的物是承租人要求出租人购买的设备，是合同当事人双方权利和义务指向的对象，因此，融资租赁合同首先应就租赁物作出明确约定。此条款应写明租赁物的名称、数量、规格、技术性能、检验方法等。

（2）有关租金的条款。租金是合同的主要内容之一。合同对租金的规定包括租金总额、租金构成、租金支付方式、支付地点和次数、租金支付期限、每期租金额、租金计算方法、租金币种等。

（3）有关租赁期限的条款。租赁期限一般根据租赁物的经济寿命、使用及利用设备所产生的效益，由双方当事人商定。此条款应当明确租赁起止日期。

（4）有关租赁期限届满租赁物的归属的条款。租赁期限届满，租赁物的所有权归出租人享有。租赁期限届满，承租人一般有三种选择权，即留购、续租或退租。在留购情况下，承租人取得租赁物的所有权。在续租和退租情况下，租赁物仍归出租人所有。

除上述条款外，融资租赁合同一般还应包括租赁物的交付、使用、保养、维修和保险、担保、违约责任、合同发生争议时的解决方法、合同签订日期和地点等条款。

需要注意的是，《民法典》第736条第2款明确规定，融资租赁合同应当采用书面形式。

196. 当事人以虚构租赁物方式订立的融资租赁合同有效吗?

在交易实践中,当事人可能会为了逃脱金融监管,如某些不符合金融放贷资质的金融机构以融资租赁的名义来进行金融放贷,或者贷款的利息违反了利率管制的要求,从而选择以虚构租赁物的形式进行贷款,所以这是以虚假的意思表示实施的民事法律行为。据此,《民法典》第737条规定,当事人以虚构租赁物方式订立的融资租赁合同无效。

197. 租赁物的经营使用应当取得行政许可时,出租人未取得行政许可影响融资租赁合同的效力吗?

不影响。《民法典》第738条规定,依照法律、行政法规的规定,对于租赁物的经营使用应当取得行政许可的,出租人未取得行政许可不影响融资租赁合同的效力。

在融资租赁中,租赁物的所有权和使用权几乎是永久性地分离,出租人表面上是租赁物的所有权人,实质上只是满足承租人融资的需要,只享有观念上的所有权,而承租人是租赁物的占有、使用、收益人,租赁物主要发挥的是担保功能。出租人实质上是为承租人购买租赁物提供资金,真正的经营使用者是承租人,因此,限制租赁物的经营使用活动的主体应该是承租人,承租人对于租赁物的经营使用应当依法获得行政许可。对于出租人来说,租赁物的经营使用与其没有直接关系,出租人只需要具备相应的融资租赁资质即可。只要承租人依法取得行政许可,就可以达到监管租赁物经营使用的目的。因此,出租人未取得行政许可不影响融资租赁合同的效力。

198. 出租人根据承租人对出卖人、租赁物的选择订立买卖合同时，出卖人与承租人的权利义务是什么？

《民法典》第739条规定，出租人根据承租人对出卖人、租赁物的选择订立的买卖合同，出卖人应当按照约定向承租人交付标的物，承租人享有与受领标的物有关的买受人的权利。

出卖人按照约定向承租人交付标的物，承租人享有与受领标的物有关的买受人的权利，是融资租赁与传统租赁的一个重要区别。在传统租赁中，出租人是将自己现有的物或者根据自己的意愿购买的物出租给承租人，承租人与出卖人之间不存在任何法律关系，出租人对租赁物负有瑕疵担保责任。而在融资租赁中，融资租赁合同的租赁物即是买卖合同的标的物。融资租赁合同最重要的法律特征就是融资与融物相结合，融资为融物服务。买卖合同是出租人根据承租人对出卖人和租赁物的选择订立的，作为买受人的出租人只负支付货款的义务，而承租人是租赁物的占有、使用、收益人，且了解租赁物。出租人实质上是为承租人购买租赁物提供资金，真正的买卖双方是承租人和出卖人，因此，出卖人应当按照约定向承租人交付标的物，承租人享有与受领标的物有关的买受人的权利。

199. 哪些情形下承租人可以拒绝受领出卖人向其交付的标的物？

为了保证租赁物符合要求，便于解决租赁物的使用中出现的问题，在实践中，出租人往往将选择由谁来提供何种品质、规格的租赁物的决定权赋予承租人，由承租人与出卖人就租赁物直接进行交流，由承租人负责收货验收。所以，对由于租赁物的质量瑕疵或交付瑕疵，如租赁物质量不合格或者迟延供货的原因，需要对租赁物行使拒绝受领权的，由承租人行使更为合适。

因此,《民法典》第740条规定,出卖人违反向承租人交付标的物的义务,有下列情形之一的,承租人可以拒绝受领出卖人向其交付的标的物:(1)标的物严重不符合约定;(2)未按照约定交付标的物,经承租人或者出租人催告后在合理期限内仍未交付。

承租人拒绝受领标的物的,应当及时通知出租人。

200. 融资租赁合同中承租人的索赔权是什么?

索赔权,是指当义务人不履行义务而给权利人造成损失时,权利人依法享有向义务人索赔因此而造成的损失的权利。考虑到融资租赁合同的特殊性,《民法典》第741~743条对承租人行使索赔权作出了详细规定。

首先,当事人可以约定由承租人行使索赔权。《民法典》第741条规定,出租人、出卖人、承租人可以约定,出卖人不履行买卖合同义务的,由承租人行使索赔的权利。承租人行使索赔权利的,出租人应当协助。

其次,承租人行使索赔权利时租金支付义务的规定。《民法典》第742条规定,承租人对出卖人行使索赔权利,不影响其履行支付租金的义务。但是,承租人依赖出租人的技能确定租赁物或者出租人干预选择租赁物的,承租人可以请求减免相应租金。

最后,出租人影响承租人行使索赔权以及自己怠于行使索赔权时承担相应责任的规定。《民法典》第743条规定,出租人有下列情形之一,致使承租人对出卖人行使索赔权利失败的,承租人有权请求出租人承担相应的责任:

(1)明知租赁物有质量瑕疵而不告知承租人;

(2)承租人行使索赔权利时,未及时提供必要协助。

出租人怠于行使只能由其对出卖人行使的索赔权利,造成承租人损失的,承租人有权请求出租人承担赔偿责任。

201. 未经承租人同意出租人可以变更与承租人有关的合同内容吗？

不可以。在融资租赁交易中，先签订的买卖合同是租赁物的依据，后签订的融资租赁合同是买卖合同成立的前提。两者缺一不可。买卖合同虽是由出租人与出卖人订立的，在买卖合同未履行或者未完全履行前，出租人与出卖人只要协商一致，就可以对合同进行修改、补充。但由于买卖合同与融资租赁合同关系密切，出租人订立买卖合同是为了承租人，而且买卖合同的条款往往是经承租人确认的，因此，《民法典》第744条规定，出租人根据承租人对出卖人、租赁物的选择订立的买卖合同，未经承租人同意，出租人不得变更与承租人有关的合同内容。

202. 出租人在任何情况下都能免除对租赁物的质量瑕疵担保责任吗？

《民法典》第747条规定，租赁物不符合约定或者不符合使用目的的，出租人不承担责任。但是，承租人依赖出租人的技能确定租赁物或者出租人干预选择租赁物的除外。

在融资租赁合同中，一般都明确规定，出卖人迟延交付租赁物或者租赁物的规格、式样、性能等不符合合同约定或者不符合使用目的的，出租人不承担责任，由承租人直接向出卖人索赔，并承担索赔不成时的损害后果。当然，并不是在任何情况下，出租人都能免除其质量瑕疵担保责任。当承租人依赖出租人的技能和判断选择租赁物，或者出租人干预选择租赁物时，如出租人为承租人确定租赁物或者擅自变更承租人已选定的租赁物的，出租人应承担全部或者部分租赁物的质量瑕疵担保责任。

203. 出租人有哪些情形时承租人有权请求赔偿损失?

根据《民法典》第 748 条第 1 款的规定,出租人负有保证承租人对租赁物的占有和使用的义务,也就是说,在出卖人将租赁物交付给承租人后,出租人应当保障承租人能够持续、和平地占有和使用租赁物。

根据《民法典》第 748 条第 2 款的规定,出租人有下列情形之一的,承租人有权请求其赔偿损失:

(1)无正当理由收回租赁物;

(2)无正当理由妨碍、干扰承租人对租赁物的占有和使用;

(3)因出租人的原因致使第三人对租赁物主张权利;

(4)不当影响承租人对租赁物占有和使用的其他情形。

204. 承租人占有租赁物期间,租赁物造成第三人人身损害或者财产损失的,出租人需要承担责任吗?

《民法典》第 749 条规定,承租人占有租赁物期间,租赁物造成第三人人身损害或者财产损失的,出租人不承担责任。该条规定中,承租人的占有既包括直接占有也包括间接占有。承租人占有租赁物期间通常是指租赁物自交付承租人之日起至租赁期限届满租赁物被返还给出租人之日止。租赁物造成的第三人损失既包括人身损害也包括财产损失。如果租赁物造成的损害或损失发生于承租人占有租赁物期间,此时出租人对该损害或损失不承担责任。

205. 租赁期限内发生租赁物毁损、灭失的,出租人还有权请求承租人支付租金吗?

《民法典》第 751 条规定,承租人占有租赁物期间,租赁物毁损、灭失的,出租人有权请求承租人继续支付租金,但是法律另有规定或者当事人另有约定的除外。

在租赁期限内发生租赁物毁损、灭失的情况时，首先应当考虑法律是否另有规定或者当事人是否通过合同作出约定，如果法律另有规定或者当事人事先作出了约定，就应当根据法律的规定或者尊重当事人的约定。在法律没有规定以及当事人没有约定的情况下，承租人仍然负有继续支付租金的义务，出租人有权请求承租人继续支付租金。

206. 承租人未经出租人同意处分租赁物的，出租人可以解除融资租赁合同吗？

可以。由于融资租赁的交易形式使承租人通常具有权利外观，在此情况下，承租人可能凭借其对租赁物的实际控制和相关证明材料，在未经出租人同意的情况下，将租赁物转让、抵押、质押、投资入股或者以其他方式处分。由于融资租赁合同租赁期限届满之前，租赁物归出租人所有，承租人的上述行为显然构成无权处分。因此，《民法典》第753条规定，承租人未经出租人同意，将租赁物转让、抵押、质押、投资入股或者以其他方式处分的，出租人可以解除融资租赁合同。

207. 哪些情形下出租人或者承租人可以解除融资租赁合同？

根据《民法典》第754条的规定，出租人或者承租人可以解除融资租赁合同的情形包括以下三种：

(1)出租人与出卖人订立的买卖合同解除、被确认无效或者被撤销，且未能重新订立买卖合同。融资租赁合同和买卖合同是相互联系、相互影响的，若出租人与出卖人订立的买卖合同解除、被确认无效或者被撤销，承租人与出租人之间的融资租赁合同可能即因此丧失履行的基础和意义，因此，出租人与承租人均可解除融资租赁合同。

(2)租赁物因不可归责于当事人的原因毁损、灭失，且不能修复或者确定替代物。不可归责于当事人的事由有下列两种情况：其一，因不可抗力的原因造成租赁物毁损、灭失的。其二，因意外事件造成租赁物毁损、灭失的。

(3)因出卖人的原因致使融资租赁合同的目的不能实现。对于融资租赁合同而言,出卖人的原因属于不能归责于融资租赁合同双方当事人的事由,出租人和承租人均可解除融资租赁合同。

208. 融资租赁合同因买卖合同解除、被确认无效或者被撤销而解除后的损失赔偿问题如何确定?

根据《民法典》第755条的规定,融资租赁合同因买卖合同解除、被确认无效或者被撤销而解除的,属于因融资租赁合同当事人以外的原因导致合同解除,承租人虽无违约行为,但如果买卖合同的出卖人、租赁物系由承租人选择,承租人亦应当对选择的后果负责,即对由此而给出租人造成的损失承担赔偿责任。需要注意的是,买卖合同如因出租人的过错而解除、被撤销或被确认无效的,承租人对融资租赁合同的解除不承担损失赔偿责任,出租人应自担其责。此外,出租人的损失已经在买卖合同解除、被确认无效或者被撤销时获得赔偿的,承租人不再承担相应的赔偿责任。

209. 租赁期限届满后,如何确定租赁物的归属?

根据《民法典》第757条的规定,租赁期限届满后租赁物的归属按以下顺序确定:

首先,出租人和承租人可以约定租赁期限届满租赁物的归属。《民法典》第758条规定,当事人约定租赁期限届满租赁物归承租人所有,承租人已经支付大部分租金,但是无力支付剩余租金,出租人因此解除合同收回租赁物,收回的租赁物的价值超过承租人欠付的租金以及其他费用的,承租人可以请求相应返还。当事人约定租赁期限届满租赁物归出租人所有,因租赁物毁损、灭失或者附合、混合于他物致使承租人不能返还的,出租人有权请求承租人给予合理补偿。《民法典》

第 759 条规定，当事人约定租赁期限届满，承租人仅需向出租人支付象征性价款的，视为约定的租金义务履行完毕后租赁物的所有权归承租人。

其次，对租赁物的归属没有约定或者约定不明确，双方可以协议补充；不能达成补充协议的，按照合同相关条款或者交易习惯确定。

最后，仍不能确定的，租赁物的所有权归出租人。

210. 融资租赁合同无效时租赁物的归属如何确定？

根据《民法典》第 760 条的规定，融资租赁合同无效时租赁物的归属按以下顺序确定：

首先，当事人就该情形下租赁物的归属有约定的，按照其约定；

其次，没有约定或者约定不明确的，租赁物应当返还出租人；

最后，如因承租人原因致使合同无效，出租人不请求返还或者返还后会显著降低租赁物效用的，租赁物的所有权归承租人，由承租人给予出租人合理补偿。

第十六章　保理合同

211. 保理合同是什么？保理合同一般包含哪些条款？

根据《民法典》第 761 条的规定，保理合同是指应收账款债权人将现有的或者将有的应收账款转让给保理人，保理人提供资金融通、应收账款管理或者催收、应收账款债务人付款担保等服务的合同。保理目前在我国区分为银行业保理和商业保理。通俗的说，保理合同就是应收账款债权人将其现有的或者将有的应收账款转让给保理人，由保理人提供资金融通、应收账款管理或者催收以及应收账款债务人付款担保等服务并赚取一定费用的协议。

根据《民法典》第 762 条第 1 款的规定，保理合同一般应包含：业务类型、服务范围、服务期限、基础交易合同情况、应收账款信息、保理融资款或者服务报酬及其支付方式等条款。保理合同的具体内容由保理人和应收账款债权人具体约定,此条款仅仅是倡导性的规定,仅是对保理合同通常所包含内容的总结。

保理合同较为复杂,出于保护交易安全、避免纠纷的需要,《民法典》第 762 条第 2 款明确规定保理合同应当采用书面形式。

212. 应收账款债权人与债务人虚构应收账款将产生怎样的法律后果?

《民法典》第 763 条规定,应收账款债权人与债务人虚构应收账款作为转让标的,与保理人订立保理合同的,应收账款债务人不得以应收账款不存在为由对抗保理人,但是保理人明知虚构的除外。

虚构应收账款是保理实践中的突出问题。典型的场景是,在尽职调查过程中,保理人通常会向债务人核实应收账款的真实性,债务人在征询函或其他文书上确认该应收账款真实存在,保理人因而与债权人签订保理合同,事后保理人向债务人主张权利时,债务人以基础交易合同不实或应收账款虚假为由抗辩。此时,在债务人虚构或者确认债权的范围内,保理人仍有权请求债务人履行如同债权存在时相对应的债务,债务人不得以应收账款实际上不存在为由对保理人提出抗辩。当然,保理人明知虚构的除外。

213. 保理人向应收账款债务人发出应收账款转让通知时应当附什么手续?

《民法典》第 764 条规定,保理人向应收账款债务人发出应收账款转让通知的,应当表明保理人身份并附有必要凭证。

在保理合同中,实践中的大多数情形应收账款转让都是保理人发出通知,因为其对此具有重大利益,以避免债务人在转让发生后仍向债权人履行债务，故保理人更有动力主动发出通知。此时为了更好地保障债务人的权益，保理人理应表明身份并加以证明。故此上述条款规定，保理人向应收账款债务人发出应收账款转让通知的，应当表明保理人身份并附有必要凭证。保理人单独通知但未提出充分的必要凭证的，转让通知不发生效力，债务人可以向让与人履行债务，债务人也有权要求保理人在合理期间内提供充分的必要凭证，并在保理人提供之前有权拒绝履行。

214. 基础交易合同协商变更或者终止的，对保理人发生效力吗？

根据《民法典》第765条的规定，应收账款债务人接到应收账款转让通知后，应收账款债权人与债务人无正当理由协商变更或者终止基础交易合同，对保理人产生不利影响的，对保理人不发生效力。这意味着，应收账款债务人接到应收账款转让通知后，应收账款债权人与债务人无正当理由协商变更或者终止基础交易合同，是否对保理人发生效力，要看该协商变更或者终止基础交易合同的行为对保理人是否有利，如果有利则对保理人发生效力；如果不利则对保理人不发生效力。该规定的目的是保护保理人的合法利益。

215.《民法典》关于有追索权保理和无追索权保理分别是怎么规定的？

按照保理人在债务人破产、无理拖欠或无法偿付应收账款时，是否可以向债权人反转让应收账款，或要求债权人回购应收账款或归还融资，可以区分为有追索权保理和无追索权保理。

有追索权保理，是指保理人不承担为债务人核定信用额度和提供坏账担保的义务，仅提供包括融资在内的其他金融服务，有追索权保理在应收账款到期无法从债务人处收回时，保理人可以向债权人反转让应收账款,或要求债权人回购应收账款或归还融资,又称为回购型保理。《民法典》第766条规定,当事人约定有追索权保理的,保理人可以向应收账款债权人主张返还保理融资款本息或者回购应收账款债权,也可以向应收账款债务人主张应收账款债权。保理人向应收账款债务人主张应收账款债权,在扣除保理融资款本息和相关费用后有剩余的,剩余部分应当返还给应收账款债权人。

无追索权保理,是指保理人根据债权人提供的债务人核准信用额度,在信用额度内承购债权人对债务人的应收账款并提供坏账担保责任,债务人因发生信用风险未按基础合同约定按时足额支付应收账款时,保理人不能向债权人追索,又称为买断型保理。《民法典》第767条规定,当事人约定无追索权保理的,保理人应当向应收账款债务人主张应收账款债权,保理人取得超过保理融资款本息和相关费用的部分,无须向应收账款债权人返还。

216. 多个保理人主张权利时如何确定其取得应收账款的顺序?

实践中,经常会出现应收账款债权人就同一应收账款订立多个保理合同,致使多个保理人主张应收账款债权的情形。就多个作为债权受让人的保理人之间优先顺位的确定,《民法典》第768条规定,应收账款债权人就同一应收账款订立多个保理合同,致使多个保理人主张权利的,已经登记的先于未登记的取得应收账款;均已经登记的,按照登记时间的先后顺序取得应收账款;均未登记的,由最先到达应收账款债务人的转让通知中载明的保理人取得应收账款;既未登记也未通知的,按照保理融资款或者服务报酬的比例取得应收账款。

217. 本章对保理合同内容未规定的,如何适用法律?

保理必须具备的要素是应收账款债权的转让,没有应收账款债权的转让就不能构成保理合同，而应收账款是债权的一种，应收账款债权转让属于债权转让，在这个意义上，可以说应收账款债权人就是债权转让中的让与人，保理人就是债权转让中的受让人，应收账款债务人就是债权转让中的债务人。因此，《民法典》第 769 条规定，本章没有规定的，适用本编第六章债权转让的有关规定。

第十七章　承揽合同

218. 承揽合同是什么？承揽合同一般包含哪些条款？

根据《民法典》第 770 条的规定，承揽合同是指承揽人按照定作人的要求完成工作，交付工作成果，定作人支付报酬的合同。承揽包括加工、定作、修理、复制、测试、检验等工作。

根据《民法典》第 771 条的规定，承揽合同的内容一般包括以下条款：

（1）承揽的标的。承揽的标的指承揽合同权利义务所指向的对象，也就是承揽人按照定作人要求所应进行的承揽工作。

（2）标的数量。当事人应当明确规定标的的数量，选择好双方共同接受的计算单位，确定双方认可的计算方法，还可以规定合理的差额。

（3）标的质量。标的质量需订得详细具体，如标的的技术指标、质量要求、规格、型号等都要明确。

（4）报酬。报酬主要是指定作人应当支付承揽人进行承揽工作所付出的技能、劳务的酬金。

（5）承揽方式。

（6）材料的提供。当事人应当约定由哪一方提供材料，并且应当明确提供材料的时间、地点、材料的数量和质量等。

（7）履行期限。承揽合同中的履行期限主要是指双方当事人履行义务的时间。

(8)验收标准和方法。其中验收的标准是指检验材料、承揽工作质量的标准。

(9)其他条款。

219.承揽人可以将承揽工作交给第三人完成吗?

按照对工作成果最终质量起作用的程度不同,可以承揽工作分为主要工作和辅助工作。

主要工作,一般是指对工作成果的质量起决定性作用的工作,也可以说是技术要求高的那部分工作。对于主要工作,除当事人另有约定外,承揽人应亲自完成。承揽合同的本质特点决定了该合同是建立在定作人对承揽人的工作能力信任的基础上的,因此《民法典》第772条规定,承揽人应当以自己的设备、技术和劳力,完成主要工作,但是当事人另有约定的除外。承揽人将其承揽的主要工作交由第三人完成的,应当就该第三人完成的工作成果向定作人负责;未经定作人同意的,定作人也可以解除合同。

辅助工作,一般是对工作成果的整体质量没有太大的影响的工作。对于辅助工作,承揽人可以交由第三人完成,且无须经定作人同意。《民法典》第773条规定,承揽人可以将其承揽的辅助工作交由第三人完成。承揽人将其承揽的辅助工作交由第三人完成的,为了确保该辅助工作的质量,应当就该第三人完成的工作成果向定作人负责。

220.承揽人提供材料时应负哪些义务?

《民法典》第774条规定,承揽人提供材料的,应当按照约定选用材料,并接受定作人检验。

如果当事人在承揽合同中约定由承揽人提供材料,承揽人应当按照约定准备材料。承揽人准备材料时,还应当备齐有关的资料,如发票、质量说明书等说明文件。承揽人准备好材料后，应当及时通知定作人检验，并如实提供发票以及数量和质量的说明文件。定作人接到通知后，应当及时检验该材料，认真查看承揽人提供的材料以及有关文件。

221. 定作人提供材料时应负哪些义务？

《民法典》第 775 条规定，定作人提供材料的，应当按照约定提供材料。承揽人对定作人提供的材料应当及时检验，发现不符合约定时，应当及时通知定作人更换、补齐或者采取其他补救措施。承揽人不得擅自更换定作人提供的材料，不得更换不需要修理的零部件。

承揽合同中，根据承揽工作性质或者交易习惯，双方当事人可以约定由定作人提供材料，并且应当约定提供材料的时间、数量和质量。定作人应当在合同约定的时间向承揽人提供符合约定数量和质量的材料。定作人按约定提供原材料后，承揽人应当及时检验原材料。检验的内容主要包括原材料的数量是否符合合同约定，原材料的质量是否达到合同约定的质量要求。如果经承揽人检验，定作人提供的原材料符合约定，承揽人应当确认并通知定作人；如果经检验，定作人提供的原材料质量不符合约定的，承揽人应当及时通知定作人更换以达到合同要求。因承揽人原因，未及时通知定作人原材料不符合约定，进而影响完成工作时间的，承揽人应当承担违约责任。定作人提供的原材料符合约定的，承揽人在工作中应当以该原材料完成工作，不得擅自更换原材料。

222. 承揽人发现定作人提供的图纸或者技术要求不合理时应该怎么办？因定作人怠于答复等原因造成承揽人损失的，定作人应承担什么责任？

《民法典》第 776 条规定，承揽人发现定作人提供的图纸或者技术要求不合理的,应当及时通知定作人。因定作人怠于答复等原因造成承揽人损失的,应当赔偿损失。

承揽工作的性质就是承揽人按照定作人的要求进行工作,定作人一般通过提供图纸或者技术要求的方式对承揽人的工作提出要求。承揽人应当严格按照定作人的要求进行工作。如果承揽人发现定作人提供的图纸或者技术要求不合理,承揽人应当及时将该情况通知定作人。在承揽人发出通知至收到定作人答复期间,承揽人可以停止工作,工期顺延,定作人还应当赔偿承揽人在此期间的误工以及其他损失。如果定作人在接到通知后,未能及时答复承揽人并提出修改意见的,承揽人有权要求定作人赔偿其误工等损失;定作人怠于答复的,承揽人可以催告定作人在合理期限内予以答复并提出修改意见,在合理期限内承揽人仍未收到定作人答复的,承揽人有权解除合同,并通知定作人,因此造成的损失,由定作人赔偿。

223. 定作人中途变更承揽工作的要求,需要承担什么责任?

《民法典》第 777 条规定,定作人中途变更承揽工作的要求,造成承揽人损失的,应当赔偿损失。

定作人可以中途变更承揽工作的要求,但根据公平原则,定作人中途变更对承揽工作的要求,造成承揽人损失的,应当赔偿承揽人的损失。承揽人按照原要求完成部分工作的,定作人应当支付该部分工作的报酬。由承揽人提供材料的,定作人应当支付完成该部分工作所耗费的材料的价款和保管费。按照新要求,需增加材料的,由定作人负担费用。新要求使原承揽工作质量、难度提高的,定作人应当相应增加报酬。因定作人中途变更合同,使工期顺延,因此造成承揽人误工损失的,由定作人赔偿损失。

224. 定作人有协助义务吗?

《民法典》第 778 条规定,承揽工作需要定作人协助的,定作人有协助的义务。定作人不履行协助义务致使承揽工作不能完成的，承揽人可以催告定作人在合理期限内履行义务，并可以顺延履行期限；定作人逾期不履行的，承揽人可以解除合同。例如，应当由定作人提供工作场所的，定作人应当及时提供适于工作的工作场所；应当由定作人提供承揽人完成工作所需生活条件和工作环境的，定作人应当及时提供符合完成工作所要求的生活条件和工作环境。

225. 定作人在工作期间可以监督检验吗？

《民法典》第 779 条规定，承揽人在工作期间，应当接受定作人必要的监督检验。定作人不得因监督检验妨碍承揽人的正常工作。

定作人有权在工作期间对承揽的工作进行必要的监督检验，这也是保证工作质量、预防工作成果瑕疵的必要措施。监督检验主要是指对进度、材料的使用、技术要求等方面是否符合合同约定和定作人的要求进行的检查。

226. 承揽人交付工作成果时，定作人需要验收吗？

完成承揽工作并交付工作成果，是承揽人的一项义务。定作人在承揽人交付时，应当验收该工作成果，这既是定作人的权利，也是定作人的义务。据此，《民法典》第 780 条规定，承揽人完成工作的，应当向定作人交付工作成果，并提交必要的技术资料和有关质量证明。定作人应当验收该工作成果。

227. 工作成果不符合质量要求时，定作人可以请求承揽人承担哪些违约责任？

承揽人应当保证其完成的工作成果符合合同约定，在质量上要达到合同约定的标准。承揽人所交付的工作成果不符合质量标准的，承揽人应当对工作成果负瑕疵担保责任，定作人有权要求承揽人承担相应的违约责任。《民法典》第781条规定，承揽人交付的工作成果不符合质量要求的，定作人可以合理选择请求承揽人承担修理、重作、减少报酬、赔偿损失等违约责任。

228. 承揽合同中支付报酬的期限如何确定？

根据《民法典》第782条的规定，承揽合同中支付报酬的期限按照以下顺序确定：

首先，承揽人与定作人约定支付报酬的期限的，定作人应当按照约定的期限支付报酬。

其次，对支付报酬的期限没有约定或者约定不明确，双方可以协议补充；不能达成补充协议的，按照合同相关条款或者交易习惯确定。

最后，仍不能确定的，定作人应当在承揽人交付工作成果时支付；工作成果部分交付的，定作人应当相应支付。

229. 承揽人在何种情形下可以对完成的工作成果行使留置权或者拒绝交付？

《民法典》第783条规定，定作人未向承揽人支付报酬或者材料费等价款的，承揽人对完成的工作成果享有留置权或者有权拒绝交付，但是当事人另有约定的除外。

定作人应当按照约定支付报酬，这是承揽合同中定作人的一项基本义务。如果由承揽人提供材料完成工作成果的，定作人还应当向承揽人支付材料费。在报酬及材料费之外，承揽人为完成工作而垫付的其他费用，定作人同样应当偿还。如果定作人无正当理由不履行支付报酬、材料费等价款义务的，承揽人对完成的工作成果享有留置权或者有权拒绝交付。

230. 承揽人负有保管定作人提供的材料以及完成的工作成果的义务吗？

承揽合同约定由定作人提供材料的，定作人应当按照约定的质量和数量提供。定作人按照约定提供材料后，该材料处在承揽人的占有之下，因此承揽人有义务妥善保管定作人提供的材料，保持材料的质量状态，防止材料非正常损耗，从而保证工作成果的质量。因此，《民法典》第 784 条规定，承揽人应当妥善保管定作人提供的材料以及完成的工作成果，因保管不善造成毁损、灭失的，应当承担赔偿责任。

231. 承揽人负有保密义务吗？

《民法典》第 785 条规定，承揽人应当按照定作人的要求保守秘密，未经定作人许可，不得留存复制品或者技术资料。

承揽人负有保密的义务。承揽人的保密义务体现在不同方面。比如，承揽人在订立合同过程中知悉的定作人的商业秘密，定作人要求保密的，承揽人应当保密，不得泄露或者不正当地使用。再如，承揽合同成立后，定作人要求承揽人对承揽工作保密的，承揽人应当在进行承揽工作中保守秘密；在工作完成后，应当将涉密的图纸、技术资料等一并返还定作人。未经定作人的许可，承揽人不得留存复制品或者技术资料。

232. 共同承揽人对定作人承担什么责任？

共同承揽，是指由两个或者两个以上的人共同完成承揽工作的合同。根据《民法典》第 786 条的规定，除当事人另有约定外，共同承揽人对定作人承担连带责任。每一个共同承揽人都应当对承揽的全部工作向定作人负责。如果交付的工作成果不符合要求，定作人可以要求共同承揽中的任何一个承揽人承担违约责任，任何一个共同承揽人都应当无条件承担违约责任。承担责任的共同承揽人可以向其他共同承揽人追偿超出其实际应承担的责任份额。

233. 定作人在承揽人完成工作前可以随时解除合同吗?

《民法典》第787条规定,定作人在承揽人完成工作前可以随时解除合同,造成承揽人损失的,应当赔偿损失。

合同解除后,承揽人应当将已完成的部分工作交付定作人。定作人提供材料的,如有剩余,也应当返还定作人。定作人预先支付报酬的,在扣除已完成部分的报酬后,承揽人也应当将剩余价款返还定作人。因定作人解除合同造成承揽人损失的,应当赔偿损失。

第十八章　建设工程合同

234. 建设工程合同如何界定?

根据《民法典》第788条的规定,建设工程合同是指承包人进行工程建设,发包人支付价款的合同。建设工程合同包括工程勘察、设计、施工合同。

此外,考虑到建设工程通常具有资金投入量大、工程复杂、技术含量高、专业性强的特点,《民法典》第789条明确规定,建设工程合同应当采用书面形式。

235. 建设工程的招标投标活动应当遵守哪些规则?

建设工程招标投标活动,是指建设工程的发包人作为招标方采用适当的方式,发布拟建工程的有关信息,如工程的内容和主要的技术条件、对承包人的资质要求等,但不标明工程的造价,通过这些行为表明发包人将选择符合条件的承包人并与之订立建设工程合同的意向,由各有意承包该工程项目的承包人作为投标方向招标方提出自己的工程报价和其他承包条件，参加投标竞争，经招标方对各投标方的报价和其他条件进行审查比较后，从中择优选定中标者，并与之签订建设工程合同的活动。《民法典》第790条规定，建设工程的招标投标活动，应当依照有关法律的规定公开、公平、公正进行。

236. 签订建设工程合同时有哪些重要注意事项？

根据《民法典》第791条的规定，发包人与总承包人签订建设工程合同以及分别与勘察人、设计人、施工人订立勘察、设计、施工承包合同时，要重点注意以下三点：

首先，发包人可以与总承包人订立建设工程合同，也可以分别与勘察人、设计人、施工人订立勘察、设计、施工承包合同。发包人不得将应当由一个承包人完成的建设工程支解成若干部分发包给数个承包人。

其次，总承包人或者勘察、设计、施工承包人经发包人同意，可以将自己承包的部分工作交由第三人完成。第三人就其完成的工作成果与总承包人或者勘察、设计、施工承包人向发包人承担连带责任。承包人不得将其承包的全部建设工程转包给第三人或者将其承包的全部建设工程支解以后以分包的名义分别转包给第三人。

最后，禁止承包人将工程分包给不具备相应资质条件的单位。禁止分包单位将其承包的工程再分包。建设工程主体结构的施工必须由承包人自行完成。

237. 订立国家重大建设工程合同有什么特殊要求？

《民法典》第792条规定，国家重大建设工程合同，应当按照国家规定的程序和国家批准的投资计划、可行性研究报告等文件订立。

在实践中，并不是政府投资的项目都属于国家重大建设工程，国家重大建设工程往往指列入国家重点投资计划而且投资额巨大、建设周期特别长、由中央政府全部投资或者参与投资的工程,如三峡工程。有些虽然未列入国家重点投资计划,投资额不算巨大,但影响很大的工程项目,也属于国家重大建设工程项目,如国家大剧院工程。还有些工程,虽然属于地方政府投资,但投资巨大、影响广泛,也属于国家重大建设工程项目。例如,亚运工程建设项目,虽然是主要由北京市政府投资的工程项目,但是其投资计划是经过国家批准的,也属于国家重大建设工程项目。

238. 建设工程施工合同无效时对承包人应如何补偿?

根据《民法典》第 793 条的规定,建设工程施工合同无效时对承包人补偿因建设工程经验收是否合格而不同。

第一,建设工程经验收合格的,可以参照合同关于工程价款的约定折价补偿承包人。

第二,建设工程经验收不合格的,按照以下情形处理:(1)修复后的建设工程经验收合格的,发包人可以请求承包人承担修复费用;(2)修复后的建设工程经验收不合格的,承包人无权请求参照合同关于工程价款的约定折价补偿。

此外,发包人对因建设工程不合格造成的损失有过错的,应当承担相应的责任。

239. 勘察、设计合同一般包含哪些条款?

勘察、设计合同是指勘察人、设计人完成工程勘察、设计任务,发包人支付勘察、设计费的合同。根据《民法典》第 794 条的规定,勘察、设计合同一般包括提交有关基础资料和概预算等文件的期限、质量要求、费用以及其他协作条件等条款。

240. 施工合同一般包含哪些条款?

施工合同是指施工人完成工程的建筑、安装工作,发包人验收后,接收该工程并支付价款的合同。根据《民法典》第795条的规定，施工合同一般包括工程范围、建设工期、中间交工工程的开工和竣工时间、工程质量、工程造价、技术资料交付时间、材料和设备供应责任、拨款和结算、竣工验收、质量保修范围和质量保证期、相互协作等条款。

241. 发包人与监理人应当如何订立委托监理合同？

建设工程监理，是指由具有法定资质条件的工程监理单位，根据发包人的委托，依照法律、行政法规以及有关的建设工程技术标准、设计文件和建设工程合同，代表发包人对工程建设过程实施监督的专门活动。工程监理单位通常需要代表发包人对承包人在施工质量、建设工期和建设资金使用等方面进行监督。《民法典》第796条规定，建设工程实行监理的，发包人应当与监理人采用书面形式订立委托监理合同。发包人与监理人的权利和义务以及法律责任，应当依照本编委托合同以及其他有关法律、行政法规的规定。

242. 发包人可以随时对作业进度、质量进行检查吗？

《民法典》第797条规定，发包人在不妨碍承包人正常作业的情况下，可以随时对作业进度、质量进行检查。

据此，发包人可以随时对工程作业的进度和质量进行检查。发包人对工程作业的检查一般通过两种方式：一种是委派具体管理人员作为工地代表；另一种是发包人委托监理人实施对工程建设过程的检查。但是，发包人的检查行为要合理，不能因此妨碍承包人的正常作业。

243. 对隐蔽工程有什么特殊规定吗？

隐蔽工程是指地基、电气管线、供水与供热管线等需要覆盖、掩盖的工程。由于隐蔽工程在隐蔽后，如果发生质量问题，还得重新覆盖和掩盖,会造成返工等非常大的损失,为了避免资源的浪费和当事人双方的损失,保证工程的质量和工程顺利完成,《民法典》第 798 条规定,隐蔽工程在隐蔽以前,承包人应当通知发包人检查。发包人没有及时检查的,承包人可以顺延工程日期,并有权请求赔偿停工、窝工等损失。

244. 建设工程竣工后发包人如何进行验收?

建设工程的竣工验收,是指建设工程已按照设计要求完成全部工作任务,准备交付给发包人投入使用前,由发包人或者有关主管部门依照国家关于建设工程竣工验收制度的规定,对该项工程是否合乎设计要求和工程质量标准所进行的检查、考核工作。建设工程的竣工验收是工程建设全过程的最后一道程序,是对工程质量实行控制的最后一个重要环节。《民法典》第 799 条规定,建设工程竣工后,发包人应当根据施工图纸及说明书、国家颁发的施工验收规范和质量检验标准及时进行验收。验收合格的,发包人应当按照约定支付价款,并接收该建设工程。建设工程竣工经验收合格后,方可交付使用;未经验收或者验收不合格的,不得交付使用。

245. 勘察人、设计人对勘察、设计质量承担怎样的责任?

《民法典》第 800 条规定,勘察、设计的质量不符合要求或者未按照期限提交勘察、设计文件拖延工期,造成发包人损失的,勘察人、设计人应当继续完善勘察、设计,减收或者免收勘察、设计费并赔偿损失。

勘察、设计的质量是整个建设工程质量的基础,如果勘察、设计的质量存在问题,整个建设工程质量也就没有保障,因此,工程的勘察、设计必须符合质量要求。因勘察、设计的质量不符合要求或者未按照期限提交勘察、设计文件导致工期延误,造成发包人损失的,勘察人、设计人应当承担违约责任，包括继续完善勘察、设计，减收或者免收勘察、设计费，赔偿损失。

246. 因施工人的原因致使建设工程质量不符合约定，发包人可以请求施工人承担哪些责任？

在现实中，不少建设工程的质量问题都与建设工程的施工有关。小的质量问题，如屋面漏水、墙面开裂、管道阻塞，会给用户带来很大的生活不便；大的质量问题，则可能还会导致楼毁人亡等恶性事故的发生，造成人身伤亡和重大财产损失。因此，建设工程的施工人必须以对国家和人民人身、财产安全高度负责的态度，严格按照工程设计文件和技术标准进行施工，严把质量关，做好工程施工的各项质量控制与管理工作。《民法典》第801条规定，因施工人的原因致使建设工程质量不符合约定的，发包人有权请求施工人在合理期限内无偿修理或者返工、改建。经过修理或者返工、改建后，造成逾期交付的，施工人应当承担违约责任。

247. 因承包人的原因致使建设工程在合理使用期限内造成人身损害和财产损失的，由谁承担责任？

《民法典》第802条规定，因承包人的原因致使建设工程在合理使用期限内造成人身损害和财产损失的，承包人应当承担赔偿责任。

承包人承担赔偿责任应当具备以下条件：

（1）因承包人的原因引起的建设工程对他人人身、财产的损害。如果不属于承包人的原因，例如，因用户使用不当等原因造成人身、财产损害的，承包人不承担责任。

（2）人身、财产损害是发生在建设工程合理使用期限内。合理使用期限的长短需要根据各类建设工程的不同情况，如建筑物结构、使用功能、所处的自然环境等因素，由有关技术部门作出判断，按照国务院有关主管部门制定的标准进行认定。

(3)造成人身和财产损害。这里的受损害方不仅指建设工程合同的对方当事人即发包人,还包括建设工程的最终用户以及因该建设工程而受到损害的其他人。

248. 发包人未按照约定的时间和要求提供原材料等的,承包人有什么权利?

《民法典》第803条规定,发包人未按照约定的时间和要求提供原材料、设备、场地、资金、技术资料的,承包人可以顺延工程日期,并有权请求赔偿停工、窝工等损失。

如果发包人未能按照约定的时间和要求提供原材料、设备、场地、资金、技术资料的,承包人就不能正常进行工作。在这种情况下,承包人可以要求发包人在合理期限内提供建设工作所必需的技术资料并有权暂停工作、顺延工期,因此给承包人造成损失的,承包人还有权要求发包人赔偿因停工、窝工所造成的损失。

249. 发包人对因其原因造成工程停建、缓建的应承担哪些责任?

《民法典》第804条规定,因发包人的原因致使工程中途停建、缓建的,发包人应当采取措施弥补或者减少损失,赔偿承包人因此造成的停工、窝工、倒运、机械设备调迁、材料和构件积压等损失和实际费用。

"因发包人的原因"在实践中一般指下列情况:(1)发包人变更工程量;(2)发包人提供的设计文件等技术资料有错误或者因发包人原因变更设计文件;(3)发包人未能按照约定及时提供材料、设备或者工程进度款;(4)发包人未能及时进行中间工程和隐蔽工程条件的验收并办理有关交工手续;(5)发包人不能按照合同的约定保障建设工作所需的工作条件致使建设工作无法正常进行。

250. 发包人对因其原因造成勘察、设计的返工、停工或者修改设计的应承担哪些责任？

在工程勘察、设计合同中，发包人应当按照合同约定向勘察人、设计人提供开展勘察、设计工作所需要的基础资料、技术要求并对提供的时间、进度和资料的可靠性负责。《民法典》第 805 条规定，因发包人变更计划，提供的资料不准确，或者未按照期限提供必需的勘察、设计工作条件而造成勘察、设计的返工、停工或者修改设计，发包人应当按照勘察人、设计人实际消耗的工作量增付费用。

251. 哪些情况下可以解除建设工程合同？

根据《民法典》第 806 条的规定，建设工程合同存在以下解除事由：

第一，承包人将建设工程转包、违法分包的，发包人可以解除合同。

第二，发包人提供的主要建筑材料、建筑构配件和设备不符合强制性标准或者不履行协助义务，致使承包人无法施工，经催告后在合理期限内仍未履行相应义务的，承包人可以解除合同。

合同解除后，已经完成的建设工程质量合格的，发包人应当按照约定支付相应的工程价款；已经完成的建设工程质量不合格的，参照本法第 793 条的规定处理。《民法典》第 793 条规定，建设工程施工合同无效，但是建设工程经验收合格的，可以参照合同关于工程价款的约定折价补偿承包人。建设工程施工合同无效，且建设工程经验收不合格的，按照以下情形处理：(1) 修复后的建设工程经验收合格的，发包人可以请求承包人承担修复费用；(2) 修复后的建设工程经验收不合格的，承包人无权请求参照合同关于工程价款的约定折价补偿。发包人对因建设工程不合格造成的损失有过错的，应当承担相应的责任。

252. 发包人未支付工程价款的，承包人如何寻求救济？

为了切实解决拖欠工程款的问题，保障承包人价款债权的实现，《民法典》第 807 条规定，发包人未按照约定支付价款的，承包人可以催告发包人在合理期限内支付价款。发包人逾期不支付的，除根据建设工程的性质不宜折价、拍卖外，承包人可以与发包人协议将该工程折价，也可以请求人民法院将该工程依法拍卖。建设工程的价款就该工程折价或者拍卖的价款优先受偿。

253. 本章对建设工程合同内容未规定的，如何适用法律？

《民法典》第 808 条规定，本章没有规定的，适用承揽合同的有关规定。通俗一点理解，建设工程合同实际上就是一个大的承揽合同。故《民法典》合同编第十八章对于建设工程合同没有规定的内容，可以适用承揽合同的有关规定。

第十九章　运输合同

254. 运输合同是什么？

根据《民法典》第 809 条的规定，运输合同是指承运人将旅客或者货物从起运地点运输到约定地点，旅客、托运人或者收货人支付票款或者运输费用的合同。运输合同的范围广泛，种类繁多，以运输对象作标准可分为客运合同和货运合同；以运输工具作标准可分为铁路运输合同、公路运输合同、航空运输合同、水上运输合同、管道运输合同等；以承运人数量作标准可分为单一运输合同和联合运输合同。

255. 从事公共运输的承运人可以拒绝旅客、托运人通常、合理的运输要求吗？

公共运输，是指面向社会公众的，由取得营运资格的营运人所从事的商业运输的行为，主要包括班轮、班机和班车运输，还包括其他以对外公布的固定路线、固定时间、固定价格进行商业性运输的运输行为。《民法典》第810条规定，从事公共运输的承运人不得拒绝旅客、托运人通常、合理的运输要求。

判断是否属于“通常、合理”的运输要求应把握以下三点：首先，在不同情况下，其内涵是不同的。例如，在海上旅客运输中，旅客坐的是头等舱，其要求提供空调服务就是“通常、合理”的；而对散舱的旅客来说，要求提供空调就不是“通常、合理”的。其次，判断是否为“通常、合理”，不是依单个旅客或者托运人的判断，而是依一般旅客或者托运人的判断。最后，这里的“通常、合理”意味着从事公共运输的承运人不得对旅客或者托运人实行差别待遇，如对于同为乘坐普通舱位的旅客，承运人就不能对其中的一些旅客提供免费餐，而对另一些旅客不提供。

256. 运输合同中的承运人负有哪些义务？

根据《民法典》第811、812条的规定，运输合同中的承运人负有以下义务：一是承运人应当在约定期限或者合理期限内将旅客、货物安全运输到约定地点；二是承运人应当按照约定的或者通常的运输路线将旅客、货物运输到约定地点。

257. 运输合同的旅客、托运人或者收货人负有什么义务？

根据《民法典》第813条的规定，旅客、托运人或者收货人负有支付票款或者运输费用的义务。承运人未按照约定路线或者通常路线运输增加票款或者运输费用的,旅客、托运人或者收货人可以拒绝支付增加部分的票款或者运输费用。

在日常的生活和经济活动中,常常出现这样一些情况,承运人不按照运输合同中约定的运输路线或者合理的运输路线进行运输,向旅客要求增加票款,向货物的托运人或者收货人要求增加运费。承运人没有正当理由不按照约定的路线或者合理的路线进行运输,是其自己的过错,旅客、托运人或者收货人没有任何过错。因此,在此种情况下,旅客、托运人或者收货人可以拒绝支付增加部分的票款或者运费。

258. 客运合同何时成立?

客运合同是指将旅客送达目的地,旅客支付票款的合同。《民法典》第 814 条规定,客运合同自承运人向旅客出具客票时成立,但是当事人另有约定或者另有交易习惯的除外。

随着互联网技术的发展,传统的购票方式发生了很大变化,客票的无纸化成为普遍趋势。旅客在客运合同订立过程中,可以通过网上购票的方式与承运人达成出行日期、票价等事项的合意,一旦意思表示一致,承运人出具电子票据,合同即宣告成立。有时甚至旅客都不需要接收电子票据,出示身份证件即可乘坐。因此,上述条款将原合同法规定的"交付客票时成立"修改为"出具客票时成立"。

259. 承运人可以如何处理"霸座"问题?

近年来,客运合同领域出现不少新问题,旅客"霸座"频频在各种媒体上曝光,引发社会各界广泛关注。针对这一问题,《民法典》第 815 条第 1 款明确规定,旅客应当按照有效客票记载的时间、班次和座位号乘坐。

旅客违背有效客票记载的时间、班次和座位号乘坐的情形主要包括以下四类:

(1)无票乘坐。即旅客未购买车票而乘坐的行为。

(2)越级乘坐。即旅客自行乘坐超过客票指定的等级席位，如在海上旅客运输合同中，旅客买的是四等舱的客票，但其在船上自行占了三等舱的席位。

(3)超程乘坐。即旅客自行乘运的到达地超过了客票指定的目的地，例如，在铁路运输中，旅客购买的客票上的目的地是长沙，而该旅客却持该客票坐到了广州。

(4)持不符合减价条件的优惠客票乘坐。即旅客不符合国家规定或者承运人确定的可以以优惠价格购买客票的减价条件，仍持该客票乘运，比如旅客已经不是学生，仍借用别人的学生证或者持已过期的学生证购买学生票。

出现上述情形之一的，旅客应当补交票款，承运人可以按照规定加收票款；旅客不支付票款的，承运人可以拒绝运输。

260. 实名制客运合同的旅客丢失客票，承运人还能再次收取票款或者其他不合理费用吗？

实践中客运合同很多已经实行了实名制，这些购买了实名制客票的旅客由于一些原因丢失了客票，申请挂失补办客票时，有的承运人却再次收取票款或者要求缴纳高额手续费等不合理费用，基于此，《民法典》第 815 条第 2 款规定，实名制客运合同的旅客丢失客票的，可以请求承运人挂失补办，承运人不得再次收取票款和其他不合理费用。根据这一规定，如果客运合同是实名制的，旅客丢失客票时，凭自己的有关身份证件可以向承运人申请挂失补办。承运人在确认旅客的真实身份后，也应当为其办理挂失补办手续，在办理这些手续时，不得乘机再次收取票款或者高额手续费等不合理费用。

261. 旅客因自身原因不能按照客票记载的时间乘坐的，如何救济？

客票是旅客运输合同的凭证，在客票上通常都载明了班次、运输开始的时间、客位的等级和座位号、票价等内容。旅客应当在客票载明的时间内乘坐。如果旅客因自己的原因不能按照客票记载的时间进行乘坐的，一般都允许其在一定的时间内退票或者变更客票。《民法典》第 816 条规定，旅客因自己的原因不能按照客票记载的时间乘坐的，应当在约定的期限内办理退票或者变更手续；逾期办理的，承运人可以不退票款，并不再承担运输义务。

262. 对旅客携带行李有什么规定？

为了旅客乘运途中的方便，承运人或者有关部门一般允许旅客随身携带一定品种、数量、质量和重量的行李。旅客在乘运过程中可以随身携带多少数量以及重量、何种品类的行李，旅客与承运人一般在运输合同中都有约定。如果旅客所携带的行李超过合同约定的，则会加重承运人的运输负担，对承运人履行运输合同造成一定的不便。对此，《民法典》第 817 条规定，旅客随身携带行李应当符合约定的限量和品类要求；超过限量或者违反品类要求携带行李的，应当办理托运手续。

263. 旅客可以随身携带或者在行李中夹带危险物品或者违禁物品吗？

不可以。《民法典》第 818 条第 1 款明确规定，旅客不得随身携带或者在行李中夹带易燃、易爆、有毒、有腐蚀性、有放射性以及可能危及运输工具上人身和财产安全的危险物品或者违禁物品。该条第 2 款规定，旅客违反前款规定的，承运人可以将危险物品或者违禁物品卸下、销毁或者送交有关部门。旅客坚持携带或者夹带危险物品或者违禁物品的，承运人应当拒绝运输。

264. 客运合同的承运人负有哪些义务？

客运合同的承运人负有以下义务：

第一，告知义务。《民法典》第819条规定，承运人应当严格履行安全运输义务，及时告知旅客安全运输应当注意的事项。旅客对承运人为安全运输所作的合理安排应当积极协助和配合。

第二，按照约定运输的义务。《民法典》第820条规定，承运人应当按照有效客票记载的时间、班次和座位号运输旅客。承运人迟延运输或者有其他不能正常运输情形的，应当及时告知和提醒旅客，采取必要的安置措施，并根据旅客的要求安排改乘其他班次或者退票；由此造成旅客损失的，承运人应当承担赔偿责任，但是不可归责于承运人的除外。

第三，救助义务。《民法典》第822条规定，承运人在运输过程中，应当尽力救助患有急病、分娩、遇险的旅客。

265. 承运人擅自改变服务标准应承担哪些责任？

《民法典》第821条规定，承运人擅自降低服务标准的，应当根据旅客的请求退票或者减收票款；提高服务标准的，不得加收票款。

承运人擅自改变服务标准分为擅自降低服务标准和擅自提高服务标准。前者实质上是对旅客要求按合同的约定获得相应服务权利的侵害，在这种情况下，应当尊重旅客的选择权，旅客要求退票或者减收票款的，承运人应当满足其要求。后者是提高了对旅客的服务标准，但是没有经过旅客的同意，承运人不得对旅客加收票款。

266. 承运人需要对运输过程中旅客的伤亡承担责任吗？

《民法典》第823条规定，承运人应当对运输过程中旅客的伤亡承担赔偿责任;但是,伤亡是旅客自身健康原因造成的或者承运人证明伤亡是旅客故意、重大过失造成的除外。前款规定适用于按照规定免票、持优待票或者经承运人许可搭乘的无票旅客。

承运人在旅客运输活动中承担无过错责任,也就是说,承运人即使在没有过错的情况下,也应当承担损害赔偿责任,但是,伤亡是旅客自身健康原因造成的或者承运人证明伤亡是旅客故意、重大过失造成的除外。此外,免票、持优待票或者经承运人许可搭乘的无票旅客享有与普通旅客相同的权利,其在运输过程中伤亡的,承运人同样要承担赔偿责任。

267. 承运人对旅客随身携带物品和托运的行李毁损、灭失承担赔偿责任吗?

《民法典》第 824 条规定,在运输过程中旅客随身携带物品毁损、灭失,承运人有过错的,应当承担赔偿责任。旅客托运的行李毁损、灭失的,适用货物运输的有关规定。

在旅客运输中,旅客一般都会有行李,分为随身携带物品和托运行李两类。对于旅客随身携带物品,适用过错责任原则。如果承运人对其毁损、灭失有过错的,应当承担赔偿责任。对于旅客托运行李,由承运人承担赔偿责任。但是,承运人证明货物的毁损、灭失是因不可抗力、货物本身的自然性质或者合理损耗以及旅客的过错造成的,不承担赔偿责任。

268. 货运合同的托运人负有哪些义务?

货运合同的托运人负有以下义务:

(1)如实申报的义务。《民法典》第 825 条规定,托运人办理货物运输,应当向承运人准确表明收货人的姓名、名称或者凭指示的收货人,货物的名称、性质、重量、数量,收货地点等有关货物运输的必要情况。因托运人申报不实或者遗漏重要情况，造成承运人损失的，托运人应当承担赔偿责任。

（2）提交有关文件的义务。《民法典》第826条规定，货物运输需要办理审批、检验等手续的，托运人应当将办理完有关手续的文件提交承运人。

（3）货物包装的义务。《民法典》第827条规定，托运人应当按照约定的方式包装货物。对包装方式没有约定或者约定不明确的，适用本法第619条的规定。托运人违反前款规定的，承运人可以拒绝运输。

269. 运输危险货物的托运人负有哪些特殊义务？

《民法典》第828条规定，托运人托运易燃、易爆、有毒、有腐蚀性、有放射性等危险物品的，应当按照国家有关危险物品运输的规定对危险物品妥善包装，做出危险物品标志和标签，并将有关危险物品的名称、性质和防范措施的书面材料提交承运人。托运人违反前款规定的，承运人可以拒绝运输，也可以采取相应措施以避免损失的发生，因此产生的费用由托运人负担。

按照上述规定，运输危险货物的托运人负有如下义务：

（1）对危险物品进行妥善包装。这里的妥善包装应当按照有关危险物品运输的规定进行，这些规定在国务院的行政法规或者运输主管部门的规章中基本上都有规定，如国务院制定的《铁路货物运输合同实施细则》《水路货物运输合同实施细则》等。

（2）托运人应当在危险物品上做出标志和标签。例如，在易爆的物品上标上“危险物品，请注意”的标签；在易燃的物品上贴上“火”的标志。

（3）托运人应当将有关危险物品的名称、性质和防范措施的书面材料提交承运人。要求托运人提供这些材料的目的，是便于承运人采取措施进行安全运输，同时也是让承运人了解危险物品后决定是否进行运输。托运人不得将危险物品报成非危险物品的名称，否则就要承担责任。

270. 在承运人将货物交付收货人之前，托运人可以要求承运人中止运输、返还货物、变更到达地或者将货物交给其他收货人吗？

《民法典》第 829 条规定，在承运人将货物交付收货人之前，托运人可以要求承运人中止运输、返还货物、变更到达地或者将货物交给其他收货人，但是应当赔偿承运人因此受到的损失。

根据上述规定，在承运人将货物交付收货人之前，托运人享有如下权利：一是中止运输、返还货物。中止运输，是指托运人要求承运人立即停止运输托运的货物；返还货物，是指托运人要求承运人将已经办理托运手续的货物返还给托运人或者提货凭证持有人。二是变更到达地。变更到达地，是指托运人在货物交付给收货人之前，改变原来约定的到达地。对此承运人不得拒绝变更。三是将货物交给其他收货人。在承运人将货物交付收货人之前，托运人享有以上权利，承运人不得拒绝变更后的运输义务，应当按照托运人的要求中止运输、返还货物，或者按照托运人变更后的要求将货物安全、及时地运送至新的到达地或者交给新的收货人。当然，如果因为托运人单方变更或者解除合同给承运人造成损失的，托运人应当赔偿其损失，包括承担因变更或者解除合同而产生的各种费用等。

271. 关于货运合同的提货有什么规定？

《民法典》第 830 条规定，货物运输到达后，承运人知道收货人的，应当及时通知收货人，收货人应当及时提货。收货人逾期提货的，应当向承运人支付保管费等费用。

承运人将货物安全运到目的地后，如果知道收货人的，应当及时通知收货人，以便于收货人及时提货。在货物到达目的地后，如果承运人不知道收货人是谁时，承运人应当通知托运人在合理期限内就运输的货物的处分作出指示。一旦收货人接到承运人的通知，就应当及时提货。如果收货人在收到承运人提货通知后的规定时间内，或者没有规定时间而在合理时间内没有提取货物的，其应当向承运人支付逾期的保管费用。

272. 收货人检验货物的期限如何确定？

根据《民法典》第 831 条的规定，收货人检验货物的期限按照以下顺序确定：

首先，约定收货人检验货物的期限的，收货人提货时应当按照约定的期限检验货物。

其次，对检验货物的期限没有约定或者约定不明确，双方可以协议补充；不能达成补充协议的，按照合同相关条款或者交易习惯确定。

最后，仍不能确定的，收货人应当在合理期限内检验货物。

收货人在约定的期限或者合理期限内对货物的数量、毁损等未提出异议的，视为承运人已经按照运输单证的记载交付的初步证据。

273. 承运人需要对运输过程中货物的毁损、灭失承担赔偿责任吗？

《民法典》第 832 条规定，承运人对运输过程中货物的毁损、灭失承担赔偿责任。但是，承运人证明货物的毁损、灭失是因不可抗力、货物本身的自然性质或者合理损耗以及托运人、收货人的过错造成的，不承担赔偿责任。

根据上述规定，承运人应当对运输过程中货物的毁损、灭失承担无过错的赔偿责任，即该赔偿责任的成立不以承运人在运输过程中存在过错为前提条件。但是，承运人证明货物的毁损、灭失是因不可抗力、货物本身的自然性质或者合理损耗以及托运人、收货人的过错造成的，不承担赔偿责任。

此外，《民法典》第833条对货物的毁损、灭失的赔偿额作出了规定，当事人对货物的毁损、灭失的赔偿额有约定的，按照其约定；没有约定或者约定不明确，双方可以协议补充；不能达成补充协议的，按照合同相关条款或者交易习惯确定；仍不能确定的，按照交付或者应当交付时货物到达地的市场价格计算。法律、行政法规对赔偿额的计算方法和赔偿限额另有规定的，依照其规定。

274. 当有两个以上承运人以同一运输方式联运的，如何确定责任承担？

根据《民法典》第834条的规定，当有两个以上承运人以同一运输方式联运时，确定责任承担有以下两种方式：(1)与托运人订立合同的承运人应当对全程运输承担责任。订约的第一承运人应当对货物安全及时送达目的地负责；如果货物因为其他承运人的原因而未能安全及时送达目的地，订约的第一承运人应当就此对托运人或者收货人负责。(2)损失发生在某一运输区段的，与托运人订立合同的承运人和该区段的承运人承担连带责任。如果查明货物的毁损、灭失是发生在某一具体运输区段的，由该区段的承运人和订约的第一承运人承担连带责任。

275. 货物在运输过程中因不可抗力灭失，承运人还能请求支付运费吗？

在运输活动中，常常出现这样一种情况，即托运的货物在运输过程中因不可抗力灭失，而这种灭失不是因为承运人的原因造成的，也不是因为托运人、收货人的过错造成的。《民法典》第835条规定，货物在运输过程中因不可抗力灭失，未收取运费的，承运人不得请求支付运费；已经收取运费的，托运人可以请求返还。法律另有规定的，依照其规定。

276. 承运人行使留置权需要注意哪些事项？

《民法典》第836条规定，托运人或者收货人不支付运费、保管费或者其他费用的，承运人对相应的运输货物享有留置权，但是当事人另有约定的除外。

承运人在行使留置权时，应当注意下列事项：

（1）除法律另有规定外，承运人可以自行留置货物，不必通过法定程序留置货物。

（2）“对相应的运输货物”留置货物包括两层含义：一是对于可分的货物，承运人留置的货物应当合理和适当，其价值应包括未支付的运费、保管费或者其他费用加上可能因诉讼产生的费用，而不能留置过多的货物。当然，如果承运人根本就没有获得任何费用，其也可以对全部货物行使留置权。二是对于不可分的货物，承运人可以对全部货物进行留置，即使承运人已取得了大部分运费、保管费以及其他费用。

（3）“但当事人另有约定的除外”，包括两层含义：一是如果当事人在合同中约定，即使在运费、保管费或者其他费用没有付清的情况下，承运人也不能留置货物的，承运人就不能留置货物。二是如果托运人或者收货人提供了适当的担保，则承运人也不能留置货物。

277. 承运人在什么情形下可以依法提存货物？

根据《民法典》第837条的规定，承运人依法可以提存货物有两种情形：一是收货人不明；二是收货人无正当理由拒绝受领货物的。例如，在海上货物运输中，托运人有时在提单上注明“凭指示交付”的字样，而没有具体写明收货人是谁，承运人可以依法将货物提存。

278. 多式联运经营人享有什么权利？承担什么义务？

多式联运合同，是指多式联运经营人以两种以上的不同运输方式，负责将货物从接收地运至目的地交付收货人，并收取全程运费的合同。多式联运经营人，是指本人或者委托他人以本人名义与托运人订立多式联运合同的人。根据《民法典》第838条的规定，多式联运经营人对与之签订合同的托运人或者收货人承担全程运输的义务；承担全程运输所发生的责任和风险；享有作为全程运输承运人的权利，如有向托运人或者收货人要求支付运输费用的权利等。

279. 多式联运经营人可以与参加多式联运的各区段承运人约定相互之间的责任吗？

《民法典》第839条规定，多式联运经营人可以与参加多式联运的各区段承运人就多式联运合同的各区段运输约定相互之间的责任；但是，该约定不影响多式联运经营人对全程运输承担的义务。

多式联运经营人对全程运输中所发生的责任对托运人或者收货人负全责，但是多式联运经营人可以与参加多式联运的各区段承运人约定相互之间的责任。例如，在一个海陆空的多式联运合同中，多式联运经营人与海上运输区段的承运人、陆路运输区段的承运人、航空运输区段的承运人分别对每一段的运输责任约定，在多式联运经营人对托运人或者收货人负全程的运输责任后，可以依据其与每一区段的运输承运人签订的合同，向其他承运人追偿。

280. 多式联运单据是什么？

《民法典》第840条规定，多式联运经营人收到托运人交付的货物时，应当签发多式联运单据。按照托运人的要求，多式联运单据可以是可转让单据，也可以是不可转让单据。

在多式联运中，多式联运经营人收到托运人交付的货物时，应当向托运人签发多式联运单据。多式联运单据是证明多式联运合同存在及多式联运经营人接管货物并按合同条款提交货物的证据。多式联运单据应当由多式联运经营人或者经他授权的人签字。多式联运单据一般包括以下 14 项内容：(1)货物品类、标志、危险特征的声明、包数或者件数、重量；(2)货物的外表状况；(3)多式联运经营人的名称与主要营业地；(4)托运人名称；(5)收货人的名称；(6)多式联运经营人接管货物的时间、地点；(7)交货地点；(8)交货日期或者期间；(9)多式联运单据可转让或者不可转让的声明；(10)多式联运单据签发的时间、地点；(11)多式联运经营人或其授权人的签字；(12)每种运输方式的运费、用于支付的货币、运费由收货人支付的声明等；(13)航线、运输方式和转运地点；(14)双方商定的其他事项。但是，以上一项或者多项内容的缺乏，不影响单据作为多式联运单据的性质。

281. 托运人已经转让多式联运单据的，还应对其过错造成的损失向承运人承担责任吗？

《民法典》第 841 条规定，因托运人托运货物时的过错造成多式联运经营人损失的，即使托运人已经转让多式联运单据，托运人仍然应当承担赔偿责任。

据此，托运人赔偿多式联运经营人的损失不受多式联运单据是否转让的影响。只要因托运人的过错造成多式联运经营人损失，不管多式联运单据在谁手中，多式联运经营人都可向托运人要求赔偿，而不能向持票人或者收货人要求赔偿。

282. 多式联运经营人的赔偿责任如何确定？

根据《民法典》第 842 条的规定，确定多式联运经营人的赔偿责任有如下两个规则：

(1)如果货物发生毁损、灭失的区段是确定的,多式联运经营人的赔偿责任和责任限额,适用调整该区段运输方式的有关法律的规定。

(2)对于货物发生毁损、灭失的运输区段不能确定的,多式联运经营人应当依照本章的规定承担损害赔偿责任。

第二十章 技术合同

283. 技术合同是什么?技术合同一般包含哪些条款?

根据《民法典》第843、844条的规定,技术合同是指当事人就技术开发、转让、许可、咨询或者服务订立的确立相互之间权利和义务的合同。订立技术合同,应当有利于知识产权的保护和科学技术的进步,促进科学技术成果的研发、转化、应用和推广。

根据《民法典》第845条的规定,技术合同一般包括:项目的名称,标的的内容、范围和要求,履行的计划、地点和方式,技术信息和资料的保密,技术成果的归属和收益的分配办法,验收标准和方法,名词和术语的解释等条款。此外,与履行合同有关的技术背景资料、可行性论证和技术评价报告、项目任务书和计划书、技术标准、技术规范、原始设计和工艺文件,以及其他技术文档,按照当事人的约定可以作为合同的组成部分。技术合同涉及专利的,应当注明发明创造的名称、专利申请人和专利权人、申请日期、申请号、专利号以及专利权的有效期限。

284. 技术合同价款、报酬及使用费如何确定?

价款、报酬和使用费是技术作为技术合同标的的价金,也是一方当事人获取、使用技术所应支付的代价。通常这种代价,在技术转让合同中称为价款,在技术开发合同、技术服务合同中称为报酬,在技术转让合同(如专利技术转让合同)中称为使用费。

根据《民法典》第846条第1款的规定,技术合同价款、报酬或者使用费的支付方式由当事人约定，可以采取一次总算、一次总付或者一次总算、分期支付，也可以采取提成支付或者提成支付附加预付入门费的方式。技术合同价款、报酬或者使用费的支付方式具体如下：

（1）一次总算、一次总付。这种方式是技术合同的一方当事人在合同成立后，将合同约定的全部价款、报酬或者使用费向另一方当事人一次付清。

（2）一次总算、分期支付。这种方式是技术合同的当事人将技术合同的价款、报酬或者使用费在合同中一次算清，一方当事人在合同成立后，分几次付清合同约定的价款、报酬或者使用费。

（3）提成支付。这种方式是技术合同的一方当事人在接受技术成果或者其他智力劳动成果后，从付诸实施的技术成果或者技术服务后所获得的收益中，按照约定的比例提取部分收入交付另一方当事人作为技术合同的价款、报酬或者使用费。这种方式的价款、报酬或者使用费取决于实施方实际取得的收益，较为科学合理，在实践中较为普遍适用。依照《民法典》第 846 条第 2、3 款的规定，约定提成支付的，可以按照产品价格、实施专利和使用技术秘密后新增的产值、利润或者产品销售额的一定比例提成，也可以按照约定的其他方式计算。提成支付的比例可以采取固定比例、逐年递增比例或者逐年递减比例。约定提成支付的，当事人可以约定查阅有关会计账目的办法。

（4）提成支付附加预付入门费。这种方式是指接受技术的技术合同一方当事人在合同成立后或者在取得技术成果后先向另一方当事人支付部分价款、报酬或者使用费（称为入门费或初付费），其余部分按照合同约定的比例提成，并按照合同约定的时间支付。这笔入门费将来抵作技术合同的价款、报酬或者使用费的一部分。

285. 职务技术成果的财产权归谁享有？

根据《民法典》第 847 条的规定，职务技术成果是指执行法人或者非法人组织的工作任务，或者主要是利用法人或者非法人组织的物质技术条件所完成的技术成果。因此，确认职务技术成果的标准有两条：一是执行法人或者非法人组织的工作任务，主要是指承担法人或者非法人组织的科学研究和技术开发课题或者履行本岗位的职责；二是主要是利用法人或者非法人组织的物质技术条件，利用法人或者非法人组织提供的资金、设备、器材、原材料、未公开的技术信息和资料。

职务技术成果的财产权包括职务技术成果的使用权、转让权属于法人或者非法人组织的，法人或者非法人组织可以就该项职务技术成果订立技术合同。个人未经法人或者非法人组织同意，擅自以生产经营为目的使用、转让法人或者非法人组织的职务技术成果的，是侵犯法人或者非法人组织技术权益的侵权行为。法人或者非法人组织订立技术合同转让职务技术成果时，职务技术成果的完成人享有以同等条件优先受让的权利。

286. 非职务技术成果的财产权归谁享有？

《民法典》第 848 条规定，非职务技术成果的使用权、转让权属于完成技术成果的个人，完成技术成果的个人可以就该项非职务技术成果订立技术合同。

未执行法人或者非法人组织的工作任务，也未利用法人或者非法人组织的物质技术条件所完成的技术成果，是非职务技术成果。非职务技术成果的财产权即非职务技术成果的使用权、转让权属于完成技术成果的个人。完成技术成果的个人有权就该项非职务技术成果订立技术合同，转让或者许可他人使用非职务技术成果，有权获得因使用或者转让该项非职务技术成果所取得的收益。

287. 技术成果的人身权归谁享有？

《民法典》第 849 条规定，完成技术成果的个人享有在有关技术成果文件上写明自己是技术成果完成者的权利和取得荣誉证书、奖励的权利。

技术成果的人身权,即在有关技术成果文件上署名以及取得国家荣誉证书、奖章和其他奖励的权利。这一权利与完成技术成果的完成者人身紧密相连,因此,这一权利应当属于对完成技术成果作出了创造性贡献的个人。

288. 非法垄断技术或者侵害他人技术成果的技术合同有效吗?

非法垄断技术,是指合同的一方当事人通过合同条款限制另一方当事人在合同标的技术的基础上进行新的研究开发,限制另一方当事人从其他渠道吸收技术,或者阻碍另一方根据市场的需求,按照合理的方式充分实施专利和使用技术秘密。侵害他人技术成果,是指侵害另一方或者第三方的专利权、专利申请权、专利实施权、技术秘密使用权和转让权或者发明权、发现权以及其他科技成果权的行为。非法垄断技术或者侵害他人技术成果不利于技术进步和创新,因此《民法典》第 850 条规定,非法垄断技术或者侵害他人技术成果的技术合同无效。

289. 技术开发合同是什么?

根据《民法典》第 851 条的规定,技术开发合同是指当事人之间就新技术、新产品、新工艺、新品种或者新材料及其系统的研究开发所订立的合同。技术开发合同包括委托开发合同和合作开发合同。技术开发合同应当采用书面形式。

此外,当事人之间就具有实用价值的科技成果实施转化订立的合同,参照适用技术开发合同的有关规定。

290. 委托开发合同的委托人、研究开发人负有哪些义务?

第一,委托开发合同中委托人的义务。《民法典》第 852 条规定,委托开发合同的委托人应当按照约定支付研究开发经费和报酬,提供技术资料,提出研究开发要求,完成协作事项,接受研究开发成果。

第二,委托开发合同中研究开发人的义务。《民法典》第 853 条规定,委托开发合同的研究开发人应当按照约定制订和实施研究开发计划,合理使用研究开发经费,按期完成研究开发工作,交付研究开发成果,提供有关的技术资料和必要的技术指导,帮助委托人掌握研究开发成果。

291. 委托开发合同的当事人违反委托开发合同应当承担哪些责任?

《民法典》第 854 条规定,委托开发合同的当事人违反约定造成研究开发工作停滞、延误或者失败的,应当承担违约责任。例如,委托人逾期不接受研究开发成果的,研究开发人有权处分研究开发成果,所获得的收益在扣除约定的报酬、违约金和保管费后,退还委托人;由于研究开发人的过错,造成研究开发成果不符合合同约定条件的,研究开发人应当支付违约金或者赔偿损失;造成研究开发工作失败的,研究开发人应当返还部分或者全部研究开发经费,支付违约金或者赔偿损失。

292. 合作开发合同的当事人负有哪些义务?应如何承担违约责任?

根据《民法典》第 855、856 条的规定,合作开发合同当事人负有以下义务:合作开发合同的当事人应当按照约定进行投资,包括:以技术进行投资;分工参与研究开发工作;协作配合研究开发工作。同时,合作开发合同的当事人违反约定造成研究开发工作停滞、延误或者失败的,应当承担违约责任。

293. 作为技术开发合同标的的技术已经由他人公开，致使技术开发合同的履行没有意义的，当事人可以解除合同吗？

技术开发合同的主要目的是开发新的技术以推动社会发展。如果拟开发的技术已经由他人公开，则就失去了再次开发的意义。因此，根据技术开发和技术开发合同的特点，《民法典》第857条规定，作为技术开发合同标的的技术已经由他人公开，致使技术开发合同的履行没有意义的，当事人可以解除合同。

294. 技术开发合同的风险责任由谁承担？发现风险的当事人有通知另一方的义务吗？

首先，技术开发合同的风险是指在技术研究开发过程中，如果当事人一方或者双方已尽了最大努力，但由于现有的科技知识、知识水平、技术水平或者试验条件等客观因素的限制，出现无法克服的技术困难，导致研究开发全部或者部分失败，未能达到合同约定的预期目的。

其次，技术开发合同的风险责任由谁承担的问题。根据《民法典》第858条第1款的规定，技术开发合同的风险责任由当事人约定；没有约定或者约定不明确，双方可以协议补充；不能达成补充协议的，按照合同相关条款或者交易习惯确定；仍不能确定的，风险由当事人合理分担。

最后，发现风险的一方当事人有通知另一方的义务。根据《民法典》第858条第2款的规定，当事人一方发现前款规定的可能致使研究开发失败或者部分失败的情形时，应当及时通知另一方并采取适当措施减少损失；没有及时通知并采取适当措施，致使损失扩大的，应当就扩大的损失承担责任。

295. 委托开发完成的发明创造，谁有权申请专利？委托人又享有哪些权利？

《民法典》第 859 条对委托开发完成的发明创造的技术成果的归属与分享作了明确规定。首先，在法律没有规定或者当事人没有约定的情况下，发明创造的专利申请权属于研究开发人。其次，研究开发人取得专利权的，委托人可以依法实施该专利。同时，研究开发人转让专利申请权的，委托人享有以同等条件优先受让的权利。因此，委托人享有实施该专利和以同等条件优先受让的权利。

296. 合作开发完成的发明创造，谁有权申请专利？对此《民法典》又有哪些具体规定？

依据《民法典》第 860 条第 1 款的规定，合作开发完成的发明创造，专利申请权原则上属于合作开发的各方当事人共有。本条其他各款对此还有以下具体规定：一是当事人一方转让其共有的专利申请权的，其他各方享有以同等条件优先受让的权利。但是，当事人另有约定的除外。二是合作开发的当事人一方声明放弃其共有的专利申请权的，除当事人另有约定外，可以由另一方单独申请或者由其他各方共同申请。申请人取得专利权的，放弃专利申请权的一方可以免费实施该专利。三是合作开发的当事人一方不同意申请专利的，另一方或者其他各方不得申请专利。

297. 如何确定委托开发或者合作开发完成的技术秘密成果的使用权、转让权以及收益的分配办法？

根据《民法典》第 861 条的规定，委托开发或者合作开发完成的技术秘密成果的使用权、转让权以及收益的分配办法应按以下顺序确定：

首先，由当事人约定。

其次，没有约定或者约定不明确，双方可以协议补充；不能达成补充协议的，按照合同相关条款或者交易习惯确定。

最后，仍不能确定的，在没有相同技术方案被授予专利权前，当事人均有使用和转让的权利。但是，委托开发的研究开发人不得在向委托人交付研究开发成果之前，将研究开发成果转让给第三人。

298. 技术转让合同是什么？包含哪些内容？存在哪些类型？

《民法典》第862～864条对技术转让合同的含义、内容及类型作出了明确规定，具体如下：

首先，技术转让合同的含义。技术转让合同是指合法拥有技术的权利人，将现有特定的专利、专利申请、技术秘密的相关权利让与他人所订立的合同。

其次，技术转让合同的内容。技术转让合同中关于提供实施技术的专用设备、原材料或者提供有关的技术咨询、技术服务的约定，属于合同的组成部分。技术转让合同可以约定实施专利或者使用技术秘密的范围，但是不得限制技术竞争和技术发展。技术转让合同应当采用书面形式。

最后，技术转让合同的类型。技术转让合同包括专利权转让、专利申请权转让、技术秘密转让等合同。

299. 技术许可合同是什么？包含哪些内容？存在哪些类型？

《民法典》第862～864条对技术许可合同的含义、内容及类型作出了明确规定，具体如下：

首先，技术许可合同的含义。技术许可合同是指合法拥有技术的权利人，将现有特定的专利、技术秘密的相关权利许可他人实施、使用所订立的合同。

其次，技术许可合同的内容。技术许可合同中关于提供实施技术的专用设备、原材料或者提供有关的技术咨询、技术服务的约定，属于合同的组成部分。技术许可合同可以约定实施专利或者使用技术秘密的范围，但是不得限制技术竞争和技术发展。技术许可合同应当采用书面形式。

最后，技术许可合同的类型。技术许可合同包括专利实施许可、技术秘密使用许可等合同。

300. 专利实施许可合同的有效期限是多久？

《民法典》第 865 条规定，专利实施许可合同仅在该专利权的存续期限内有效。专利权有效期限届满或者专利权被宣告无效的，专利权人不得就该专利与他人订立专利实施许可合同。

由于专利实施许可合同的标的是专利，该标的有效，由此订立的合同自然受到法律的保护；该标的无效，由此订立的合同自然也会失去效力，不能受到法律的保护。因此，专利实施许可合同仅在该专利权的存续期限内有效。如果专利权有效期限届满或者专利权被宣告无效的，专利权就不再受法律保护，此时专利权人不得就该专利与他人订立专利实施许可合同。这一规定属于强制性规定，专利权人违反此规定，给他人造成损失的，应当承担相应的法律责任。

301. 专利实施许可合同的许可人负有哪些义务？

根据《民法典》第 866 条的规定，专利实施许可合同的许可人负有如下义务：

第一，按照约定许可被许可人实施专利；第二，交付实施专利有关的技术资料；第三，提供必要的技术指导。

302. 专利实施许可合同的被许可人负有哪些义务？

《民法典》第 867 条规定，专利实施许可合同的被许可人应当按照约定实施专利，不得许可约定以外的第三人实施该专利，并按照约定支付使用费。

根据上述规定，专利实施许可合同的被许可人负有以下义务：

第一，按照约定实施专利。即专利实施许可合同的被许可人应当按照约定的范围、方式、期限等实施专利技术。

第二，不得许可合同约定以外的第三人实施该项专利技术。不得许可合同约定以外的第三人实施该项专利技术是指被许可人无权允许合同以外的第三人实施该专利技术，例如，如果合同没有约定被许可人的子公司可以实施该项专利技术，被许可人则无权将该专利技术交给自己的子公司实施使用。

第三，按照合同的约定支付使用费。即被许可人按照合同约定的数额、期限、支付方式、支付地点等支付实施专利的使用费。

303. 技术秘密转让合同的让与人和技术秘密使用许可合同的许可人各负有哪些义务？

根据《民法典》第 868 条的规定，技术秘密转让合同的让与人和技术秘密使用许可合同的许可人负有以下义务：一是按照约定提供技术资料，进行技术指导，保证技术的实用性、可靠性的义务；二是保密义务。

需要注意的是，技术秘密转让合同的让与人和技术秘密使用许可合同的许可人的保密义务，不限制许可人申请专利，但是当事人另有约定的除外。

304. 技术秘密转让合同的受让人和技术秘密使用许可合同的被许可人负有哪些义务？

《民法典》第 869 条规定，技术秘密转让合同的受让人和技术秘密使用许可合同的被许可人应当按照约定使用技术，支付转让费、使用费,承担保密义务。

根据上述规定,技术秘密转让合同的受让人和技术秘密使用许可合同的被许可人负有以下义务:

第一,按照合同的约定使用技术。即按照合同约定的期限、约定的时间、约定的方式、约定的方法、约定的条件等实施、使用技术秘密。

第二,按照合同的约定支付转让费、使用费。即按照合同约定的期限、约定的时间、约定的支付方式、约定的币种、约定的支付次数等支付技术秘密的转让费、使用费。

第三,承担保密义务。保密是指不得将技术秘密中的技术资料、数据、样品、相关文件等泄露给第三人。

305. 技术转让合同的让与人和技术许可合同的许可人负有哪些保证义务?

《民法典》第870条规定,技术转让合同的让与人和技术许可合同的许可人应当保证自己是所提供的技术的合法拥有者,并保证所提供的技术完整、无误、有效,能够达到约定的目标。

根据上述规定,技术转让合同的让与人和技术许可合同的许可人负有以下保证义务:

第一,保证自己是所提供的技术的合法拥有者。让与人或许可人应当保证自己是所提供技术的合法拥有者,或者保证自己有权转让或者有权许可该项技术,否则属于无效行为,由此订立的合同也是无效合同。

第二,保证所提供的技术完整、无误、有效,能够达到约定的目标。技术完整,是指一个产品、工艺、材料及其系统或者改进的技术的一整套方案或者一整套文件资料。技术无误,是转让或许可给对方一个产品、工艺、材料及其系统或者改进的技术应当准确,没有误差。技术有效,是转让或许可给对方一个产品、工艺、材料及其系统或者改进的技术不存在争议，对方可以依据合同进行操作，能够解决对方的技术问题，能够达到订立合同预期的目标。

306. 技术转让合同的受让人和技术许可合同的被许可人负有保密义务吗？

技术转让合同的让与人对受让人转让的技术和技术许可合同的许可人许可被许可人使用的技术，有的是处于保密状态的技术，有的技术虽已公开，但是相关的背景材料、技术参数等未曾公开，这些技术及相关材料有可能涉及国家利益或者让与人的重大经济利益。因此，《民法典》第871条规定，技术转让合同的受让人和技术许可合同的被许可人应当按照约定的范围和期限，对让与人、许可人提供的技术中尚未公开的秘密部分，承担保密义务。

307. 技术许可合同的许可人与技术转让合同的让与人在什么情况下需要承担违约责任？

《民法典》第872条规定，许可人未按照约定许可技术的，应当返还部分或者全部使用费，并应当承担违约责任；实施专利或者使用技术秘密超越约定的范围的，违反约定擅自许可第三人实施该项专利或者使用该项技术秘密的，应当停止违约行为，承担违约责任；违反约定的保密义务的，应当承担违约责任。让与人承担违约责任，参照适用前款规定。

根据上述规定，技术许可合同中许可人的违约责任主要是：

第一，违反专利权许可合同的责任。许可人不履行合同义务，迟延办理专利权移交手续，未提供有关的技术资料，许可的专利不是许可人合法拥有的专利或者违反保密义务的，应当返还部分或者全部使用费，并且应当承担违约责任。

第二，违反专利申请权许可合同的责任。许可人不履行合同，迟延提供技术信息和资料的，或者所提供的技术信息和资料没有达到使该领域一般专业技术人员能够实施发明创造的程度的，应当承担违约责任。违反保密义务的，应当承担违约责任。

第三，违反专利实施许可合同的责任。许可人未按照约定许可实施专利技术，应当返还部分或者全部使用费，并且承担违约责任；使用专利技术超越约定的范围，违反约定擅自许可第三人使用该项专利技术，应当停止违约行为，承担违约责任；违反保密义务的，承担违约责任；承担被许可人按照约定使用专利技术侵害他人合法权益的责任。

需要注意的是，技术转让合同的让与人承担违约责任，参照适用技术许可合同中许可人违约责任的规定。

308. 技术许可合同的被许可人和技术转让合同的受让人违约时应如何承担责任？

《民法典》第 873 条规定，被许可人未按照约定支付使用费的，应当补交使用费并按照约定支付违约金；不补交使用费或者支付违约金的，应当停止实施专利或者使用技术秘密，交还技术资料，承担违约责任；实施专利或者使用技术秘密超越约定的范围的，未经许可人同意擅自许可第三人实施该专利或者使用该技术秘密的，应当停止违约行为，承担违约责任；违反约定的保密义务的，应当承担违约责任。受让人承担违约责任，参照适用前款规定。

根据上述规定，技术许可合同被许可人违约责任主要是：

第一，违反专利权许可合同的责任。被许可人未按照约定支付使用费，应当补交并按照约定支付违约金，不补交使用费或者支付违约金的，应当停止实施专利，交还技术资料，承担违约责任；违反保密义务的，承担违约责任。

第二，违反专利申请权许可合同的责任。被许可人不履行合同，迟延支付使用费的，承担违约责任。未按照约定支付价款，应当补交并承担违约责任；不补交使用费或者不支付违约金的，应当返还专利申请权，交还技术资料，并承担违约责任。违反保密义务的，承担违约责任。

第三，违反专利实施许可合同的责任。被许可人未按照约定支付使用费，应当补交使用费并按照约定支付违约金；不补交使用费或者支付违约金的，应当停止使用专利技术，交还技术资料，承担违约责任；使用专利技术超过约定范围，未经许可人同意擅自许可第三人使用该专利技术的，应当停止违约行为，承担违约责任；违反保密义务的，应当承担违约责任。

第四，违反技术秘密使用许可合同的责任。被许可人不按照合同约定支付使用费的，应当补交使用费并按照约定支付违约金；不补交使用费或者支付违约金的，应当停止使用技术秘密，交还技术资料，承担违约责任；使用技术秘密超越约定的范围，未经许可人同意擅自许可第三人实施使用该技术秘密的，应当停止违约行为，承担违约责任；违反保密义务，泄露技术秘密，给许可人造成损失的，应当承担违约责任。

需要注意的是，技术转让合同中受让人的违约责任，参照适用技术许可合同中被许可人违约责任的规定。

309. 受让人或者被许可人按照约定实施专利、使用技术秘密侵害他人合法权益的，由谁承担责任？

技术转让合同的实质是科学技术知识、信息和生产实践经验在不同法律关系主体之间的传递和扩展。这种传递和扩展同时也是技术权益的转移，即采用合同形式把专利权、专利申请权、专利使用权和技术秘密的使用权转移给受让人或者许可给被许可人。让与人转让的或者许可人许可的是某一项技术成果，不是利用公共的技术知识为对方提供咨询服务，因此，转让人或者许可人有义务保证受让人或者被许可人按照合同约定实施专利、使用技术秘密不会导致侵害他人的合法权益。因此,《民法典》第 874 条规定,受让人或者被许可人按照约定实施专利、使用技术秘密侵害他人合法权益的,由让与人或者许可人承担责任,但是当事人另有约定的除外。

310. 当事人有权分享后续改进的技术成果吗?

后续改进,是指在技术转让合同、技术许可合同的有效期内,一方或双方对作为合同标的的专利或者技术秘密成果所作的革新和改良。根据《民法典》第 875 条的规定,后续改进的技术成果的分享方式按如下方法处理:

第一,在合同中约定。技术转让合同的当事人或者技术许可合同的当事人双方可以按照互利的原则,在合同中约定实施专利、使用技术秘密后续改进的技术成果的分享办法。可以约定双方当事人共同享有所有权,也可以约定由合同的一方当事人享有所有权。

第二,协商研究、补充确定。如果技术转让合同的当事人或者技术许可合同的当事人没有在合同中约定实施专利、使用技术秘密后续改进的技术成果的分享办法,由双方当事人协商,补充确定当初订立合同时没有约定的后续改进的技术成果的权属与分享办法。如果通过双方当事人的协商,仍不能确定的,按照合同的相关条款或者交易习惯确定后续改进的技术成果的归属与分享。

第三,法律明确规定权属。如果当事人没有按照互利的原则,在合同中约定实施专利、使用技术秘密后续改进的技术成果的权属与分享办法,或者约定不明,在合同生效或者合同履行后,协商不成,或依据合同相关条款、交易习惯确定仍不能确定的,实施专利、使用技术秘密后续改进的技术成果,归完成该项后续改进技术成果的一方,其他各方无权分享。

311. 集成电路布图设计专有权、植物新品种权、计算机软件著作权等其他知识产权的转让和许可，应该适用哪些规定？

随着科学技术的发展，这些新类型的知识产权会越来越多，《民法典》技术合同一章也应当对计算机软件、集成电路布图设计、植物新品种等的转让与许可作出规定，以促进科学技术成果的研发、转化、应用和推广。但同时，为了避免本章内容过于繁杂、篇幅过于冗长，《民法典》第876条规定，集成电路布图设计专有权、植物新品种权、计算机软件著作权等其他知识产权的转让和许可，参照适用本节的有关规定。

312. 技术进出口合同或者专利、专利申请合同适用哪些规定？

《民法典》第877条规定，法律、行政法规对技术进出口合同或者专利、专利申请合同另有规定的，依照其规定。

313. 技术咨询合同和技术服务合同各指什么？

根据《民法典》第878条第1款的规定，技术咨询合同是指当事人一方以技术知识为对方就特定技术项目提供可行性论证、技术预测、专题技术调查、分析评价报告等所订立的合同。例如，为重大工程项目、研究开发项目、技术改造和成果推广等进行可行性分析所订立的合同；为技术成果、重大工程和特定技术系统的进行技术评估所订立的合同等。

根据《民法典》第878条第2款的规定，技术服务合同是指当事人一方以技术知识为对方解决特定技术问题所订立的合同，不包括承揽合同和建设工程合同。例如，为改进产品结构所订立的合同、为改良工艺流程所订立的合同等。

314. 技术咨询合同的委托人、受托人分别负有哪些义务?

(1)技术咨询合同委托人的义务。根据《民法典》第 879 条的规定,技术咨询合同的委托人应当按照约定阐明咨询的问题,提供技术背景材料及有关技术资料,接受受托人的工作成果,支付报酬。

(2)技术咨询合同受托人的义务。根据《民法典》第 880 条的规定,技术咨询合同的受托人应当按照约定的期限完成咨询报告或者解答问题,提出的咨询报告应当达到约定的要求。

315. 技术咨询合同的委托人、受托人违约时分别承担哪些违约责任?

(1)技术咨询合同委托人的违约责任。《民法典》第 881 条第 1 款规定,技术咨询合同的委托人未按照约定提供必要的资料,影响工作进度和质量,不接受或者逾期接受工作成果的,支付的报酬不得追回,未支付的报酬应当支付。

(2)技术咨询合同受托人的违约责任。《民法典》第 881 条第 2 款规定,技术咨询合同的受托人未按期提出咨询报告或者提出的咨询报告不符合约定的,应当承担减收或者免收报酬等违约责任。

316. 技术咨询合同的委托人按照受托人符合约定要求的咨询报告和意见所作出的决策造成的损失,由谁承担?

《民法典》第 881 条第 3 款规定,技术咨询合同的委托人按照受托人符合约定要求的咨询报告和意见作出决策所造成的损失,由委托人承担,但是当事人另有约定的除外。

当事人可以在技术咨询合同中约定对咨询报告和意见的验收或者评价办法。合同没有约定的,按照合乎实用的一般要求组织鉴定。咨询报告和意见经验收合格后,合同即告终止。委托人是否采纳以及如何采纳受托人作出的咨询报告或者意见，由委托人自行决策。受托人对委托人实施符合约定要求的咨询报告或意见所受到的损失，不负赔偿责任，除非合同另有约定。

317. 技术服务合同的委托人、受托人分别负有哪些义务？

（1）技术服务合同委托人的义务。《民法典》第882条规定，技术服务合同的委托人应当按照约定提供工作条件，完成配合事项，接受工作成果并支付报酬。

（2）技术服务合同受托人的义务。《民法典》第883条规定，技术服务合同的受托人应当按照约定完成服务项目，解决技术问题，保证工作质量，并传授解决技术问题的知识。

318. 技术服务合同的委托人、受托人违约时分别承担哪些违约责任？

（1）技术服务合同委托人的违约责任。《民法典》第884条第1款规定，技术服务合同的委托人不履行合同义务或者履行合同义务不符合约定，影响工作进度和质量，不接受或者逾期接受工作成果的，支付的报酬不得追回，未支付的报酬应当支付。

（2）技术服务合同受托人的违约责任。《民法典》第884条第2款规定，技术服务合同的受托人未按照约定完成服务工作的，应当承担免收报酬等违约责任。

319. 技术咨询合同、技术服务合同履行过程中完成的新的技术成果属于哪方所有？

这里的所谓新的技术成果，是指技术咨询合同或者技术服务合同的当事人在履行合同义务之外派生完成的或者后续发展的技术成果。对于技术咨询合同、技术服务合同履行过程中完成的新的技术成果的归属问题，《民法典》第885条规定，技术咨询合同、技术服务合同履行过程中，受托人利用委托人提供的技术资料和工作条件完成的新的技术成果，属于受托人。委托人利用受托人的工作成果完成的新的技术成果，属于委托人。当事人另有约定的，按照其约定。据此，处理这类技术成果的归属和分享的基本原则是：第一，谁完成谁拥有；第二，允许当事人作特别约定。

320. 技术咨询合同和技术服务合同对受托人正常开展工作所需费用的负担没有约定或者约定不明确的，由谁负担？

在实际生活中，当事人在签订技术咨询合同或者技术服务合同时，往往遗漏约定受托人开展正常工作所需要的费用由谁负担的问题。对此，《民法典》第886条规定，技术咨询合同和技术服务合同对受托人正常开展工作所需费用的负担没有约定或者约定不明确的，由受托人负担。

321. 技术中介合同、技术培训合同应该适用哪些规定？

技术中介合同，是指当事人一方以知识、技术、经验和信息为另一方与第三方订立技术合同进行联系、介绍、组织工业化开发并对履行合同提供服务所订立的合同。技术培训合同，是指当事人一方委托另一方对指定的专业技术人员进行特定项目的技术指导和专业训练所订立的合同，不包括职业培训、文化学习和按照行业、单位的计划进行的职工业余教育。对于上述两种合同的法律适用问题，《民法典》第887条规定，法律、行政法规对技术中介合同、技术培训合同另有规定的，依照其规定。

第二十一章　保管合同

322. 保管合同是什么？将物品寄存到商店是保管吗？

根据《民法典》第 888 条第 1 款的规定，保管合同是指保管人保管寄存人交付的保管物，并返还该物的合同。

在现实生活中，保管主要是社会成员之间相互提供帮助，或者服务部门、公共场所向社会提供服务的一种方式，如商场、车站、饭店、宾馆等场所都设置了供人们寄存物品的特定场所。在这些场合，当事人之间往往没有达成书面的甚至是口头的合同，为避免纠纷，《民法典》第 888 条第 2 款规定，寄存人到保管人处从事购物、就餐、住宿等活动，将物品存放在指定场所的，视为保管，但是当事人另有约定或者另有交易习惯的除外。

323. 保管费如何确定？

根据《民法典》第 889 条的规定，保管费按照以下顺序确认：

首先，当事人对保管费有约定的，寄存人应当按照约定向保管人支付保管费。

其次，当事人对保管费没有约定或者约定不明确，双方可以协议补充；不能达成补充协议的，按照合同相关条款或者交易习惯确定。

最后，仍不能确定的，视为无偿保管。

324. 保管合同何时成立？

《民法典》第 890 条规定，保管合同自保管物交付时成立，但是当事人另有约定的除外。

保管合同的成立以保管物的交付为要件，即保管合同自保管物交付时成立，但是当事人另有约定的除外。例如，甲与邻居乙口头订立一合同,甲将一辆自行车委托乙代为保管,甲将自行车交给乙时保管合同成立。

325. 保管人应当出具保管凭证吗?

在现实生活中,人们为了互相协助而发生的保管行为,多是无须出具保管凭证的,因为这是基于寄存人与保管人之间互相信任。但是,出具保管凭证具有重要意义。保管合同为不要式合同,多数情况下只有口头形式没有书面形式,因此,保管凭证对确定保管人与寄存人、保管物的性质和数量、保管的时间和地点等具有重要作用。一旦双方发生纠纷,保管凭证将是最重要的证据。据此,《民法典》第 891 条规定,寄存人向保管人交付保管物的,保管人应当出具保管凭证,但是另有交易习惯的除外。

326. 保管人应当怎样保管保管物?

《民法典》第 892 条规定,保管人应当妥善保管保管物。当事人可以约定保管场所或者方法。除紧急情况或者为维护寄存人利益外,不得擅自改变保管场所或者方法。

保管合同的目的是为寄存人保管保管物,即维持保管物的现状并予以返还。因此,保管人为返还保管物并实现合同目的,应当妥善保管保管物,这是保管人应负的主要义务之一。所谓"妥善保管",是指保管人应当按照法律规定和当事人约定,并根据保管物的性质,提供适当的保管场所,采取适当的保管方法,使保管物处于完好状态。除紧急情况或者为了维护寄存人利益外,不得擅自改变保管场所或者方法。例如,因地震导致仓库即将坍塌的,保管人可以将保管物转移至安全地带。

327. 寄存人在哪些情形下具有告知义务?

《民法典》第 893 条规定,寄存人交付的保管物有瑕疵或者根据保管物的性质需要采取特殊保管措施的，寄存人应当将有关情况告知保管人。寄存人未告知，致使保管物受损失的，保管人不承担赔偿责任；保管人因此受损失的，除保管人知道或者应当知道且未采取补救措施外，寄存人应当承担赔偿责任。

寄存人具有告知义务的情形包括以下两种：(1)交付的保管物有瑕疵。瑕疵，主要是指保管物自身存在的、可能造成保管物自身或者其他物品毁损、灭失的缺陷。例如，寄存人发现存放的食用油等液体包装有瑕疵，可能导致泄漏，造成保管物损失及其他物品污损的，应当及时告知保管人。(2)根据保管物的性质需要采取特殊保管措施。例如，对于烟花爆竹等易燃易爆物品的保管，必须避免高温和明火。寄存人未履行告知义务，使保管物本身遭受损失的，保管人不承担赔偿责任，给保管人造成损失的，寄存人应当对保管人承担相应的赔偿责任，但保管人知道或者应当知道并且未采取补救措施的，寄存人不承担赔偿责任。

328. 保管人可以将保管物转交第三人保管吗？

《民法典》第894条规定，保管人不得将保管物转交第三人保管，但是当事人另有约定的除外。保管人违反前款规定，将保管物转交第三人保管，造成保管物损失的，应当承担赔偿责任。

保管人亲自保管保管物是保管人的一项义务，也是寄存人对保管人信任的一种体现。除当事人另有约定外，保管人不得将保管物转交第三人保管。保管人擅自将保管物转交第三人保管，造成保管物损失的，应当承担赔偿责任。例如，寄存人甲将需要冷冻保存的鱼交给具备相应冷冻条件的保管人乙保管，订立保管合同。后乙擅自将该保管物交给第三人丙保管，丙不具备相应的保管条件，由第三人丙保管造成保管物损失的，乙应当承担赔偿责任。

329. 保管人可以使用或者许可第三人使用保管物吗?

保管合同中,寄存人只转移保管物的占有给保管人,而不转移使用权和收益权,更不转移处分权,即保管人只有权占有保管物,而不能利用保管过程中占有之便,擅自使用或者许可他人使用保管物。据此,《民法典》第895条规定,保管人不得使用或者许可第三人使用保管物,但是当事人另有约定的除外。

330. 第三人对保管物主张权利的,保管人如何处理?

第三人对保管物主张权利,是指第三人主张保管物并非属于寄存人所有等可能引发保管物的权属争议的情形。根据《民法典》第896条的规定,第三人对保管物主张权利的,保管人应当履行以下义务:

(1)向寄存人返还保管物的义务。保管人返还保管物是保管人的一项基本义务。第三人对保管物主张权利的,除依法对保管物采取保全或者执行措施外,保管人应当履行向寄存人返还保管物的义务。

(2)及时通知寄存人的义务。第三人对保管人提起诉讼或者对保管物申请扣押的,保管人应当及时通知寄存人。

331. 因保管人保管不善造成保管物毁损、灭失的,保管人应当承担责任吗?

《民法典》第897条规定,保管期内,因保管人保管不善造成保管物毁损、灭失的,保管人应当承担赔偿责任。但是,无偿保管人证明自己没有故意或者重大过失的,不承担赔偿责任。

上述规定区分了无偿保管和有偿保管中保管人的责任承担:

(1)无偿保管。保管是无偿的,保管人仅对其故意或者重大过失造成保管物毁损、灭失的情形承担赔偿责任。

(2)有偿保管。保管是有偿的,保管人应当对保管期间保管物的毁损、灭失承担损害赔偿责任，但是保管人能够证明自己没有过错的除外。所谓“保管人能够证明自己没有过错”，是指保管人能够证明已经尽到了妥善保管义务。此外，保管物的毁损、灭失是由于保管物自身的性质或者包装不符合约定造成的，保管人也不承担责任。例如，因寄存人的过错，对保管物包装不良，致使寄存的汽油挥发的，保管人不承担赔偿责任。

332. 寄存人在什么情况下负有声明义务？

《民法典》第 898 条规定，寄存人寄存货币、有价证券或者其他贵重物品的，应当向保管人声明，由保管人验收或者封存；寄存人未声明的，该物品毁损、灭失后，保管人可以按照一般物品予以赔偿。

实践中，人们寄存的物品品类各异、价值不一。一般而言，寄存人不必将其寄存的物品一一向保管人进行告知。然而，当寄存人寄存的是贵重物品时，寄存人负有向保管人声明的义务，以便寄存人采取适当注意方式。寄存人就货币、有价证券或者如珠宝等贵重物品进行寄存的，应当向保管人声明，声明的内容是保管物的性质及数量，保管人在验收后进行保管，或者以封存的方式进行保管。寄存人未声明的，该物品毁损、灭失后，保管人可以按照一般物品予以赔偿。

333. 寄存人可以随时领取保管物吗？保管人可以随时请求寄存人领取保管物吗？

《民法典》第 899 条规定，寄存人可以随时领取保管物。当事人对保管期限没有约定或者约定不明确的，保管人可以随时请求寄存人领取保管物；约定保管期限的，保管人无特别事由，不得请求寄存人提前领取保管物。

首先，寄存人可以随时领取保管物。无论保管合同是否约定保管期限的，寄存人都可以随时领取保管物，这是寄存人的权利，同时又是保管人的义务，即保管人得应寄存人的请求，随时返还保管物。

其次，当事人对保管期限没有约定或者约定不明确的，保管人可以随时请求寄存人领取保管物。约定保管期限的，保管期限主要是为了寄存人的利益而设立的，而且有偿保管的保管人收取了与该保管期限相应的保管费，即便是无偿保管的保管人，基于诚信原则，如果保管人没有特别事由，亦不得请求寄存人提前领取保管物。"特别事由"，主要是指因不可抗力，或者保管人的原因，导致其难以继续履行保管义务，如因地震导致保管库房部分坍塌，不再具备相应的保管条件，或者保管人患病、丧失行为能力等。

334. 保管期限内产生的孳息归谁所有？

《民法典》第 900 条规定，保管期限届满或者寄存人提前领取保管物的，保管人应当将原物及其孳息归还寄存人。

孳息是指原物产生的额外利益，包括天然孳息和法定孳息。天然孳息是原物根据自然规律产生的物，如幼畜。法定孳息是原物根据法律规定产生的物，如存款利息、股利、租金等。在保管合同中，保管物仅是转移了占有，保管人并不享有保管物的所有权，所有权仍归寄存人享有，保管期间保管物所生孳息的所有权亦归属于寄存人。因此，保管人除返还保管物外，如果保管物有孳息的，还应一并返还孳息。例如，甲为乙保管一头母牛，如果在保管期间母牛产出小牛，保管人甲应当将母牛及其幼畜一并返还寄存人乙。

335. 保管人保管货币或其他可替代物的，必须返还原物吗？

不是。可替代物指以品种、质量、规格或度量衡确定，无须具体指定的转让物，如标号相同的水泥，相同品牌、规格的电视机等。《民法典》第 901 条规定，保管人保管货币的，可以返还相同种类、数量的货币；保管其他可替代物的，可以按照约定返还相同种类、品质、数量的物品。

336. 支付保管费的期限如何确定？

根据《民法典》第 902 条的规定，有偿的保管合同中支付保管费的期限应按以下顺序确定：

首先，当事人有约定的，寄存人应当按照约定的期限向保管人支付保管费。

其次，没有约定或者约定不明确，双方可以协议补充；不能达成补充协议的，按照合同相关条款或者交易习惯确定。

最后，仍不能确定的，应当在领取保管物的同时支付。

337. 保管人在什么情况下有权对保管物行使留置权？

《民法典》第 903 条规定，寄存人未按照约定支付保管费或者其他费用的，保管人对保管物享有留置权，但是当事人另有约定的除外。

保管人在寄存人未按照约定支付保管费或者其他费用时有权行使留置权。对于保管人因保管合同而享有的留置权虽然是法定的，但是当事人可以约定不行使留置权。例如，寄存人寄存的手表是寄存人祖传的，对寄存人具有特殊意义，其可以与保管人在合同中约定，即使寄存人未按照约定支付保管费，保管人也不得对该手表进行留置。

第二十二章　仓 储 合 同

338. 仓储合同是什么？仓储合同何时成立？

根据《民法典》第 904 条的规定，仓储合同是指保管人储存存货人交付的仓储物，存货人支付仓储费的合同。

因为在仓储合同订立后，存货人交付仓储物前，保管人往往要做很多的准备工作。例如，采购相应的设施设备，准备可供储存相应仓储物的仓库，搜集仓储物相关资料，招聘特定的保管人员以及对保管人员进行技术培训等，需要付出大量的人力、物力、财力。如果仓储合同订立后，存货人在交付仓储物前反悔，保管人无法就前期准备工作的费用向存货人主张，可能遭受较大的损失。这种损失不仅包括前期准备工作的费用，还包括因为与存货人订立仓储合同而放弃或者丧失与其他人订立合同的机会。所以，如果存货人在订立仓储合同后交付仓储物前可以随时反悔使合同不成立，对于保管人显然是不公平的，也不符合诚信原则的要求。故《民法典》第905条规定，仓储合同自保管人和存货人意思表示一致时成立。

339. 储存危险物品和易变质物品有哪些特别规定？

《民法典》第906条规定，储存易燃、易爆、有毒、有腐蚀性、有放射性等危险物品或者易变质物品的，存货人应当说明该物品的性质，提供有关资料。存货人违反前款规定的，保管人可以拒收仓储物，也可以采取相应措施以避免损失的发生，因此产生的费用由存货人负担。保管人储存易燃、易爆、有毒、有腐蚀性、有放射性等危险物品的，应当具备相应的保管条件。

上述条款中的"说明"，应当是在合同订立时予以说明，并在合同中注明。这是诚实信用原则的必然要求。存货人除应当作出说明外，还应当提供有关资料，以便保管人进一步了解该危险物品的性质，为储存该危险物品做必要的准备。存货人没有说明所储存的货物是危险物品或易变质物品，也没有提供有关资料，保管人在入库验收时发现是危险物品或易变质物品的，可以拒收仓储物。保管人在接收仓储物后发现是危险物品或易变质物品的，除及时通知存货人外，也可以采取相应措施，以避免损害的发生，因此产生的费用由存货人承担。例如，将危险物品搬出仓库转移至安全地带。保管人储存易燃、易爆、有毒、有腐蚀性、有放射性等危险物品的，应当具备相应的保管条件。

如果保管人不具备相应的保管条件，就对上述危险物品予以储存，对自身造成的损害，存货人不负赔偿责任。

340. 保管人应如何对仓储物进行验收？

验收是指保管人对仓储物的数量、规格、品质等进行检验，以确定是否属于合同约定的仓储物。保管人验收仓储物有利于其妥善保管仓储物，还具有保存证据的作用。验收是接收的前提，只有在验收之后，保管人才能决定是否接收仓储物。根据《民法典》第907条的规定，保管人应当按照约定对入库仓储物进行验收。保管人验收时发现入库仓储物与约定不符合的，应当及时通知存货人。保管人验收之后，同意接收货物的，就应当开始对仓储物进行妥善保管。保管人验收后，发生仓储物的品种、数量、质量不符合约定的，保管人应当承担赔偿责任。

341. 存货人交付仓储物的，保管人应当出具哪些凭证？

仓单或者入库单是保管人收到仓储物后给存货人开具的表示其收到仓储物的凭证，也是存货人提取仓储物的凭证。保管人在验收完毕之后，应当及时向存货人出具仓单或者入库单等凭证。保管人向存货人出具仓单或者入库单等凭证，就表明其已经接收了货物。对此，《民法典》第908条规定，存货人交付仓储物的，保管人应当出具仓单、入库单等凭证。

342. 仓单一般包含哪些事项？

仓单是收取仓储物的凭证和提取仓储物的凭证，还可以通过背书转让或出质，因此应当具备一定的形式和内容要件。《民法典》第909条规定，保管人应当在仓单上签名或者盖章。仓单包括下列事项：(1)存货人的姓名或者名称和住所；(2)仓储物的品种、数量、质量、包装及其件数和标记;(3)仓储物的损耗标准;(4)储存场所;(5)储存期限;(6)仓储费;(7)仓储物已经办理保险的,其保险金额、期间以及保险人的名称;(8)填发人、填发地和填发日期。

343. 仓单的转让需要具备哪些条件?

《民法典》第910条规定,仓单是提取仓储物的凭证。存货人或者仓单持有人在仓单上背书并经保管人签名或者盖章的,可以转让提取仓储物的权利。

据此,仓单的转让需要满足以下条件:

(1)存货人或者仓单持有人在仓单上背书。"背书",是指存货人或者仓单持有人在仓单的背面或者粘单上记载被背书人(受让人)的名称或姓名、住所等有关事项的行为。多次转让仓单的,背书还要有连续性。背书的连续性主要是为了保证每个背书人都是有权转让仓单项下权利的人。有权利提取仓储物的权利人是最后一个被背书人,即最终的受让人或者质权人。

(2)经保管人签名或者盖章。因为保管人是仓储物的合法占有人,而仓储物的所有权仍归存货人。为保护存货人的所有权,防止其他人以不法途径获得仓单,从而损害存货人的利益,也使保管人自己免予承担不应有的责任。

344. 存货人或仓单持有人有权检查仓储物或者提取样品吗?

《民法典》第911条规定,保管人根据存货人或者仓单持有人的要求,应当同意其检查仓储物或者提取样品。

存货人或仓单持有人将货物存置于仓库,有权了解仓库堆藏及保管的安全程度与仓储物的实际状态。因存货人或仓单持有人的请求,保管人应允许其进入仓库检查仓储物或者提取样品。同时,存货人或者仓单持有人提出检查仓储物或者提取样品的要求,应当在必要的限度和适当的时间内进行，不应不当地增加保管人的管理成本。

345. 保管人在仓储物有变质或者其他损坏情况时有通知义务吗？

保管人在储存仓储物的过程中发现仓储物有变质或者其他损坏或者有发生变质、损坏的危险时，应当及时通知存货人或者仓单持有人，使其尽快采取相应措施，避免发生更大的损失。对此，《民法典》第912条规定，保管人发现入库仓储物有变质或者其他损坏的，应当及时通知存货人或者仓单持有人。

346. 仓储物有变质或者其他损坏，危及其他仓储物的安全和正常保管的，保管人应采取哪些措施？

《民法典》第913条规定，保管人发现入库仓储物有变质或者其他损坏，危及其他仓储物的安全和正常保管的，应当催告存货人或者仓单持有人作出必要的处置。因情况紧急，保管人可以作出必要的处置；但是，事后应当将该情况及时通知存货人或者仓单持有人。

一般来说，保管人的仓库会存放多个不同保管人的仓储物。当保管人发现入库仓储物有变质或者其他损坏，危及其他仓储物的安全和正常保管的，一般都应当先催告存货人或者仓单持有人作出必要的处置。但是，如果情况紧急，来不及催告存货人或者仓单持有人进行处置的，保管人可以作出必要的处置，事后还应当将该情况及时通知存货人或者仓单持有人。所谓情况紧急，一般是指保管人无法通知存货人或者仓单持有人，或者必须立即采取措施，以避免其他仓储物受到损害。

347. 储存期间不明确时如何提取仓储物？

《民法典》第914条规定，当事人对储存期限没有约定或者约定不明确的，存货人或者仓单持有人可以随时提取仓储物，保管人也可以随时请求存货人或者仓单持有人提取仓储物，但是应当给予必要的准备时间。

当事人对储存期间没约定或者约定不明确的，存货人或者仓单持有人可以根据自己的意愿随时提取仓储物，保管人也可以根据自己的储存能力和业务需要随时要求存货人或者仓单持有人提取仓储物，但应当给予必要的准备时间。所谓“给予必要的准备时间”，是指保管人预先通知提货，然后确定一个合理的期限，以给存货人或者仓单持有人留出必要的准备时间，在期限届至前提货即可，而并不是在通知的当时就必须提取仓储物。

348. 存货人逾期提取或提前提取仓储物，对仓储费有什么影响？

《民法典》第915条规定，储存期限届满，存货人或者仓单持有人应当凭仓单、入库单等提取仓储物。存货人或者仓单持有人逾期提取的，应当加收仓储费；提前提取的，不减收仓储费。据此，当事人在合同中约定储存期限的，存货人或者仓单持有人应当在储存期限届满时凭仓单、入库单等凭证提取仓储物，并按约定支付仓储费；存货人或者仓单持有人逾期提取仓储物的，应当加收仓储费；存货人或者仓单持有人提前提取仓储物的，不减收仓储费。

349. 仓单持有人不提取仓储物时保管人应如何处理？

《民法典》第916条规定，储存期限届满，存货人或者仓单持有人不提取仓储物的，保管人可以催告其在合理期限内提取；逾期不提取的，保管人可以提存仓储物。

储存期限届满，存货人或者仓单持有人提取仓储物，既是存货人或者仓单持有人的权利，也是存货人或者仓单持有人的义务。如果在储存期限届满，存货人或者仓单持有人不能或者拒绝提取仓储物，根据上述规定，保管人可以确定一个合理的期限，催告存货人或者仓单持有人在此期限内提取。如果逾期仍不提取的，保管人可以将仓储物提存。

350. 保管人需要对仓储物毁损、灭失承担责任吗？

《民法典》第 917 条规定，储存期内，因保管不善造成仓储物毁损、灭失的，保管人应当承担赔偿责任。因仓储物本身的自然性质、包装不符合约定或者超过有效储存期造成仓储物变质、损坏的，保管人不承担赔偿责任。

因造成仓储物毁损、灭失的原因不同，保管人是否承担责任分为以下两种情况：

（1）因保管不善造成仓储物毁损、灭失的，保管人应当承担赔偿责任。“保管不善”，是指保管人没有尽到上述的妥善保管义务，没有按照有关规定和当事人约定提供相应的保管条件和设备，没有采取相应的保管措施，没有尽到善良管理人的义务。例如，合同约定用冷藏库储存水果，但冷藏库的制冷设施发生故障，保管人不采取及时修理等补救措施，保管条件已不符合原来的约定，致使水果腐烂变质的，应承担赔偿责任。

（2）因仓储物本身的自然性质、包装不符合约定或者超过有效储存期造成仓储物变质、损坏的，保管人不承担赔偿责任。例如，因地震、台风等不可抗力造成仓储物毁损、灭失。

351. 本章对保管合同内容未规定的，如何适用法律？

《民法典》第 918 条规定，本章没有规定的，适用保管合同的有关规定。在一定程度上说，仓储合同和保管合同在很多地方有相似之处，所以《民法典》规定仓储合同在本章没有规定的情形下可以适用保管合同的有关规定，以更好地维护仓储合同双方当事人的合法权益。例如，保管人不得将仓储物转交第三人保管、保管人不得使用或者许可第三人使用仓储物、第三人申请对仓储物进行扣押时保管人的通知义务、仓储费的支付时间、保管人对仓储物的留置权等，仓储合同这一章没有规定，但都可以适用保管合同的有关规定。

第二十三章　委托合同

352. 委托合同是什么？

根据《民法典》第919条的规定，委托合同是指委托人和受托人约定，由受托人处理委托人事务的合同。例如，委托他人代为购物、委托律师谈判或者处理案件、委托他人从事交易活动等。

353. 委托的类型有哪些？

《民法典》第920条规定，委托人可以特别委托受托人处理一项或者数项事务，也可以概括委托受托人处理一切事务。

受托人在处理委托事务时，应以委托人指示的委托事务范围为准。以受托人处理委托事务的范围为标准把委托划分为两大类，即特别委托和概括委托，前者是指仅将一项或者数项事务委托给受托人。例如，甲委托乙将自己的房屋出售。后者则是指将所有事务一并委托给受托人来处理。例如，甲委托乙处理其房屋买卖或业务的所有事宜。

354. 委托人需要预付处理委托事务的费用吗？

《民法典》第921条规定，委托人应当预付处理委托事务的费用。受托人为处理委托事务垫付的必要费用，委托人应当偿还该费用并支付利息。

对于本条，可以从以下三个层次来理解：

第一，委托人预付费用的义务。委托合同的特点是受托人处理委托人的委托事务，很有可能需要一定的费用。因此，预付费用是委托人的义务。

第二，委托人偿还受托人支出必要费用的义务。必要费用，是指完成委托事务必须支付的费用，如差旅费用、有关财产的运输费、仓储费、交通费、邮费等。委托事项尚未开始前，往往无法准确预估需要花费的费用；委托事项开始后，受托人在处理委托人的委托事务时往往会有很多预想不到的必要支出，为了确保委托事务的顺利进行，受托人往往会预先垫付一部分费用。对于这部分费用委托人有义务偿还。

第三，委托人偿还上述垫付费用利息的义务。偿还垫付费用还应包括自受托人垫付费用之日起的相关利息。

355. 受托人变更委托人的指示需要经过委托人同意吗？

《民法典》第922条规定，受托人应当按照委托人的指示处理委托事务。需要变更委托人指示的，应当经委托人同意；因情况紧急，难以和委托人取得联系的，受托人应当妥善处理委托事务，但是事后应当将该情况及时报告委托人。

受托人按照委托人的指示处理委托事务，这是受托人首要的义务。委托合同是受托人接受委托人的委托而订立的，因此，受托人应当按照委托人的指示，在委托人授权的范围内认真维护委托人的合法权益。委托人的指示主要是委托人就委托事务的处理方式方法或者欲达到的效果等提出的具体要求。受托人原则上不得变更委托人的指示，如果受托人在处理委托事务的过程中，因客观情况发生变化，为了维护委托人的利益而需要变更委托人的指示，应当经委托人同意。受托人只有在具备以下条件的情况下才可以不按这些指示办事：(1)因情况紧急，需要立即采取新的措施；(2)由于客观上的原因，难以和委托人取得联系；(3)依据情况是为了委托人的利益所必需。

356. 受托人可以转委托吗?

《民法典》第923条规定,受托人应当亲自处理委托事务。经委托人同意,受托人可以转委托。转委托经同意或者追认的,委托人可以就委托事务直接指示转委托的第三人,受托人仅就第三人的选任及其对第三人的指示承担责任。转委托未经同意或者追认的,受托人应当对转委托的第三人的行为承担责任;但是,在紧急情况下受托人为了维护委托人的利益需要转委托第三人的除外。

一般来说,委托人委托受托人处理某项事务是出于对受托人个人人品、能力等的信任,所以受托人应当亲自处理委托事务。但法律并不禁止受托人可以讲委托事务转委托给他人的一切情形。比如,根据上述规定,符合下列条件之一的,受托人可以转委托:第一,转委托须事先取得委托人的同意或经委托人追认。第二,在紧急情况下受托人为了维护委托人的利益,也可以进行转委托。例如,委托人临时患急病,不能前去处理,又不能及时与委托人取得联系,由于情况紧急,如果不立即转托第三人代为处理,就会使委托人受到很大的损失。

同时,本条还明确规定了转委托的法律效果以及受托人所负担的义务和承担的责任。受托人将委托事务转委托是否经过委托人的同意或者追认,其法律效果以及受托人所负担的义务和承担的责任是不一样的。转委托经委托人同意或者追认的,委托人可以就委托事务直接指示转委托的第三人,受托人只要就第三人的选任及其对第三人的指示承担责任。受托人如果在选任接受转委托的第三人上没有过错,选择了具有处理委托事务相应能力的第三人,且对第三人的指示也都是恰当合适的,那么受托人对第三人的行为造成委托人的损失,不承担赔偿责任。转委托未经委托人同意或者追认的,受托人应当对转委托的第三人的行为承担责任。

357. 受托人负有报告义务吗？

委托合同是委托人委托受托人处理委托事务的合同，受托人处理委托事务是为了委托人的利益，因此，委托人有权了解委托事务的处理情况，而受托人则负有向委托人报告有关事项的义务。根据《民法典》第924条的规定，受托人的报告义务分为以下两项：

（1）受托人应当按照委托人的要求，报告委托事务的处理情况。受托人在办理委托事务的过程中，应当根据委托人的要求，向委托人报告事务处理的进展情况、存在的问题和应对措施等，以使委托人及时了解事务的状况。如果委托合同约定了报告的时间，受托人应按时进行报告。

（2）委托合同终止时，受托人应当报告委托事务的结果。委托合同终止时，受托人应就办理委托事务的情况，向委托人全面报告办理经过和结果，如处理委托事务的始末、各种账目、收支计算等，并要提交必要的书面材料和证明文件。

358. 什么情况下受托人与第三人订立的合同会直接约束委托人和第三人？

《民法典》第925条规定，受托人以自己的名义，在委托人的授权范围内与第三人订立的合同，第三人在订立合同时知道受托人与委托人之间的代理关系的，该合同直接约束委托人和第三人；但是，有确切证据证明该合同只约束受托人和第三人的除外。

根据上述规定，受托人与第三人订立的合同会产生直接约束委托人和第三人的法律效力，则需要满足以下条件：

（1）受托人和委托人间存在代理关系；

（2）受托人以自己的名义，在委托人的授权范围内与第三人订立的合同；

(3)第三人在订立合同时知道受托人与委托人之间的代理关系;

(4)不存在确切证据证明该合同只约束受托人和第三人的。

359. 如何理解委托人的介入权及第三人的选择权?

《民法典》第926条规定了委托人的介入权及第三人的选择权。

委托人的介入权指的是在受托人与第三人的合同关系中,委托人取代受托人的地位,介入原本是受托人与第三人的合同关系中。委托人行使介入权的条件是:第一,受托人以自己的名义与第三人订立合同;第二,第三人不知道受托人与委托人之间的代理关系;第三,当第三人不履行合同义务,导致受托人也不能履行完成委托事务的义务,间接影响委托人的利益;第四,因受托人的披露,委托人可以行使介入权。需要注意的是,委托人行使受托人对第三人的权利的,第三人可以想委托人主张其对受托人的抗辩。

第三人的选择权指的是在受托人与第三人的合同关系中,因委托人的原因造成受托人不履行义务,受托人应当向第三人披露委托人,第三人因此可以选择受托人或者委托人作为相对人主张其权利。但第三人只能选择其一,而且选定后不得变更。第三人行使选择权的条件是:第一,受托人以自己的名义与第三人订立合同;第二,第三人不知道受托人与委托人之间的代理关系;第三,受托人对第三人不履行合同义务是基于委托人的原因,此时受托人应当向第三人披露委托人;第四,受托人向第三人披露后,第三人可以行使选择权。需要注意的是,第三人选定委托人作为其相对人的,委托人可以向第三人主张其对受托人的抗辩及受托人对第三人的抗辩。

360. 受托人处理委托事务取得的财产,应当转交给委托人吗?

《民法典》第927条明确规定,受托人处理委托事务取得的财产,应当转交给委托人。其中“取得的财产”,包括取得的金钱、实物、金钱与实物所生的孳息，以及其他财产权利。例如，受托人因出售委托人的物品而取得的价金、为委托人出租房屋所取得的租金等。

361. 委托人负有支付报酬的义务吗？

在有偿委托中，按照约定向受托人支付报酬，是委托人的主要义务。《民法典》第928条规定，受托人完成委托事务的，委托人应当按照约定向其支付报酬。因不可归责于受托人的事由，委托合同解除或者委托事务不能完成的，委托人应当向受托人支付相应的报酬。当事人另有约定的，按照其约定。其中"相应的报酬"，是指根据受托人处理委托事务所付出的工作时间的长短或者所处理事务的大小及完成情况确定向受托人支付的报酬。

362. 受托人承担赔偿损失的范围如何确定？

《民法典》第929条规定，有偿的委托合同，因受托人的过错造成委托人损失的，委托人可以请求赔偿损失。无偿的委托合同，因受托人的故意或者重大过失造成委托人损失的，委托人可以请求赔偿损失。受托人超越权限造成委托人损失的，应当赔偿损失。

受托人承担赔偿损失的范围因委托合同是有偿还是无偿而有所不同：

（1）有偿合同。在有偿的委托合同中，受托人负有较高的注意义务，其在处理委托事务时只要有过错，即存在故意、重大过失或者一般过失，并给委托人造成损失的，就要承担赔偿责任。

（2）在无偿的委托合同中，受托人在一般过失下并不承担赔偿责任，只有在故意和重大过失的情况下才对损害承担赔偿责任。所谓故意，是指受托人明知或者应当知道损失可能发生，并主动促使或者放纵损失的发生。所谓重大过失，是指一般人对该行为所产生的损害后果都能预见到，而行为人却因疏忽大意没有预见到，致使损害后果发生。

此外,受托人超越权限造成委托人损失的,无论委托合同是否有偿,都应当赔偿损失。

363. 受托人可以向委托人请求赔偿其损失吗?

《民法典》第 930 条规定,受托人处理委托事务时,因不可归责于自己的事由受到损失的,可以向委托人请求赔偿损失。

受托人向委托人请求赔偿其损失,需要具备以下条件:一是受托人受到损失。受托人在按照委托人指示处理委托事务时遭受了损失,包括人身损害和财产损失。二是受托人的损失基于不可归责于受托人的原因。不可归责于受托人主要是指受托人对于损失的发生没有过错,不存在主观上的故意或者过失。三是受托人的损失发生在处理委托事务的过程中。

364. 委托人可以委托第三人处理委托事务吗?

《民法典》第 931 条规定,委托人经受托人同意,可以在受托人之外委托第三人处理委托事务。因此造成受托人损失的,受托人可以向委托人请求赔偿损失。

相互信任是委托合同双方当事人订立合同的基础,它具有严格的人身属性。委托合同订立后,受托人就已经开始着手处理委托事务,为此付出人力、物力、财力,如果委托人擅自委托他人,不仅可能增加受托人处理委托事务的成本,甚至可能给受托人造成损失。因此,委托人在受托人之外委托第三人处理委托事务需要经过受托人同意,因此造成受托人损失的,受托人可以向委托人请求赔偿损失。

365. 两个以上的受托人共同处理委托事务的,如何承担责任?

《民法典》第 932 条规定,两个以上的受托人共同处理委托事务的,对委托人承担连带责任。据此,不论委托人的损失是出于哪个受托人的过错，也不论各个受托人内部是否约定了对委托事务的处理权限和责任承担，所有受托人都应当对委托人承担连带责任。各受托人在承担连带责任后，可以按照受托人之间的约定、各受托人的过错来处理内部关系。

366. 何时可以解除委托合同？解除合同的损失如何确定？

《民法典》第933条规定，委托人或者受托人可以随时解除委托合同。因解除合同造成对方损失的，除不可归责于该当事人的事由外，无偿委托合同的解除方应当赔偿因解除时间不当造成的直接损失，有偿委托合同的解除方应当赔偿对方的直接损失和合同履行后可以获得的利益。

首先，委托人或者受托人可以随时解除委托合同。

其次，一方当事人在行使任意解除权时，给对方造成损失的，除不可归责于解除一方的事由外，所要承担的赔偿责任范围在有偿委托和无偿委托中是不同的。在无偿委托中，解除方的责任范围仅限于直接损失；而在有偿委托中，解除方的责任范围不仅包括直接损失，还包括间接损失，即可以获得的利益。

367. 委托合同何时终止？

《民法典》第934条规定，委托人死亡、终止或者受托人死亡、丧失民事行为能力、终止的，委托合同终止；但是，当事人另有约定或者根据委托事务的性质不宜终止的除外。

根据上述规定，出现委托人死亡、终止或者受托人死亡、丧失民事行为能力、终止这几种法定事由发生时合同应当终止，但也有例外情况：

第一，合同另有约定时除外。当事人可以另行约定，即使有委托人死亡、终止或者受托人死亡、丧失行为能力、终止的情况发生，委托关系仍不消灭，有此约定的，依照其约定。

第二，因委托事务的性质不宜终止的。在一些特殊的委托合同中，根据委托事务的性质，不能因以上事由之发生而终止，受托人或者其继承人、遗产管理人、法定代理人应当继续处理委托事务。例如，甲委托乙企业生产医疗物资，用于某地抗击新冠疫情，情况十分紧急。如果此时委托人甲因感染新冠肺炎不幸逝世，由于委托事务是生产抗击疫情急需的医疗物资，性质十分特殊，在这种情况下，这批医疗物资不能停止生产，委托合同不能因委托人甲的死亡而终止。

368. 委托人死亡或者被宣告破产、解散致使委托合同终止，受托人负有继续处理委托的义务吗？

《民法典》第 935 条规定，因委托人死亡或者被宣告破产、解散，致使委托合同终止将损害委托人利益的，在委托人的继承人、遗产管理人或者清算人承受委托事务之前，受托人应当继续处理委托事务。

委托人发生死亡或者被宣告破产、解散的事由时，一般来说，委托关系终止。但是，如果出现上述事由，致使委托合同终止将损害到委托人的利益时，委托合同不能终止，受托人还应当负有继续处理委托事务的义务，应当采取必要的措施保护对方当事人的利益，直至委托人的继承人、遗产管理人或者清算人承受了委托事务为止。

369. 因受托人死亡等原因致使委托合同终止，其继承人等负有哪些义务？

《民法典》第 936 条规定，因受托人死亡、丧失民事行为能力或者被宣告破产、解散，致使委托合同终止的，受托人的继承人、遗产管理人、法定代理人或者清算人应当及时通知委托人。因委托合同终止将损害委托人利益的，在委托人作出善后处理之前，受托人的继承人、遗产管理人、法定代理人或者清算人应当采取必要措施。

因受托人死亡、丧失民事行为能力或者被宣告破产、解散，致使委托合同终止的，受托人的继承人、遗产管理人、法定代理人或者清算人负有两项义务：一是及时通知委托人。因受托人死亡、丧失民事行为能力或者被宣告破产、解散，导致委托合同终止的，委托人可能对委托终止的事由并不知情，如果不将该情况及时告知委托人，可能给委托人造成损失。二是在委托合同终止将损害委托人利益的情况下，受托人的继承人、遗产管理人、法定代理人或者清算人不仅应当及时告知委托人，还应当采取必要的措施保护委托人的利益。例如，保存好委托事务有关的单证和资料；保管好委托事务的财产，以便交付给委托人。

第二十四章　物业服务合同

370. 物业服务合同是什么？物业服务合同一般包含哪些内容？

根据《民法典》第 937 条的规定，物业服务合同是指物业服务人在物业服务区域内，为业主提供建筑物及其附属设施的维修养护、环境卫生和相关秩序的管理维护等物业服务，业主支付物业费的合同。其中物业服务人包括物业服务企业和其他管理人。

根据《民法典》第 938 条第 1 款的规定，物业服务合同的内容一般包括以下条款：

（1）服务事项。例如，妥善维修、养护、清洁、绿化和经营管理物业服务区域内的业主共有部分，维护物业服务区域内的基本秩序等。

（2）服务质量。例如，合同约定物业服务人每年须对小区内的电梯进行一次检修、小区门口必须每天 24 小时有 2 名以上保安值守等。

（3）服务费用的标准和收取办法。物业费的收取主要有两种方式，即包干制和酬金制。

（4）维修资金的使用。维修资金，也可称为“公共维修资金”或者

“专项维修资金”,是指由业主缴纳的,专项用于物业服务区域内建筑物的共用部分、共用设施设备保修期满后的维修和更新、改造的资金,如电梯、单元门等共有部分的维修费用。

(5)服务用房的管理和使用。物业服务用房,是指物业服务人为业主提供物业服务而使用的房屋。

(6)服务期限。服务期限,是指双方当事人在物业服务合同中约定的由物业服务人提供物业服务的期限。

(7)服务交接等条款。

此外,《民法典》第938条第3款规定,物业服务合同应当采用书面形式。

371. 物业服务承诺属于物业服务合同的组成部分吗?

物业服务承诺,是指物业服务人为保证物业服务的质量和效益,向全体业主公开作出的有关物业服务内容和标准的单方意思表示。实践中,物业服务人会在其宣传中公开作出某种服务承诺,以吸引业主选聘其作为物业服务人,或者在提供物业服务的过程中作出某种承诺,以提高服务质量和业主满意度,这事实上经常成为业主选聘物业服务人的重要依据。据此,《民法典》第938条第2款规定,物业服务人公开作出的有利于业主的服务承诺,为物业服务合同的组成部分。

372. 前期物业服务合同等对业主具有法律约束力吗?

《民法典》第939条规定,建设单位依法与物业服务人订立的前期物业服务合同,以及业主委员会与业主大会依法选聘的物业服务人订立的物业服务合同,对业主具有法律约束力。

根据上述规定,建设单位与物业服务人订立的前期物业服务合同、业主委员会与物业服务人订立的物业服务合同,不仅对建设单位或者业主委员会、物业服务人具有法律约束力,也对业主具有法律约束力。业主享有合同中的相关权利的同时，也承担合同义务，受合同条款的规范和调整。

373. 前期物业服务合同终止的原因有哪些？

根据《民法典》第 940 条的规定，前期物业服务合同终止的原因包括：一是双方当事人约定的服务期限届满；二是前期物业服务合同的服务期限虽然未届满，但是全体业主通过召开业主大会，选聘新的物业服务人并订立新的物业服务合同，该合同生效时前期物业服务合同终止。

374. 物业服务人可以转委托吗？

《民法典》第 941 条规定，物业服务人将物业服务区域内的部分专项服务事项委托给专业性服务组织或者其他第三人的，应当就该部分专项服务事项向业主负责。物业服务人不得将其应当提供的全部物业服务转委托给第三人，或者将全部物业服务支解后分别转委托给第三人。

业主之所以选中某家物业公司，看中的就是这家物业公司的口碑和服务水准。如果允许该物业公司将其承担的物业服务随意转让他人，则将极大损害业务的权益。所以，为了维护业主的合法权益，向业主提供更优质、更高效的服务，同时规范物业服务人的行为，提升物业服务质量，物业服务人可以将物业服务区域内的部分专项服务事项委托给专业性服务组织或者其他第三人。例如，物业服务人委托保安公司专门负责小区的安保工作，委托保洁公司负责小区内的保洁工作等。物业服务人将物业服务区域内的部分专项服务事项委托给专业性服务组织或者其他第三人的，应当就该部分专项服务事项向业主负责。物业服务人可以将管理区域内的专项服务事项委托给第三人，但不得将全部物业服务转委托给第三人，或者支解后分别转委托给第三人。

375. 物业服务人负有哪些义务?

根据《民法典》第942、943条的规定,物业服务合同中的物业服务人负有以下义务:

(1)对业主共有部分的管理和维护义务、维护物业服务区域内基本秩序的义务、保护业主人身和财产安全的义务、对违法行为的制止、报告义务。物业服务人应当按照约定和物业的使用性质,妥善维修、养护、清洁、绿化和经营管理物业服务区域内的业主共有部分,维护物业服务区域内的基本秩序,采取合理措施保护业主的人身、财产安全。对物业服务区域内违反有关治安、环保、消防等法律法规的行为,物业服务人应当及时采取合理措施制止,向有关行政主管部门报告并协助处理。

(2)关于重要事项的公开及报告义务。物业服务人应当定期将服务的事项、负责人员、质量要求、收费项目、收费标准、履行情况,以及维修资金使用情况、业主共有部分的经营与收益情况等以合理方式向业主公开并向业主大会、业主委员会报告。

376. 业主负有哪些义务?

根据《民法典》第944、945条的规定,物业服务合同中的业主负有以下义务:

(1)支付物业费的义务。业主应当按照约定向物业服务人支付物业费。物业服务人已经按照约定和有关规定提供服务的,业主不得以未接受或者无须接受相关物业服务为由拒绝支付物业费。业主违反约定逾期不支付物业费的,物业服务人可以催告其在合理期限内支付;合理期限届满仍不支付的,物业服务人可以提起诉讼或者申请仲裁。物业服务人不得采取停止供电、供水、供热、供燃气等方式催交物业费。

(2)有关重要事项告知物业服务人的义务。业主装饰装修房屋的,应当事先告知物业服务人,遵守物业服务人提示的合理注意事项,并配合其进行必要的现场检查。业主转让、出租物业专有部分、设立居住权或者依法改变共有部分用途的,应当及时将相关情况告知物业服务人。

377. 业主可以解除物业服务合同吗?

《民法典》第 946 条规定,业主依照法定程序共同决定解聘物业服务人的,可以解除物业服务合同。决定解聘的,应当提前 60 日书面通知物业服务人,但是合同对通知期限另有约定的除外。依据前款规定解除合同造成物业服务人损失的,除不可归责于业主的事由外,业主应当赔偿损失。

上述规定中的“业主”并非单个业主,而是指全体业主。单个业主是不能行使解除权的,必须由全体业主“依照法定程序共同决定解聘物业服务人”,才能解除物业服务合同。“法定程序”,是通过业主大会的形式,而且对参与表决和同意的业主数量有所要求,即应当由专有部分面积占比 2/3 以上的业主且人数占比 2/3 以上的业主参与表决,且经参与表决专有部分面积过半数的业主且参与表决人数过半数的业主同意。此外,业主最终决定解聘的,应当提前 60 日书面通知物业服务人,但是合同对通知期限另有约定的除外。业主行使解除权解除合同造成物业服务人损失的,除不可归责于业主的事由外,应当赔偿物业服务人的损失。

378. 物业服务合同如何续订?

《民法典》第 947 条规定,物业服务期限届满前,业主依法共同决定续聘的,应当与原物业服务人在合同期限届满前续订物业服务合同。物业服务期限届满前,物业服务人不同意续聘的,应当在合同期限届满前 90 日书面通知业主或者业主委员会，但是合同对通知期限另有约定的除外。

根据上述规定，物业服务期限届满前，如果业主决定续聘物业服务人的，应当与原物业服务人在合同期限届满前续订物业服务合同。需要注意的是，续聘应当由业主依法共同决定。如果原物业服务人如果不愿意接受续聘，其应当在合同期限届满前 90 日内通知业主或者业主委员会，以给予业主充分的时间重新选择新的物业服务人。由此，双方的权益都会得到很好的保护。

379. 什么情况下会形成不定期物业服务合同？

《民法典》第 948 条规定，物业服务期限届满后，业主没有依法作出续聘或者另聘物业服务人的决定，物业服务人继续提供物业服务的，原物业服务合同继续有效，但是服务期限为不定期。当事人可以随时解除不定期物业服务合同，但是应当提前 60 日书面通知对方。

根据上述规定，物业服务合同约定的服务期限届满后，如果业主没有依法作出续聘或者另聘物业服务人的决定，小区的物业将处于无人管理的状态，将影响全体业主的正常生活，损害全体业主的共同利益，此时物业服务人基于诚信原则，从保护全体业主共同利益的角度出发，继续为业主提供物业服务的，原物业服务合同继续有效，只是服务期限变为不定期，由此形成不定期物业服务合同。此时，双方当事人都可以随时解除物业服务合同，只要需要提前 60 日书面通知对方。

380. 物业服务人的后合同义务有哪些？

根据《民法典》第 949、950 条的规定，物业服务人的后合同义务有以下四项：

(1)在约定期限或者合理期限内退出物业服务区域。所谓退出，是指物业服务人及其工作人员应当离开相应的物业服务区域，如相关的工作人员应当退出物业服务用房，物业服务人所雇用的保安、门卫应当离开保安室、门卫室等。

(2)妥善交接义务。将物业服务用房、相关设施、物业服务所必需的相关资料等交还给业主委员会、决定自行管理的业主或者其指定的人，配合新物业服务人做好交接工作。

(3)如实告知物业的使用和管理状况。要如实告知物业的使用和管理情况，尤其是与业主人身、财产安全密切相关的重要情况。

(4)继续处理物业服务事项。物业服务合同终止后，在业主或者业主大会选聘的新物业服务人或者决定自行管理的业主接管之前，原物业服务人应当继续处理物业服务事项，并可以请求业主支付该期间的物业费。

原物业服务人违反第(1)(2)(3)项义务的，不得请求业主支付物业服务合同终止后的物业费；造成业主损失的，应当赔偿损失。

第二十五章 行纪合同

381. 行纪合同是什么？

根据《民法典》第 951 条的规定，行纪合同是指行纪人以自己的名义为委托人从事贸易活动，委托人支付报酬的合同。例如，某配件厂(甲方)委托某销售公司(乙方)代销产品，乙方接受甲方的委托并以自己的名义代甲方销售，代销价款归甲方，乙方收取代销费。在这个关系中，甲方为委托人，乙方为行纪人。

382. 行纪人负有哪些义务？

根据《民法典》第 952～955 条的规定，行纪合同中的行纪人负有以下义务：

(1)承担费用的义务。行纪人处理委托事务支出的费用，由行纪人负担,但是当事人另有约定的除外。

(2)保管义务。行纪人占有委托物的,应当妥善保管委托物。

(3)处置委托物的义务。委托物交付给行纪人时有瑕疵或者容易腐烂、变质的,经委托人同意,行纪人可以处分该物;不能与委托人及时取得联系的,行纪人可以合理处分。

(4)依照委托人指定价格买卖的义务。行纪人低于委托人指定的价格卖出或者高于委托人指定的价格买入的,应当经委托人同意;未经委托人同意,行纪人补偿其差额的,该买卖对委托人发生效力。行纪人高于委托人指定的价格卖出或者低于委托人指定的价格买入的,可以按照约定增加报酬;没有约定或者约定不明确,依据本法第510条的规定仍不能确定的,该利益属于委托人。委托人对价格有特别指示的,行纪人不得违背该指示卖出或者买入。

383. 行纪人的介入权是什么?

《民法典》第956条规定,行纪人卖出或者买入具有市场定价的商品,除委托人有相反的意思表示外,行纪人自己可以作为买受人或者出卖人。行纪人有前款规定情形的,仍然可以请求委托人支付报酬。

行纪人的介入权是指行纪人按照委托人的指示实施行纪行为时,有权以自己作为买受人或者出卖人与委托人进行交易活动。行纪合同的委托物必须是有市场价格的商品,这是介入权构成的要件。这一要件既是行纪人产生介入权的要件,又是判定行纪人是否在对委托人不利时实施介入以及行纪人实施介入对委托人不利时损害赔偿的标准。

384. 什么情形下行纪人有权提存委托物?

行纪人按照约定买入委托物,委托人应当及时受领。根据《民法典》第957条的规定,行纪人有权提存委托物包括两种情形:一是经行纪人催告，委托人无正当理由拒绝受领的；二是委托人不取回或者不处分该物的。

385. 行纪人与第三人订立合同的，由谁直接对合同享有权利承担义务？

《民法典》第958条规定，行纪人与第三人订立合同的，行纪人对该合同直接享有权利、承担义务。第三人不履行义务致使委托人受到损害的，行纪人应当承担赔偿责任，但是行纪人与委托人另有约定的除外。

在行纪人与第三人订立的买卖合同中，行纪人是作为合同一方的当事人为委托人的利益而与第三人订立的合同。根据合同的相对性原则，既然行纪人是合同的当事人，就必须自己直接对合同享有权利承担义务。如果第三人违约，除行纪人与委托人另有约定外，委托人不得直接对第三人行使请求权，而只能向行纪人主张权利，行纪人此时也不得以自己无过错为由而拒绝承担自己的责任。行纪人承担责任向委托人履行后，再行使向第三人的追偿权。

386. 委托人逾期不支付报酬的，行纪人如何寻求救济？

《民法典》第959条规定，行纪人完成或者部分完成委托事务的，委托人应当向其支付相应的报酬。委托人逾期不支付报酬的，行纪人对委托物享有留置权，但是当事人另有约定的除外。

行纪人完成或者部分完成委托事务后享有请求委托人支付报酬的权利。分为以下几种情况：(1)行纪人按照委托人的指示和要求履行了全部合同的义务，有权请求全部报酬；(2)因委托人的过错使合同义务部分或者全部不能履行而使委托合同提前终止的，行纪人可以请求支付全部报酬；(3)行纪人部分完成委托事务的，可以按已履行的部分的比例请求给付报酬，委托人和行纪人也可以另行约定。

如果委托人逾期不支付报酬的,行纪人对委托物享有留置权。行纪人留置委托物需具备以下三个条件:(1)已合法占有委托物;(2)委托人无正当理由拒绝支付报酬;(3)委托合同中没有事先约定不得留置的条款。

第二十六章　中介合同

387. 中介合同是什么?

随着经济社会的日益发展,中介活动日益繁荣,已经从传统的商品交换领域扩展到有价证券交易、保险、借款、运输等多个行业或者领域。日常生活中,买房、租房、保险等活动中的中介行为也已经非常普遍。根据《民法典》第961条的规定,中介合同是指中介人向委托人报告订立合同的机会或者提供订立合同的媒介服务,委托人支付报酬的合同。

388. 中介人如实报告的义务是什么?中介人违反如实报告义务会导致什么后果?

《民法典》第962条规定,中介人应当就有关订立合同的事项向委托人如实报告。中介人故意隐瞒与订立合同有关的重要事实或者提供虚假情况,损害委托人利益的,不得请求支付报酬并应当承担赔偿责任。

首先,中介人如实报告的义务是指中介人应当尽可能全面地、准确地报告与订立合同有关的重要信息的义务,是中介人在中介合同中承担的主要义务。例如,委托人想购买一套房屋,委托中介人寻找合适的房源,房屋中介应当提供房屋的具体位置、面积大小、户型等基本情况,还应当提供房屋是否被抵押、是否被法院查封、是否为"凶宅"等重要信息。

其次，中介人违反如实报告义务的后果。如果中介人故意隐瞒与订立合同有关的重要事实或者提供虚假情况，损害委托人利益的，不得要求支付报酬并应当承担相应的赔偿责任。

389. 中介人促成合同成立的，中介相关费用如何承担？

根据《民法典》第963条的规定，中介相关费用包括中介人的报酬和中介活动的费用两项。

（1）中介人的报酬。中介人促成合同成立的，中介人的报酬按照以下顺序确认：首先，当事人对中介人的报酬有约定的，委托人应当按照约定支付报酬。其次，当事人对中介人的报酬没有约定或者约定不明确，双方可以协议补充；不能达成补充协议的，按照合同相关条款或者交易习惯确定。最后，仍不能确定的，根据中介人的劳务合理确定。需要注意的是，因中介人提供订立合同的媒介服务而促成合同成立的，由该合同的当事人平均负担中介人的报酬。

（2）中介活动的费用。中介人促成合同成立的，中介活动的费用，由中介人负担。

390. 中介人未促成合同成立的，中介人可以请求委托人支付必要费用吗？

《民法典》第964条规定，中介人未促成合同成立的，不得请求支付报酬；但是，可以按照约定请求委托人支付从事中介活动支出的必要费用。其中，“按照约定”是指在中介人未促成合同成立的情况下，中介人向委托人请求支付从事中介活动的必要费用，须以中介人和委托人之间存在合同未成立中介人亦享有费用请求权的约定为前提。反过来理解，在委托人与中介人没有约定委托人与第三人合同未成立而中介人仍可以主张返还从事中介活动的必要费用的情况下，中介人无权向委托人请求返还，委托人也没有义务向中介人支付该费用。

391. 委托人的什么行为属于“跳单”？

实践中，“跳单”现象频繁发生，已经成为中介合同纠纷案件中的一种常见纠纷类型。“跳单”行为违背诚信和公平原则，严重损害中介人的利益，扰乱市场秩序，对此，《民法典》第965条规定，委托人在接受中介人的服务后，利用中介人提供的交易机会或者媒介服务，绕开中介人直接订立合同的，应当向中介人支付报酬。最常见的就是房屋买卖双方绕过中介私下交易。

委托人的行为构成“跳单”应当具备以下要件：第一，委托人接受了中介服务。中介人接受委托后，履行了向委托人报告订约机会或者提供媒介服务的义务，委托人接受了中介人提供的服务，这是中介人获取报酬的权利来源。第二，委托人绕开中介人直接与第三人订立合同。委托人与第三人私下订立合同，并未通过中介人，或者委托人在中介人之外，又委托其他人从事中介服务，通过其他中介人与第三人订立了合同。第三，委托人与第三人合同的订立，主要是由于委托人利用了中介人提供的交易机会或者媒介服务。

392. 本章对中介合同内容未规定的，如何适用法律？

中介合同与委托合同都属于服务合同，都是当事人接受委托人委托从事一定事务的合同，中介合同和委托合同有很多共同之处。据此，《民法典》第966条规定，本章没有规定的，参照适用委托合同的有关规定。

第二十七章　合伙合同

393. 合伙合同是什么？

根据《民法典》第967条的规定，合伙合同是指两个以上合伙人为了共同的事业目的，订立的共享利益、共担风险的协议。其中“共同的事业目的”，可以是营利性的目的，也可以是非营利性的目的，如公益目的。“共享利益”，可以是物质上、经济上的利益，也可以是其他方面的利益。

394. 合伙人应当如何履行出资义务？

《民法典》第968条规定，合伙人应当按照约定的出资方式、数额和缴付期限，履行出资义务。

合伙合同应当对合伙人的出资方式、数额和缴付期限等作出约定。所有合伙人都应当按照合同的约定履行出资义务。按约定履行出资义务是指合伙人按照合伙合同约定的出资方式、数额与缴付期限进行出资。出资义务是合伙人的根本义务，也是合伙得以成立的前提。

（1）出资方式。合伙人的出资方式是合伙人向合伙投入资本的具体形式，合伙人的出资可以是货币形式，也可以是非货币形式。非货币形式包括除货币外的各种有形财产和无形财产，如实物、股权、土地使用权、知识产权等，还可以包括劳务。

（2）出资数额。出资数额，即用以出资的财产的价值额，对于非货币资产出资的要按商定的或者法定评估机构进行评估的价值来计算并约定数额。各合伙人的出资数额，由所有合伙人进行协商决定。合伙人的出资数额决定了合伙人之间的出资比例，合伙人之间的出资比例往往决定了合伙的利润分配和亏损分担。

（3）缴付期限。缴付期限，即合伙人对用于出资的资产进行缴付的期限。对于合伙的出资，并不要求必须一次性完全缴付。合伙人可以采取实际缴付或者认缴的方式进行缴付。合伙合同应当对合伙人出资的缴付期限作出规定，所有合伙人都应当按照合伙合同中约定的缴付期限进行缴付。

395. 合伙财产的范围如何界定？合伙财产归谁所有？合伙财产在合伙终止前可以分割吗？

《民法典》第969条规定，合伙人的出资、因合伙事务依法取得的收益和其他财产，属于合伙财产。合伙合同终止前，合伙人不得请求分割合伙财产。

（1）合伙财产的范围。合伙财产包括两个部分：一是合伙人对合伙的出资，也就是合伙的原始财产；二是所有因合伙事务依法取得的收益和其他财产，例如，合伙经营的收入、债权、因他人违约或者侵权向合伙作出的赔偿或者补偿等。

（2）合伙财产的归属。合伙财产的所有权人应当为全体合伙人，需要登记的合伙财产应当登记在全体合伙人名下。

（3）合伙财产在合伙终止前不得分割。合伙财产是合伙得以成立、存续和发展的重要条件，因此必须保证合伙财产的稳定性。合伙合同终止前，合伙人不得请求分割合伙财产。

396. 合伙事务由谁决定和执行？由谁享有监督权和异议权？

《民法典》第970条规定，合伙人就合伙事务作出决定的，除合伙合同另有约定外，应当经全体合伙人一致同意。合伙事务由全体合伙人共同执行。按照合伙合同的约定或者全体合伙人的决定，可以委托一个或者数个合伙人执行合伙事务；其他合伙人不再执行合伙事务，但是有权监督执行情况。合伙人分别执行合伙事务的，执行事务合伙人可以对其他合伙人执行的事务提出异议；提出异议后，其他合伙人应当暂停该项事务的执行。

（1）关于合伙事务的决定。合伙人就合伙事务作出决定的，除合伙合同另有约定外，应当经全体合伙人一致同意。

（2）关于合伙事务的执行。合伙事务由全体合伙人共同执行。合伙人可以在合伙合同中约定,或者在订立合伙合同后由全体合伙人共同决定,委托一个或者数个合伙人来执行合伙事务。

(3)关于非执行事务合伙人的监督权。不执行合伙事务的合伙人虽然不直接参与合伙日常事务的经营管理,但是仍然享有对合伙重大事务的监督权,如参加合伙人会议,对重大事务行使表决权等。

(4)关于合伙人对其他合伙人执行事务的异议权。如果其他合伙人的行为有损合伙的利益、不当或有错误,执行事务的合伙人可以提出异议。

397. 合伙人就执行合伙事务可以请求支付报酬吗?

《民法典》第971条规定,合伙人不得因执行合伙事务而请求支付报酬,但是合伙合同另有约定的除外。

合伙事务的执行,是指合伙的经营管理及对内对外关系中的事务处理等活动。合伙人执行合伙事务,既是其权利,也是其义务。合伙人执行合伙事务也就是在处理自己的事务,因此,原则上合伙人不得以执行合伙事务为由请求支付报酬。但是,在合伙事务委托给一个或者数个合伙人执行的情况下,执行合伙事务不仅需要付出大量的时间、精力,还需要一些专业技能和管理才能等。因此,合伙合同可以约定对执行事务合伙人的报酬或者奖励办法。

398. 合伙利润分配和亏损分担如何确定?

《民法典》第972条规定,合伙的利润分配和亏损分担,按照合伙合同的约定办理;合伙合同没有约定或者约定不明确的,由合伙人协商决定;协商不成的,由合伙人按照实缴出资比例分配、分担;无法确定出资比例的,由合伙人平均分配、分担。

根据上述规定,合伙利润分配和亏损分担应按以下顺序和方法确定:首先,合伙的利润分配、亏损分担,应当按照合伙合同的约定办理。

合伙合同是合伙的章程,是合伙从事经营活动的准则和合伙人据以享受权利、承担义务的重要依据。其次,合伙合同对此没有约定或者约定不明确时,应当尊重合伙人的意思,尽量由合伙人共同协商作出决定,充分体现意思自治原则。再次,如果合伙人经过协商仍未能作出决定的,则应当按照各合伙人的实缴出资比例进行分配、分担。最后,合伙人之间的出资比例也无法确定的,只能由各合伙人平均分配和分担。

399. 合伙人对合伙债务承担连带责任吗?

《民法典》第 973 条规定,合伙人对合伙债务承担连带责任。清偿合伙债务超过自己应当承担份额的合伙人,有权向其他合伙人追偿。

合伙人对合伙债务承担连带责任。全体合伙人以自己的所有财产向债权人承担连带责任,债权人可以请求任何一个或者数个合伙人清偿所有合伙债务。当合伙人实际偿付的合伙债务超过其应承担的份额时,就该超过部分,应当允许其向其他合伙人进行追偿。

400. 合伙人向合伙人以外的人转让其份额的,须经其他合伙人一致同意吗?

《民法典》第 974 条规定,除合伙合同另有约定外,合伙人向合伙人以外的人转让其全部或者部分财产份额的,须经其他合伙人一致同意。

实践中由于各种原因,合伙人可能需要将其投在合伙中的财产份额变现。为此,合伙人有权将其持有的合伙财产份额转让。该转让包括向合伙内部的其他合伙人转让和向合伙人以外的人转让。除合伙合同另有约定外,向合伙内部的其他合伙人转让的,无须征得其他合伙人的同意;向合伙人以外的人转让的,须经其他合伙人一致同意。

401. 合伙人的债权人是否可以代位行使合伙人对合伙的权利？

《民法典》第975条规定，合伙人的债权人不得代位行使合伙人依照本章规定和合伙合同享有的权利，但是合伙人享有的利益分配请求权除外。

合伙人对合伙享有的权利，既包括具有人身属性的权利，也包括财产权利，如利益分配请求权。债权人原则上不得代位行使合伙人在合伙中的权利。但是，当合伙人的自有财产不足清偿其债务时，允许合伙人的债权人代位行使该合伙人基于合伙享有的利益分配请求权。债权人行使合伙人的利益分配请求权，并不影响合伙的人合性和组织性，也不减少合伙财产，对合伙经营来说并无害处。

402. 合伙期限如何确定？

《民法典》第976条规定，合伙人对合伙期限没有约定或者约定不明确，依据本法第510条的规定仍不能确定的，视为不定期合伙。合伙期限届满，合伙人继续执行合伙事务，其他合伙人没有提出异议的，原合伙合同继续有效，但是合伙期限为不定期。合伙人可以随时解除不定期合伙合同，但是应当在合理期限之前通知其他合伙人。

实践中，基于各种原因，合伙合同可能对合伙期限并没有作出约定或者约定不明确。对于这种情况，合伙人可以补充协议；不能达成补充协议的，则按照合同相关条款或者交易习惯确定。仍不能确定的，视为不定期合伙。一般来说，合伙期限届满，合伙合同即告终止。但是，如果合伙人在合伙期限届满后，仍继续执行合伙事务，且其他合伙人也没有提出异议的，可以推定全体合伙人均具有使合伙继续存续的意思，这种情况下视为原合伙合同继续有效。但是由于约定的合伙期限已经届满，合伙人都没有约定新的合伙期限或者延长的期限，此时合伙合同的期限变为不定期。合伙人可以随时解除不定期合伙合同,但是应当在合理期限之前通知其他合伙人。

403. 合伙人死亡、丧失民事行为能力或者终止的,合伙合同终止吗?

《民法典》第 977 条规定,合伙人死亡、丧失民事行为能力或者终止的,合伙合同终止;但是,合伙合同另有约定或者根据合伙事务的性质不宜终止的除外。

例如,合伙合同可以特别约定此种情况下不终止合伙合同,而是由承受死亡、丧失民事行为能力或者终止的合伙人权利义务的民事主体,如继承人、法定代理人等,作为新的合伙人,也可以约定该合伙人退出合伙关系,其他合伙人之间的合伙关系继续存续。

404. 合伙合同终止后,合伙财产如何处理?

《民法典》第 978 条规定,合伙合同终止后,合伙财产在支付因终止而产生的费用以及清偿合伙债务后有剩余的,依据本法第 970 条的规定进行分配。

根据上述规定,合伙合同终止,合伙财产应当按照以下顺序处理:一是支付因终止产生的费用。因终止产生的费用,包括合伙财产的评估、保管、变卖等所需要的费用,以及有关的律师费用、诉讼费用、仲裁费用等。二是清偿合伙债务。三是在全体合伙人之间进行分配。具体而言,首先按照合伙合同的约定办理;合伙合同没有约定或者约定不明确的,由合伙人协商决定;协商不成的,由合伙人按照实缴出资比例分配;无法确定出资比例的,由合伙人平均分配。

第二十八章　无 因 管 理

405. 无因管理应当满足什么要件？无因管理的管理人享有哪些权利？

《民法典》第979条规定，管理人没有法定的或者约定的义务，为避免他人利益受损失而管理他人事务的，可以请求受益人偿还因管理事务而支出的必要费用；管理人因管理事务受到损失的，可以请求受益人给予适当补偿。管理事务不符合受益人真实意思的，管理人不享有前款规定的权利；但是，受益人的真实意思违反法律或者违背公序良俗的除外。

根据上述规定，无因管理应当满足以下要件：首先，管理人对所管理的事务没有法定或者约定的义务。管理人对管理他人事务是否有法定或者约定义务，是认定是否构成无因管理的前提条件。其次，管理人管理他人的事务。这里的他人事务是指有关人们生活利益并能成为债务的一切事项，既可以是涉及他人经济利益的事项，也可以是涉及他人非经济利益的事项；既可以是管理财产的事项，也可以是提供服务的事项。最后，管理人具有管理他人事务的意思，即管理人有为他人谋取利益的意思或者有使管理行为所生的利益归于他人的意思。

满足上述条件的适当的无因管理，管理人享有以下权利：一是请求本人偿还必要费用的权利。管理人为管理本人事务支出的必要费用及其利息，有权请求本人偿还。二是补偿管理人因此所受到的损失。管理人为管理本人事务而受到损害的，如损害的发生与其管理行为之间具有因果关系，管理人有权向本人请求给予赔偿。

406. 管理人管理事务不属于无因管理情形，可以请求受益人偿还必要费用和损失补偿吗？

实践中，管理人管理事务虽然不属于无因管理情形，但是本人事实上却享有了管理人在管理过程中所获得的管理利益。从公平的角度来讲，且考虑到这种管理的管理人仍有为本人利益进行管理的意愿，据此，《民法典》第980条规定，管理人管理事务不属于前条规定的情形，但是受益人享有管理利益的，受益人应当在其获得的利益范围内向管理人承担前条第1款规定的义务。具体而言，管理人可以请求受益人偿还因管理事务而支出的必要费用；管理人因管理事务受到损失的，可以请求受益人给予适当补偿。

407. 无因管理的管理人负有哪些义务？

根据《民法典》第981~983条的规定，无因管理的管理人负有以下义务：

(1)适当管理义务。管理人管理他人事务，应当采取有利于受益人的方法。中断管理对受益人不利的，无正当理由不得中断。

(2)通知义务。管理人管理他人事务，能够通知受益人的，应当及时通知受益人。管理的事务不需要紧急处理的，应当等待受益人的指示。

(3)报告和交付义务。管理结束后，管理人应当向受益人报告管理事务的情况。管理人管理事务取得的财产，应当及时转交给受益人。

408. 受益人追认会产生什么法律效果？

《民法典》第984条规定，管理人管理事务经受益人事后追认的，从管理事务开始时起，适用委托合同的有关规定，但是管理人另有意思表示的除外。

管理人管理事务开始后，一旦受益人追认，则管理人与受益人之间的权利义务法律关系就由无因管理制度调整为由委托合同制度来调整，双方均应按本编委托合同的规定履行各自的义务，享受各自的权利。受益人的追认具有溯及既往的效力，即一旦受益人事后对管理人的管理事务进行追认，从管理人开始管理事务时起，双方当事人就应当按照委托合同的规定从事。

第二十九章 不当得利

409. 不当得利是什么？

不当得利，是指没有法律根据，取得不当利益，造成他人损失的情形。不当得利制度对民事主体之间的财产流转关系有调节作用，目的在于恢复民事主体之间在特定情形下所发生的非正常的利益变动。根据《民法典》第985条的规定，得利人没有法律根据取得不当利益的，受损失的人可以请求得利人返还取得的利益。但属于为履行道德义务进行的给付、债务到期之前的清偿和明知无给付义务而进行的债务清偿三种情形之一的，受损失的人不可以请求得利人返还取得的利益。

410. 善意得利人返还义务的免除有哪些适用条件？

《民法典》第986条规定，得利人不知道且不应当知道取得的利益没有法律根据，取得的利益已经不存在的，不承担返还该利益的义务。

根据本条规定，善意得利人返还义务的免除的适用条件有两项：一是得利人为善意。这里的“善意”是指得利人非因过失不知没有法律根据。二是取得的利益已经不存在。对于善意得利人，其取得的利益已经不存在的，不承担返还该利益的义务。

411. 恶意得利人负有怎样的返还义务?

《民法典》第987条规定,得利人知道或者应当知道取得的利益没有法律根据的,受损失的人可以请求得利人返还其取得的利益并依法赔偿损失。

这里的"恶意"是指得利人明知其取得的利益没有法律根据,包括其知道或者应当知道的情形。对于恶意得利人,受损失的人可以请求得利人返还其取得的利益并依法赔偿损失。

412. 第三人负有怎样的返还义务?

《民法典》第988条规定,得利人已经将取得的利益无偿转让给第三人的,受损失的人可以请求第三人在相应范围内承担返还义务。这里需要注意两点:一是第三人为无偿取得得利人取得的利益的;二是第三人在得利人所负的返还义务相应范围内承担有关返还义务。

关联法规

1. 最高人民法院关于适用《中华人民共和国民法典》合同编通则若干问题的解释

（2023年5月23日由最高人民法院审判委员会第1889次会议通过　2023年12月4日法释〔2023〕13号公布　自2023年12月5日起施行）

为正确审理合同纠纷案件以及非因合同产生的债权债务关系纠纷案件，依法保护当事人的合法权益，根据《中华人民共和国民法典》、《中华人民共和国民事诉讼法》等相关法律规定，结合审判实践，制定本解释。

一、一般规定

第一条　人民法院依据民法典第一百四十二条第一款、第四百六十六条第一款的规定解释合同条款时，应当以词句的通常含义为基础，结合相关条款、合同的性质和目的、习惯以及诚信原则，参考缔约背景、磋商过程、履行行为等因素确定争议条款的含义。

有证据证明当事人之间对合同条款有不同于词句的通常含义的其他共同理解，一方主张按照词句的通常含义理解合同条款的，人民法院不予支持。

对合同条款有两种以上解释，可能影响该条款效力的，人民法院应当选择有利于该条款有效的解释；属于无偿合同的，应当选择对债务人负担较轻的解释。

第二条　下列情形，不违反法律、行政法规的强制性规定且不违背公序良俗的，人民法院可以认定为民法典所称的"交易习惯"：

（一）当事人之间在交易活动中的惯常做法；

（二）在交易行为当地或者某一领域、某一行业通常采用并为交易对方订立合同时所知道或者应当知道的做法。

对于交易习惯，由提出主张的当事人一方承担举证责任。

二、合同的订立

第三条　当事人对合同是否成立存在争议，人民法院能够确定当事人姓名或者名称、标的和数量的，一般应当认定合同成立。但是，法律另有规定或者当事人另有约定的除外。

根据前款规定能够认定合同已经成立的，对合同欠缺的内容，人民法院应当依据民法典第五百一十条、第五百一十一条等规定予以确定。

当事人主张合同无效或者请求撤销、解除合同等，人民法院认为合同不成立的，应当依据《最高人民法院关于民事诉讼证据的若干规定》第五十三条的规定将合同是否成立作为焦点问题进行审理，并可以根据案件的具体情况重新指定举证期限。

第四条　采取招标方式订立合同，当事人请求确认合同自中标通知书到达中标人时成立的，人民法院应予支持。合同成立后，当事人拒绝签订书面合同的，人民法院应当依据招标文件、投标文件和中标通知书等确定合同内容。

采取现场拍卖、网络拍卖等公开竞价方式订立合同，当事人请求确认合同自拍卖师落槌、电子交易系统确认成交时成立的，人民法院应予支持。合同成立后，当事人拒绝签订成交确认书的，人民法院应当依据拍卖公告、竞买人的报价等确定合同内容。

产权交易所等机构主持拍卖、挂牌交易，其公布的拍卖公告、交易规则等文件公开确定了合同成立需要具备的条件，当事人请求确认合同自该条件具备时成立的，人民法院应予支持。

第五条　第三人实施欺诈、胁迫行为，使当事人在违背真实意思的情况下订立合同，受到损失的当事人请求第三人承担赔偿责任的，人民法院依法予以支持；当事人亦有违背诚信原则的行为的，人民法院应当根据各自的过错确定相应的责任。但是，法律、司法解释对当事人与第三人的民事责任另有规定的，依照其规定。

第六条　当事人以认购书、订购书、预订书等形式约定在将来一定期限内订立合同，或者为担保在将来一定期限内订立合同交付了定金，能够确定将来所要订立合同的主体、标的等内容的，人民法院应当认定预约合同成立。

当事人通过签订意向书或者备忘录等方式，仅表达交易的意向，未约定在将来一定期限内订立合同，或者虽然有约定但是难以确定将来所要订立合同的主体、标的等内容，一方主张预约合同成立的，人民法院不予支持。

当事人订立的认购书、订购书、预订书等已就合同标的、数量、价款或者报酬等主要内容达成合意，符合本解释第三条第一款规定的合同成立条件，未明确约定在将来一定期限内另行订立合同，或者虽然有约定但是当事人一方已实施履行行为且对方接受的，人民法院应当认定本约合同成立。

第七条 预约合同生效后，当事人一方拒绝订立本约合同或者在磋商订立本约合同时违背诚信原则导致未能订立本约合同的，人民法院应当认定该当事人不履行预约合同约定的义务。

人民法院认定当事人一方在磋商订立本约合同时是否违背诚信原则，应当综合考虑该当事人在磋商时提出的条件是否明显背离预约合同约定的内容以及是否已尽合理努力进行协商等因素。

第八条 预约合同生效后，当事人一方不履行订立本约合同的义务，对方请求其赔偿因此造成的损失的，人民法院依法予以支持。

前款规定的损失赔偿，当事人有约定的，按照约定；没有约定的，人民法院应当综合考虑预约合同在内容上的完备程度以及订立本约合同的条件的成就程度等因素酌定。

第九条 合同条款符合民法典第四百九十六条第一款规定的情形，当事人仅以合同系依据合同示范文本制作或者双方已经明确约定合同条款不属于格式条款为由主张该条款不是格式条款的，人民法院不予支持。

从事经营活动的当事人一方仅以未实际重复使用为由主张其预先拟定且未与对方协商的合同条款不是格式条款的，人民法院不予支持。但是，有证据证明该条款不是为了重复使用而预先拟定的除外。

第十条 提供格式条款的一方在合同订立时采用通常足以引起对方注意的文字、符号、字体等明显标识，提示对方注意免除或者减轻其责任、排除或者限制对方权利等与对方有重大利害关系的异常条款的，人民法院可以认定其已经履行民法典第四百九十六条第二款规定的提示义务。

提供格式条款的一方按照对方的要求，就与对方有重大利害关系的异常条款的概念、内容及其法律后果以书面或者口头形式向对方作出通常能够理解的解释说明的，人民法院可以认定其已经履行民法典第四百九十六条第二款规定的说明义务。

提供格式条款的一方对其已经尽到提示义务或者说明义务承担举证责任。对于通过互联网等信息网络订立的电子合同，提供格式条款的一方仅以采取了设置勾选、弹窗等方式为由主张其已经履行提示义务或者说明义务的，人民法院不予支持，但是其举证符合前两款规定的除外。

三、合同的效力

第十一条 当事人一方是自然人，根据该当事人的年龄、智力、知识、经验并结合交易的复杂程度，能够认定其对合同的性质、合同订立的法律后果或者交易中存在的特定风险缺乏应有的认知能力的，人民法院可以认定该情形构成民法典第一百五十一条规定的“缺乏判断能力”。

第十二条 合同依法成立后，负有报批义务的当事人不履行报批义务或者履行报批义务不符合合同的约定或者法律、行政法规的规定，对方请求其继续履行报批义务的，人民法院应予支持；对方主张解除合同并请求其承担违反报批义务的赔偿责任的，人民法院应予支持。

人民法院判决当事人一方履行报批义务后，其仍不履行，对方主张解除合同并参照违反合同的违约责任请求其承担赔偿责任的，人民法院应予支持。

合同获得批准前，当事人一方起诉请求对方履行合同约定的主要义务，经释明后拒绝变更诉讼请求的，人民法院应当判决驳回其诉讼请求，但是不影响其另行提起诉讼。

负有报批义务的当事人已经办理申请批准等手续或者已经履行生效判决确定的报批义务，批准机关决定不予批准，对方请求其承担赔偿责任的，人民法院不予支持。但是，因迟延履行报批义务等可归责于当事人的原因导致合同未获批准，对方请求赔偿因此受到的损失的，人民法院应当依据民法典第一百五十七条的规定处理。

第十三条 合同存在无效或者可撤销的情形，当事人以该合同已在有关行政管理部门办理备案、已经批准机关批准或者已依据该合同办理财产权利的变更登记、移转登记等为由主张合同有效的，人民法院不予支持。

第十四条 当事人之间就同一交易订立多份合同，人民法院应当认定其中以虚假意思表示订立的合同无效。当事人为规避法律、行政法规的强制性规定，以虚假意思表示隐藏真实意思表示的，人民法院应当依据民法典第一百五十三条第一款的规定认定被隐藏合同的效力；当事人为规避法律、行政法规关于合同应当办理批准等手续的规定,以虚假意思表示隐藏真实意思表示的,人民法院应当依据民法典第五百零二条第二款的规定认定被隐藏合同的效力。

依据前款规定认定被隐藏合同无效或者确定不发生效力的,人民法院应当以被隐藏合同为事实基础,依据民法典第一百五十七条的规定确定当事人的民事责任。但是,法律另有规定的除外。

当事人就同一交易订立的多份合同均系真实意思表示,且不存在其他影响合同效力情形的,人民法院应当在查明各合同成立先后顺序和实际履行情况的基础上,认定合同内容是否发生变更。法律、行政法规禁止变更合同内容的,人民法院应当认定合同的相应变更无效。

第十五条 人民法院认定当事人之间的权利义务关系,不应当拘泥于合同使用的名称,而应当根据合同约定的内容。当事人主张的权利义务关系与根据合同内容认定的权利义务关系不一致的,人民法院应当结合缔约背景、交易目的、交易结构、履行行为以及当事人是否存在虚构交易标的等事实认定当事人之间的实际民事法律关系。

第十六条 合同违反法律、行政法规的强制性规定,有下列情形之一,由行为人承担行政责任或者刑事责任能够实现强制性规定的立法目的的,人民法院可以依据民法典第一百五十三条第一款关于“该强制性规定不导致该民事法律行为无效的除外”的规定认定该合同不因违反强制性规定无效:

(一)强制性规定虽然旨在维护社会公共秩序,但是合同的实际履行对社会公共秩序造成的影响显著轻微,认定合同无效将导致案件处理结果有失公平公正;

(二)强制性规定旨在维护政府的税收、土地出让金等国家利益或者其他民事主体的合法利益而非合同当事人的民事权益,认定合同有效不会影响该规范目的的实现;

(三)强制性规定旨在要求当事人一方加强风险控制、内部管理等,对方无能力或者无义务审查合同是否违反强制性规定,认定合同无效将使其承担不利后果;

(四)当事人一方虽然在订立合同时违反强制性规定,但是在合同订立后其已经具备补正违反强制性规定的条件却违背诚信原则不予补正;

(五)法律、司法解释规定的其他情形。

法律、行政法规的强制性规定旨在规制合同订立后的履行行为,当事人以合同违反强制性规定为由请求认定合同无效的，人民法院不予支持。但是，合同履行必然导致违反强制性规定或者法律、司法解释另有规定的除外。

依据前两款认定合同有效，但是当事人的违法行为未经处理的，人民法院应当向有关行政管理部门提出司法建议。当事人的行为涉嫌犯罪的，应当将案件线索移送刑事侦查机关；属于刑事自诉案件的，应当告知当事人可以向有管辖权的人民法院另行提起诉讼。

第十七条 合同虽然不违反法律、行政法规的强制性规定，但是有下列情形之一，人民法院应当依据民法典第一百五十三条第二款的规定认定合同无效：

（一）合同影响政治安全、经济安全、军事安全等国家安全的；

（二）合同影响社会稳定、公平竞争秩序或者损害社会公共利益等违背社会公共秩序的；

（三）合同背离社会公德、家庭伦理或者有损人格尊严等违背善良风俗的。

人民法院在认定合同是否违背公序良俗时，应当以社会主义核心价值观为导向，综合考虑当事人的主观动机和交易目的、政府部门的监管强度、一定期限内当事人从事类似交易的频次、行为的社会后果等因素，并在裁判文书中充分说理。当事人确因生活需要进行交易，未给社会公共秩序造成重大影响，且不影响国家安全，也不违背善良风俗的，人民法院不应当认定合同无效。

第十八条 法律、行政法规的规定虽然有“应当”“必须”或者“不得”等表述，但是该规定旨在限制或者赋予民事权利，行为人违反该规定将构成无权处分、无权代理、越权代表等，或者导致合同相对人、第三人因此获得撤销权、解除权等民事权利的，人民法院应当依据法律、行政法规规定的关于违反该规定的民事法律后果认定合同效力。

第十九条 以转让或者设定财产权利为目的订立的合同，当事人或者真正权利人仅以让与人在订立合同时对标的物没有所有权或者处分权为由主张合同无效的，人民法院不予支持；因未取得真正权利人事后同意或者让与人事后未取得处分权导致合同不能履行，受让人主张解除合同并请求让与人承担违反合同的赔偿责任的，人民法院依法予以支持。

前款规定的合同被认定有效，且让与人已经将财产交付或者移转登记至受让人，真正权利人请求认定财产权利未发生变动或者请求返还财产的，人民法院应予支持。但是，受让人依据民法典第三百一十一条等规定善意取得财产权利的除外。

第二十条 法律、行政法规为限制法人的法定代表人或者非法人组织的负责人的代表权，规定合同所涉事项应当由法人、非法人组织的权力机构或者决策机构决议，或者应当由法人、非法人组织的执行机构决定，法定代表人、负责人未取得授权而以法人、非法人组织的名义订立合同，未尽到合理审查义务的相对人主张该合同对法人、非法人组织发生效力并由其承担违约责任的，人民法院不予支持，但是法人、非法人组织有过错的，可以参照民法典第一百五十七条的规定判决其承担相应的赔偿责任。相对人已尽到合理审查义务，构成表见代表的，人民法院应当依据民法典第五百零四条的规定处理。

合同所涉事项未超越法律、行政法规规定的法定代表人或者负责人的代表权限，但是超越法人、非法人组织的章程或者权力机构等对代表权的限制，相对人主张该合同对法人、非法人组织发生效力并由其承担违约责任的，人民法院依法予以支持。但是，法人、非法人组织举证证明相对人知道或者应当知道该限制的除外。

法人、非法人组织承担民事责任后，向有过错的法定代表人、负责人追偿因越权代表行为造成的损失的，人民法院依法予以支持。法律、司法解释对法定代表人、负责人的民事责任另有规定的，依照其规定。

第二十一条 法人、非法人组织的工作人员就超越其职权范围的事项以法人、非法人组织的名义订立合同，相对人主张该合同对法人、非法人组织发生效力并由其承担违约责任的，人民法院不予支持。但是，法人、非法人组织有过错的，人民法院可以参照民法典第一百五十七条的规定判决其承担相应的赔偿责任。前述情形，构成表见代理的，人民法院应当依据民法典第一百七十二条的规定处理。

合同所涉事项有下列情形之一的，人民法院应当认定法人、非法人组织的工作人员在订立合同时超越其职权范围：

（一）依法应当由法人、非法人组织的权力机构或者决策机构决议的事项；

（二）依法应当由法人、非法人组织的执行机构决定的事项；

（三）依法应当由法定代表人、负责人代表法人、非法人组织实施的事项；

（四）不属于通常情形下依其职权可以处理的事项。

合同所涉事项未超越依据前款确定的职权范围，但是超越法人、非法人组织对工作人员职权范围的限制，相对人主张该合同对法人、非法人组织发生效力并由其承担违约责任的，人民法院应予支持。但是，法人、非法人组织举证证明相对人知道或者应当知道该限制的除外。

法人、非法人组织承担民事责任后，向故意或者有重大过失的工作人员追偿的，人民法院依法予以支持。

第二十二条 法定代表人、负责人或者工作人员以法人、非法人组织的名义订立合同且未超越权限，法人、非法人组织仅以合同加盖的印章不是备案印章或者系伪造的印章为由主张该合同对其不发生效力的，人民法院不予支持。

合同系以法人、非法人组织的名义订立，但是仅有法定代表人、负责人或者工作人员签名或者按指印而未加盖法人、非法人组织的印章，相对人能够证明法定代表人、负责人或者工作人员在订立合同时未超越权限的，人民法院应当认定合同对法人、非法人组织发生效力。但是，当事人约定以加盖印章作为合同成立条件的除外。

合同仅加盖法人、非法人组织的印章而无人员签名或者按指印，相对人能够证明合同系法定代表人、负责人或者工作人员在其权限范围内订立的，人民法院应当认定该合同对法人、非法人组织发生效力。

在前三款规定的情形下，法定代表人、负责人或者工作人员在订立合同时虽然超越代表或者代理权限，但是依据民法典第五百零四条的规定构成表见代表，或者依据民法典第一百七十二条的规定构成表见代理的，人民法院应当认定合同对法人、非法人组织发生效力。

第二十三条 法定代表人、负责人或者代理人与相对人恶意串通，以法人、非法人组织的名义订立合同，损害法人、非法人组织的合法权益，法人、非法人组织主张不承担民事责任的，人民法院应予支持。

法人、非法人组织请求法定代表人、负责人或者代理人与相对人对因此受到的损失承担连带赔偿责任的，人民法院应予支持。

根据法人、非法人组织的举证，综合考虑当事人之间的交易习惯、合同在订立时是否显失公平、相关人员是否获取了不正当利益、合同的履行情况等因素，人民法院能够认定法定代表人、负责人或者代理人与相对人存在恶意串通的高度可能性的，可以要求前述人员就合同订立、履行的过程等相关事实作出陈述或者提供相应的证据。其无正当理由拒绝作出陈述，或者所作陈述不具合理性又不能提供相应证据的，人民法院可以认定恶意串通的事实成立。

第二十四条 合同不成立、无效、被撤销或者确定不发生效力，当事人请求返还财产，经审查财产能够返还的，人民法院应当根据案件具体情况，单独或者合并适用返还占有的标的物、更正登记簿册记载等方式；经审查财产不能返还或者没有必要返还的，人民法院应当以认定合同不成立、无效、被撤销或者确定不发生效力之日该财产的市场价值或者以其他合理方式计算的价值为基准判决折价补偿。

除前款规定的情形外，当事人还请求赔偿损失的，人民法院应当结合财产返还或者折价补偿的情况，综合考虑财产增值收益和贬值损失、交易成本的支出等事实，按照双方当事人的过错程度及原因力大小，根据诚信原则和公平原则，合理确定损失赔偿额。

合同不成立、无效、被撤销或者确定不发生效力，当事人的行为涉嫌违法且未经处理，可能导致一方或者双方通过违法行为获得不当利益的，人民法院应当向有关行政管理部门提出司法建议。当事人的行为涉嫌犯罪的，应当将案件线索移送刑事侦查机关；属于刑事自诉案件的，应当告知当事人可以向有管辖权的人民法院另行提起诉讼。

第二十五条 合同不成立、无效、被撤销或者确定不发生效力，有权请求返还价款或者报酬的当事人一方请求对方支付资金占用费的，人民法院应当在当事人请求的范围内按照中国人民银行授权全国银行间同业拆借中心公布的一年期贷款市场报价利率（LPR）计算。但是，占用资金的当事人对于合同不成立、无效、被撤销或者确定不发生效力没有过错的，应当以中国人民银行公布的同期同类存款基准利率计算。

双方互负返还义务，当事人主张同时履行的，人民法院应予支持；占有标的物的一方对标的物存在使用或者依法可以使用的情形，对方请求将其应支付的资金占用费与应收取的标的物使用费相互抵销的，人民法院应予支持，但是法律另有规定的除外。

四、合同的履行

第二十六条 当事人一方未根据法律规定或者合同约定履行开具发票、提供证明文件等非主要债务，对方请求继续履行该债务并赔偿因怠于履行该债务造成的损失的，人民法院依法予以支持；对方请求解除合同的，人民法院不予支持，但是不履行该债务致使不能实现合同目的或者当事人另有约定的除外。

第二十七条 债务人或者第三人与债权人在债务履行期限届满后达成以物抵债协议，不存在影响合同效力情形的，人民法院应当认定该协议自当事人意思表示一致时生效。

债务人或者第三人履行以物抵债协议后，人民法院应当认定相应的原债务同时消灭；债务人或者第三人未按照约定履行以物抵债协议，经催告后在合理期限内仍不履行，债权人选择请求履行原债务或者以物抵债协议的，人民法院应予支持，但是法律另有规定或者当事人另有约定的除外。

前款规定的以物抵债协议经人民法院确认或者人民法院根据当事人达成的以物抵债协议制作成调解书，债权人主张财产权利自确认书、调解书生效时发生变动或者具有对抗善意第三人效力的，人民法院不予支持。

债务人或者第三人以自己不享有所有权或者处分权的财产权利订立以物抵债协议的，依据本解释第十九条的规定处理。

第二十八条 债务人或者第三人与债权人在债务履行期限届满前达成以物抵债协议的，人民法院应当在审理债权债务关系的基础上认定该协议的效力。

当事人约定债务人到期没有清偿债务，债权人可以对抵债财产拍卖、变卖、折价以实现债权的，人民法院应当认定该约定有效。当事人约定债务人到期没有清偿债务，抵债财产归债权人所有的，人民法院应当认定该约定无效，但是不影响其他部分的效力；债权人请求对抵债财产拍卖、变卖、折价以实现债权的，人民法院应予支持。

当事人订立前款规定的以物抵债协议后，债务人或者第三人未将财产权利转移至债权人名下，债权人主张优先受偿的，人民法院不予支持；债务人或者第三人已将财产权利转移至债权人名下的，依据《最高人民法院关于适用〈中华人民共和国民法典〉有关担保制度的解释》第六十八条的规定处理。

第二十九条 民法典第五百二十二条第二款规定的第三人请求债务人向自己履行债务的，人民法院应予支持；请求行使撤销权、解除权等民事权利的，人民法院不予支持，但是法律另有规定的除外。

合同依法被撤销或者被解除，债务人请求债权人返还财产的，人民法院应予支持。

债务人按照约定向第三人履行债务，第三人拒绝受领，债权人请求债务人向自己履行债务的，人民法院应予支持，但是债务人已经采取提存等方式消灭债务的除外。第三人拒绝受领或者受领迟延,债务人请求债权人赔偿因此造成的损失的,人民法院依法予以支持。

第三十条 下列民事主体,人民法院可以认定为民法典第五百二十四条第一款规定的对履行债务具有合法利益的第三人:

(一)保证人或者提供物的担保的第三人;

(二)担保财产的受让人、用益物权人、合法占有人;

(三)担保财产上的后顺位担保权人;

(四)对债务人的财产享有合法权益且该权益将因财产被强制执行而丧失的第三人;

(五)债务人为法人或者非法人组织的,其出资人或者设立人;

(六)债务人为自然人的,其近亲属;

(七)其他对履行债务具有合法利益的第三人。

第三人在其已经代为履行的范围内取得对债务人的债权,但是不得损害债权人的利益。

担保人代为履行债务取得债权后,向其他担保人主张担保权利的,依据《最高人民法院关于适用〈中华人民共和国民法典〉有关担保制度的解释》第十三条、第十四条、第十八条第二款等规定处理。

第三十一条 当事人互负债务,一方以对方没有履行非主要债务为由拒绝履行自己的主要债务的,人民法院不予支持。但是,对方不履行非主要债务致使不能实现合同目的或者当事人另有约定的除外。

当事人一方起诉请求对方履行债务,被告依据民法典第五百二十五条的规定主张双方同时履行的抗辩且抗辩成立,被告未提起反诉的,人民法院应当判决被告在原告履行债务的同时履行自己的债务,并在判项中明确原告申请强制执行的,人民法院应当在原告履行自己的债务后对被告采取执行行为;被告提起反诉的,人民法院应当判决双方同时履行自己的债务,并在判项中明确任何一方申请强制执行的,人民法院应当在该当事人履行自己的债务后对对方采取执行行为。

当事人一方起诉请求对方履行债务,被告依据民法典第五百二十六条的规定主张原告应先履行的抗辩且抗辩成立的,人民法院应当驳回原告的诉讼请求,但是不影响原告履行债务后另行提起诉讼。

第三十二条 合同成立后,因政策调整或者市场供求关系异常变动等原因导致价格发生当事人在订立合同时无法预见的、不属于商业风险的涨跌，继续履行合同对于当事人一方明显不公平的，人民法院应当认定合同的基础条件发生了民法典第五百三十三条第一款规定的“重大变化”。但是，合同涉及市场属性活跃、长期以来价格波动较大的大宗商品以及股票、期货等风险投资型金融产品的除外。

合同的基础条件发生了民法典第五百三十三条第一款规定的重大变化，当事人请求变更合同的，人民法院不得解除合同；当事人一方请求变更合同，对方请求解除合同的，或者当事人一方请求解除合同，对方请求变更合同的，人民法院应当结合案件的实际情况，根据公平原则判决变更或者解除合同。

人民法院依据民法典第五百三十三条的规定判决变更或者解除合同的，应当综合考虑合同基础条件发生重大变化的时间、当事人重新协商的情况以及因合同变更或者解除给当事人造成的损失等因素，在判项中明确合同变更或者解除的时间。

当事人事先约定排除民法典第五百三十三条适用的，人民法院应当认定该约定无效。

五、合同的保全

第三十三条 债务人不履行其对债权人的到期债务，又不以诉讼或者仲裁方式向相对人主张其享有的债权或者与该债权有关的从权利，致使债权人的到期债权未能实现的，人民法院可以认定为民法典第五百三十五条规定的“债务人怠于行使其债权或者与该债权有关的从权利，影响债权人的到期债权实现”。

第三十四条 下列权利，人民法院可以认定为民法典第五百三十五条第一款规定的专属于债务人自身的权利：

（一）抚养费、赡养费或者扶养费请求权；

（二）人身损害赔偿请求权；

（三）劳动报酬请求权，但是超过债务人及其所扶养家属的生活必需费用的部分除外；

（四）请求支付基本养老保险金、失业保险金、最低生活保障金等保障当事人基本生活的权利；

（五）其他专属于债务人自身的权利。

第三十五条 债权人依据民法典第五百三十五条的规定对债务人的相对人

提起代位权诉讼的,由被告住所地人民法院管辖,但是依法应当适用专属管辖规定的除外。

债务人或者相对人以双方之间的债权债务关系订有管辖协议为由提出异议的,人民法院不予支持。

第三十六条 债权人提起代位权诉讼后,债务人或者相对人以双方之间的债权债务关系订有仲裁协议为由对法院主管提出异议的,人民法院不予支持。但是,债务人或者相对人在首次开庭前就债务人与相对人之间的债权债务关系申请仲裁的,人民法院可以依法中止代位权诉讼。

第三十七条 债权人以债务人的相对人为被告向人民法院提起代位权诉讼,未将债务人列为第三人的,人民法院应当追加债务人为第三人。

两个以上债权人以债务人的同一相对人为被告提起代位权诉讼的,人民法院可以合并审理。债务人对相对人享有的债权不足以清偿其对两个以上债权人负担的债务的,人民法院应当按照债权人享有的债权比例确定相对人的履行份额,但是法律另有规定的除外。

第三十八条 债权人向人民法院起诉债务人后,又向同一人民法院对债务人的相对人提起代位权诉讼,属于该人民法院管辖的,可以合并审理。不属于该人民法院管辖的,应当告知其向有管辖权的人民法院另行起诉;在起诉债务人的诉讼终结前,代位权诉讼应当中止。

第三十九条 在代位权诉讼中,债务人对超过债权人代位请求数额的债权部分起诉相对人,属于同一人民法院管辖的,可以合并审理。不属于同一人民法院管辖的,应当告知其向有管辖权的人民法院另行起诉;在代位权诉讼终结前,债务人对相对人的诉讼应当中止。

第四十条 代位权诉讼中,人民法院经审理认为债权人的主张不符合代位权行使条件的,应当驳回诉讼请求,但是不影响债权人根据新的事实再次起诉。

债务人的相对人仅以债权人提起代位权诉讼时债权人与债务人之间的债权债务关系未经生效法律文书确认为由,主张债权人提起的诉讼不符合代位权行使条件的,人民法院不予支持。

第四十一条 债权人提起代位权诉讼后,债务人无正当理由减免相对人的债务或者延长相对人的履行期限,相对人以此向债权人抗辩的,人民法院不予支持。

第四十二条 对于民法典第五百三十九条规定的"明显不合理"的低价或者

高价，人民法院应当按照交易当地一般经营者的判断，并参考交易时交易地的市场交易价或者物价部门指导价予以认定。

转让价格未达到交易时交易地的市场交易价或者指导价百分之七十的，一般可以认定为“明显不合理的低价”；受让价格高于交易时交易地的市场交易价或者指导价百分之三十的，一般可以认定为“明显不合理的高价”。

债务人与相对人存在亲属关系、关联关系的，不受前款规定的百分之七十、百分之三十的限制。

第四十三条 债务人以明显不合理的价格，实施互易财产、以物抵债、出租或者承租财产、知识产权许可使用等行为，影响债权人的债权实现，债务人的相对人知道或者应当知道该情形，债权人请求撤销债务人的行为的，人民法院应当依据民法典第五百三十九条的规定予以支持。

第四十四条 债权人依据民法典第五百三十八条、第五百三十九条的规定提起撤销权诉讼的，应当以债务人和债务人的相对人为共同被告，由债务人或者相对人的住所地人民法院管辖，但是依法应当适用专属管辖规定的除外。

两个以上债权人就债务人的同一行为提起撤销权诉讼的，人民法院可以合并审理。

第四十五条 在债权人撤销权诉讼中，被撤销行为的标的可分，当事人主张在受影响的债权范围内撤销债务人的行为的，人民法院应予支持；被撤销行为的标的不可分，债权人主张将债务人的行为全部撤销的，人民法院应予支持。

债权人行使撤销权所支付的合理的律师代理费、差旅费等费用，可以认定为民法典第五百四十条规定的“必要费用”。

第四十六条 债权人在撤销权诉讼中同时请求债务人的相对人向债务人承担返还财产、折价补偿、履行到期债务等法律后果的，人民法院依法予以支持。

债权人请求受理撤销权诉讼的人民法院一并审理其与债务人之间的债权债务关系，属于该人民法院管辖的，可以合并审理。不属于该人民法院管辖的，应当告知其向有管辖权的人民法院另行起诉。

债权人依据其与债务人的诉讼、撤销权诉讼产生的生效法律文书申请强制执行的，人民法院可以就债务人对相对人享有的权利采取强制执行措施以实现债权人的债权。债权人在撤销权诉讼中，申请对相对人的财产采取保全措施的，人民法院依法予以准许。

六、合同的变更和转让

第四十七条 债权转让后，债务人向受让人主张其对让与人的抗辩的，人民法院可以追加让与人为第三人。

债务转移后，新债务人主张原债务人对债权人的抗辩的，人民法院可以追加原债务人为第三人。

当事人一方将合同权利义务一并转让后，对方就合同权利义务向受让人主张抗辩或者受让人就合同权利义务向对方主张抗辩的，人民法院可以追加让与人为第三人。

第四十八条 债务人在接到债权转让通知前已经向让与人履行，受让人请求债务人履行的，人民法院不予支持；债务人接到债权转让通知后仍然向让与人履行，受让人请求债务人履行的，人民法院应予支持。

让与人未通知债务人，受让人直接起诉债务人请求履行债务，人民法院经审理确认债权转让事实的，应当认定债权转让自起诉状副本送达时对债务人发生效力。债务人主张因未通知而给其增加的费用或者造成的损失从认定的债权数额中扣除的，人民法院依法予以支持。

第四十九条 债务人接到债权转让通知后，让与人以债权转让合同不成立、无效、被撤销或者确定不发生效力为由请求债务人向其履行的，人民法院不予支持。但是，该债权转让通知被依法撤销的除外。

受让人基于债务人对债权真实存在的确认受让债权后，债务人又以该债权不存在为由拒绝向受让人履行的，人民法院不予支持。但是，受让人知道或者应当知道该债权不存在的除外。

第五十条 让与人将同一债权转让给两个以上受让人，债务人以已经向最先通知的受让人履行为由主张其不再履行债务的，人民法院应予支持。债务人明知接受履行的受让人不是最先通知的受让人，最先通知的受让人请求债务人继续履行债务或者依据债权转让协议请求让与人承担违约责任的，人民法院应予支持；最先通知的受让人请求接受履行的受让人返还其接受的财产的，人民法院不予支持，但是接受履行的受让人明知该债权在其受让前已经转让给其他受让人的除外。

前款所称最先通知的受让人，是指最先到达债务人的转让通知中载明的受让人。当事人之间对通知到达时间有争议的，人民法院应当结合通知的方式等因素综合判断，而不能仅根据债务人认可的通知时间或者通知记载的时间予以认定。当事人采用邮寄、通讯电子系统等方式发出通知的，人民法院应当以邮戳时间或者通讯电子系统记载的时间等作为认定通知到达时间的依据。

第五十一条 第三人加入债务并与债务人约定了追偿权，其履行债务后主张向债务人追偿的，人民法院应予支持；没有约定追偿权，第三人依照民法典关于不当得利等的规定，在其已经向债权人履行债务的范围内请求债务人向其履行的，人民法院应予支持，但是第三人知道或者应当知道加入债务会损害债务人利益的除外。

债务人就其对债权人享有的抗辩向加入债务的第三人主张的，人民法院应予支持。

七、合同的权利义务终止

第五十二条 当事人就解除合同协商一致时未对合同解除后的违约责任、结算和清理等问题作出处理，一方主张合同已经解除的，人民法院应予支持。但是，当事人另有约定的除外。

有下列情形之一的，除当事人一方另有意思表示外，人民法院可以认定合同解除：

（一）当事人一方主张行使法律规定或者合同约定的解除权，经审理认为不符合解除权行使条件但是对方同意解除；

（二）双方当事人均不符合解除权行使的条件但是均主张解除合同。

前两款情形下的违约责任、结算和清理等问题，人民法院应当依据民法典第五百六十六条、第五百六十七条和有关违约责任的规定处理。

第五十三条 当事人一方以通知方式解除合同，并以对方未在约定的异议期限或者其他合理期限内提出异议为由主张合同已经解除的，人民法院应当对其是否享有法律规定或者合同约定的解除权进行审查。经审查，享有解除权的，合同自通知到达对方时解除；不享有解除权的，不发生合同解除的效力。

第五十四条 当事人一方未通知对方，直接以提起诉讼的方式主张解除合同，撤诉后再次起诉主张解除合同，人民法院经审理支持该主张的，合同自再次起诉的起诉状副本送达对方时解除。但是，当事人一方撤诉后又通知对方解除合同且该通知已经到达对方的除外。

第五十五条 当事人一方依据民法典第五百六十八条的规定主张抵销，人民法院经审理认为抵销权成立的，应当认定通知到达对方时双方互负的主债务、利息、违约金或者损害赔偿金等债务在同等数额内消灭。

第五十六条 行使抵销权的一方负担的数项债务种类相同，但是享有的债权不足以抵销全部债务，当事人因抵销的顺序发生争议的，人民法院可以参照民法典第五百六十条的规定处理。

行使抵销权的一方享有的债权不足以抵销其负担的包括主债务、利息、实现债权的有关费用在内的全部债务，当事人因抵销的顺序发生争议的，人民法院可以参照民法典第五百六十一条的规定处理。

第五十七条 因侵害自然人人身权益，或者故意、重大过失侵害他人财产权益产生的损害赔偿债务，侵权人主张抵销的，人民法院不予支持。

第五十八条 当事人互负债务，一方以其诉讼时效期间已经届满的债权通知对方主张抵销，对方提出诉讼时效抗辩的，人民法院对该抗辩应予支持。一方的债权诉讼时效期间已经届满，对方主张抵销的，人民法院应予支持。

八、违约责任

第五十九条 当事人一方依据民法典第五百八十条第二款的规定请求终止合同权利义务关系的，人民法院一般应当以起诉状副本送达对方的时间作为合同权利义务关系终止的时间。根据案件的具体情况，以其他时间作为合同权利义务关系终止的时间更加符合公平原则和诚信原则的，人民法院可以以该时间作为合同权利义务关系终止的时间，但是应当在裁判文书中充分说明理由。

第六十条 人民法院依据民法典第五百八十四条的规定确定合同履行后可以获得的利益时，可以在扣除非违约方为订立、履行合同支出的费用等合理成本后，按照非违约方能够获得的生产利润、经营利润或者转售利润等计算。

非违约方依法行使合同解除权并实施了替代交易，主张按照替代交易价格与合同价格的差额确定合同履行后可以获得的利益的，人民法院依法予以支持；替代交易价格明显偏离替代交易发生时当地的市场价格，违约方主张按照市场价格与合同价格的差额确定合同履行后可以获得的利益的，人民法院应予支持。

非违约方依法行使合同解除权但是未实施替代交易，主张按照违约行为发生后合理期间内合同履行地的市场价格与合同价格的差额确定合同履行后可以获得的利益的，人民法院应予支持。

第六十一条 在以持续履行的债务为内容的定期合同中，一方不履行支付价款、租金等金钱债务，对方请求解除合同，人民法院经审理认为合同应当依法解除的，可以根据当事人的主张，参考合同主体、交易类型、市场价格变化、剩余履行期限等因素确定非违约方寻找替代交易的合理期限，并按照该期限对应的价款、租金等扣除非违约方应当支付的相应履约成本确定合同履行后可以获得的利益。

非违约方主张按照合同解除后剩余履行期限相应的价款、租金等扣除履约成本确定合同履行后可以获得的利益的，人民法院不予支持。但是，剩余履行期限少于寻找替代交易的合理期限的除外。

第六十二条 非违约方在合同履行后可以获得的利益难以根据本解释第六十条、第六十一条的规定予以确定的，人民法院可以综合考虑违约方因违约获得的利益、违约方的过错程度、其他违约情节等因素，遵循公平原则和诚信原则确定。

第六十三条 在认定民法典第五百八十四条规定的“违约一方订立合同时预见到或者应当预见到的因违约可能造成的损失”时，人民法院应当根据当事人订立合同的目的，综合考虑合同主体、合同内容、交易类型、交易习惯、磋商过程等因素，按照与违约方处于相同或者类似情况的民事主体在订立合同时预见到或者应当预见到的损失予以确定。

除合同履行后可以获得的利益外，非违约方主张还有其向第三人承担违约责任应当支出的额外费用等其他因违约所造成的损失，并请求违约方赔偿，经审理认为该损失系违约一方订立合同时预见到或者应当预见到的，人民法院应予支持。

在确定违约损失赔偿额时，违约方主张扣除非违约方未采取适当措施导致的扩大损失、非违约方也有过错造成的相应损失、非违约方因违约获得的额外利益或者减少的必要支出的，人民法院依法予以支持。

第六十四条 当事人一方通过反诉或者抗辩的方式，请求调整违约金的，人民法院依法予以支持。

违约方主张约定的违约金过分高于违约造成的损失，请求予以适当减少的，应当承担举证责任。非违约方主张约定的违约金合理的，也应当提供相应的证据。

当事人仅以合同约定不得对违约金进行调整为由主张不予调整违约金的，人民法院不予支持。

第六十五条 当事人主张约定的违约金过分高于违约造成的损失，请求予以适当减少的，人民法院应当以民法典第五百八十四条规定的损失为基础，兼顾合同主体、交易类型、合同的履行情况、当事人的过错程度、履约背景等因素，遵循公平原则和诚信原则进行衡量，并作出裁判。

约定的违约金超过造成损失的百分之三十的，人民法院一般可以认定为过分高于造成的损失。

恶意违约的当事人一方请求减少违约金的，人民法院一般不予支持。

第六十六条 当事人一方请求对方支付违约金，对方以合同不成立、无效、被撤销、确定不发生效力、不构成违约或者非违约方不存在损失等为由抗辩，未主张调整过高的违约金的，人民法院应当就若不支持该抗辩，当事人是否请求调整违约金进行释明。第一审人民法院认为抗辩成立且未予释明，第二审人民法院认为应当判决支付违约金的，可以直接释明，并根据当事人的请求，在当事人就是否应当调整违约金充分举证、质证、辩论后，依法判决适当减少违约金。

被告因客观原因在第一审程序中未到庭参加诉讼，但是在第二审程序中到庭参加诉讼并请求减少违约金的，第二审人民法院可以在当事人就是否应当调整违约金充分举证、质证、辩论后，依法判决适当减少违约金。

第六十七条 当事人交付留置金、担保金、保证金、订约金、押金或者订金等，但是没有约定定金性质，一方主张适用民法典第五百八十七条规定的定金罚则的，人民法院不予支持。当事人约定了定金性质，但是未约定定金类型或者约定不明，一方主张为违约定金的，人民法院应予支持。

当事人约定以交付定金作为订立合同的担保，一方拒绝订立合同或者在磋商订立合同时违背诚信原则导致未能订立合同，对方主张适用民法典第五百八十七条规定的定金罚则的，人民法院应予支持。

当事人约定以交付定金作为合同成立或者生效条件，应当交付定金的一方未交付定金，但是合同主要义务已经履行完毕并为对方所接受的，人民法院应当认定合同在对方接受履行时已经成立或者生效。

当事人约定定金性质为解约定金，交付定金的一方主张以丧失定金为代价解除合同的，或者收受定金的一方主张以双倍返还定金为代价解除合同的，人民法院应予支持。

第六十八条 双方当事人均具有致使不能实现合同目的的违约行为，其中一方请求适用定金罚则的，人民法院不予支持。当事人一方仅有轻微违约，对方具有致使不能实现合同目的的违约行为，轻微违约方主张适用定金罚则，对方以轻微违约方也构成违约为由抗辩的，人民法院对该抗辩不予支持。

当事人一方已经部分履行合同，对方接受并主张按照未履行部分所占比例适用定金罚则的，人民法院应予支持。对方主张按照合同整体适用定金罚则的，人民法院不予支持，但是部分未履行致使不能实现合同目的的除外。

因不可抗力致使合同不能履行，非违约方主张适用定金罚则的，人民法院不予支持。

九、附则

第六十九条 本解释自2023年12月5日起施行。

民法典施行后的法律事实引起的民事案件，本解释施行后尚未终审的，适用本解释；本解释施行前已经终审，当事人申请再审或者按照审判监督程序决定再审的，不适用本解释。

2. 最高人民法院关于审理买卖合同纠纷案件适用法律问题的解释

（2012年3月31日最高人民法院审判委员会第1545次会议通过　根据2020年12月23日最高人民法院审判委员会第1823次会议通过的《最高人民法院关于修改〈最高人民法院关于在民事审判工作中适用《中华人民共和国工会法》若干问题的解释〉等二十七件民事类司法解释的决定》修正）

为正确审理买卖合同纠纷案件，根据《中华人民共和国民法典》《中华人民共和国民事诉讼法》等法律的规定，结合审判实践，制定本解释。

一、买卖合同的成立

第一条 当事人之间没有书面合同，一方以送货单、收货单、结算单、发票等主张存在买卖合同关系的，人民法院应当结合当事人之间的交易方式、交易习惯以及其他相关证据，对买卖合同是否成立作出认定。

对账确认函、债权确认书等函件、凭证没有记载债权人名称，买卖合同当事人一方以此证明存在买卖合同关系的，人民法院应予支持，但有相反证据足以推翻的除外。

二、标的物交付和所有权转移

第二条 标的物为无需以有形载体交付的电子信息产品，当事人对交付方式约定不明确，且依照民法典第五百一十条的规定仍不能确定的，买受人收到约定的电子信息产品或者权利凭证即为交付。

第三条 根据民法典第六百二十九条的规定，买受人拒绝接收多交部分标的物的，可以代为保管多交部分标的物。买受人主张出卖人负担代为保管期间的合理费用的，人民法院应予支持。

买受人主张出卖人承担代为保管期间非因买受人故意或者重大过失造成的损失的，人民法院应予支持。

第四条 民法典第五百九十九条规定的“提取标的物单证以外的有关单证和资料”，主要应当包括保险单、保修单、普通发票、增值税专用发票、产品合格证、质量保证书、质量鉴定书、品质检验证书、产品进出口检疫书、原产地证明书、使用说明书、装箱单等。

第五条 出卖人仅以增值税专用发票及税款抵扣资料证明其已履行交付标的物义务，买受人不认可的，出卖人应当提供其他证据证明交付标的物的事实。

合同约定或者当事人之间习惯以普通发票作为付款凭证，买受人以普通发票证明已经履行付款义务的，人民法院应予支持，但有相反证据足以推翻的除外。

第六条 出卖人就同一普通动产订立多重买卖合同，在买卖合同均有效的情况下，买受人均要求实际履行合同的，应当按照以下情形分别处理：

（一）先行受领交付的买受人请求确认所有权已经转移的，人民法院应予支持；

（二）均未受领交付，先行支付价款的买受人请求出卖人履行交付标的物等合同义务的，人民法院应予支持；

（三）均未受领交付，也未支付价款，依法成立在先合同的买受人请求出卖人履行交付标的物等合同义务的，人民法院应予支持。

第七条 出卖人就同一船舶、航空器、机动车等特殊动产订立多重买卖合同，在买卖合同均有效的情况下，买受人均要求实际履行合同的，应当按照以下情形分别处理：

（一）先行受领交付的买受人请求出卖人履行办理所有权转移登记手续等合同义务的，人民法院应予支持；

（二）均未受领交付，先行办理所有权转移登记手续的买受人请求出卖人履行交付标的物等合同义务的，人民法院应予支持；

（三）均未受领交付，也未办理所有权转移登记手续，依法成立在先合同的买受人请求出卖人履行交付标的物和办理所有权转移登记手续等合同义务的，人民法院应予支持；

（四）出卖人将标的物交付给买受人之一，又为其他买受人办理所有权转移登记，已受领交付的买受人请求将标的物所有权登记在自己名下的，人民法院应予支持。

三、标的物风险负担

第八条 民法典第六百零三条第二款第一项规定的“标的物需要运输的”，是指标的物由出卖人负责办理托运，承运人系独立于买卖合同当事人之外的运输业者的情形。标的物毁损、灭失的风险负担，按照民法典第六百零七条第二款的规定处理。

第九条 出卖人根据合同约定将标的物运送至买受人指定地点并交付给承运人后，标的物毁损、灭失的风险由买受人负担，但当事人另有约定的除外。

第十条 出卖人出卖交由承运人运输的在途标的物，在合同成立时知道或者应当知道标的物已经毁损、灭失却未告知买受人，买受人主张出卖人负担标的物毁损、灭失的风险的，人民法院应予支持。

第十一条 当事人对风险负担没有约定，标的物为种类物，出卖人未以装运单据、加盖标记、通知买受人等可识别的方式清楚地将标的物特定于买卖合同，买受人主张不负担标的物毁损、灭失的风险的，人民法院应予支持。

四、标的物检验

第十二条 人民法院具体认定民法典第六百二十一条第二款规定的“合理期限”时，应当综合当事人之间的交易性质、交易目的、交易方式、交易习惯、标的物的种类、数量、性质、安装和使用情况、瑕疵的性质、买受人应尽的合理注意义务、检验方法和难易程度、买受人或者检验人所处的具体环境、自身技能以及其他合理因素,依据诚实信用原则进行判断。

民法典第六百二十一条第二款规定的“二年”是最长的合理期限。该期限为不变期间,不适用诉讼时效中止、中断或者延长的规定。

第十三条 买受人在合理期限内提出异议,出卖人以买受人已经支付价款、确认欠款数额、使用标的物等为由,主张买受人放弃异议的,人民法院不予支持,但当事人另有约定的除外。

第十四条 民法典第六百二十一条规定的检验期限、合理期限、二年期限经过后,买受人主张标的物的数量或者质量不符合约定的,人民法院不予支持。

出卖人自愿承担违约责任后,又以上述期限经过为由翻悔的,人民法院不予支持。

五、违约责任

第十五条 买受人依约保留部分价款作为质量保证金,出卖人在质量保证期未及时解决质量问题而影响标的物的价值或者使用效果,出卖人主张支付该部分价款的,人民法院不予支持。

第十六条 买受人在检验期限、质量保证期、合理期限内提出质量异议,出卖人未按要求予以修理或者因情况紧急,买受人自行或者通过第三人修理标的物后,主张出卖人负担因此发生的合理费用的,人民法院应予支持。

第十七条 标的物质量不符合约定,买受人依照民法典第五百八十二条的规定要求减少价款的,人民法院应予支持。当事人主张以符合约定的标的物和实际交付的标的物按交付时的市场价值计算差价的,人民法院应予支持。

价款已经支付,买受人主张返还减价后多出部分价款的,人民法院应予支持。

第十八条 买卖合同对付款期限作出的变更,不影响当事人关于逾期付款违约金的约定,但该违约金的起算点应当随之变更。

买卖合同约定逾期付款违约金,买受人以出卖人接受价款时未主张逾期付款违约金为由拒绝支付该违约金的,人民法院不予支持。

买卖合同约定逾期付款违约金,但对账单、还款协议等未涉及逾期付款责任,出卖人根据对账单、还款协议等主张欠款时请求买受人依约支付逾期付款违约金的,人民法院应予支持,但对账单、还款协议等明确载有本金及逾期付款利息数额或者已经变更买卖合同中关于本金、利息等约定内容的除外。

买卖合同没有约定逾期付款违约金或者该违约金的计算方法，出卖人以买受人违约为由主张赔偿逾期付款损失，违约行为发生在2019年8月19日之前的，人民法院可以中国人民银行同期同类人民币贷款基准利率为基础，参照逾期罚息利率标准计算；违约行为发生在2019年8月20日之后的，人民法院可以违约行为发生时中国人民银行授权全国银行间同业拆借中心公布的一年期贷款市场报价利率(LPR)标准为基础，加计30—50%计算逾期付款损失。

第十九条 出卖人没有履行或者不当履行从给付义务，致使买受人不能实现合同目的，买受人主张解除合同的，人民法院应当根据民法典第五百六十三条第一款第四项的规定，予以支持。

第二十条 买卖合同因违约而解除后，守约方主张继续适用违约金条款的，人民法院应予支持；但约定的违约金过分高于造成的损失的，人民法院可以参照民法典第五百八十五条第二款的规定处理。

第二十一条 买卖合同当事人一方以对方违约为由主张支付违约金，对方以合同不成立、合同未生效、合同无效或者不构成违约等为由进行免责抗辩而未主张调整过高的违约金的，人民法院应当就法院若不支持免责抗辩，当事人是否需要主张调整违约金进行释明。

一审法院认为免责抗辩成立且未予释明，二审法院认为应当判决支付违约金的，可以直接释明并改判。

第二十二条 买卖合同当事人一方违约造成对方损失，对方主张赔偿可得利益损失的，人民法院在确定违约责任范围时，应当根据当事人的主张，依据民法典第五百八十四条、第五百九十一条、第五百九十二条、本解释第二十三条等规定进行认定。

第二十三条 买卖合同当事人一方因对方违约而获有利益，违约方主张从损失赔偿额中扣除该部分利益的，人民法院应予支持。

第二十四条 买受人在缔约时知道或者应当知道标的物质量存在瑕疵，主张出卖人承担瑕疵担保责任的，人民法院不予支持，但买受人在缔约时不知道该瑕疵会导致标的物的基本效用显著降低的除外。

六、所有权保留

第二十五条 买卖合同当事人主张民法典第六百四十一条关于标的物所有权保留的规定适用于不动产的，人民法院不予支持。

第二十六条 买受人已经支付标的物总价款的百分之七十五以上，出卖人主张取回标的物的，人民法院不予支持。

在民法典第六百四十二条第一款第三项情形下，第三人依据民法典第三百一十一条的规定已经善意取得标的物所有权或者其他物权，出卖人主张取回标的物的，人民法院不予支持。

七、特种买卖

第二十七条 民法典第六百三十四条第一款规定的“分期付款”，系指买受人将应付的总价款在一定期限内至少分三次向出卖人支付。

分期付款买卖合同的约定违反民法典第六百三十四条第一款的规定，损害买受人利益，买受人主张该约定无效的，人民法院应予支持。

第二十八条 分期付款买卖合同约定出卖人在解除合同时可以扣留已受领价金，出卖人扣留的金额超过标的物使用费以及标的物受损赔偿额，买受人请求返还超过部分的，人民法院应予支持。

当事人对标的物的使用费没有约定的，人民法院可以参照当地同类标的物的租金标准确定。

第二十九条 合同约定的样品质量与文字说明不一致且发生纠纷时当事人不能达成合意，样品封存后外观和内在品质没有发生变化的，人民法院应当以样品为准；外观和内在品质发生变化，或者当事人对是否发生变化有争议而又无法查明的，人民法院应当以文字说明为准。

第三十条 买卖合同存在下列约定内容之一的，不属于试用买卖。买受人主张属于试用买卖的，人民法院不予支持：

（一）约定标的物经过试用或者检验符合一定要求时，买受人应当购买标的物；

（二）约定第三人经试验对标的物认可时，买受人应当购买标的物；

（三）约定买受人在一定期限内可以调换标的物；

（四）约定买受人在一定期限内可以退还标的物。

八、其他问题

第三十一条 出卖人履行交付义务后诉请买受人支付价款，买受人以出卖人违约在先为由提出异议的，人民法院应当按照下列情况分别处理：

（一）买受人拒绝支付违约金、拒绝赔偿损失或者主张出卖人应当采取减少价款等补救措施的，属于提出抗辩；

（二）买受人主张出卖人应支付违约金、赔偿损失或者要求解除合同的，应当提起反诉。

第三十二条 法律或者行政法规对债权转让、股权转让等权利转让合同有规定的，依照其规定；没有规定的，人民法院可以根据民法典第四百六十七条和第六百四十六条的规定，参照适用买卖合同的有关规定。

权利转让或者其他有偿合同参照适用买卖合同的有关规定的，人民法院应当首先引用民法典第六百四十六条的规定，再引用买卖合同的有关规定。

第三十三条 本解释施行前本院发布的有关购销合同、销售合同等有偿转移标的物所有权的合同的规定，与本解释抵触的，自本解释施行之日起不再适用。

本解释施行后尚未终审的买卖合同纠纷案件，适用本解释；本解释施行前已经终审，当事人申请再审或者按照审判监督程序决定再审的，不适用本解释。

3.最高人民法院
关于审理商品房买卖合同纠纷案件适用
法律若干问题的解释

（2003年3月24日最高人民法院审判委员会第1267次会议通过 根据2020年12月23日最高人民法院审判委员会第1823次会议通过的《最高人民法院关于修改〈最高人民法院关于在民事审判工作中适用《中华人民共和国工会法》若干问题的解释〉等二十七件民事类司法解释的决定》修正）

为正确、及时审理商品房买卖合同纠纷案件，根据《中华人民共和国民法典》《中华人民共和国城市房地产管理法》等相关法律，结合民事审判实践，制定本解释。

第一条 本解释所称的商品房买卖合同，是指房地产开发企业（以下统称为出卖人）将尚未建成或者已竣工的房屋向社会销售并转移房屋所有权于买受人，买受人支付价款的合同。

第二条 出卖人未取得商品房预售许可证明，与买受人订立的商品房预售合同，应当认定无效，但是在起诉前取得商品房预售许可证明的，可以认定有效。

第三条 商品房的销售广告和宣传资料为要约邀请，但是出卖人就商品房开发规划范围内的房屋及相关设施所作的说明和允诺具体确定，并对商品房买卖合同的订立以及房屋价格的确定有重大影响的，构成要约。该说明和允诺即使未载入商品房买卖合同，亦应当为合同内容，当事人违反的，应当承担违约责任。

第四条 出卖人通过认购、订购、预订等方式向买受人收受定金作为订立商品房买卖合同担保的，如果因当事人一方原因未能订立商品房买卖合同，应当按照法律关于定金的规定处理；因不可归责于当事人双方的事由，导致商品房买卖合同未能订立的，出卖人应当将定金返还买受人。

第五条 商品房的认购、订购、预订等协议具备《商品房销售管理办法》第十六条规定的商品房买卖合同的主要内容，并且出卖人已经按照约定收受购房款的，该协议应当认定为商品房买卖合同。

第六条 当事人以商品房预售合同未按照法律、行政法规规定办理登记备案手续为由，请求确认合同无效的，不予支持。

当事人约定以办理登记备案手续为商品房预售合同生效条件的，从其约定，但当事人一方已经履行主要义务，对方接受的除外。

第七条 买受人以出卖人与第三人恶意串通，另行订立商品房买卖合同并将房屋交付使用，导致其无法取得房屋为由，请求确认出卖人与第三人订立的商品房买卖合同无效的，应予支持。

第八条 对房屋的转移占有，视为房屋的交付使用，但当事人另有约定的除外。

房屋毁损、灭失的风险，在交付使用前由出卖人承担，交付使用后由买受人承担；买受人接到出卖人的书面交房通知，无正当理由拒绝接收的，房屋毁损、灭失的风险自书面交房通知确定的交付使用之日起由买受人承担，但法律另有规定或者当事人另有约定的除外。

第九条 因房屋主体结构质量不合格不能交付使用，或者房屋交付使用后，房屋主体结构质量经核验确属不合格，买受人请求解除合同和赔偿损失的，应予支持。

第十条 因房屋质量问题严重影响正常居住使用，买受人请求解除合同和赔偿损失的，应予支持。

交付使用的房屋存在质量问题，在保修期内，出卖人应当承担修复责任；出卖人拒绝修复或者在合理期限内拖延修复的，买受人可以自行或者委托他人修复。修复费用及修复期间造成的其他损失由出卖人承担。

第十一条 根据民法典第五百六十三条的规定，出卖人迟延交付房屋或者买受人迟延支付购房款，经催告后在三个月的合理期限内仍未履行，解除权人请求解除合同的，应予支持，但当事人另有约定的除外。

法律没有规定或者当事人没有约定，经对方当事人催告后，解除权行使的合理期限为三个月。对方当事人没有催告的，解除权人自知道或者应当知道解除事由之日起一年内行使。逾期不行使的，解除权消灭。

第十二条 当事人以约定的违约金过高为由请求减少的，应当以违约金超过造成的损失30%为标准适当减少；当事人以约定的违约金低于造成的损失为由请求增加的，应当以违约造成的损失确定违约金数额。

第十三条 商品房买卖合同没有约定违约金数额或者损失赔偿额计算方法，违约金数额或者损失赔偿额可以参照以下标准确定：

逾期付款的，按照未付购房款总额，参照中国人民银行规定的金融机构计收逾期贷款利息的标准计算。

逾期交付使用房屋的，按照逾期交付使用房屋期间有关主管部门公布或者有资格的房地产评估机构评定的同地段同类房屋租金标准确定。

第十四条 由于出卖人的原因，买受人在下列期限届满未能取得不动产权属证书的，除当事人有特殊约定外，出卖人应当承担违约责任：

（一）商品房买卖合同约定的办理不动产登记的期限；

（二）商品房买卖合同的标的物为尚未建成房屋的，自房屋交付使用之日起90日；

（三）商品房买卖合同的标的物为已竣工房屋的，自合同订立之日起90日。

合同没有约定违约金或者损失数额难以确定的，可以按照已付购房款总额，参照中国人民银行规定的金融机构计收逾期贷款利息的标准计算。

第十五条 商品房买卖合同约定或者城市房地产开发经营管理条例第三十二条规定的办理不动产登记的期限届满后超过一年,由于出卖人的原因,导致买受人无法办理不动产登记,买受人请求解除合同和赔偿损失的,应予支持。

第十六条 出卖人与包销人订立商品房包销合同,约定出卖人将其开发建设的房屋交由包销人以出卖人的名义销售的,包销期满未销售的房屋,由包销人按照合同约定的包销价格购买,但当事人另有约定的除外。

第十七条 出卖人自行销售已经约定由包销人包销的房屋,包销人请求出卖人赔偿损失的,应予支持,但当事人另有约定的除外。

第十八条 对于买受人因商品房买卖合同与出卖人发生的纠纷,人民法院应当通知包销人参加诉讼;出卖人、包销人和买受人对各自的权利义务有明确约定的,按照约定的内容确定各方的诉讼地位。

第十九条 商品房买卖合同约定,买受人以担保贷款方式付款、因当事人一方原因未能订立商品房担保贷款合同并导致商品房买卖合同不能继续履行的,对方当事人可以请求解除合同和赔偿损失。因不可归责于当事人双方的事由未能订立商品房担保贷款合同并导致商品房买卖合同不能继续履行的,当事人可以请求解除合同,出卖人应当将收受的购房款本金及其利息或者定金返还买受人。

第二十条 因商品房买卖合同被确认无效或者被撤销、解除,致使商品房担保贷款合同的目的无法实现,当事人请求解除商品房担保贷款合同的,应予支持。

第二十一条 以担保贷款为付款方式的商品房买卖合同的当事人一方请求确认商品房买卖合同无效或者撤销、解除合同的,如果担保权人作为有独立请求权第三人提出诉讼请求,应当与商品房担保贷款合同纠纷合并审理;未提出诉讼请求的,仅处理商品房买卖合同纠纷。担保权人就商品房担保贷款合同纠纷另行起诉的,可以与商品房买卖合同纠纷合并审理。

商品房买卖合同被确认无效或者被撤销、解除后,商品房担保贷款合同也被解除的,出卖人应当将收受的购房贷款和购房款的本金及利息分别返还担保权人和买受人。

第二十二条 买受人未按照商品房担保贷款合同的约定偿还贷款,亦未与担保权人办理不动产抵押登记手续,担保权人起诉买受人,请求处分商品房买卖合同项下买受人合同权利的,应当通知出卖人参加诉讼;担保权人同时起诉出卖人时，如果出卖人为商品房担保贷款合同提供保证的，应当列为共同被告。

第二十三条 买受人未按照商品房担保贷款合同的约定偿还贷款，但是已经取得不动产权属证书并与担保权人办理了不动产抵押登记手续，抵押权人请求买受人偿还贷款或者就抵押的房屋优先受偿的，不应当追加出卖人为当事人，但出卖人提供保证的除外。

第二十四条 本解释自2003年6月1日起施行。

城市房地产管理法施行后订立的商品房买卖合同发生的纠纷案件，本解释公布施行后尚在一审、二审阶段的，适用本解释。

城市房地产管理法施行后订立的商品房买卖合同发生的纠纷案件，在本解释公布施行前已经终审，当事人申请再审或者按照审判监督程序决定再审的，不适用本解释。

城市房地产管理法施行前发生的商品房买卖行为，适用当时的法律、法规和《最高人民法院〈关于审理房地产管理法施行前房地产开发经营案件若干问题的解答〉》。

4. 最高人民法院关于适用《中华人民共和国民法典》有关担保制度的解释

（2020年12月25日最高人民法院审判委员会第1824次会议通过 法释〔2020〕28号 2020年12月31日公布 自2021年1月1日起施行）

为正确适用《中华人民共和国民法典》有关担保制度的规定，结合民事审判实践，制定本解释。

一、关于一般规定

第一条 因抵押、质押、留置、保证等担保发生的纠纷,适用本解释。所有权保留买卖、融资租赁、保理等涉及担保功能发生的纠纷,适用本解释的有关规定。

第二条 当事人在担保合同中约定担保合同的效力独立于主合同,或者约定担保人对主合同无效的法律后果承担担保责任,该有关担保独立性的约定无效。主合同有效的,有关担保独立性的约定无效不影响担保合同的效力;主合同无效的,人民法院应当认定担保合同无效,但是法律另有规定的除外。

因金融机构开立的独立保函发生的纠纷,适用《最高人民法院关于审理独立保函纠纷案件若干问题的规定》。

第三条 当事人对担保责任的承担约定专门的违约责任,或者约定的担保责任范围超出债务人应当承担的责任范围,担保人主张仅在债务人应当承担的责任范围内承担责任的,人民法院应予支持。

担保人承担的责任超出债务人应当承担的责任范围,担保人向债务人追偿,债务人主张仅在其应当承担的责任范围内承担责任的,人民法院应予支持;担保人请求债权人返还超出部分的,人民法院依法予以支持。

第四条 有下列情形之一,当事人将担保物权登记在他人名下,债务人不履行到期债务或者发生当事人约定的实现担保物权的情形,债权人或者其受托人主张就该财产优先受偿的,人民法院依法予以支持:

(一)为债券持有人提供的担保物权登记在债券受托管理人名下;

(二)为委托贷款人提供的担保物权登记在受托人名下;

(三)担保人知道债权人与他人之间存在委托关系的其他情形。

第五条 机关法人提供担保的,人民法院应当认定担保合同无效,但是经国务院批准为使用外国政府或者国际经济组织贷款进行转贷的除外。

居民委员会、村民委员会提供担保的,人民法院应当认定担保合同无效,但是依法代行村集体经济组织职能的村民委员会,依照村民委员会组织法规定的讨论决定程序对外提供担保的除外。

第六条 以公益为目的的非营利性学校、幼儿园、医疗机构、养老机构等提供担保的,人民法院应当认定担保合同无效,但是有下列情形之一的除外:

(一)在购入或者以融资租赁方式承租教育设施、医疗卫生设施、养老服务设施和其他公益设施时,出卖人、出租人为担保价款或者租金实现而在该公益设施上保留所有权；

（二）以教育设施、医疗卫生设施、养老服务设施和其他公益设施以外的不动产、动产或者财产权利设立担保物权。

登记为营利法人的学校、幼儿园、医疗机构、养老机构等提供担保，当事人以其不具有担保资格为由主张担保合同无效的，人民法院不予支持。

第七条 公司的法定代表人违反公司法关于公司对外担保决议程序的规定，超越权限代表公司与相对人订立担保合同，人民法院应当依照民法典第六十一条和第五百零四条等规定处理：

（一）相对人善意的，担保合同对公司发生效力；相对人请求公司承担担保责任的，人民法院应予支持。

（二）相对人非善意的，担保合同对公司不发生效力；相对人请求公司承担赔偿责任的，参照适用本解释第十七条的有关规定。

法定代表人超越权限提供担保造成公司损失，公司请求法定代表人承担赔偿责任的，人民法院应予支持。

第一款所称善意，是指相对人在订立担保合同时不知道且不应当知道法定代表人超越权限。相对人有证据证明已对公司决议进行了合理审查，人民法院应当认定其构成善意，但是公司有证据证明相对人知道或者应当知道决议系伪造、变造的除外。

第八条 有下列情形之一，公司以其未依照公司法关于公司对外担保的规定作出决议为由主张不承担担保责任的，人民法院不予支持：

（一）金融机构开立保函或者担保公司提供担保；

（二）公司为其全资子公司开展经营活动提供担保；

（三）担保合同系由单独或者共同持有公司三分之二以上对担保事项有表决权的股东签字同意。

上市公司对外提供担保，不适用前款第二项、第三项的规定。

第九条 相对人根据上市公司公开披露的关于担保事项已经董事会或者股东大会决议通过的信息，与上市公司订立担保合同，相对人主张担保合同对上市公司发生效力，并由上市公司承担担保责任的，人民法院应予支持。

相对人未根据上市公司公开披露的关于担保事项已经董事会或者股东大会决议通过的信息，与上市公司订立担保合同，上市公司主张担保合同对其不发生效力,且不承担担保责任或者赔偿责任的,人民法院应予支持。

相对人与上市公司已公开披露的控股子公司订立的担保合同,或者相对人与股票在国务院批准的其他全国性证券交易场所交易的公司订立的担保合同,适用前两款规定。

第十条 一人有限责任公司为其股东提供担保,公司以违反公司法关于公司对外担保决议程序的规定为由主张不承担担保责任的,人民法院不予支持。公司因承担担保责任导致无法清偿其他债务,提供担保时的股东不能证明公司财产独立于自己的财产,其他债权人请求该股东承担连带责任的,人民法院应予支持。

第十一条 公司的分支机构未经公司股东(大)会或者董事会决议以自己的名义对外提供担保,相对人请求公司或者其分支机构承担担保责任的,人民法院不予支持,但是相对人不知道且不应当知道分支机构对外提供担保未经公司决议程序的除外。

金融机构的分支机构在其营业执照记载的经营范围内开立保函,或者经有权从事担保业务的上级机构授权开立保函,金融机构或者其分支机构以违反公司法关于公司对外担保决议程序的规定为由主张不承担担保责任的,人民法院不予支持。金融机构的分支机构未经金融机构授权提供保函之外的担保,金融机构或者其分支机构主张不承担担保责任的,人民法院应予支持,但是相对人不知道且不应当知道分支机构对外提供担保未经金融机构授权的除外。

担保公司的分支机构未经担保公司授权对外提供担保,担保公司或者其分支机构主张不承担担保责任的,人民法院应予支持,但是相对人不知道且不应当知道分支机构对外提供担保未经担保公司授权的除外。

公司的分支机构对外提供担保,相对人非善意,请求公司承担赔偿责任的,参照本解释第十七条的有关规定处理。

第十二条 法定代表人依照民法典第五百五十二条的规定以公司名义加入债务的,人民法院在认定该行为的效力时,可以参照本解释关于公司为他人提供担保的有关规则处理。

第十三条 同一债务有两个以上第三人提供担保,担保人之间约定相互追偿及分担份额,承担了担保责任的担保人请求其他担保人按照约定分担份额的,人民法院应予支持;担保人之间约定承担连带共同担保,或者约定相互追偿但是未约定分担份额的,各担保人按照比例分担向债务人不能追偿的部分。

同一债务有两个以上第三人提供担保，担保人之间未对相互追偿作出约定且未约定承担连带共同担保，但是各担保人在同一份合同书上签字、盖章或者按指印，承担了担保责任的担保人请求其他担保人按照比例分担向债务人不能追偿部分的，人民法院应予支持。

除前两款规定的情形外，承担了担保责任的担保人请求其他担保人分担向债务人不能追偿部分的，人民法院不予支持。

第十四条 同一债务有两个以上第三人提供担保，担保人受让债权的，人民法院应当认定该行为系承担担保责任。受让债权的担保人作为债权人请求其他担保人承担担保责任的，人民法院不予支持；该担保人请求其他担保人分担相应份额的，依照本解释第十三条的规定处理。

第十五条 最高额担保中的最高债权额，是指包括主债权及其利息、违约金、损害赔偿金、保管担保财产的费用、实现债权或者实现担保物权的费用等在内的全部债权，但是当事人另有约定的除外。

登记的最高债权额与当事人约定的最高债权额不一致的，人民法院应当依据登记的最高债权额确定债权人优先受偿的范围。

第十六条 主合同当事人协议以新贷偿还旧贷，债权人请求旧贷的担保人承担担保责任的，人民法院不予支持；债权人请求新贷的担保人承担担保责任的，按照下列情形处理：

（一）新贷与旧贷的担保人相同的，人民法院应予支持；

（二）新贷与旧贷的担保人不同，或者旧贷无担保新贷有担保的，人民法院不予支持，但是债权人有证据证明新贷的担保人提供担保时对以新贷偿还旧贷的事实知道或者应当知道的除外。

主合同当事人协议以新贷偿还旧贷，旧贷的物的担保人在登记尚未注销的情形下同意继续为新贷提供担保，在订立新的贷款合同前又以该担保财产为其他债权人设立担保物权，其他债权人主张其担保物权顺位优先于新贷债权人的，人民法院不予支持。

第十七条 主合同有效而第三人提供的担保合同无效，人民法院应当区分不同情形确定担保人的赔偿责任：

（一）债权人与担保人均有过错的，担保人承担的赔偿责任不应超过债务人不能清偿部分的二分之一；

（二）担保人有过错而债权人无过错的，担保人对债务人不能清偿的部分承担赔偿责任；

（三）债权人有过错而担保人无过错的，担保人不承担赔偿责任。

主合同无效导致第三人提供的担保合同无效，担保人无过错的，不承担赔偿责任；担保人有过错的，其承担的赔偿责任不应超过债务人不能清偿部分的三分之一。

第十八条　承担了担保责任或者赔偿责任的担保人，在其承担责任的范围内向债务人追偿的，人民法院应予支持。

同一债权既有债务人自己提供的物的担保，又有第三人提供的担保，承担了担保责任或者赔偿责任的第三人，主张行使债权人对债务人享有的担保物权的，人民法院应予支持。

第十九条　担保合同无效，承担了赔偿责任的担保人按照反担保合同的约定，在其承担赔偿责任的范围内请求反担保人承担担保责任的，人民法院应予支持。

反担保合同无效的，依照本解释第十七条的有关规定处理。当事人仅以担保合同无效为由主张反担保合同无效的，人民法院不予支持。

第二十条　人民法院在审理第三人提供的物的担保纠纷案件时，可以适用民法典第六百九十五条第一款、第六百九十六条第一款、第六百九十七条第二款、第六百九十九条、第七百条、第七百零一条、第七百零二条等关于保证合同的规定。

第二十一条　主合同或者担保合同约定了仲裁条款的，人民法院对约定仲裁条款的合同当事人之间的纠纷无管辖权。

债权人一并起诉债务人和担保人的，应当根据主合同确定管辖法院。

债权人依法可以单独起诉担保人且仅起诉担保人的，应当根据担保合同确定管辖法院。

第二十二条　人民法院受理债务人破产案件后，债权人请求担保人承担担保责任，担保人主张担保债务自人民法院受理破产申请之日起停止计息的，人民法院对担保人的主张应予支持。

第二十三条　人民法院受理债务人破产案件，债权人在破产程序中申报债权后又向人民法院提起诉讼，请求担保人承担担保责任的，人民法院依法予以支持。

担保人清偿债权人的全部债权后，可以代替债权人在破产程序中受偿；在债权人的债权未获全部清偿前，担保人不得代替债权人在破产程序中受偿，但是有权就债权人通过破产分配和实现担保债权等方式获得清偿总额中超出债权的部分，在其承担担保责任的范围内请求债权人返还。

债权人在债务人破产程序中未获全部清偿，请求担保人继续承担担保责任的，人民法院应予支持；担保人承担担保责任后，向和解协议或者重整计划执行完毕后的债务人追偿的，人民法院不予支持。

第二十四条 债权人知道或者应当知道债务人破产，既未申报债权也未通知担保人，致使担保人不能预先行使追偿权的，担保人就该债权在破产程序中可能受偿的范围内免除担保责任，但是担保人因自身过错未行使追偿权的除外。

二、关于保证合同

第二十五条 当事人在保证合同中约定了保证人在债务人不能履行债务或者无力偿还债务时才承担保证责任等类似内容，具有债务人应当先承担责任的意思表示的，人民法院应当将其认定为一般保证。

当事人在保证合同中约定了保证人在债务人不履行债务或者未偿还债务时即承担保证责任、无条件承担保证责任等类似内容，不具有债务人应当先承担责任的意思表示的，人民法院应当将其认定为连带责任保证。

第二十六条 一般保证中，债权人以债务人为被告提起诉讼的，人民法院应予受理。债权人未就主合同纠纷提起诉讼或者申请仲裁，仅起诉一般保证人的，人民法院应当驳回起诉。

一般保证中，债权人一并起诉债务人和保证人的，人民法院可以受理，但是在作出判决时，除有民法典第六百八十七条第二款但书规定的情形外，应当在判决书主文中明确，保证人仅对债务人财产依法强制执行后仍不能履行的部分承担保证责任。

债权人未对债务人的财产申请保全，或者保全的债务人的财产足以清偿债务，债权人申请对一般保证人的财产进行保全的，人民法院不予准许。

第二十七条 一般保证的债权人取得对债务人赋予强制执行效力的公证债权文书后，在保证期间内向人民法院申请强制执行，保证人以债权人未在保证期间内对债务人提起诉讼或者申请仲裁为由主张不承担保证责任的，人民法院不予支持。

第二十八条 一般保证中，债权人依据生效法律文书对债务人的财产依法申请强制执行，保证债务诉讼时效的起算时间按照下列规则确定：

（一）人民法院作出终结本次执行程序裁定，或者依照民事诉讼法第二百五十七条第三项、第五项的规定作出终结执行裁定的，自裁定送达债权人之日起开始计算；

（二）人民法院自收到申请执行书之日起一年内未作出前项裁定的，自人民法院收到申请执行书满一年之日起开始计算，但是保证人有证据证明债务人仍有财产可供执行的除外。

一般保证的债权人在保证期间届满前对债务人提起诉讼或者申请仲裁，债权人举证证明存在民法典第六百八十七条第二款但书规定情形的，保证债务的诉讼时效自债权人知道或者应当知道该情形之日起开始计算。

第二十九条 同一债务有两个以上保证人，债权人以其已经在保证期间内依法向部分保证人行使权利为由，主张已经在保证期间内向其他保证人行使权利的，人民法院不予支持。

同一债务有两个以上保证人，保证人之间相互有追偿权，债权人未在保证期间内依法向部分保证人行使权利，导致其他保证人在承担保证责任后丧失追偿权，其他保证人主张在其不能追偿的范围内免除保证责任的，人民法院应予支持。

第三十条 最高额保证合同对保证期间的计算方式、起算时间等有约定的，按照其约定。

最高额保证合同对保证期间的计算方式、起算时间等没有约定或者约定不明，被担保债权的履行期限均已届满的，保证期间自债权确定之日起开始计算；被担保债权的履行期限尚未届满的，保证期间自最后到期债权的履行期限届满之日起开始计算。

前款所称债权确定之日，依照民法典第四百二十三条的规定认定。

第三十一条 一般保证的债权人在保证期间内对债务人提起诉讼或者申请仲裁后，又撤回起诉或者仲裁申请，债权人在保证期间届满前未再行提起诉讼或者申请仲裁，保证人主张不再承担保证责任的，人民法院应予支持。

连带责任保证的债权人在保证期间内对保证人提起诉讼或者申请仲裁后，又撤回起诉或者仲裁申请，起诉状副本或者仲裁申请书副本已经送达保证人的，人民法院应当认定债权人已经在保证期间内向保证人行使了权利。

第三十二条 保证合同约定保证人承担保证责任直至主债务本息还清时为

止等类似内容的，视为约定不明，保证期间为主债务履行期限届满之日起六个月。

第三十三条 保证合同无效，债权人未在约定或者法定的保证期间内依法行使权利，保证人主张不承担赔偿责任的，人民法院应予支持。

第三十四条 人民法院在审理保证合同纠纷案件时，应当将保证期间是否届满、债权人是否在保证期间内依法行使权利等事实作为案件基本事实予以查明。

债权人在保证期间内未依法行使权利的，保证责任消灭。保证责任消灭后，债权人书面通知保证人要求承担保证责任，保证人在通知书上签字、盖章或者按指印，债权人请求保证人继续承担保证责任的，人民法院不予支持，但是债权人有证据证明成立了新的保证合同的除外。

第三十五条 保证人知道或者应当知道主债权诉讼时效期间届满仍然提供保证或者承担保证责任，又以诉讼时效期间届满为由拒绝承担保证责任或者请求返还财产的，人民法院不予支持；保证人承担保证责任后向债务人追偿的，人民法院不予支持，但是债务人放弃诉讼时效抗辩的除外。

第三十六条 第三人向债权人提供差额补足、流动性支持等类似承诺文件作为增信措施，具有提供担保的意思表示，债权人请求第三人承担保证责任的，人民法院应当依照保证的有关规定处理。

第三人向债权人提供的承诺文件，具有加入债务或者与债务人共同承担债务等意思表示的，人民法院应当认定为民法典第五百五十二条规定的债务加入。

前两款中第三人提供的承诺文件难以确定是保证还是债务加入的，人民法院应当将其认定为保证。

第三人向债权人提供的承诺文件不符合前三款规定的情形，债权人请求第三人承担保证责任或者连带责任的，人民法院不予支持，但是不影响其依据承诺文件请求第三人履行约定的义务或者承担相应的民事责任。

三、关于担保物权

（一）担保合同与担保物权的效力

第三十七条 当事人以所有权、使用权不明或者有争议的财产抵押，经审查构成无权处分的，人民法院应当依照民法典第三百一十一条的规定处理。

当事人以依法被查封或者扣押的财产抵押，抵押权人请求行使抵押权，经审查查封或者扣押措施已经解除的，人民法院应予支持。抵押人以抵押权设立时财产被查封或者扣押为由主张抵押合同无效的，人民法院不予支持。

以依法被监管的财产抵押的,适用前款规定。

第三十八条 主债权未受全部清偿,担保物权人主张就担保财产的全部行使担保物权的,人民法院应予支持,但是留置权人行使留置权的,应当依照民法典第四百五十条的规定处理。

担保财产被分割或者部分转让,担保物权人主张就分割或者转让后的担保财产行使担保物权的,人民法院应予支持,但是法律或者司法解释另有规定的除外。

第三十九条 主债权被分割或者部分转让,各债权人主张就其享有的债权份额行使担保物权的,人民法院应予支持,但是法律另有规定或者当事人另有约定的除外。

主债务被分割或者部分转移,债务人自己提供物的担保,债权人请求以该担保财产担保全部债务履行的,人民法院应予支持;第三人提供物的担保,主张对未经其书面同意转移的债务不再承担担保责任的,人民法院应予支持。

第四十条 从物产生于抵押权依法设立前,抵押权人主张抵押权的效力及于从物的,人民法院应予支持,但是当事人另有约定的除外。

从物产生于抵押权依法设立后,抵押权人主张抵押权的效力及于从物的,人民法院不予支持,但是在抵押权实现时可以一并处分。

第四十一条 抵押权依法设立后,抵押财产被添附,添附物归第三人所有,抵押权人主张抵押权效力及于补偿金的,人民法院应予支持。

抵押权依法设立后,抵押财产被添附,抵押人对添附物享有所有权,抵押权人主张抵押权的效力及于添附物的,人民法院应予支持,但是添附导致抵押财产价值增加的,抵押权的效力不及于增加的价值部分。

抵押权依法设立后,抵押人与第三人因添附成为添附物的共有人,抵押权人主张抵押权的效力及于抵押人对共有物享有的份额的,人民法院应予支持。

本条所称添附,包括附合、混合与加工。

第四十二条 抵押权依法设立后,抵押财产毁损、灭失或者被征收等,抵押权人请求按照原抵押权的顺位就保险金、赔偿金或者补偿金等优先受偿的,人民法院应予支持。

给付义务人已经向抵押人给付了保险金、赔偿金或者补偿金,抵押权人请求给付义务人向其给付保险金、赔偿金或者补偿金的,人民法院不予支持,但是给付义务人接到抵押权人要求向其给付的通知后仍然向抵押人给付的除外。

抵押权人请求给付义务人向其给付保险金、赔偿金或者补偿金的，人民法院可以通知抵押人作为第三人参加诉讼。

第四十三条 当事人约定禁止或者限制转让抵押财产但是未将约定登记，抵押人违反约定转让抵押财产，抵押权人请求确认转让合同无效的，人民法院不予支持；抵押财产已经交付或者登记，抵押权人请求确认转让不发生物权效力的，人民法院不予支持，但是抵押权人有证据证明受让人知道的除外；抵押权人请求抵押人承担违约责任的，人民法院依法予以支持。

当事人约定禁止或者限制转让抵押财产且已经将约定登记，抵押人违反约定转让抵押财产，抵押权人请求确认转让合同无效的，人民法院不予支持；抵押财产已经交付或者登记，抵押权人主张转让不发生物权效力的，人民法院应予支持，但是因受让人代替债务人清偿债务导致抵押权消灭的除外。

第四十四条 主债权诉讼时效期间届满后，抵押权人主张行使抵押权的，人民法院不予支持；抵押人以主债权诉讼时效期间届满为由，主张不承担担保责任的，人民法院应予支持。主债权诉讼时效期间届满前，债权人仅对债务人提起诉讼，经人民法院判决或者调解后未在民事诉讼法规定的申请执行时效期间内对债务人申请强制执行，其向抵押人主张行使抵押权的，人民法院不予支持。

主债权诉讼时效期间届满后，财产被留置的债务人或者对留置财产享有所有权的第三人请求债权人返还留置财产的，人民法院不予支持；债务人或者第三人请求拍卖、变卖留置财产并以所得价款清偿债务的，人民法院应予支持。

主债权诉讼时效期间届满的法律后果，以登记作为公示方式的权利质权，参照适用第一款的规定；动产质权、以交付权利凭证作为公示方式的权利质权，参照适用第二款的规定。

第四十五条 当事人约定当债务人不履行到期债务或者发生当事人约定的实现担保物权的情形，担保物权人有权将担保财产自行拍卖、变卖并就所得的价款优先受偿的，该约定有效。因担保人的原因导致担保物权人无法自行对担保财产进行拍卖、变卖，担保物权人请求担保人承担因此增加的费用的，人民法院应予支持。

当事人依照民事诉讼法有关“实现担保物权案件”的规定，申请拍卖、变卖担保财产，被申请人以担保合同约定仲裁条款为由主张驳回申请的，人民法院经审查后，应当按照以下情形分别处理：

（一）当事人对担保物权无实质性争议且实现担保物权条件已经成就的，应当裁定准许拍卖、变卖担保财产；

（二）当事人对实现担保物权有部分实质性争议的，可以就无争议的部分裁定准许拍卖、变卖担保财产，并告知可以就有争议的部分申请仲裁；

（三）当事人对实现担保物权有实质性争议的，裁定驳回申请，并告知可以向仲裁机构申请仲裁。

债权人以诉讼方式行使担保物权的，应当以债务人和担保人作为共同被告。

（二）不动产抵押

第四十六条 不动产抵押合同生效后未办理抵押登记手续，债权人请求抵押人办理抵押登记手续的，人民法院应予支持。

抵押财产因不可归责于抵押人自身的原因灭失或者被征收等导致不能办理抵押登记，债权人请求抵押人在约定的担保范围内承担责任的，人民法院不予支持；但是抵押人已经获得保险金、赔偿金或者补偿金等，债权人请求抵押人在其所获金额范围内承担赔偿责任的，人民法院依法予以支持。

因抵押人转让抵押财产或者其他可归责于抵押人自身的原因导致不能办理抵押登记，债权人请求抵押人在约定的担保范围内承担责任的，人民法院依法予以支持，但是不得超过抵押权能够设立时抵押人应当承担的责任范围。

第四十七条 不动产登记簿就抵押财产、被担保的债权范围等所作的记载与抵押合同约定不一致的，人民法院应当根据登记簿的记载确定抵押财产、被担保的债权范围等事项。

第四十八条 当事人申请办理抵押登记手续时，因登记机构的过错致使其不能办理抵押登记，当事人请求登记机构承担赔偿责任的，人民法院依法予以支持。

第四十九条 以违法的建筑物抵押的，抵押合同无效，但是一审法庭辩论终结前已经办理合法手续的除外。抵押合同无效的法律后果，依照本解释第十七条的有关规定处理。

当事人以建设用地使用权依法设立抵押，抵押人以土地上存在违法的建筑物为由主张抵押合同无效的，人民法院不予支持。

第五十条 抵押人以划拨建设用地上的建筑物抵押，当事人以该建设用地使用权不能抵押或者未办理批准手续为由主张抵押合同无效或者不生效的，人民法院不予支持。抵押权依法实现时，拍卖、变卖建筑物所得的价款，应当优先用于补缴建设用地使用权出让金。

当事人以划拨方式取得的建设用地使用权抵押，抵押人以未办理批准手续为由主张抵押合同无效或者不生效的，人民法院不予支持。已经依法办理抵押登记，抵押权人主张行使抵押权的，人民法院应予支持。抵押权依法实现时所得的价款，参照前款有关规定处理。

第五十一条　当事人仅以建设用地使用权抵押，债权人主张抵押权的效力及于土地上已有的建筑物以及正在建造的建筑物已完成部分的，人民法院应予支持。债权人主张抵押权的效力及于正在建造的建筑物的续建部分以及新增建筑物的，人民法院不予支持。

当事人以正在建造的建筑物抵押，抵押权的效力范围限于已办理抵押登记的部分。当事人按照担保合同的约定，主张抵押权的效力及于续建部分、新增建筑物以及规划中尚未建造的建筑物的，人民法院不予支持。

抵押人将建设用地使用权、土地上的建筑物或者正在建造的建筑物分别抵押给不同债权人的，人民法院应当根据抵押登记的时间先后确定清偿顺序。

第五十二条　当事人办理抵押预告登记后，预告登记权利人请求就抵押财产优先受偿，经审查存在尚未办理建筑物所有权首次登记、预告登记的财产与办理建筑物所有权首次登记时的财产不一致、抵押预告登记已经失效等情形，导致不具备办理抵押登记条件的，人民法院不予支持；经审查已经办理建筑物所有权首次登记，且不存在预告登记失效等情形的，人民法院应予支持，并应当认定抵押权自预告登记之日起设立。

当事人办理了抵押预告登记，抵押人破产，经审查抵押财产属于破产财产，预告登记权利人主张就抵押财产优先受偿的，人民法院应当在受理破产申请时抵押财产的价值范围内予以支持，但是在人民法院受理破产申请前一年内，债务人对没有财产担保的债务设立抵押预告登记的除外。

（三）动产与权利担保

第五十三条　当事人在动产和权利担保合同中对担保财产进行概括描述，该描述能够合理识别担保财产的，人民法院应当认定担保成立。

第五十四条　动产抵押合同订立后未办理抵押登记，动产抵押权的效力按照下列情形分别处理：

（一）抵押人转让抵押财产，受让人占有抵押财产后，抵押权人向受让人请求行使抵押权的，人民法院不予支持，但是抵押权人能够举证证明受让人知道或者应当知道已经订立抵押合同的除外；

（二）抵押人将抵押财产出租给他人并移转占有，抵押权人行使抵押权的，租赁关系不受影响，但是抵押权人能够举证证明承租人知道或者应当知道已经订立抵押合同的除外；

（三）抵押人的其他债权人向人民法院申请保全或者执行抵押财产，人民法院已经作出财产保全裁定或者采取执行措施，抵押权人主张对抵押财产优先受偿的，人民法院不予支持；

（四）抵押人破产，抵押权人主张对抵押财产优先受偿的，人民法院不予支持。

第五十五条 债权人、出质人与监管人订立三方协议，出质人以通过一定数量、品种等概括描述能够确定范围的货物为债务的履行提供担保，当事人有证据证明监管人系受债权人的委托监管并实际控制该货物的，人民法院应当认定质权于监管人实际控制货物之日起设立。监管人违反约定向出质人或者其他人放货、因保管不善导致货物毁损灭失，债权人请求监管人承担违约责任的，人民法院依法予以支持。

在前款规定情形下，当事人有证据证明监管人系受出质人委托监管该货物，或者虽然受债权人委托但是未实际履行监管职责，导致货物仍由出质人实际控制的，人民法院应当认定质权未设立。债权人可以基于质押合同的约定请求出质人承担违约责任，但是不得超过质权有效设立时出质人应当承担的责任范围。监管人未履行监管职责，债权人请求监管人承担责任的，人民法院依法予以支持。

第五十六条 买受人在出卖人正常经营活动中通过支付合理对价取得已被设立担保物权的动产，担保物权人请求就该动产优先受偿的，人民法院不予支持，但是有下列情形之一的除外：

（一）购买商品的数量明显超过一般买受人；

（二）购买出卖人的生产设备；

（三）订立买卖合同的目的在于担保出卖人或者第三人履行债务；

（四）买受人与出卖人存在直接或者间接的控制关系；

（五）买受人应当查询抵押登记而未查询的其他情形。

前款所称出卖人正常经营活动，是指出卖人的经营活动属于其营业执照明确记载的经营范围，且出卖人持续销售同类商品。前款所称担保物权人，是指已经办理登记的抵押权人、所有权保留买卖的出卖人、融资租赁合同的出租人。

第五十七条 担保人在设立动产浮动抵押并办理抵押登记后又购入或者以融资租赁方式承租新的动产，下列权利人为担保价款债权或者租金的实现而订立担保合同，并在该动产交付后十日内办理登记，主张其权利优先于在先设立的浮动抵押权的，人民法院应予支持：

（一）在该动产上设立抵押权或者保留所有权的出卖人；

（二）为价款支付提供融资而在该动产上设立抵押权的债权人；

（三）以融资租赁方式出租该动产的出租人。

买受人取得动产但未付清价款或者承租人以融资租赁方式占有租赁物但是未付清全部租金，又以标的物为他人设立担保物权，前款所列权利人为担保价款债权或者租金的实现而订立担保合同，并在该动产交付后十日内办理登记，主张其权利优先于买受人为他人设立的担保物权的，人民法院应予支持。

同一动产上存在多个价款优先权的，人民法院应当按照登记的时间先后确定清偿顺序。

第五十八条 以汇票出质，当事人以背书记载“质押”字样并在汇票上签章，汇票已经交付质权人的，人民法院应当认定质权自汇票交付质权人时设立。

第五十九条 存货人或者仓单持有人在仓单上以背书记载“质押”字样，并经保管人签章，仓单已经交付质权人的，人民法院应当认定质权自仓单交付质权人时设立。没有权利凭证的仓单，依法可以办理出质登记的，仓单质权自办理出质登记时设立。

出质人既以仓单出质，又以仓储物设立担保，按照公示的先后确定清偿顺序；难以确定先后的，按照债权比例清偿。

保管人为同一货物签发多份仓单，出质人在多份仓单上设立多个质权，按照公示的先后确定清偿顺序；难以确定先后的，按照债权比例受偿。

存在第二款、第三款规定的情形，债权人举证证明其损失系由出质人与保管人的共同行为所致，请求出质人与保管人承担连带赔偿责任的，人民法院应予支持。

第六十条 在跟单信用证交易中，开证行与开证申请人之间约定以提单作为担保的，人民法院应当依照民法典关于质权的有关规定处理。

在跟单信用证交易中，开证行依据其与开证申请人之间的约定或者跟单信用证的惯例持有提单，开证申请人未按照约定付款赎单，开证行主张对提单项下货物优先受偿的，人民法院应予支持；开证行主张对提单项下货物享有所有权的，人民法院不予支持。

在跟单信用证交易中，开证行依据其与开证申请人之间的约定或者跟单信用证的惯例，通过转让提单或者提单项下货物取得价款，开证申请人请求返还超出债权部分的，人民法院应予支持。

前三款规定不影响合法持有提单的开证行以提单持有人身份主张运输合同项下的权利。

第六十一条 以现有的应收账款出质，应收账款债务人向质权人确认应收账款的真实性后，又以应收账款不存在或者已经消灭为由主张不承担责任的，人民法院不予支持。

以现有的应收账款出质，应收账款债务人未确认应收账款的真实性，质权人以应收账款债务人为被告，请求就应收账款优先受偿，能够举证证明办理出质登记时应收账款真实存在的，人民法院应予支持；质权人不能举证证明办理出质登记时应收账款真实存在，仅以已经办理出质登记为由，请求就应收账款优先受偿的，人民法院不予支持。

以现有的应收账款出质，应收账款债务人已经向应收账款债权人履行了债务，质权人请求应收账款债务人履行债务的，人民法院不予支持，但是应收账款债务人接到质权人要求向其履行的通知后，仍然向应收账款债权人履行的除外。

以基础设施和公用事业项目收益权、提供服务或者劳务产生的债权以及其他将有的应收账款出质，当事人为应收账款设立特定账户，发生法定或者约定的质权实现事由时，质权人请求就该特定账户内的款项优先受偿的，人民法院应予支持；特定账户内的款项不足以清偿债务或者未设立特定账户，质权人请求折价或者拍卖、变卖项目收益权等将有的应收账款，并以所得的价款优先受偿的，人民法院依法予以支持。

第六十二条 债务人不履行到期债务，债权人因同一法律关系留置合法占有的第三人的动产，并主张就该留置财产优先受偿的，人民法院应予支持。第三人以该留置财产并非债务人的财产为由请求返还的，人民法院不予支持。

企业之间留置的动产与债权并非同一法律关系，债务人以该债权不属于企业持续经营中发生的债权为由请求债权人返还留置财产的，人民法院应予支持。

企业之间留置的动产与债权并非同一法律关系，债权人留置第三人的财产，第三人请求债权人返还留置财产的，人民法院应予支持。

四、关于非典型担保

第六十三条 债权人与担保人订立担保合同，约定以法律、行政法规尚未规定可以担保的财产权利设立担保，当事人主张合同无效的，人民法院不予支持。当事人未在法定的登记机构依法进行登记，主张该担保具有物权效力的，人民法院不予支持。

第六十四条 在所有权保留买卖中，出卖人依法有权取回标的物，但是与买受人协商不成，当事人请求参照民事诉讼法“实现担保物权案件”的有关规定，拍卖、变卖标的物的，人民法院应予准许。

出卖人请求取回标的物，符合民法典第六百四十二条规定的，人民法院应予支持；买受人以抗辩或者反诉的方式主张拍卖、变卖标的物，并在扣除买受人未支付的价款以及必要费用后返还剩余款项的，人民法院应当一并处理。

第六十五条 在融资租赁合同中，承租人未按照约定支付租金，经催告后在合理期限内仍不支付，出租人请求承租人支付全部剩余租金，并以拍卖、变卖租赁物所得的价款受偿的，人民法院应予支持；当事人请求参照民事诉讼法“实现担保物权案件”的有关规定，以拍卖、变卖租赁物所得价款支付租金的，人民法院应予准许。

出租人请求解除融资租赁合同并收回租赁物，承租人以抗辩或者反诉的方式主张返还租赁物价值超过欠付租金以及其他费用的，人民法院应当一并处理。当事人对租赁物的价值有争议的，应当按照下列规则确定租赁物的价值：

（一）融资租赁合同有约定的，按照其约定；

（二）融资租赁合同未约定或者约定不明的，根据约定的租赁物折旧以及合同到期后租赁物的残值来确定；

（三）根据前两项规定的方法仍然难以确定，或者当事人认为根据前两项规定的方法确定的价值严重偏离租赁物实际价值的，根据当事人的申请委托有资质的机构评估。

第六十六条 同一应收账款同时存在保理、应收账款质押和债权转让，当事人主张参照民法典第七百六十八条的规定确定优先顺序的，人民法院应予支持。

在有追索权的保理中，保理人以应收账款债权人或者应收账款债务人为被告提起诉讼,人民法院应予受理;保理人一并起诉应收账款债权人和应收账款债务人的,人民法院可以受理。

应收账款债权人向保理人返还保理融资款本息或者回购应收账款债权后,请求应收账款债务人向其履行应收账款债务的,人民法院应予支持。

第六十七条 在所有权保留买卖、融资租赁等合同中,出卖人、出租人的所有权未经登记不得对抗的“善意第三人”的范围及其效力,参照本解释第五十四条的规定处理。

第六十八条 债务人或者第三人与债权人约定将财产形式上转移至债权人名下,债务人不履行到期债务,债权人有权对财产折价或者以拍卖、变卖该财产所得价款偿还债务的,人民法院应当认定该约定有效。当事人已经完成财产权利变动的公示,债务人不履行到期债务,债权人请求参照民法典关于担保物权的有关规定就该财产优先受偿的,人民法院应予支持。

债务人或者第三人与债权人约定将财产形式上转移至债权人名下,债务人不履行到期债务,财产归债权人所有的,人民法院应当认定该约定无效,但是不影响当事人有关提供担保的意思表示的效力。当事人已经完成财产权利变动的公示,债务人不履行到期债务,债权人请求对该财产享有所有权的,人民法院不予支持;债权人请求参照民法典关于担保物权的规定对财产折价或者以拍卖、变卖该财产所得的价款优先受偿的,人民法院应予支持;债务人履行债务后请求返还财产,或者请求对财产折价或者以拍卖、变卖所得的价款清偿债务的,人民法院应予支持。

债务人与债权人约定将财产转移至债权人名下,在一定期间后再由债务人或者其指定的第三人以交易本金加上溢价款回购,债务人到期不履行回购义务,财产归债权人所有的,人民法院应当参照第二款规定处理。回购对象自始不存在的,人民法院应当依照民法典第一百四十六条第二款的规定,按照其实际构成的法律关系处理。

第六十九条 股东以将其股权转移至债权人名下的方式为债务履行提供担保,公司或者公司的债权人以股东未履行或者未全面履行出资义务、抽逃出资等为由,请求作为名义股东的债权人与股东承担连带责任的,人民法院不予支持。

第七十条 债务人或者第三人为担保债务的履行,设立专门的保证金账户并由债权人实际控制,或者将其资金存入债权人设立的保证金账户,债权人主张就账户内的款项优先受偿的,人民法院应予支持。当事人以保证金账户内的款项浮动为由，主张实际控制该账户的债权人对账户内的款项不享有优先受偿权的，人民法院不予支持。

在银行账户下设立的保证金分户，参照前款规定处理。

当事人约定的保证金并非为担保债务的履行设立，或者不符合前两款规定的情形，债权人主张就保证金优先受偿的，人民法院不予支持，但是不影响当事人依照法律的规定或者按照当事人的约定主张权利。

五、附则

第七十一条　本解释自2021年1月1日起施行。

5. 最高人民法院关于审理民间借贷案件适用法律若干问题的规定

（2015年6月23日最高人民法院审判委员会第1655次会议通过　根据2020年8月18日最高人民法院审判委员会第1809次会议通过的《最高人民法院关于修改〈关于审理民间借贷案件适用法律若干问题的规定〉的决定》第一次修正　根据2020年12月23日最高人民法院审判委员会第1823次会议通过的《最高人民法院关于修改〈最高人民法院关于在民事审判工作中适用《中华人民共和国工会法》若干问题的解释〉等二十七件民事类司法解释的决定》第二次修正）

为正确审理民间借贷纠纷案件，根据《中华人民共和国民法典》《中华人民共和国民事诉讼法》《中华人民共和国刑事诉讼法》等相关法律之规定，结合审判实践，制定本规定。

第一条　本规定所称的民间借贷，是指自然人、法人和非法人组织之间进行资金融通的行为。

经金融监管部门批准设立的从事贷款业务的金融机构及其分支机构，因发放贷款等相关金融业务引发的纠纷，不适用本规定。

第二条 出借人向人民法院提起民间借贷诉讼时，应当提供借据、收据、欠条等债权凭证以及其他能够证明借贷法律关系存在的证据。

当事人持有的借据、收据、欠条等债权凭证没有载明债权人，持有债权凭证的当事人提起民间借贷诉讼的，人民法院应予受理。被告对原告的债权人资格提出有事实依据的抗辩，人民法院经审查认为原告不具有债权人资格的，裁定驳回起诉。

第三条 借贷双方就合同履行地未约定或者约定不明确，事后未达成补充协议，按照合同相关条款或者交易习惯仍不能确定的，以接受货币一方所在地为合同履行地。

第四条 保证人为借款人提供连带责任保证，出借人仅起诉借款人的，人民法院可以不追加保证人为共同被告；出借人仅起诉保证人的，人民法院可以追加借款人为共同被告。

保证人为借款人提供一般保证，出借人仅起诉保证人的，人民法院应当追加借款人为共同被告；出借人仅起诉借款人的，人民法院可以不追加保证人为共同被告。

第五条 人民法院立案后，发现民间借贷行为本身涉嫌非法集资等犯罪的，应当裁定驳回起诉，并将涉嫌非法集资等犯罪的线索、材料移送公安或者检察机关。

公安或者检察机关不予立案，或者立案侦查后撤销案件，或者检察机关作出不起诉决定，或者经人民法院生效判决认定不构成非法集资等犯罪，当事人又以同一事实向人民法院提起诉讼的，人民法院应予受理。

第六条 人民法院立案后，发现与民间借贷纠纷案件虽有关联但不是同一事实的涉嫌非法集资等犯罪的线索、材料的，人民法院应当继续审理民间借贷纠纷案件，并将涉嫌非法集资等犯罪的线索、材料移送公安或者检察机关。

第七条 民间借贷纠纷的基本案件事实必须以刑事案件的审理结果为依据，而该刑事案件尚未审结的，人民法院应当裁定中止诉讼。

第八条 借款人涉嫌犯罪或者生效判决认定其有罪，出借人起诉请求担保人承担民事责任的，人民法院应予受理。

第九条 自然人之间的借款合同具有下列情形之一的，可以视为合同成立：

（一）以现金支付的，自借款人收到借款时；

（二）以银行转账、网上电子汇款等形式支付的，自资金到达借款人账户时；

（三）以票据交付的，自借款人依法取得票据权利时；

（四）出借人将特定资金账户支配权授权给借款人的，自借款人取得对该账户实际支配权时；

（五）出借人以与借款人约定的其他方式提供借款并实际履行完成时。

第十条 法人之间、非法人组织之间以及它们相互之间为生产、经营需要订立的民间借贷合同，除存在民法典第一百四十六条、第一百五十三条、第一百五十四条以及本规定第十三条规定的情形外，当事人主张民间借贷合同有效的，人民法院应予支持。

第十一条 法人或者非法人组织在本单位内部通过借款形式向职工筹集资金，用于本单位生产、经营，且不存在民法典第一百四十四条、第一百四十六条、第一百五十三条、第一百五十四条以及本规定第十三条规定的情形，当事人主张民间借贷合同有效的，人民法院应予支持。

第十二条 借款人或者出借人的借贷行为涉嫌犯罪，或者已经生效的裁判认定构成犯罪，当事人提起民事诉讼的，民间借贷合同并不当然无效。人民法院应当依据民法典第一百四十四条、第一百四十六条、第一百五十三条、第一百五十四条以及本规定第十三条之规定，认定民间借贷合同的效力。

担保人以借款人或者出借人的借贷行为涉嫌犯罪或者已经生效的裁判认定构成犯罪为由，主张不承担民事责任的，人民法院应当依据民间借贷合同与担保合同的效力、当事人的过错程度，依法确定担保人的民事责任。

第十三条 具有下列情形之一的，人民法院应当认定民间借贷合同无效：

（一）套取金融机构贷款转贷的；

（二）以向其他营利法人借贷、向本单位职工集资，或者以向公众非法吸收存款等方式取得的资金转贷的；

（三）未依法取得放贷资格的出借人，以营利为目的向社会不特定对象提供借款的；

（四）出借人事先知道或者应当知道借款人借款用于违法犯罪活动仍然提供借款的；

（五）违反法律、行政法规强制性规定的；

（六）违背公序良俗的。

第十四条 原告以借据、收据、欠条等债权凭证为依据提起民间借贷诉讼，被告依据基础法律关系提出抗辩或者反诉，并提供证据证明债权纠纷非民间借贷行为引起的，人民法院应当依据查明的案件事实，按照基础法律关系审理。

当事人通过调解、和解或者清算达成的债权债务协议，不适用前款规定。

第十五条 原告仅依据借据、收据、欠条等债权凭证提起民间借贷诉讼，被告抗辩已经偿还借款的，被告应当对其主张提供证据证明。被告提供相应证据证明其主张后，原告仍应就借贷关系的存续承担举证责任。

被告抗辩借贷行为尚未实际发生并能作出合理说明的，人民法院应当结合借贷金额、款项交付、当事人的经济能力、当地或者当事人之间的交易方式、交易习惯、当事人财产变动情况以及证人证言等事实和因素，综合判断查证借贷事实是否发生。

第十六条 原告仅依据金融机构的转账凭证提起民间借贷诉讼，被告抗辩转账系偿还双方之前借款或者其他债务的，被告应当对其主张提供证据证明。被告提供相应证据证明其主张后，原告仍应就借贷关系的成立承担举证责任。

第十七条 依据《最高人民法院关于适用〈中华人民共和国民事诉讼法〉的解释》第一百七十四条第二款之规定，负有举证责任的原告无正当理由拒不到庭，经审查现有证据无法确认借贷行为、借贷金额、支付方式等案件主要事实的，人民法院对原告主张的事实不予认定。

第十八条 人民法院审理民间借贷纠纷案件时发现有下列情形之一的，应当严格审查借贷发生的原因、时间、地点、款项来源、交付方式、款项流向以及借贷双方的关系、经济状况等事实，综合判断是否属于虚假民事诉讼：

（一）出借人明显不具备出借能力；

（二）出借人起诉所依据的事实和理由明显不符合常理；

（三）出借人不能提交债权凭证或者提交的债权凭证存在伪造的可能；

（四）当事人双方在一定期限内多次参加民间借贷诉讼；

（五）当事人无正当理由拒不到庭参加诉讼，委托代理人对借贷事实陈述不清或者陈述前后矛盾；

（六）当事人双方对借贷事实的发生没有任何争议或者诉辩明显不符合常理；

（七）借款人的配偶或者合伙人、案外人的其他债权人提出有事实依据的异议；

（八）当事人在其他纠纷中存在低价转让财产的情形；

（九）当事人不正当放弃权利；

（十）其他可能存在虚假民间借贷诉讼的情形。

第十九条 经查明属于虚假民间借贷诉讼，原告申请撤诉的，人民法院不予准许，并应当依据民事诉讼法第一百一十二条之规定，判决驳回其请求。

诉讼参与人或者其他人恶意制造、参与虚假诉讼，人民法院应当依据民事诉讼法第一百一十一条、第一百一十二条和第一百一十三条之规定，依法予以罚款、拘留；构成犯罪的，应当移送有管辖权的司法机关追究刑事责任。

单位恶意制造、参与虚假诉讼的，人民法院应当对该单位进行罚款，并可以对其主要负责人或者直接责任人员予以罚款、拘留；构成犯罪的，应当移送有管辖权的司法机关追究刑事责任。

第二十条 他人在借据、收据、欠条等债权凭证或者借款合同上签名或者盖章，但是未表明其保证人身份或者承担保证责任，或者通过其他事实不能推定其为保证人，出借人请求其承担保证责任的，人民法院不予支持。

第二十一条 借贷双方通过网络贷款平台形成借贷关系，网络贷款平台的提供者仅提供媒介服务，当事人请求其承担担保责任的，人民法院不予支持。

网络贷款平台的提供者通过网页、广告或者其他媒介明示或者有其他证据证明其为借贷提供担保，出借人请求网络贷款平台的提供者承担担保责任的，人民法院应予支持。

第二十二条 法人的法定代表人或者非法人组织的负责人以单位名义与出借人签订民间借贷合同，有证据证明所借款项系法定代表人或者负责人个人使用，出借人请求将法定代表人或者负责人列为共同被告或者第三人的，人民法院应予准许。

法人的法定代表人或者非法人组织的负责人以个人名义与出借人订立民间借贷合同，所借款项用于单位生产经营，出借人请求单位与个人共同承担责任的，人民法院应予支持。

第二十三条 当事人以订立买卖合同作为民间借贷合同的担保，借款到期后借款人不能还款，出借人请求履行买卖合同的，人民法院应当按照民间借贷法律关系审理。当事人根据法庭审理情况变更诉讼请求的，人民法院应当准许。

按照民间借贷法律关系审理作出的判决生效后，借款人不履行生效判决确定的金钱债务，出借人可以申请拍卖买卖合同标的物，以偿还债务。就拍卖所得的价款与应偿还借款本息之间的差额，借款人或者出借人有权主张返还或者补偿。

第二十四条 借贷双方没有约定利息，出借人主张支付利息的，人民法院不予支持。

自然人之间借贷对利息约定不明，出借人主张支付利息的，人民法院不予支持。除自然人之间借贷的外，借贷双方对借贷利息约定不明，出借人主张利息的，人民法院应当结合民间借贷合同的内容，并根据当地或者当事人的交易方式、交易习惯、市场报价利率等因素确定利息。

第二十五条 出借人请求借款人按照合同约定利率支付利息的，人民法院应予支持，但是双方约定的利率超过合同成立时一年期贷款市场报价利率四倍的除外。

前款所称"一年期贷款市场报价利率"，是指中国人民银行授权全国银行间同业拆借中心自 2019 年 8 月 20 日起每月发布的一年期贷款市场报价利率。

第二十六条 借据、收据、欠条等债权凭证载明的借款金额，一般认定为本金。预先在本金中扣除利息的，人民法院应当将实际出借的金额认定为本金。

第二十七条 借贷双方对前期借款本息结算后将利息计入后期借款本金并重新出具债权凭证，如果前期利率没有超过合同成立时一年期贷款市场报价利率四倍，重新出具的债权凭证载明的金额可认定为后期借款本金。超过部分的利息，不应认定为后期借款本金。

按前款计算，借款人在借款期间届满后应当支付的本息之和，超过以最初借款本金与以最初借款本金为基数、以合同成立时一年期贷款市场报价利率四倍计算的整个借款期间的利息之和的，人民法院不予支持。

第二十八条 借贷双方对逾期利率有约定的，从其约定，但是以不超过合同成立时一年期贷款市场报价利率四倍为限。

未约定逾期利率或者约定不明的，人民法院可以区分不同情况处理：

（一）既未约定借期内利率，也未约定逾期利率，出借人主张借款人自逾期还款之日起参照当时一年期贷款市场报价利率标准计算的利息承担逾期还款违约责任的，人民法院应予支持；

（二）约定了借期内利率但是未约定逾期利率，出借人主张借款人自逾期还款之日起按照借期内利率支付资金占用期间利息的，人民法院应予支持。

第二十九条 出借人与借款人既约定了逾期利率，又约定了违约金或者其他费用，出借人可以选择主张逾期利息、违约金或者其他费用，也可以一并主张，但是总计超过合同成立时一年期贷款市场报价利率四倍的部分，人民法院不予支持。

第三十条 借款人可以提前偿还借款，但是当事人另有约定的除外。

借款人提前偿还借款并主张按照实际借款期限计算利息的，人民法院应予支持。

第三十一条 本规定施行后，人民法院新受理的一审民间借贷纠纷案件，适用本规定。

2020年8月20日之后新受理的一审民间借贷案件，借贷合同成立于2020年8月20日之前，当事人请求适用当时的司法解释计算自合同成立到2020年8月19日的利息部分的，人民法院应予支持；对于自2020年8月20日到借款返还之日的利息部分，适用起诉时本规定的利率保护标准计算。

本规定施行后，最高人民法院以前作出的相关司法解释与本规定不一致的，以本规定为准。

6. 最高人民法院关于审理城镇房屋租赁合同纠纷案件具体应用法律若干问题的解释

（2009年6月22日最高人民法院审判委员会第1469次会议通过　根据2020年12月23日最高人民法院审判委员会第1823次会议通过的《最高人民法院关于修改〈最高人民法院关于在民事审判工作中适用《中华人民共和国工会法》若干问题的解释〉等二十七件民事类司法解释的决定》修正）

为正确审理城镇房屋租赁合同纠纷案件，依法保护当事人的合法权益，根据

《中华人民共和国民法典》等法律规定，结合民事审判实践，制定本解释。

第一条 本解释所称城镇房屋，是指城市、镇规划区内的房屋。

乡、村庄规划区内的房屋租赁合同纠纷案件，可以参照本解释处理。但法律另有规定的，适用其规定。

当事人依照国家福利政策租赁公有住房、廉租住房、经济适用住房产生的纠纷案件，不适用本解释。

第二条 出租人就未取得建设工程规划许可证或者未按照建设工程规划许可证的规定建设的房屋，与承租人订立的租赁合同无效。但在一审法庭辩论终结前取得建设工程规划许可证或者经主管部门批准建设的，人民法院应当认定有效。

第三条 出租人就未经批准或者未按照批准内容建设的临时建筑，与承租人订立的租赁合同无效。但在一审法庭辩论终结前经主管部门批准建设的，人民法院应当认定有效。

租赁期限超过临时建筑的使用期限，超过部分无效。但在一审法庭辩论终结前经主管部门批准延长使用期限的，人民法院应当认定延长使用期限内的租赁期间有效。

第四条 房屋租赁合同无效，当事人请求参照合同约定的租金标准支付房屋占有使用费的，人民法院一般应予支持。

当事人请求赔偿因合同无效受到的损失，人民法院依照民法典第一百五十七条和本解释第七条、第十一条、第十二条的规定处理。

第五条 出租人就同一房屋订立数份租赁合同，在合同均有效的情况下，承租人均主张履行合同的，人民法院按照下列顺序确定履行合同的承租人：

（一）已经合法占有租赁房屋的；

（二）已经办理登记备案手续的；

（三）合同成立在先的。

不能取得租赁房屋的承租人请求解除合同、赔偿损失的，依照民法典的有关规定处理。

第六条 承租人擅自变动房屋建筑主体和承重结构或者扩建，在出租人要求的合理期限内仍不予恢复原状，出租人请求解除合同并要求赔偿损失的，人民法院依照民法典第七百一十一条的规定处理。

第七条　承租人经出租人同意装饰装修，租赁合同无效时，未形成附合的装饰装修物，出租人同意利用的，可折价归出租人所有；不同意利用的，可由承租人拆除。因拆除造成房屋毁损的，承租人应当恢复原状。

已形成附合的装饰装修物，出租人同意利用的，可折价归出租人所有；不同意利用的，由双方各自按照导致合同无效的过错分担现值损失。

第八条　承租人经出租人同意装饰装修，租赁期间届满或者合同解除时，除当事人另有约定外，未形成附合的装饰装修物，可由承租人拆除。因拆除造成房屋毁损的，承租人应当恢复原状。

第九条　承租人经出租人同意装饰装修，合同解除时，双方对已形成附合的装饰装修物的处理没有约定的，人民法院按照下列情形分别处理：

（一）因出租人违约导致合同解除，承租人请求出租人赔偿剩余租赁期内装饰装修残值损失的，应予支持；

（二）因承租人违约导致合同解除，承租人请求出租人赔偿剩余租赁期内装饰装修残值损失的，不予支持。但出租人同意利用的，应在利用价值范围内予以适当补偿；

（三）因双方违约导致合同解除，剩余租赁期内的装饰装修残值损失，由双方根据各自的过错承担相应的责任；

（四）因不可归责于双方的事由导致合同解除的，剩余租赁期内的装饰装修残值损失，由双方按照公平原则分担。法律另有规定的，适用其规定。

第十条　承租人经出租人同意装饰装修，租赁期间届满时，承租人请求出租人补偿附合装饰装修费用的，不予支持。但当事人另有约定的除外。

第十一条　承租人未经出租人同意装饰装修或者扩建发生的费用，由承租人负担。出租人请求承租人恢复原状或者赔偿损失的，人民法院应予支持。

第十二条　承租人经出租人同意扩建，但双方对扩建费用的处理没有约定的，人民法院按照下列情形分别处理：

（一）办理合法建设手续的，扩建造价费用由出租人负担；

（二）未办理合法建设手续的，扩建造价费用由双方按照过错分担。

第十三条　房屋租赁合同无效、履行期限届满或者解除，出租人请求负有腾房义务的次承租人支付逾期腾房占有使用费的，人民法院应予支持。

第十四条　租赁房屋在承租人按照租赁合同占有期限内发生所有权变动，承

租人请求房屋受让人继续履行原租赁合同的,人民法院应予支持。但租赁房屋具有下列情形或者当事人另有约定的除外:

(一)房屋在出租前已设立抵押权,因抵押权人实现抵押权发生所有权变动的;

(二)房屋在出租前已被人民法院依法查封的。

第十五条 出租人与抵押权人协议折价、变卖租赁房屋偿还债务,应当在合理期限内通知承租人。承租人请求以同等条件优先购买房屋的,人民法院应予支持。

第十六条 本解释施行前已经终审,本解释施行后当事人申请再审或者按照审判监督程序决定再审的案件,不适用本解释。

7. 最高人民法院
关于审理融资租赁合同纠纷案件
适用法律问题的解释

(2013年11月25日最高人民法院审判委员会第1597次会议通过 根据2020年12月23日最高人民法院审判委员会第1823次会议通过的《最高人民法院关于修改〈最高人民法院关于在民事审判工作中适用《中华人民共和国工会法》若干问题的解释〉等二十七件民事类司法解释的决定》修正)

为正确审理融资租赁合同纠纷案件,根据《中华人民共和国民法典》《中华人民共和国民事诉讼法》等法律的规定,结合审判实践,制定本解释。

一、融资租赁合同的认定

第一条 人民法院应当根据民法典第七百三十五条的规定,结合标的物的性质、价值、租金的构成以及当事人的合同权利和义务,对是否构成融资租赁法律关系作出认定。

对名为融资租赁合同，但实际不构成融资租赁法律关系的，人民法院应按照其实际构成的法律关系处理。

第二条 承租人将其自有物出卖给出租人，再通过融资租赁合同将租赁物从出租人处租回的，人民法院不应仅以承租人和出卖人系同一人为由认定不构成融资租赁法律关系。

二、合同的履行和租赁物的公示

第三条 承租人拒绝受领租赁物，未及时通知出租人，或者无正当理由拒绝受领租赁物，造成出租人损失，出租人向承租人主张损害赔偿的，人民法院应予支持。

第四条 出租人转让其在融资租赁合同项下的部分或者全部权利，受让方以此为由请求解除或者变更融资租赁合同的，人民法院不予支持。

三、合同的解除

第五条 有下列情形之一，出租人请求解除融资租赁合同的，人民法院应予支持：

（一）承租人未按照合同约定的期限和数额支付租金，符合合同约定的解除条件，经出租人催告后在合理期限内仍不支付的；

（二）合同对于欠付租金解除合同的情形没有明确约定，但承租人欠付租金达到两期以上，或者数额达到全部租金百分之十五以上，经出租人催告后在合理期限内仍不支付的；

（三）承租人违反合同约定，致使合同目的不能实现的其他情形。

第六条 因出租人的原因致使承租人无法占有、使用租赁物，承租人请求解除融资租赁合同的，人民法院应予支持。

第七条 当事人在一审诉讼中仅请求解除融资租赁合同，未对租赁物的归属及损失赔偿提出主张的，人民法院可以向当事人进行释明。

四、违约责任

第八条 租赁物不符合融资租赁合同的约定且出租人实施了下列行为之一，承租人依照民法典第七百四十四条、第七百四十七条的规定，要求出租人承担相应责任的，人民法院应予支持：

（一）出租人在承租人选择出卖人、租赁物时，对租赁物的选定起决定作用的；

(二)出租人干预或者要求承租人按照出租人意愿选择出卖人或者租赁物的;

(三)出租人擅自变更承租人已经选定的出卖人或者租赁物的。

承租人主张其系依赖出租人的技能确定租赁物或者出租人干预选择租赁物的,对上述事实承担举证责任。

第九条 承租人逾期履行支付租金义务或者迟延履行其他付款义务,出租人按照融资租赁合同的约定要求承租人支付逾期利息、相应违约金的,人民法院应予支持。

第十条 出租人既请求承租人支付合同约定的全部未付租金又请求解除融资租赁合同的,人民法院应告知其依照民法典第七百五十二条的规定作出选择。

出租人请求承租人支付合同约定的全部未付租金,人民法院判决后承租人未予履行,出租人再行起诉请求解除融资租赁合同、收回租赁物的,人民法院应予受理。

第十一条 出租人依照本解释第五条的规定请求解除融资租赁合同,同时请求收回租赁物并赔偿损失的,人民法院应予支持。

前款规定的损失赔偿范围为承租人全部未付租金及其他费用与收回租赁物价值的差额。合同约定租赁期间届满后租赁物归出租人所有的,损失赔偿范围还应包括融资租赁合同到期后租赁物的残值。

第十二条 诉讼期间承租人与出租人对租赁物的价值有争议的,人民法院可以按照融资租赁合同的约定确定租赁物价值;融资租赁合同未约定或者约定不明的,可以参照融资租赁合同约定的租赁物折旧以及合同到期后租赁物的残值确定租赁物价值。

承租人或者出租人认为依前款确定的价值严重偏离租赁物实际价值的,可以请求人民法院委托有资质的机构评估或者拍卖确定。

五、其他规定

第十三条 出卖人与买受人因买卖合同发生纠纷,或者出租人与承租人因融资租赁合同发生纠纷,当事人仅对其中一个合同关系提起诉讼,人民法院经审查后认为另一合同关系的当事人与案件处理结果有法律上的利害关系的,可以通知其作为第三人参加诉讼。

承租人与租赁物的实际使用人不一致,融资租赁合同当事人未对租赁物的实际使用人提起诉讼,人民法院经审查后认为租赁物的实际使用人与案件处理结果有法律上的利害关系的，可以通知其作为第三人参加诉讼。

承租人基于买卖合同和融资租赁合同直接向出卖人主张受领租赁物、索赔等买卖合同权利的，人民法院应通知出租人作为第三人参加诉讼。

第十四条 当事人因融资租赁合同租金欠付争议向人民法院请求保护其权利的诉讼时效期间为三年，自租赁期限届满之日起计算。

第十五条 本解释自2014年3月1日起施行。《最高人民法院关于审理融资租赁合同纠纷案件若干问题的规定》（法发〔1996〕19号）同时废止。

本解释施行后尚未终审的融资租赁合同纠纷案件，适用本解释；本解释施行前已经终审，当事人申请再审或者按照审判监督程序决定再审的，不适用本解释。

8. 最高人民法院关于审理建设工程施工合同纠纷案件适用法律问题的解释（一）

（2020年12月25日最高人民法院审判委员会第1825次会议通过
自2021年1月1日起施行）

为正确审理建设工程施工合同纠纷案件，依法保护当事人合法权益，维护建筑市场秩序，促进建筑市场健康发展，根据《中华人民共和国民法典》《中华人民共和国建筑法》《中华人民共和国招标投标法》《中华人民共和国民事诉讼法》等相关法律规定，结合审判实践，制定本解释。

第一条 建设工程施工合同具有下列情形之一的，应当依据民法典第一百五十三条第一款的规定，认定无效：

（一）承包人未取得建筑业企业资质或者超越资质等级的；

（二）没有资质的实际施工人借用有资质的建筑施工企业名义的；

（三）建设工程必须进行招标而未招标或者中标无效的。

承包人因转包、违法分包建设工程与他人签订的建设工程施工合同，应当依据民法典第一百五十三条第一款及第七百九十一条第二款、第三款的规定，认定无效。

第二条 招标人和中标人另行签订的建设工程施工合同约定的工程范围、建设工期、工程质量、工程价款等实质性内容，与中标合同不一致，一方当事人请求按照中标合同确定权利义务的，人民法院应予支持。

招标人和中标人在中标合同之外就明显高于市场价格购买承建房产、无偿建设住房配套设施、让利、向建设单位捐赠财物等另行签订合同，变相降低工程价款，一方当事人以该合同背离中标合同实质性内容为由请求确认无效的，人民法院应予支持。

第三条 当事人以发包人未取得建设工程规划许可证等规划审批手续为由，请求确认建设工程施工合同无效的，人民法院应予支持，但发包人在起诉前取得建设工程规划许可证等规划审批手续的除外。

发包人能够办理审批手续而未办理，并以未办理审批手续为由请求确认建设工程施工合同无效的，人民法院不予支持。

第四条 承包人超越资质等级许可的业务范围签订建设工程施工合同，在建设工程竣工前取得相应资质等级，当事人请求按照无效合同处理的，人民法院不予支持。

第五条 具有劳务作业法定资质的承包人与总承包人、分包人签订的劳务分包合同，当事人请求确认无效的，人民法院依法不予支持。

第六条 建设工程施工合同无效，一方当事人请求对方赔偿损失的，应当就对方过错、损失大小、过错与损失之间的因果关系承担举证责任。

损失大小无法确定，一方当事人请求参照合同约定的质量标准、建设工期、工程价款支付时间等内容确定损失大小的，人民法院可以结合双方过错程度、过错与损失之间的因果关系等因素作出裁判。

第七条 缺乏资质的单位或者个人借用有资质的建筑施工企业名义签订建设工程施工合同，发包人请求出借方与借用方对建设工程质量不合格等因出借资质造成的损失承担连带赔偿责任的，人民法院应予支持。

第八条 当事人对建设工程开工日期有争议的，人民法院应当分别按照以下情形予以认定：

(一)开工日期为发包人或者监理人发出的开工通知载明的开工日期；开工通知发出后，尚不具备开工条件的，以开工条件具备的时间为开工日期；因承包人原因导致开工时间推迟的，以开工通知载明的时间为开工日期。

(二)承包人经发包人同意已经实际进场施工的，以实际进场施工时间为开工日期。

(三)发包人或者监理人未发出开工通知，亦无相关证据证明实际开工日期的，应当综合考虑开工报告、合同、施工许可证、竣工验收报告或者竣工验收备案表等载明的时间，并结合是否具备开工条件的事实，认定开工日期。

第九条 当事人对建设工程实际竣工日期有争议的，人民法院应当分别按照以下情形予以认定：

(一)建设工程经竣工验收合格的，以竣工验收合格之日为竣工日期；

(二)承包人已经提交竣工验收报告，发包人拖延验收的，以承包人提交验收报告之日为竣工日期；

(三)建设工程未经竣工验收，发包人擅自使用的，以转移占有建设工程之日为竣工日期。

第十条 当事人约定顺延工期应当经发包人或者监理人签证等方式确认，承包人虽未取得工期顺延的确认，但能够证明在合同约定的期限内向发包人或者监理人申请过工期顺延且顺延事由符合合同约定，承包人以此为由主张工期顺延的，人民法院应予支持。

当事人约定承包人未在约定期限内提出工期顺延申请视为工期不顺延的，按照约定处理，但发包人在约定期限后同意工期顺延或者承包人提出合理抗辩的除外。

第十一条 建设工程竣工前，当事人对工程质量发生争议，工程质量经鉴定合格的，鉴定期间为顺延工期期间。

第十二条 因承包人的原因造成建设工程质量不符合约定，承包人拒绝修理、返工或者改建，发包人请求减少支付工程价款的，人民法院应予支持。

第十三条 发包人具有下列情形之一，造成建设工程质量缺陷，应当承担过错责任：

(一)提供的设计有缺陷；

(二)提供或者指定购买的建筑材料、建筑构配件、设备不符合强制性标准；

（三）直接指定分包人分包专业工程。

承包人有过错的，也应当承担相应的过错责任。

第十四条 建设工程未经竣工验收，发包人擅自使用后，又以使用部分质量不符合约定为由主张权利的，人民法院不予支持；但是承包人应当在建设工程的合理使用寿命内对地基基础工程和主体结构质量承担民事责任。

第十五条 因建设工程质量发生争议的，发包人可以以总承包人、分包人和实际施工人为共同被告提起诉讼。

第十六条 发包人在承包人提起的建设工程施工合同纠纷案件中，以建设工程质量不符合合同约定或者法律规定为由，就承包人支付违约金或者赔偿修理、返工、改建的合理费用等损失提出反诉的，人民法院可以合并审理。

第十七条 有下列情形之一，承包人请求发包人返还工程质量保证金的，人民法院应予支持：

（一）当事人约定的工程质量保证金返还期限届满；

（二）当事人未约定工程质量保证金返还期限的，自建设工程通过竣工验收之日起满二年；

（三）因发包人原因建设工程未按约定期限进行竣工验收的，自承包人提交工程竣工验收报告九十日后当事人约定的工程质量保证金返还期限届满；当事人未约定工程质量保证金返还期限的，自承包人提交工程竣工验收报告九十日后起满二年。

发包人返还工程质量保证金后，不影响承包人根据合同约定或者法律规定履行工程保修义务。

第十八条 因保修人未及时履行保修义务，导致建筑物毁损或者造成人身损害、财产损失的，保修人应当承担赔偿责任。

保修人与建筑物所有人或者发包人对建筑物毁损均有过错的，各自承担相应的责任。

第十九条 当事人对建设工程的计价标准或者计价方法有约定的，按照约定结算工程价款。

因设计变更导致建设工程的工程量或者质量标准发生变化，当事人对该部分工程价款不能协商一致的，可以参照签订建设工程施工合同时当地建设行政主管部门发布的计价方法或者计价标准结算工程价款。

建设工程施工合同有效，但建设工程经竣工验收不合格的，依照民法典第五百七十七条规定处理。

第二十条 当事人对工程量有争议的，按照施工过程中形成的签证等书面文件确认。承包人能够证明发包人同意其施工，但未能提供签证文件证明工程量发生的，可以按照当事人提供的其他证据确认实际发生的工程量。

第二十一条 当事人约定，发包人收到竣工结算文件后，在约定期限内不予答复，视为认可竣工结算文件的，按照约定处理。承包人请求按照竣工结算文件结算工程价款的，人民法院应予支持。

第二十二条 当事人签订的建设工程施工合同与招标文件、投标文件、中标通知书载明的工程范围、建设工期、工程质量、工程价款不一致，一方当事人请求将招标文件、投标文件、中标通知书作为结算工程价款的依据的，人民法院应予支持。

第二十三条 发包人将依法不属于必须招标的建设工程进行招标后，与承包人另行订立的建设工程施工合同背离中标合同的实质性内容，当事人请求以中标合同作为结算建设工程价款依据的，人民法院应予支持，但发包人与承包人因客观情况发生了在招标投标时难以预见的变化而另行订立建设工程施工合同的除外。

第二十四条 当事人就同一建设工程订立的数份建设工程施工合同均无效，但建设工程质量合格，一方当事人请求参照实际履行的合同关于工程价款的约定折价补偿承包人的，人民法院应予支持。

实际履行的合同难以确定，当事人请求参照最后签订的合同关于工程价款的约定折价补偿承包人的，人民法院应予支持。

第二十五条 当事人对垫资和垫资利息有约定，承包人请求按照约定返还垫资及其利息的，人民法院应予支持，但是约定的利息计算标准高于垫资时的同类贷款利率或者同期贷款市场报价利率的部分除外。

当事人对垫资没有约定的，按照工程欠款处理。

当事人对垫资利息没有约定，承包人请求支付利息的，人民法院不予支持。

第二十六条 当事人对欠付工程价款利息计付标准有约定的，按照约定处理。没有约定的，按照同期同类贷款利率或者同期贷款市场报价利率计息。

第二十七条 利息从应付工程价款之日开始计付。当事人对付款时间没有约定或者约定不明的，下列时间视为应付款时间：

（一）建设工程已实际交付的，为交付之日；

（二）建设工程没有交付的，为提交竣工结算文件之日；

（三）建设工程未交付，工程价款也未结算的，为当事人起诉之日。

第二十八条 当事人约定按照固定价结算工程价款，一方当事人请求对建设工程造价进行鉴定的，人民法院不予支持。

第二十九条 当事人在诉讼前已经对建设工程价款结算达成协议，诉讼中一方当事人申请对工程造价进行鉴定的，人民法院不予准许。

第三十条 当事人在诉讼前共同委托有关机构、人员对建设工程造价出具咨询意见，诉讼中一方当事人不认可该咨询意见申请鉴定的，人民法院应予准许，但双方当事人明确表示受该咨询意见约束的除外。

第三十一条 当事人对部分案件事实有争议的，仅对有争议的事实进行鉴定，但争议事实范围不能确定，或者双方当事人请求对全部事实鉴定的除外。

第三十二条 当事人对工程造价、质量、修复费用等专门性问题有争议，人民法院认为需要鉴定的，应当向负有举证责任的当事人释明。当事人经释明未申请鉴定，虽申请鉴定但未支付鉴定费用或者拒不提供相关材料的，应当承担举证不能的法律后果。

一审诉讼中负有举证责任的当事人未申请鉴定，虽申请鉴定但未支付鉴定费用或者拒不提供相关材料，二审诉讼中申请鉴定，人民法院认为确有必要的，应当依照民事诉讼法第一百七十条第一款第三项的规定处理。

第三十三条 人民法院准许当事人的鉴定申请后，应当根据当事人申请及查明案件事实的需要，确定委托鉴定的事项、范围、鉴定期限等，并组织当事人对争议的鉴定材料进行质证。

第三十四条 人民法院应当组织当事人对鉴定意见进行质证。鉴定人将当事人有争议且未经质证的材料作为鉴定依据的，人民法院应当组织当事人就该部分材料进行质证。经质证认为不能作为鉴定依据的，根据该材料作出的鉴定意见不得作为认定案件事实的依据。

第三十五条 与发包人订立建设工程施工合同的承包人，依据民法典第八百零七条的规定请求其承建工程的价款就工程折价或者拍卖的价款优先受偿的，人民法院应予支持。

第三十六条 承包人根据民法典第八百零七条规定享有的建设工程价款优先受偿权优于抵押权和其他债权。

第三十七条 装饰装修工程具备折价或者拍卖条件，装饰装修工程的承包人请求工程价款就该装饰装修工程折价或者拍卖的价款优先受偿的，人民法院应予支持。

第三十八条 建设工程质量合格，承包人请求其承建工程的价款就工程折价或者拍卖的价款优先受偿的，人民法院应予支持。

第三十九条 未竣工的建设工程质量合格，承包人请求其承建工程的价款就其承建工程部分折价或者拍卖的价款优先受偿的，人民法院应予支持。

第四十条 承包人建设工程价款优先受偿的范围依照国务院有关行政主管部门关于建设工程价款范围的规定确定。

承包人就逾期支付建设工程价款的利息、违约金、损害赔偿金等主张优先受偿的，人民法院不予支持。

第四十一条 承包人应当在合理期限内行使建设工程价款优先受偿权，但最长不得超过十八个月，自发包人应当给付建设工程价款之日起算。

第四十二条 发包人与承包人约定放弃或者限制建设工程价款优先受偿权，损害建筑工人利益，发包人根据该约定主张承包人不享有建设工程价款优先受偿权的，人民法院不予支持。

第四十三条 实际施工人以转包人、违法分包人为被告起诉的，人民法院应当依法受理。

实际施工人以发包人为被告主张权利的，人民法院应当追加转包人或者违法分包人为本案第三人，在查明发包人欠付转包人或者违法分包人建设工程价款的数额后，判决发包人在欠付建设工程价款范围内对实际施工人承担责任。

第四十四条 实际施工人依据民法典第五百三十五条规定，以转包人或者违法分包人怠于向发包人行使到期债权或者与该债权有关的从权利，影响其到期债权实现，提起代位权诉讼的，人民法院应予支持。

第四十五条 本解释自 2021 年 1 月 1 日起施行。

9. 最高人民法院关于审理技术合同纠纷案件适用法律若干问题的解释

（2004年11月30日最高人民法院审判委员会第1335次会议通过　根据2020年12月23日最高人民法院审判委员会第1823次会议通过的《最高人民法院关于修改〈最高人民法院关于审理侵犯专利权纠纷案件应用法律若干问题的解释（二）〉等十八件知识产权类司法解释的决定》修正）

为了正确审理技术合同纠纷案件，根据《中华人民共和国民法典》《中华人民共和国专利法》和《中华人民共和国民事诉讼法》等法律的有关规定，结合审判实践，现就有关问题作出以下解释。

一、一般规定

第一条　技术成果，是指利用科学技术知识、信息和经验作出的涉及产品、工艺、材料及其改进等的技术方案，包括专利、专利申请、技术秘密、计算机软件、集成电路布图设计、植物新品种等。

技术秘密，是指不为公众所知悉、具有商业价值并经权利人采取相应保密措施的技术信息。

第二条　民法典第八百四十七条第二款所称"执行法人或者非法人组织的工作任务"，包括：

（一）履行法人或者非法人组织的岗位职责或者承担其交付的其他技术开发任务；

（二）离职后一年内继续从事与其原所在法人或者非法人组织的岗位职责或者交付的任务有关的技术开发工作，但法律、行政法规另有规定的除外。

法人或者非法人组织与其职工就职工在职期间或者离职以后所完成的技术成果的权益有约定的，人民法院应当依约定确认。

第三条 民法典第八百四十七条第二款所称“物质技术条件”，包括资金、设备、器材、原材料、未公开的技术信息和资料等。

第四条 民法典第八百四十七条第二款所称“主要是利用法人或者非法人组织的物质技术条件”，包括职工在技术成果的研究开发过程中，全部或者大部分利用了法人或者非法人组织的资金、设备、器材或者原材料等物质条件，并且这些物质条件对形成该技术成果具有实质性的影响；还包括该技术成果实质性内容是在法人或者非法人组织尚未公开的技术成果、阶段性技术成果基础上完成的情形。但下列情况除外：

（一）对利用法人或者非法人组织提供的物质技术条件，约定返还资金或者交纳使用费的；

（二）在技术成果完成后利用法人或者非法人组织的物质技术条件对技术方案进行验证、测试的。

第五条 个人完成的技术成果，属于执行原所在法人或者非法人组织的工作任务，又主要利用了现所在法人或者非法人组织的物质技术条件的，应当按照该自然人原所在和现所在法人或者非法人组织达成的协议确认权益。不能达成协议的，根据对完成该项技术成果的贡献大小由双方合理分享。

第六条 民法典第八百四十七条所称“职务技术成果的完成人”、第八百四十八条所称“完成技术成果的个人”，包括对技术成果单独或者共同作出创造性贡献的人，也即技术成果的发明人或者设计人。人民法院在对创造性贡献进行认定时，应当分解所涉及技术成果的实质性技术构成。提出实质性技术构成并由此实现技术方案的人，是作出创造性贡献的人。

提供资金、设备、材料、试验条件，进行组织管理，协助绘制图纸、整理资料、翻译文献等人员，不属于职务技术成果的完成人、完成技术成果的个人。

第七条 不具有民事主体资格的科研组织订立的技术合同，经法人或者非法人组织授权或者认可的，视为法人或者非法人组织订立的合同，由法人或者非法人组织承担责任；未经法人或者非法人组织授权或者认可的，由该科研组织成员共同承担责任，但法人或者非法人组织因该合同受益的，应当在其受益范围内承担相应责任。

前款所称不具有民事主体资格的科研组织，包括法人或者非法人组织设立的从事技术研究开发、转让等活动的课题组、工作室等。

第八条 生产产品或者提供服务依法须经有关部门审批或者取得行政许可，而未经审批或者许可的，不影响当事人订立的相关技术合同的效力。

当事人对办理前款所称审批或者许可的义务没有约定或者约定不明确的，人民法院应当判令由实施技术的一方负责办理，但法律、行政法规另有规定的除外。

第九条 当事人一方采取欺诈手段，就其现有技术成果作为研究开发标的与他人订立委托开发合同收取研究开发费用，或者就同一研究开发课题先后与两个或者两个以上的委托人分别订立委托开发合同重复收取研究开发费用，使对方在违背真实意思的情况下订立的合同，受损害方依照民法典第一百四十八条规定请求撤销合同的，人民法院应当予以支持。

第十条 下列情形，属于民法典第八百五十条所称的“非法垄断技术”：

（一）限制当事人一方在合同标的技术基础上进行新的研究开发或者限制其使用所改进的技术，或者双方交换改进技术的条件不对等，包括要求一方将其自行改进的技术无偿提供给对方、非互惠性转让给对方、无偿独占或者共享该改进技术的知识产权；

（二）限制当事人一方从其他来源获得与技术提供方类似技术或者与其竞争的技术；

（三）阻碍当事人一方根据市场需求，按照合理方式充分实施合同标的技术，包括明显不合理地限制技术接受方实施合同标的技术生产产品或者提供服务的数量、品种、价格、销售渠道和出口市场；

（四）要求技术接受方接受并非实施技术必不可少的附带条件，包括购买非必需的技术、原材料、产品、设备、服务以及接收非必需的人员等；

（五）不合理地限制技术接受方购买原材料、零部件、产品或者设备等的渠道或者来源；

（六）禁止技术接受方对合同标的技术知识产权的有效性提出异议或者对提出异议附加条件。

第十一条 技术合同无效或者被撤销后，技术开发合同研究开发人、技术转让合同让与人、技术许可合同许可人、技术咨询合同和技术服务合同的受托人已经履行或者部分履行了约定的义务，并且造成合同无效或者被撤销的过错在对方的，对其已履行部分应当收取的研究开发经费、技术使用费、提供咨询服务的报酬，人民法院可以认定为因对方原因导致合同无效或者被撤销给其造成的损失。

技术合同无效或者被撤销后，因履行合同所完成新的技术成果或者在他人技术成果基础上完成后续改进技术成果的权利归属和利益分享，当事人不能重新协议确定的，人民法院可以判决由完成技术成果的一方享有。

第十二条 根据民法典第八百五十条的规定，侵害他人技术秘密的技术合同被确认无效后，除法律、行政法规另有规定的以外，善意取得该技术秘密的一方当事人可以在其取得时的范围内继续使用该技术秘密，但应当向权利人支付合理的使用费并承担保密义务。

当事人双方恶意串通或者一方知道或者应当知道另一方侵权仍与其订立或者履行合同的，属于共同侵权，人民法院应当判令侵权人承担连带赔偿责任和保密义务，因此取得技术秘密的当事人不得继续使用该技术秘密。

第十三条 依照前条第一款规定可以继续使用技术秘密的人与权利人就使用费支付发生纠纷的，当事人任何一方都可以请求人民法院予以处理。继续使用技术秘密但又拒不支付使用费的，人民法院可以根据权利人的请求判令使用人停止使用。

人民法院在确定使用费时，可以根据权利人通常对外许可该技术秘密的使用费或者使用人取得该技术秘密所支付的使用费，并考虑该技术秘密的研究开发成本、成果转化和应用程度以及使用人的使用规模、经济效益等因素合理确定。

不论使用人是否继续使用技术秘密，人民法院均应当判令其向权利人支付已使用期间的使用费。使用人已向无效合同的让与人或者许可人支付的使用费应当由让与人或者许可人负责返还。

第十四条 对技术合同的价款、报酬和使用费，当事人没有约定或者约定不明确的，人民法院可以按照以下原则处理：

（一）对于技术开发合同和技术转让合同、技术许可合同，根据有关技术成果的研究开发成本、先进性、实施转化和应用的程度，当事人享有的权益和承担的责任，以及技术成果的经济效益等合理确定；

（二）对于技术咨询合同和技术服务合同，根据有关咨询服务工作的技术含量、质量和数量，以及已经产生和预期产生的经济效益等合理确定。

技术合同价款、报酬、使用费中包含非技术性款项的,应当分项计算。

第十五条 技术合同当事人一方迟延履行主要债务,经催告后在30日内仍未履行,另一方依据民法典第五百六十三条第一款第(三)项的规定主张解除合同的,人民法院应当予以支持。

当事人在催告通知中附有履行期限且该期限超过30日的,人民法院应当认定该履行期限为民法典第五百六十三条第一款第(三)项规定的合理期限。

第十六条 当事人以技术成果向企业出资但未明确约定权属,接受出资的企业主张该技术成果归其享有的,人民法院一般应当予以支持,但是该技术成果价值与该技术成果所占出资额比例明显不合理损害出资人利益的除外。

当事人对技术成果的权属约定有比例的,视为共同所有,其权利使用和利益分配,按共有技术成果的有关规定处理,但当事人另有约定的,从其约定。

当事人对技术成果的使用权约定有比例的,人民法院可以视为当事人对实施该项技术成果所获收益的分配比例,但当事人另有约定的,从其约定。

二、技术开发合同

第十七条 民法典第八百五十一条第一款所称"新技术、新产品、新工艺、新品种或者新材料及其系统",包括当事人在订立技术合同时尚未掌握的产品、工艺、材料及其系统等技术方案,但对技术上没有创新的现有产品的改型、工艺变更、材料配方调整以及对技术成果的验证、测试和使用除外。

第十八条 民法典第八百五十一条第四款规定的"当事人之间就具有实用价值的科技成果实施转化订立的"技术转化合同,是指当事人之间就具有实用价值但尚未实现工业化应用的科技成果包括阶段性技术成果,以实现该科技成果工业化应用为目标,约定后续试验、开发和应用等内容的合同。

第十九条 民法典第八百五十五条所称"分工参与研究开发工作",包括当事人按照约定的计划和分工,共同或者分别承担设计、工艺、试验、试制等工作。

技术开发合同当事人一方仅提供资金、设备、材料等物质条件或者承担辅助协作事项,另一方进行研究开发工作的,属于委托开发合同。

第二十条 民法典第八百六十一条所称"当事人均有使用和转让的权利",包括当事人均有不经对方同意而自己使用或者以普通使用许可的方式许可他人使用技术秘密,并独占由此所获利益的权利。当事人一方将技术秘密成果的转让权让与他人,或者以独占或者排他使用许可的方式许可他人使用技术秘密,未经对方当事人同意或者追认的，应当认定该让与或者许可行为无效。

第二十一条 技术开发合同当事人依照民法典的规定或者约定自行实施专利或使用技术秘密，但因其不具备独立实施专利或者使用技术秘密的条件，以一个普通许可方式许可他人实施或者使用的，可以准许。

三、技术转让合同和技术许可合同

第二十二条 就尚待研究开发的技术成果或者不涉及专利、专利申请或者技术秘密的知识、技术、经验和信息所订立的合同，不属于民法典第八百六十二条规定的技术转让合同或者技术许可合同。

技术转让合同中关于让与人向受让人提供实施技术的专用设备、原材料或者提供有关的技术咨询、技术服务的约定，属于技术转让合同的组成部分。因此发生的纠纷，按照技术转让合同处理。

当事人以技术入股方式订立联营合同，但技术入股人不参与联营体的经营管理，并且以保底条款形式约定联营体或者联营对方支付其技术价款或者使用费的，视为技术转让合同或者技术许可合同。

第二十三条 专利申请权转让合同当事人以专利申请被驳回或者被视为撤回为由请求解除合同，该事实发生在依照专利法第十条第三款的规定办理专利申请权转让登记之前的，人民法院应当予以支持；发生在转让登记之后的，不予支持，但当事人另有约定的除外。

专利申请因专利申请权转让合同成立时即存在尚未公开的同样发明创造的在先专利申请被驳回，当事人依据民法典第五百六十三条第一款第(四)项的规定请求解除合同的，人民法院应当予以支持。

第二十四条 订立专利权转让合同或者专利申请权转让合同前，让与人自己已经实施发明创造，在合同生效后，受让人要求让与人停止实施的，人民法院应当予以支持，但当事人另有约定的除外。

让与人与受让人订立的专利权、专利申请权转让合同，不影响在合同成立前让与人与他人订立的相关专利实施许可合同或者技术秘密转让合同的效力。

第二十五条 专利实施许可包括以下方式：

(一)独占实施许可，是指许可人在约定许可实施专利的范围内，将该专利仅许可一个被许可人实施，许可人依约定不得实施该专利；

(二)排他实施许可，是指许可人在约定许可实施专利的范围内，将该专利仅

许可一个被许可人实施,但许可人依约定可以自行实施该专利;

(三)普通实施许可,是指许可人在约定许可实施专利的范围内许可他人实施该专利,并且可以自行实施该专利。

当事人对专利实施许可方式没有约定或者约定不明确的,认定为普通实施许可。专利实施许可合同约定被许可人可以再许可他人实施专利的,认定该再许可为普通实施许可,但当事人另有约定的除外。

技术秘密的许可使用方式,参照本条第一、二款的规定确定。

第二十六条 专利实施许可合同许可人负有在合同有效期内维持专利权有效的义务,包括依法缴纳专利年费和积极应对他人提出宣告专利权无效的请求,但当事人另有约定的除外。

第二十七条 排他实施许可合同许可人不具备独立实施其专利的条件,以一个普通许可的方式许可他人实施专利的,人民法院可以认定为许可人自己实施专利,但当事人另有约定的除外。

第二十八条 民法典第八百六十四条所称"实施专利或者使用技术秘密的范围",包括实施专利或者使用技术秘密的期限、地域、方式以及接触技术秘密的人员等。

当事人对实施专利或者使用技术秘密的期限没有约定或者约定不明确的,受让人、被许可人实施专利或者使用技术秘密不受期限限制。

第二十九条 当事人之间就申请专利的技术成果所订立的许可使用合同,专利申请公开以前,适用技术秘密许可合同的有关规定;发明专利申请公开以后、授权以前,参照适用专利实施许可合同的有关规定;授权以后,原合同即为专利实施许可合同,适用专利实施许可合同的有关规定。

人民法院不以当事人就已经申请专利但尚未授权的技术订立专利实施许可合同为由,认定合同无效。

四、技术咨询合同和技术服务合同

第三十条 民法典第八百七十八条第一款所称"特定技术项目",包括有关科学技术与经济社会协调发展的软科学研究项目,促进科技进步和管理现代化、提高经济效益和社会效益等运用科学知识和技术手段进行调查、分析、论证、评价、预测的专业性技术项目。

第三十一条 当事人对技术咨询合同委托人提供的技术资料和数据或者受托人提出的咨询报告和意见未约定保密义务,当事人一方引用、发表或者向第三人提供的，不认定为违约行为，但侵害对方当事人对此享有的合法权益的，应当依法承担民事责任。

第三十二条 技术咨询合同受托人发现委托人提供的资料、数据等有明显错误或者缺陷，未在合理期限内通知委托人的，视为其对委托人提供的技术资料、数据等予以认可。委托人在接到受托人的补正通知后未在合理期限内答复并予补正的，发生的损失由委托人承担。

第三十三条 民法典第八百七十八条第二款所称“特定技术问题”，包括需要运用专业技术知识、经验和信息解决的有关改进产品结构、改良工艺流程、提高产品质量、降低产品成本、节约资源能耗、保护资源环境、实现安全操作、提高经济效益和社会效益等专业技术问题。

第三十四条 当事人一方以技术转让或者技术许可的名义提供已进入公有领域的技术，或者在技术转让合同、技术许可合同履行过程中合同标的技术进入公有领域，但是技术提供方进行技术指导、传授技术知识，为对方解决特定技术问题符合约定条件的，按照技术服务合同处理，约定的技术转让费、使用费可以视为提供技术服务的报酬和费用，但是法律、行政法规另有规定的除外。

依照前款规定，技术转让费或者使用费视为提供技术服务的报酬和费用明显不合理的，人民法院可以根据当事人的请求合理确定。

第三十五条 技术服务合同受托人发现委托人提供的资料、数据、样品、材料、场地等工作条件不符合约定，未在合理期限内通知委托人的，视为其对委托人提供的工作条件予以认可。委托人在接到受托人的补正通知后未在合理期限内答复并予补正的，发生的损失由委托人承担。

第三十六条 民法典第八百八十七条规定的“技术培训合同”，是指当事人一方委托另一方对指定的学员进行特定项目的专业技术训练和技术指导所订立的合同，不包括职业培训、文化学习和按照行业、法人或者非法人组织的计划进行的职工业余教育。

第三十七条 当事人对技术培训必需的场地、设施和试验条件等工作条件的提供和管理责任没有约定或者约定不明确的，由委托人负责提供和管理。

技术培训合同委托人派出的学员不符合约定条件，影响培训质量的，由委托人按照约定支付报酬。

受托人配备的教员不符合约定条件，影响培训质量，或者受托人未按照计划和项目进行培训，导致不能实现约定培训目标的，应当减收或者免收报酬。

受托人发现学员不符合约定条件或者委托人发现教员不符合约定条件，未在合理期限内通知对方，或者接到通知的一方未在合理期限内按约定改派的，应当由负有履行义务的当事人承担相应的民事责任。

第三十八条 民法典第八百八十七条规定的“技术中介合同”，是指当事人一方以知识、技术、经验和信息为另一方与第三人订立技术合同进行联系、介绍以及对履行合同提供专门服务所订立的合同。

第三十九条 中介人从事中介活动的费用，是指中介人在委托人和第三人订立技术合同前，进行联系、介绍活动所支出的通信、交通和必要的调查研究等费用。中介人的报酬，是指中介人为委托人与第三人订立技术合同以及对履行该合同提供服务应当得到的收益。

当事人对中介人从事中介活动的费用负担没有约定或者约定不明确的，由中介人承担。当事人约定该费用由委托人承担但未约定具体数额或者计算方法的，由委托人支付中介人从事中介活动支出的必要费用。

当事人对中介人的报酬数额没有约定或者约定不明确的，应当根据中介人所进行的劳务合理确定，并由委托人承担。仅在委托人与第三人订立的技术合同中约定中介条款，但未约定给付中介人报酬或者约定不明确的，应当支付的报酬由委托人和第三人平均承担。

第四十条 中介人未促成委托人与第三人之间的技术合同成立的，其要求支付报酬的请求，人民法院不予支持；其要求委托人支付其从事中介活动必要费用的请求，应当予以支持，但当事人另有约定的除外。

中介人隐瞒与订立技术合同有关的重要事实或者提供虚假情况，侵害委托人利益的，应当根据情况免收报酬并承担赔偿责任。

第四十一条 中介人对造成委托人与第三人之间的技术合同的无效或者被撤销没有过错，并且该技术合同的无效或者被撤销不影响有关中介条款或者技术中介合同继续有效，中介人要求按照约定或者本解释的有关规定给付从事中介活动的费用和报酬的，人民法院应当予以支持。

中介人收取从事中介活动的费用和报酬不应当被视为委托人与第三人之间的技术合同纠纷中一方当事人的损失。

五、与审理技术合同纠纷有关的程序问题

第四十二条 当事人将技术合同和其他合同内容或者将不同类型的技术合同内容订立在一个合同中的，应当根据当事人争议的权利义务内容，确定案件的性质和案由。

技术合同名称与约定的权利义务关系不一致的，应当按照约定的权利义务内容，确定合同的类型和案由。

技术转让合同或者技术许可合同中约定让与人或者许可人负责包销或者回购受让人、被许可人实施合同标的技术制造的产品，仅因让与人或者许可人不履行或者不能全部履行包销或者回购义务引起纠纷，不涉及技术问题的，应当按照包销或者回购条款约定的权利义务内容确定案由。

第四十三条 技术合同纠纷案件一般由中级以上人民法院管辖。

各高级人民法院根据本辖区的实际情况并报经最高人民法院批准，可以指定若干基层人民法院管辖第一审技术合同纠纷案件。

其他司法解释对技术合同纠纷案件管辖另有规定的，从其规定。

合同中既有技术合同内容，又有其他合同内容，当事人就技术合同内容和其他合同内容均发生争议的，由具有技术合同纠纷案件管辖权的人民法院受理。

第四十四条 一方当事人以诉讼争议的技术合同侵害他人技术成果为由请求确认合同无效，或者人民法院在审理技术合同纠纷中发现可能存在该无效事由的，人民法院应当依法通知有关利害关系人，其可以作为有独立请求权的第三人参加诉讼或者依法向有管辖权的人民法院另行起诉。

利害关系人在接到通知后 15 日内不提起诉讼的，不影响人民法院对案件的审理。

第四十五条 第三人向受理技术合同纠纷案件的人民法院就合同标的技术提出权属或者侵权请求时，受诉人民法院对此也有管辖权的，可以将权属或者侵权纠纷与合同纠纷合并审理；受诉人民法院对此没有管辖权的，应当告知其向有管辖权的人民法院另行起诉或者将已经受理的权属或者侵权纠纷案件移送有管辖权的人民法院。权属或者侵权纠纷另案受理后，合同纠纷应当中止诉讼。

专利实施许可合同诉讼中，被许可人或者第三人向国家知识产权局请求宣告专利权无效的，人民法院可以不中止诉讼。在案件审理过程中专利权被宣告无效的，按照专利法第四十七条第二款和第三款的规定处理。

六、其他

第四十六条 计算机软件开发等合同争议，著作权法以及其他法律、行政法规另有规定的，依照其规定；没有规定的，适用民法典第三编第一分编的规定，并可以参照民法典第三编第二分编第二十章和本解释的有关规定处理。

第四十七条 本解释自 2005 年 1 月 1 日起施行。

10. 最高人民法院关于审理物业服务纠纷案件适用法律若干问题的解释

（2009 年 4 月 20 日最高人民法院审判委员会第 1466 次会议通过 根据 2020 年 12 月 23 日最高人民法院审判委员会第 1823 次会议通过的《最高人民法院关于修改〈最高人民法院关于在民事审判工作中适用《中华人民共和国工会法》若干问题的解释〉等二十七件民事类司法解释的决定》修正）

为正确审理物业服务纠纷案件，依法保护当事人的合法权益，根据《中华人民共和国民法典》等法律规定，结合民事审判实践，制定本解释。

第一条 业主违反物业服务合同或者法律、法规、管理规约，实施妨碍物业服务与管理的行为，物业服务人请求业主承担停止侵害、排除妨碍、恢复原状等相应民事责任的，人民法院应予支持。

第二条 物业服务人违反物业服务合同约定或者法律、法规、部门规章规定，擅自扩大收费范围、提高收费标准或者重复收费，业主以违规收费为由提出抗辩的，人民法院应予支持。

业主请求物业服务人退还其已经收取的违规费用的，人民法院应予支持。

第三条 物业服务合同的权利义务终止后，业主请求物业服务人退还已经预收，但尚未提供物业服务期间的物业费的，人民法院应予支持。

第四条 因物业的承租人、借用人或者其他物业使用人实施违反物业服务合同，以及法律、法规或者管理规约的行为引起的物业服务纠纷，人民法院可以参照关于业主的规定处理。

第五条 本解释自 2009 年 10 月 1 日起施行。

本解释施行前已经终审，本解释施行后当事人申请再审或者按照审判监督程序决定再审的案件，不适用本解释。

实用工具

1. 民事起诉状(民间借贷纠纷)

原告:马××,男,1979 年××月××日出生,汉族,农民,住址、电话(略)。

被告:李××,男,1981 年××月××日出生,汉族,农民,住址、电话(略)。

诉讼请求

1. 要求被告归还所欠现金 4500 元;

2. 诉讼费用由被告承担。

事实与理由

原告与被告同在一个村居住,被告因需购化肥借原告现金 4500 元,由于是熟人,未约定期限和利率,被告只在借条上写有:"今借马×× 4500 元用于购买化肥。借款人:李××,2021 年 1 月 18 日。"现原告急需用钱,请求被告归还所欠现金 4500 元。

此致

××区人民法院

起诉人:马××

××××年××月××日

附:1. 起诉状副本 1 份;

2. 被告借条复印件×份。

☞ **技巧与提示**

本案是一起最简单的民间借款纠纷,但越是简单的,往往越容易被忽视,越容易出现问题。形式简单，所涉及的法律规定却很复杂。

1. 借款合同一般采用书面形式，其内容包括借款种类、币种、用途、数额、利率、期限和还款方式等。借款的利息不得预先在本金中扣除。利息预先在本金中扣除的，应当按照实际借款数额返还借款并计算利息。如双方约定借款额为1000元，出借方预先扣出100元利息，实际借款额是900元，利息也按900元本金计算。自然人之间的借款合同对支付利息没有约定或者约定不明确的，视为不支付利息。本案即属这种情形。但约定还款日期的，逾期还款的应当支付利息。

2. 自然人之间的借款合同约定支付利息的，借款的利率不得违反国家有关限制借款利率的规定。最高额不得高于一年期贷款市场报价利率的4倍。约定还款日期的，注意诉讼时效不能超过3年。主张权利后诉讼时效"中断"从主张权利之次日起重新计算诉讼时效期间。没有约定还款日期的，债权人可以随时主张权利，不受诉讼时效3年的限制。

2. 民事起诉状（旅客运输合同纠纷）

原告：郝××，男，1976 年 8 月 29 日出生，汉族，公司员工，住址、电话（略）。

委托代理人：李××，××律师事务所律师。

被告：××汽运实业集团有限公司，住所：××市××区××街。

法定代表人：宋××，董事长。

诉讼请求

1. 求被告赔偿医疗费、误工费、住院伙食补助费、护理费、残疾赔偿金等共计人民币××××元。

2. 诉讼费用由被告承担。

事实与理由

2021 年 6 月 28 日，原告郝××乘坐被告××汽运实业集团有限公司的客车，从北京至青岛。当日下午 13 时 50 分左右，当客车行驶至潍坊路段时，司机丁××为避让在行车道内倒车的张××所驾的小客车，采取措施不当，发生交通事故，导致包括原告在内的大客车内 23 名乘员受伤。经交通巡警认定：客车司机丁××负事故的主要责任，小客车司机张××负事故的次要责任，原告等人在事故中没有过错。事故发生后，原告被送至潍坊市人民医院住院治疗。经鉴定，原告的损伤构成交通事故十级伤残。事故发生后，原、被告双方就赔偿事宜多次协商未果。

原告认为，从原告买票上车后，与被告形成了旅客运输的合同关系，被告作为承运人，对旅客负有安全运送义务，现被告已经违反了合同的义务给原告造成了伤害和损失，故依法向贵院提起诉讼，要求被告赔偿医疗费、误工费、住院伙食补助费、护理费、残疾赔偿金及精神损害赔偿金等共计人民币××××元。

此致

××区人民法院

起诉人：郝××

××××年××月××日

附：1. 起诉状副本1份；

2. 相关证据复印件×份。

☞ **技巧与提示**

1. 类似此案，既存在违约，也存在侵权，这被称为“责任竞合”，由于两种责任在法律上存在重大差异，所以，当事人是提起合同之诉，还是提起侵权之诉，将极大地影响其权利和义务的行使。如果提起合同之诉，受害方只能主张人身伤害的物质性赔偿，而无权要求精神损失的赔偿。

2. 本案中，原告提起了客运合同之诉。这种诉讼方法的益处是：只需列一个被告，不必再把其他侵权人列进去；可供选择的管辖法院较多；举证上只要提供初步的起诉证据就行了，实体上的证明责任由被告承担；有权要求一个被告赔偿全部损失，无须为多个责任主体分摊责任而产生的利益风险担忧。但相比于提起侵权之诉也有不足，那就是赔偿请求中精神损害赔偿金的主张得不到法院的支持。所以，当事人需根据自己的实际情况进行选择。

3. 民事起诉状(保管合同纠纷)

原告:苏××,男,1984 年××月××日出生,汉族,职务:个体商户,住址、电话(略)。

委托代理人:周××,××律师事务所律师。

被告:旭日升宾馆,住所:××市××区××街。

法定代表人:李××,总经理。

诉讼请求

1. 请求判令被告赔偿摩托车损失 9600 元;

2. 请求判令被告赔偿误工损失 1600 元。

事实与理由

2022 年 9 月 4 日,原告与朋友李某合乘一辆新买的摩托车外出办事,夜间返回时,因摩托车出现故障投宿到被告旭日升宾馆,前提条件是必须能停放摩托车,原告询问被告的总台服务员,其表示可以停放在总服务台旁,并要求原告将摩托车锁好。于是原告按服务员的要求将车上锁后停放在被告的服务台旁。尔后,凭身份证交款登记入住 7106 号双人房。次日早上 6 时左右,原告与朋友李某起床准备取走摩托车时,发现该车不见了,经询问服务员,被告得知该车已于夜间 1 时左右丢失。被告服务员发现摩托车不见后既未告知原告,又未报警。

事发后,原告多次要求被告予以赔偿,被告以各种理由拒绝。现依法向贵院起诉,请求判令被告承担摩托车损失 9600 元,并赔偿原告因此造成的误工损失 1600 元。

此致

××区人民法院

起诉人：苏××

××××年××月××日

附：1. 起诉状副本 1 份；

2. 相关证据复印件×份。

☞ **技巧与提示**

1. 本案中，原告询问服务员能否存放摩托车，是向被告发出要约，被告服务员表示可以放在服务台旁，这就是被告对原告的要约承诺。原告按被告服务员要求锁好摩托车并登记入住，视为被告同意原告的存放，被告即应尽到一个“善良管理人员”的注意，妥善保管被保管物，并有返还被保管物的义务。

2. 合同可以是书面形式，也可以是口头形式，本案原告只要证明存放了摩托车，并提供购车时自己摩托车的凭据即可，被告保管不善，且摩托车丢失后，被告未报警，并拒绝承担赔偿责任，于法无据。此类案件可以向消费者协会投诉，也可在“盗窃犯”被抓后提起刑事附带民事诉讼，但最直接有力的是单独提起民事诉讼。

4.合同纠纷立案登记流程图

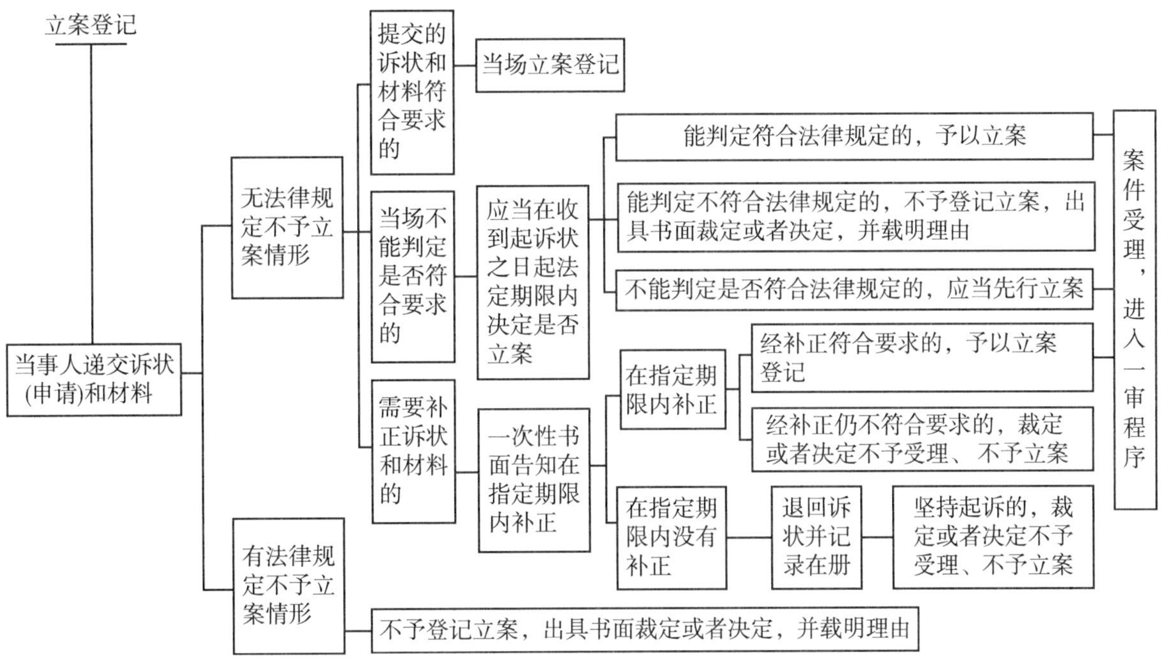

5.合同纠纷流程图（一审）

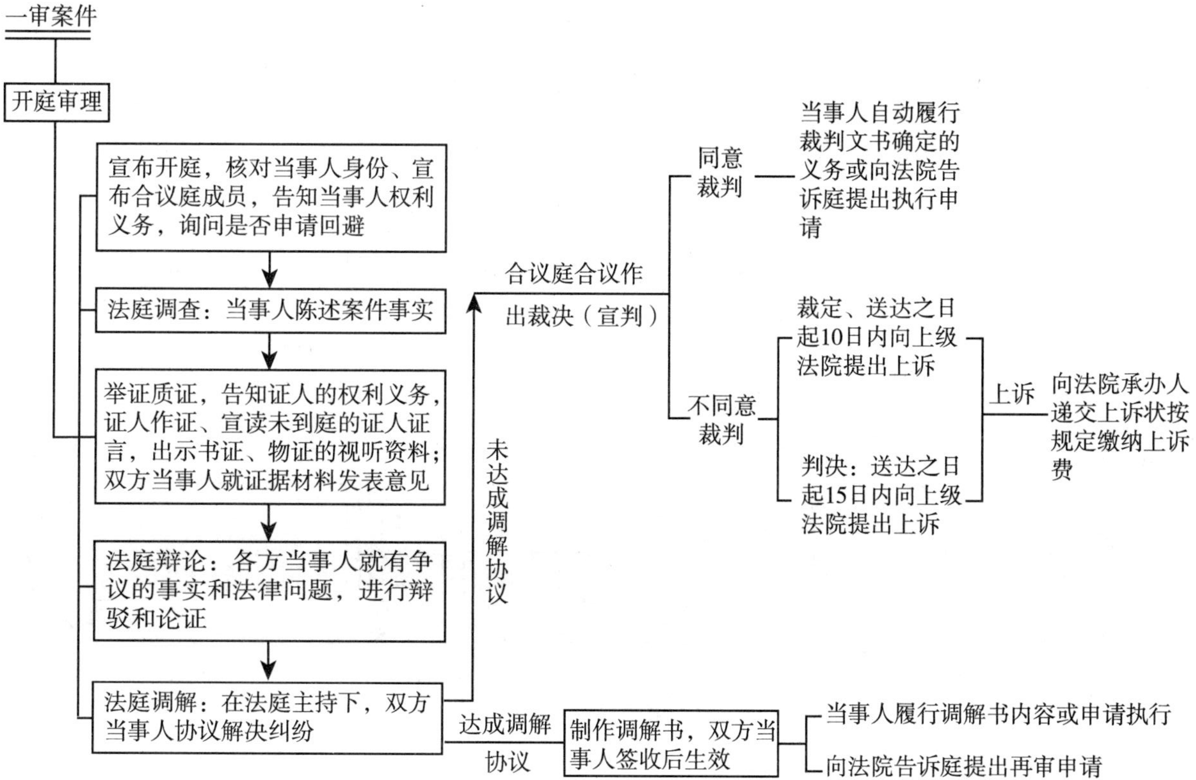
一审案件
开庭审理
宣布开庭，核对当事人身份、宣布合议庭成员，告知当事人权利义务，询问是否申请回避
法庭调查：当事人陈述案件事实
举证质证，告知证人的权利义务，证人作证、宣读未到庭的证人证言，出示书证、物证的视听资料；双方当事人就证据材料发表意见
法庭辩论：各方当事人就有争议的事实和法律问题，进行辩驳和论证
法庭调解：在法庭主持下，双方当事人协议解决纠纷
未达成调解协议
合议庭合议作出裁决（宣判）
同意裁判
当事人自动履行裁判文书确定的义务或向法院告诉庭提出执行申请
不同意裁判
裁定、送达之日起10日内向上级法院提出上诉
判决：送达之日起15日内向上级法院提出上诉
上诉
向法院承办人递交上诉状按规定缴纳上诉费
达成调解协议
制作调解书，双方当事人签收后生效
当事人履行调解书内容或申请执行
向法院告诉庭提出再审申请

6.合同纠纷流程图（二审）

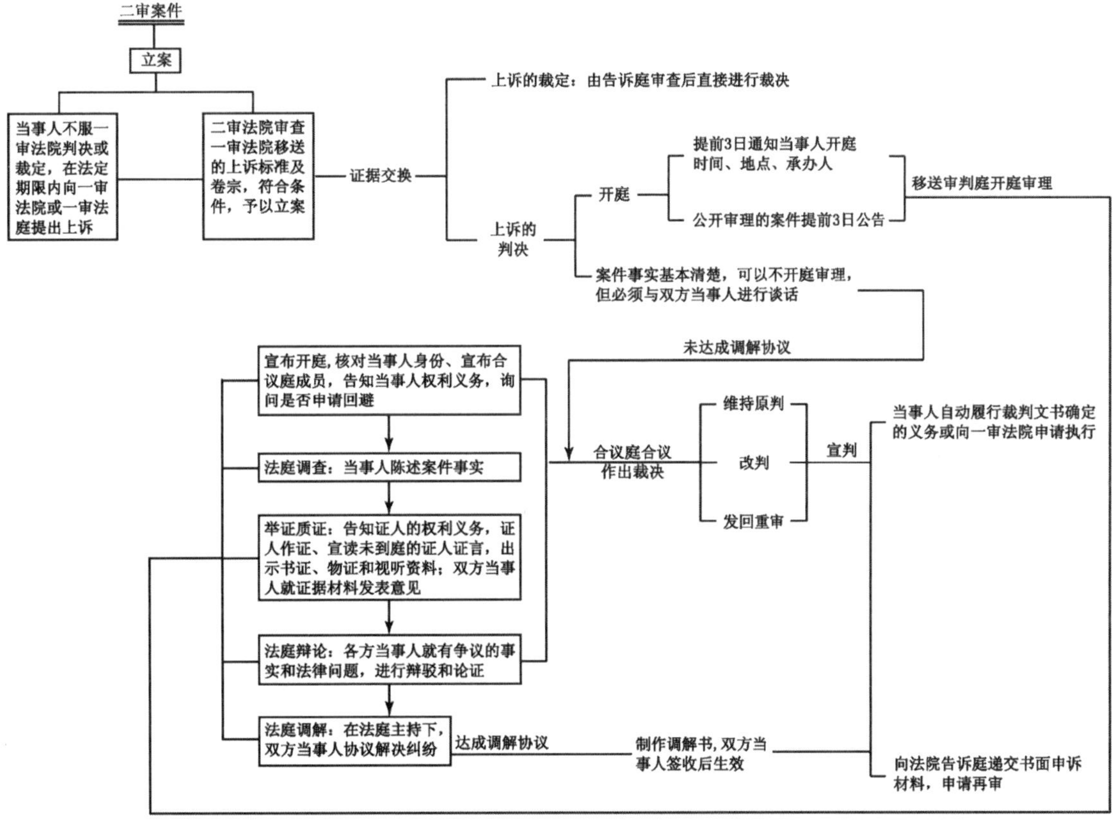
二审案件
立案
当事人不服一审法院判决或裁定，在法定期限内向一审法院或一审法庭提出上诉
二审法院审查一审法院移送的上诉标准及卷宗，符合条件，予以立案
证据交换
上诉的裁定：由告诉庭审查后直接进行裁决
上诉的判决
开庭
提前3日通知当事人开庭时间、地点、承办人
公开审理的案件提前3日公告
移送审判庭开庭审理
案件事实基本清楚，可以不开庭审理，但必须与双方当事人进行谈话
未达成调解协议
宣布开庭，核对当事人身份、宣布合议庭成员，告知当事人权利义务，询问是否申请回避
法庭调查：当事人陈述案件事实
举证质证：告知证人的权利义务，证人作证、宣读未到庭的证人证言，出示书证、物证和视听资料；双方当事人就证据材料发表意见
法庭辩论：各方当事人就有争议的事实和法律问题，进行辩驳和论证
法庭调解：在法庭主持下，双方当事人协议解决纠纷
达成调解协议
制作调解书，双方当事人签收后生效
合议庭合议作出裁决
维持原判
改判
发回重审
宣判
当事人自动履行裁判文书确定的义务或向一审法院申请执行
向法院告诉庭递交书面申诉材料，申请再审

7. 房屋租赁合同范本

出租人(甲方)：＿＿＿＿＿＿ 证件类型及编号：＿＿＿＿＿＿
承租人(乙方)：＿＿＿＿＿＿ 证件类型及编号：＿＿＿＿＿＿

依据《中华人民共和国民法典》及有关法律、法规的规定，甲乙双方在平等、自愿的基础上，就房屋租赁的有关事宜达成协议如下：

第一条　房屋基本情况

(一)房屋坐落于＿＿＿＿市＿＿＿＿区(县)＿＿＿＿街道办事处(乡镇)＿＿＿＿，建筑面积＿＿＿＿平方米。

(二)房屋权属状况：甲方持有(□房屋所有权证/□公有住房租赁合同/□房屋买卖合同/□其他房屋来源证明文件)，房屋所有权证书编号：＿＿＿＿或房屋来源证明名称：＿＿＿＿，房屋所有权人(公有住房承租人、购房人)姓名或名称：＿＿＿＿，房屋(□是/□否)已设定了抵押。

第二条　房屋租赁情况及登记备案

(一)租赁用途：＿＿＿＿；如租赁用途为居住的，居住人数为：＿＿＿＿，最多不超过＿＿＿＿人。

(二)甲乙双方自本合同签订之日起＿＿＿＿日内，由(□甲乙双方共同 □甲方 □乙方)按相关规定向房屋所在地房地产行政管理部门申请办理房屋租赁登记备案。

租赁期内，房屋租赁登记备案内容发生变更的，甲乙双方应当在＿＿＿日内，到原租赁登记备案的部门办理房屋租赁登记备案变更手续。

租赁期满房屋续租或者租赁终止的，由(□甲乙双方共同 □甲方 □乙方)在期满后________日内到原租赁登记备案的部门办理房屋租赁登记备案的延续或者注销手续。

第三条　租赁期限

(一)房屋租赁期自________年____月____日至________年____月____日，共计____年____个月。甲方应于________年____月____日前将房屋按约定条件交付给乙方。《房屋交割清单》(见附件一)经甲乙双方交验签字盖章并移交房门钥匙及________后视为交付完成。

(二)租赁期满或合同解除后，甲方有权收回房屋，乙方应按照原状返还房屋及其附属物品、设备设施。甲乙双方应对房屋和附属物品、设备设施及水电使用等情况进行验收，结清各自应当承担的费用。

乙方继续承租的，应提前____日向甲方提出(□书面／□口头)续租要求，协商一致后双方重新签订房屋租赁合同。

第四条　租金及押金

(一)租金标准及支付方式：________元/(□月/ □季/ □半年/ □年)，租金总计：人民币________元整(￥：____________)。

支付方式：(□现金/□转账支票/□银行汇款)，押 付________，各期租金支付日期：________，________，________。

(二)押金：人民币________元整（￥：____________）租赁期满或合同解除后，房屋租赁押金除抵扣应由乙方承担的费用、租金，以及乙方应当承担的违约赔偿责任外，剩余部分应如数返还给乙方。

第五条　其他相关费用的承担方式

租赁期内的下列费用中，________由甲方承担，________由乙方承担：

(1)水费；(2)电费；(3)电话费；(4)电视收视费；(5)供暖费；(6)燃气费；(7)物业管理费；(8)房屋租赁税费；(9)卫生费；(10)上

网费；(11)车位费；(12)室内设施维修费；(13)________费用。

本合同中未列明的与房屋有关的其他费用均由甲方承担。如乙方垫付了应由甲方支付的费用，甲方应根据乙方出示的相关缴费凭据向乙方返还相应费用。

第六条　房屋维护及维修

(一)甲方应保证房屋的建筑结构和设备设施符合建筑、消防、治安、卫生等方面的安全条件，不得危及人身安全；承租人保证遵守国家、北京市的法律法规规定以及房屋所在小区的物业管理规约。

(二)租赁期内，甲乙双方应共同保障房屋及其附属物品、设备设施处于适用和安全的状态：

1. 对于房屋及其附属物品、设备设施因自然属性或合理使用而导致的损耗，乙方应及时通知甲方修复。甲方应在接到乙方通知后的____日内进行维修。逾期不维修的，乙方可代为维修，费用由甲方承担。因维修房屋影响乙方使用的，应相应减少租金或延长租赁期限。

2. 因乙方保管不当或不合理使用，致使房屋及其附属物品、设备设施发生损坏或故障的，乙方应负责维修或承担赔偿责任。

第七条　转租

除甲乙双方另有约定以外，乙方需事先征得甲方书面同意，方可在租赁期内将房屋部分或全部转租给他人，并就受转租人的行为向甲方承担责任。

第八条　合同解除

(一)经甲乙双方协商一致，可以解除本合同。

(二)因不可抗力导致本合同无法继续履行的，本合同自行解除。

(三)甲方有下列情形之一的，乙方有权单方解除合同：

1. 迟延交付房屋达____日的。

2. 交付的房屋严重不符合合同约定或影响乙方安全、健康的。

3. 不承担约定的维修义务，致使乙方无法正常使用房屋的。

4. ____________________。

（四）乙方有下列情形之一的，甲方有权单方解除合同，收回房屋：

1. 不按照约定支付租金达____日的。

2. 欠缴各项费用达________元的。

3. 擅自改变房屋用途的。

4. 擅自拆改变动或损坏房屋主体结构的。

5. 保管不当或不合理使用导致附属物品、设备设施损坏并拒不赔偿的。

6. 利用房屋从事违法活动、损害公共利益或者妨碍他人正常工作、生活的。

7. 擅自将房屋转租给第三人的。

8. ____________________。

（五）其他法定的合同解除情形。

第九条　违约责任

（一）甲方有第八条第三款约定的情形之一的，应按月租金的________%向乙方支付违约金；乙方有第八条第四款约定的情形之一的，应按月租金的________%向甲方支付违约金，甲方并可要求乙方将房屋恢复原状或赔偿相应损失。

（二）租赁期内，甲方需提前收回房屋的，或乙方需提前退租的，应提前____日通知对方，并按月租金的________%向对方支付违约金；甲方还应退还相应的租金。

（三）因甲方未按约定履行维修义务造成乙方人身、财产损失的，甲方应承担赔偿责任。

（四）甲方未按约定时间交付房屋或者乙方不按约定支付租金但未达到解除合同条件的，以及乙方未按约定时间返还房屋的，应按________标准支付违约金。

（五）____________________。

第十条　合同争议的解决办法

本合同项下发生的争议，由双方当事人协商解决；协商不成的，依法向有管辖权的人民法院起诉，或按照另行达成的仲裁条款或仲裁协议申请仲裁。

第十一条　其他约定事项

______________________。

本合同经双方签字盖章后生效。本合同（及附件）一式____份，其中甲方执____份，乙方执____份，____执____份。

本合同生效后，双方对合同内容的变更或补充应采取书面形式，作为本合同的附件。附件与本合同具有同等的法律效力。

出租人（甲方）签章：	承租人（乙方）签章：
委托代理人：	委托代理人：
联系方式：	联系方式：
年　月　日	年　月　日

附件一：房屋交割清单（略）

8. 借款合同

甲方（出借人）：____________

身份证号：____________________

乙方（借款人）：____________

身份证号：____________________

乙方因____________需要，向甲方借款，双方经协商一致，订立本借款合同，以资共同遵守。

一、借款金额

甲方向乙方提供借款资金人民币（大写）____________________（￥____）。

二、借款期限及用途

1. 本合同项下的借款期限为______个月，自______年______月______日起至______年______月______日止。借款实际发放日与借款起始日不一致的，借款起始日以借款实际发放日为准，借款期限随之顺延。

2. 借款指定用于____________，乙方不得挪作他用。

三、借款利率及支付方式

1. 本合同项下借款利率为固定利率，借款月利率为______%。

2. 本合同项下借款本息采用以下______方式归还：

（1）本金到期一次性归还，利息按月支付，到期利随本清。每月利息人民币______元。如涉及按日计算利息，日利率＝月利率÷30。付息日为每月的______日，还本日为借款到期日。

(2)等额本息还款法，即借款期限内每月以相等的额度偿还借款本息。每月还款额为人民币(大写)____________(¥______)。还款日为每月____________日。

3. 乙方应当将借款本金和利息等通过转账方式支付到甲方名下的银行账户，账户信息如下：

指定收款账号：____________。开户行：____________。户名：____________。

四、乙方的义务

1. 乙方应当按本合同约定用途使用借款，不得将本合同项下借款挪作他用。乙方应承担本合同项下所有费用支出，包括但不限于公证费、鉴定费、评估费、登记费、保险费等。

2. 乙方应按照本合同约定的时间、金额和币种偿还本合同项下的借款本金并支付利息。

3. 乙方在出现和可能出现影响其还款能力的行为或事件时应当在五日内书面通知甲方。

4. 本合同项下的担保(如有)发生不利于甲方债权的变化时，乙方应按甲方的要求及时提供甲方认可的其他担保。

五、提前还款

乙方要求提前还款的，应提前向甲方提出申请，经甲方同意后，双方应另行签订书面协议，载明双方权利与义务。未经甲方同意，乙方不得提前还款。

六、担保方式

为保证本合同项下的借款能得到清偿，甲方可要求乙方提供担保措施(包括但不限于保证、抵押、质押等)，具体担保事宜以相应的担保合同为准。

七、违约责任

1. 乙方违反本协议约定的义务或承诺与保证的均构成违约，甲方有权停止支付乙方尚未交付的借款,单方面宣布合同项下已发放的借款提前到期并要求乙方立即偿还所有到期借款本金并结清利息,并有权要求乙方支付借款本金______%的违约金。

2. 乙方逾期还款的,乙方自逾期之日按照逾期清偿本息的______%/日按日计收逾期违约金,直至清偿完毕之日。

3. 乙方未按时足额还款的,应当承担甲方为实现债权而支付的所有费用,该费用包括但不限于诉讼费、律师费、财产保全费和所有其他应付合理费用。

八、争议解决

因本合同引起的或与本合同有关的任何争议,由合同各方协商解决,也可由有关部门调解。协商或调解不成的,按下列第______种方式解决:

(1)提交位于____________(地点)的____________仲裁委员会仲裁。仲裁裁决是终局的,对各方均有约束力;

(2)依法向____________所在地有管辖权的人民法院起诉。

九、其他

1. 本协议一式二份,协议各方各执一份。各份协议文本具有同等法律效力。

2. 本协议经各方签署后生效。

签署时间:______年______月______日

甲方(签字):________________

联系人:________________

联系方式:________________

地址:________________

乙方(签字):________________

联系人:________________

联系方式:________________

地址：________________

保 证 函

下列签名的担保人同意为借款人提供连带责任保证（担保）。

签署时间：______年______月______日

保证人（签名或盖章）：________________

身份证号：________________

联系方式：________________

收 据

本人（本单位）已经收到__________提供的借款共计人民币（大写）__________（￥______）。

签署时间：______年______月______日

收款人签字：________________

9. 合同诉讼时效一览表

	诉讼时效类型	起算点及事由
诉讼时效	普通3年诉讼时效	自权利人知道或应当知道权利受侵害之日起算。 (《民法典》第188条)
	4年诉讼时效	因国际货物买卖合同和技术进出口合同提出诉讼或仲裁的。 (《民法典》第594条)
	5年诉讼时效	人寿保险以外的其他保险的被保险人或者受益人,向保险人请求赔偿或者给付保险金的诉讼时效期间为2年,自其知道或者应当知道保险事故发生之日起计算。 人寿保险的被保险人或者受益人向保险人请求给付保险金的诉讼时效期间为5年,自其知道或者应当知道保险事故发生之日起计算。 (《保险法》第26条)
	最长诉讼时效	自权利受到损害之日起20年;有特殊情况的,人民法院可以根据权利人的申请决定延长。 (《民法典》第188条)
不适用诉讼时效的请求权	下列请求权不适用诉讼时效的规定: (一)请求停止侵害、排除妨碍、消除危险; (二)不动产物权和登记的动产物权的权利人请求返还财产; (三)请求支付抚养费、赡养费或者扶养费; (四)依法不适用诉讼时效的其他请求权。 (《民法典》第196条)	

续表

诉讼时效中止	在诉讼时效期间的最后6个月内，因下列障碍，不能行使请求权的，诉讼时效中止： （一）不可抗力； （二）无民事行为能力人或者限制民事行为能力人没有法定代理人，或者法定代理人死亡、丧失民事行为能力、丧失代理权； （三）继承开始后未确定继承人或者遗产管理人； （四）权利人被义务人或者其他人控制； （五）其他导致权利人不能行使请求权的障碍。 自中止时效的原因消除之日起满6个月，诉讼时效期间届满。 （《民法典》第194条）
诉讼时效中断	有下列情形之一的，诉讼时效中断，从中断、有关程序终结时起，诉讼时效期间重新计算： （一）权利人向义务人提出履行请求； （二）义务人同意履行义务； （三）权利人提起诉讼或者申请仲裁； （四）与提起诉讼或者申请仲裁具有同等效力的其他情形。 （《民法典》第195条）

典型案例

最高人民法院发布《关于适用〈中华人民共和国民法典〉合同编通则若干问题的解释》相关典型案例

案例一

某物业管理有限公司与某研究所房屋租赁合同纠纷案

【裁判要点】

招投标程序中,中标通知书送达后,一方当事人不履行订立书面合同的义务,相对方请求确认合同自中标通知书到达中标人时成立的,人民法院应予支持。

【简要案情】

2021年7月8日,某研究所委托招标公司就案涉宿舍项目公开发出投标邀请。2021年7月28日,某物业管理有限公司向招标公司发出《投标文件》,表示对招标文件无任何异议,愿意提供招标文件要求的服务。2021年8月1日,招标公司向物业管理公司送达中标通知书,确定物业管理公司为中标人。2021年8月11日,研究所向物业管理公司致函,要求解除与物业管理公司之间的中标关系,后续合同不再签订。物业管理公司主张中标通知书送达后双方租赁合同法律关系成立,研究所应承担因违约给其造成的损失。研究所辩称双方并未签订正式书面租赁合同，仅成立预约合同关系。

【判决理由】

法院生效裁判认为，从合同法律关系成立角度，招投标程序中的招标行为应为要约邀请，投标行为应为要约，经评标后招标人向特定投标人发送中标通知书的行为应为承诺，中标通知书送达投标人后承诺生效，合同成立。预约合同是指约定将来订立本约合同的合同，其主要目的在于将来成立本约合同。《中华人民共和国招标投标法》第四十六条第一款规定："招标人和中标人应当自中标通知书发出之日起三十日内，按照招标文件和中标人的投标文件订立书面合同。招标人和中标人不得再行订立背离合同实质性内容的其他协议。"从该条可以看出，中标通知书发出后签订的书面合同必须按照招投标文件订立。本案中招投标文件对租赁合同内容已有明确记载，故应认为中标通知书到达投标人时双方当事人已就租赁合同内容达成合意。该合意与主要目的为签订本约合同的预约合意存在区别，应认为租赁合同在中标通知书送达时成立。中标通知书送达后签订的书面合同，按照上述法律规定其实质性内容应与招投标文件一致，因此应为租赁合同成立后法律要求的书面确认形式，而非新的合同。由于中标通知书送达后租赁合同法律关系已成立，故研究所不履行合同义务，应承担违约责任。

【司法解释相关条文】

《最高人民法院关于适用〈中华人民共和国民法典〉合同编通则若干问题的解释》第四条 采取招标方式订立合同，当事人请求确认合同自中标通知书到达中标人时成立的，人民法院应予支持。合同成立后，当事人拒绝签订书面合同的，人民法院应当依据招标文件、投标文件和中标通知书等确定合同内容。

采取现场拍卖、网络拍卖等公开竞价方式订立合同，当事人请求确认合同自拍卖师落槌、电子交易系统确认成交时成立的，人民法院应予支持。合同成立后，当事人拒绝签订成交确认书的，人民法院应当依据拍卖公告、竞买人的报价等确定合同内容。

产权交易所等机构主持拍卖、挂牌交易，其公布的拍卖公告、交易规则等文件公开确定了合同成立需要具备的条件，当事人请求确认合同自该条件具备时成立的，人民法院应予支持。

案例二

某通讯公司与某实业公司房屋买卖合同纠纷案

【裁判要点】

判断当事人之间订立的合同是本约还是预约的根本标准应当是当事人是否有意在将来另行订立一个新的合同，以最终明确双方之间的权利义务关系。即使当事人对标的、数量以及价款等内容进行了约定，但如果约定将来一定期间仍须另行订立合同，就应认定该约定是预约而非本约。当事人在签订预约合同后，已经实施交付标的物或者支付价款等履行行为，应当认定当事人以行为的方式订立了本约合同。

【简要案情】

2006年9月20日，某实业公司与某通讯公司签订《购房协议书》，对买卖诉争房屋的位置、面积及总价款等事宜作出约定，该协议书第三条约定在本协议原则下磋商确定购房合同及付款方式，第五条约定本协议在双方就诉争房屋签订房屋买卖合同时自动失效。通讯公司向实业公司的股东某纤维公司共转款1000万元，纤维公司为此出具定金收据两张，金额均为500万元。次年1月4日，实业公司向通讯公司交付了诉争房屋，此后该房屋一直由通讯公司使用。2009年

9月28日，通讯公司发出《商函》给实业公司，该函的内容为因受金融危机影响，且房地产销售价格整体下调，请求实业公司将诉争房屋的价格下调至6000万元左右。当天，实业公司发函给通讯公司，要求其在30日内派员协商正式的房屋买卖合同。通讯公司于次日回函表示同意商谈购房事宜，商谈时间为同年10月9日。2009年10月10日，实业公司发函致通讯公司，要求通讯公司对其拟定的《房屋买卖合同》作出回复。当月12日，通讯公司回函对其已收到上述合同文本作出确认。2009年11月12日，实业公司发函给通讯公司，函件内容为双方因对买卖合同的诸多重大问题存在严重分歧，未能签订《房屋买卖合同》，故双方并未成立买卖关系，通讯公司应支付场地使用费。通讯公司于当月17日回函，称双方已实际履行了房屋买卖义务，其系合法占有诉争房屋，故无需支付场地占用费。2010年3月3日，实业公司发函给通讯公司，解除其与通讯公司签订于2006年9月20日的《购房协议书》，且要求通讯公司腾出诉争房屋并支付场地使用费、退还定金。通讯公司以其与实业公司就诉争房屋的买卖问题签订了《购房协议书》，且其已支付1000万元定金，实业公司亦已将诉争房屋交付给其使用，双方之间的《购房协议书》合法有效，且以已实际履行为由，认为其与实业公司于2006年9月20日签订的《购房协议书》已成立并合法有效，请求判令实业公司向其履行办理房屋产权过户登记的义务。

【判决理由】

法院生效裁判认为，判断当事人之间订立的合同系本约还是预约的根本标准应当是当事人的意思表示，即当事人是否有意在将来订立一个新的合同，以最终明确在双方之间形成某种法律关系的具体内容。如果当事人存在明确的将来订立本约的意思，那么，即使预约的内容与本约已经十分接近，且通过合同解释，从预约中可以推导出本约的全部内容，也应当尊重当事人的意思表示，排除这种客观解释的可能性。不过，仅就案涉《购房协议书》而言，虽然其性质应为预约，但结合双方当事人在订立《购房协议书》之后的履行事实，实业公司与通讯公司之间已经成立了房屋买卖法律关系。对于当事人之间存在预约还是本约关系，不能仅凭一份孤立的协议就简单地加以认定，而是应当综合审查相关协议的内容以及当事人嗣后为达成交易进行的磋商甚至具体的履行行为等事实，从中探寻当事人的真实意思，并据此对当事人之间法律关系的性质作出准确的界定。本案中，双方当事人在签订《购房协议书》时，作为买受人的通讯公司已经实际交付了定金并约定在一定条件下自动转为购房款，作为出卖人的实业公司也接受了通讯公司的交付。在签订《购房协议书》的三个多月后，实业公司将合同项下的房屋交付给了通讯公司，通讯公司接受了该交付。而根据《购房协议书》的预约性质，实业公司交付房屋的行为不应视为对该合同的履行，在当事人之间不存在租赁等其他有偿使用房屋的法律关系的情形下，实业公司的该行为应认定为系基于与通讯公司之间的房屋买卖关系而为的交付。据此，可以认定当事人之间达成了买卖房屋的合意，成立了房屋买卖法律关系。

【司法解释相关条文】

《最高人民法院关于适用〈中华人民共和国民法典〉合同编通则若干问题的解释》第六条 当事人以认购书、订购书、预订书等形式约定在将来一定期限内订立合同，或者为担保在将来一定期限内订立合同交付了定金，能够确定将来所要订立合同的主体、标的等内容的，人民法院应当认定预约合同成立。

当事人通过签订意向书或者备忘录等方式，仅表达交易的意向，未约定在将来一定期限内订立合同，或者虽然有约定但是难以确定将来所要订立合同的主体、标的等内容，一方主张预约合同成立的，人民法院不予支持。

当事人订立的认购书、订购书、预订书等已就合同标的、数量、价款或者报酬等主要内容达成合意，符合本解释第三条第一款规定的合同成立条件，未明确约定在将来一定期限内另行订立合同，或者虽然有约定但是当事人一方已实施履行行为且对方接受的，人民法院应当认定本约合同成立。

案例三

某甲银行和某乙银行合同纠纷案

【裁判要点】

案涉交易符合以票据贴现为手段的多链条融资交易的基本特征。案涉《回购协议》是双方虚假意思表示，目的是借用银行承兑汇票买入返售的形式为某甲银行向实际用资人提供资金通道，真实合意是资金通道合同。在资金通道合同项下，各方当事人的权利义务是，过桥行提供资金通道服务，由出资银行提供所需划转的资金并支付相应的服务费，过桥行无交付票据的义务，但应根据其过错对出资银行的损失承担相应的赔偿责任。

【简要案情】

票据中介王某与某甲银行票据部员工姚某等联系以开展票据回购交易的方式进行融资，2015 年 3 月至 12 月间，双方共完成 60 笔交易。交易的模式是：姚某与王某达成票据融资的合意后，姚某与王某分别联系为两者之间的交易提供资金划转服务的银行即过桥行，包括某乙银行、某丙银行、某丁银行等。所有的交易资金最终通过过桥行流入由王某控制的企业账户中；在票据的交付上，王某从持票企业收购票据后，通过其控制的村镇银行完成票据贴现，并直接向某甲银行交付。资金通道或过桥的特点是过桥行不需要见票、验票、垫资，没有资金风险，仅收取利差。票据回购到期后，由于王某与姚某等人串通以虚假票据入库，致使某甲银行的资金遭受损失，王某与姚某等人亦因票据诈骗、挪用资金等行为被判处承担刑事责任。之后，某甲银行以其与某乙银行签订的《银行承兑汇票回购合同》（以下简称《回购合同》）为据，以其与某乙银行开展票据回购交易而某乙银行未能如期交付票据为由提起诉讼，要求某乙银行承担回购合同约定的违约责任。

【判决理由】

生效判决认为：《回购合同》系双方虚假合意，该虚假合意隐藏的真实合意是由某乙银行为某甲银行提供资金通道服务，故双方之间的法律关系为资金通道合同法律关系。具体理由为：第一，某甲银行明知以票据回购形式提供融资发生在其与王某之间，亦明知是在无票据作为担保的情况下向王某融出资金，而某乙银行等过桥行仅凭某甲银行提供的票据清单开展交易，为其提供通道服务。因此，本案是以票据贴现为手段，以票据清单交易为形式的多链条融资模式，某甲银行是实际出资行，王某是实际用资人，某乙银行是过桥行。第二，某甲银行与某乙银行之间不交票、不背书，仅凭清单交易的事实可以证明，《回购合同》并非双方当事人的真实合意。第三，案涉交易存在不符合正常票据回购交易顺序的倒打款，进一步说明《回购合同》并非双方的真实意思表示。《回购合同》表面约定的票据回购系双方的虚假意思而无效；隐藏的资金通道合同违反了金融机构审慎经营原则，且扰乱了票据市场交易秩序、引发金融风险，因此双方当事人基于真实意思表示形成的资金通道合同属于违背公序良俗、损害社会公共利益的合同，依据《中华人民共和国民法总则》第一百五十三条第二款及《中华人民共和国合同法》第五十二条第四项的规定，应为无效。在《回购合同》无效的情形下，某甲银行请求某乙银行履行合同约定的义务并承担违约责任，缺乏法律依据，但某乙银行应根据其过错对某甲银行的损失承担相应的赔偿责任。

【司法解释相关条文】

《最高人民法院关于适用〈中华人民共和国民法典〉合同编通则若干问题的解释》第十五条 人民法院认定当事人之间的权利义务关系,不应当拘泥于合同使用的名称,而应当根据合同约定的内容。当事人主张的权利义务关系与根据合同内容认定的权利义务关系不一致的,人民法院应当结合缔约背景、交易目的、交易结构、履行行为以及当事人是否存在虚构交易标的等事实认定当事人之间的实际民事法律关系。

案例四

某旅游管理公司与某村村民委员会等合同纠纷案

【裁判要点】

当事人签订具有合作性质的长期性合同,因政策变化对当事人履行合同产生影响,但该变化不属于订立合同时无法预见的重大变化,按照变化后的政策要求予以调整亦不影响合同继续履行,且继续履行不会对当事人一方明显不公平,该当事人不能依据《中华人民共和国民法典》第五百三十三条请求变更或者解除合同。该当事人请求终止合同权利义务关系,守约方不同意终止合同,但双方当事人丧失合作可能性导致合同目的不能实现的,属于《中华人民共和国民法典》第五百八十条第一款第二项规定的“债务的标的不适于强制履行”,应根据违约方的请求判令终止合同权利义务关系并判决违约方承担相应的违约责任。

【简要案情】

2019 年初,某村村委会、村股份经济合作社(甲方)与某旅游管理有限公司(乙方)就某村村域范围内旅游资源开发建设签订经营协议,约定经营期限50年。2019年底,某村所在市辖区水务局将经营范围内河沟两侧划定为城市蓝线,对蓝线范围内的建设活动进行管理。2019年11月左右,某旅游管理有限公司得知河沟两侧被划定为城市蓝线。2020年5月11日,某旅游管理有限公司书面通知要求解除相关协议。经调查,经营协议确定的范围绝大部分不在蓝线范围内,且对河道治理验收合格就能对在蓝线范围内的部分地域进行开发建设。

【判决理由】

生效判决认为,双方约定就经营区域进行民宿与旅游开发建设,因流经某村村域的河道属于签订经营协议时既有的山区河道,不属于无法预见的重大变化,城市蓝线主要是根据江、河、湖、库、渠和湿地等城市地标水体来进行地域界限划定,主要目的是为了水体保护和控制,某旅游管理有限公司可在履行相应行政手续审批或符合政策文件的具体要求时继续进行开发活动,故城市蓝线划定不构成情势变更。某村村委会、村股份经济合作社并不存在违约行为,某旅游管理有限公司明确表示不再对经营范围进行民宿及旅游资源开发,属于违约一方。某旅游管理有限公司以某村村委会及村股份经济合作社根本违约为由要求解除合同,明确表示不再对经营范围进行民宿及旅游资源开发,某村村委会及村股份经济合作社不同意解除合同或终止合同权利义务,双方已构成合同僵局。考虑到双方合同持续履行长达50年,须以双方自愿且相互信赖为前提,如不允许双方权利义务终止,既不利于充分发挥土地等资源的价值利用,又不利于双方利益的平衡保护,案涉经营协议已丧失继续履行的现实可行性,合同权利义务关系应当终止。

【司法解释相关条文】

《最高人民法院关于适用〈中华人民共和国民法典〉合同编通则若干问题的解释》第三十二条 合同成立后,因政策调整或者市场供求关系异常变动等原因导致价格发生当事人在订立合同时无法预见的、不属于商业风险的涨跌，继续履行合同对于当事人一方明显不公平的，人民法院应当认定合同的基础条件发生了民法典第五百三十三条第一款规定的“重大变化”。但是，合同涉及市场属性活跃、长期以来价格波动较大的大宗商品以及股票、期货等风险投资型金融产品的除外。

合同的基础条件发生了民法典第五百三十三条第一款规定的重大变化，当事人请求变更合同的，人民法院不得解除合同；当事人一方请求变更合同，对方请求解除合同的，或者当事人一方请求解除合同，对方请求变更合同的，人民法院应当结合案件的实际情况，根据公平原则判决变更或者解除合同。

人民法院依据民法典第五百三十三条的规定判决变更或者解除合同的，应当综合考虑合同基础条件发生重大变化的时间、当事人重新协商的情况以及因合同变更或者解除给当事人造成的损失等因素，在判项中明确合同变更或者解除的时间。

当事人事先约定排除民法典第五百三十三条适用的，人民法院应当认定该约定无效。

案例五

某控股株式会社与某利公司等债权人代位权纠纷案

【裁判要点】

在代位权诉讼中，相对人以其与债务人之间的债权债务关系约定了仲裁条款为由，主张案件不属于人民法院受理案件范围的，人民法院不予支持。

【简要案情】

2015年至2016年，某控股株式会社与某利国际公司等先后签订《可转换公司债发行及认购合同》及补充协议，至2019年3月，某利国际公司欠付某控股株式会社款项6400余万元。2015年5月，某利公司与其母公司某利国际公司签订《贷款协议》，由某利国际公司向某利公司出借2.75亿元用于公司经营。同年6月，某利国际公司向某利公司发放了贷款。案涉《可转换公司债发行及认购合同》及补充协议、《贷款协议》均约定了仲裁条款。某控股株式会社认为某利国际公司怠于行使对某利公司的债权，影响了某控股株式会社到期债权的实现，遂提起代位权诉讼。一审法院认为，虽然某控股株式会社与某利公司之间并无直接的仲裁协议，但某控股株式会社向某利公司行使代位权时，应受某利公司与某利国际公司之间仲裁条款的约束。相关协议约定的仲裁条款排除了人民法院的管辖，故裁定驳回某控股株式会社的起诉。某控股株式会社不服提起上诉。二审法院依据《最高人民法院关于适用〈中华人民共和国合同法〉若干问题的解释（一）》第十四条的规定，裁定撤销一审裁定，移送被告住所地人民法院审理。

【判决理由】

生效裁判认为，虽然案涉合同中均约定了仲裁条款，但仲裁条款只约束签订合同的各方当事人，对合同之外的当事人不具有约束力。本案并非债权转让引起的诉讼，某控股株式会社既非《贷款协议》的当事人，亦非该协议权利义务的受让人，一审法院认为某控股株式会社行使代位权时应受某利公司与某利国际公司之间仲裁条款的约束缺乏依据。

【司法解释相关条文】

《最高人民法院关于适用〈中华人民共和国民法典〉合同编通则若干问题的解释》第三十六条 债权人提起代位权诉讼后，债务人或者相对人以双方之间的债权债务关系订有仲裁协议为由对法院主管提出异议的，人民法院不予支持。但是，债务人或者相对人在首次开庭前就债务人与相对人之间的债权债务关系申请仲裁的，人民法院可以依法中止代位权诉讼。

案例六

周某与丁某、薛某债权人撤销权纠纷案

【裁判要点】

在债权人撤销权诉讼中，债权人请求撤销债务人与相对人的行为并主张相对人向债务人返还财产的，人民法院依法予以支持。

【简要案情】

周某因丁某未能履行双方订立的加油卡买卖合同，于 2020 年 8 月提起诉讼，请求解除买卖合同并由丁某返还相关款项。生效判决对周某的诉讼请求予以支持，但未能执行到位。执行中，周某发现丁某于 2020 年 6 月至 7 月间向其母亲薛某转账 87 万余元，遂提起债权人撤销权诉讼，请求撤销丁某无偿转让财产的行为并同时主张薛某向丁某返还相关款项。

【判决理由】

生效裁判认为，丁某在其基于加油卡买卖合同关系形成的债务未能履行的情况下，将名下银行卡中的款项无偿转账给其母亲薛某的行为客观上影响了债权人周某债权的实现。债权人周某在法定期限内提起撤销权诉讼，符合法律规定。丁某的行为被撤销后，薛某即丧失占有案涉款项的合法依据，应当负有返还义务，遂判决撤销丁某的行为、薛某向丁某返还相关款项。

【司法解释相关条文】

《最高人民法院关于适用〈中华人民共和国民法典〉合同编通则

若干问题的解释》第四十六条第一款 债权人在撤销权诉讼中同时请求债务人的相对人向债务人承担返还财产、折价补偿、履行到期债务等法律后果的,人民法院依法予以支持。

案例七

孙某与某房地产公司合资、合作开发房地产合同纠纷案

【裁判要点】

合同一方当事人以通知形式行使合同解除权的,须以享有法定或者约定解除权为前提。不享有解除权的一方向另一方发出解除通知,另一方即便未在合理期限内提出异议,也不发生合同解除的效力。

【简要案情】

2014年5月,某房地产开发有限公司(以下简称房地产公司)与孙某签订《合作开发协议》。协议约定:房地产公司负有证照手续办理、项目招商、推广销售的义务,孙某承担全部建设资金的投入;房地产公司拟定的《项目销售整体推广方案》,应当与孙某协商并取得孙某书面认可;孙某投入500万元(保证金)资金后,如果销售额不足以支付工程款,孙某再投入500万元,如不到位按违约处理;孙某享有全权管理施工项目及承包商、施工场地权利,房地产公司支付施工方款项必须由孙某签字认可方能转款。

同年10月,房地产公司向孙某发出协调函,双方就第二笔500万元投资款是否达到支付条件产生分歧。2015年1月20日,房地产公司向孙某发出《关于履行的通知》,告知孙某5日内履行合作义务,向该公司支付500万元投资款,否则将解除《合作开发协议》。孙某在房地产公司发出协调函后,对其中提及的需要支付的工程款并未提出异

议，亦未要求该公司提供依据，并于 2015 年 1 月 23 日向该公司发送回复函，要求该公司近日内尽快推出相关楼栋销售计划并取得其签字认可，尽快择期开盘销售，并尽快按合同约定设立项目资金管理共同账户。房地产公司于 2015 年 3 月 13 日向孙某发出《解除合同告知函》，通知解除《合作开发协议》。孙某收到该函后，未对其形式和内容提出异议。2015 年 7 月 17 日，孙某函告房地产公司，请该公司严格执行双方合作协议约定，同时告知“销售已近半月，望及时通报销售进展实况”。后孙某诉至法院，要求房地产公司支付合作开发房地产收益分红总价值 3000 万元；房地产公司提出反诉，要求孙某给付违约金 300 万元。一审、二审法院认为，孙某收到解除通知后，未对通知的形式和内容提出异议，亦未在法律规定期限内请求人民法院或者仲裁机构确认解除合同的效力，故认定双方的合同已经解除。孙某不服二审判决，向最高人民法院申请再审。

【判决理由】

生效裁判认为，房地产公司于 2015 年 3 月 13 日向孙某发送《解除合同告知函》，通知解除双方签订的《合作开发协议》，但该《解除合同告知函》产生解除合同的法律效果须以该公司享有法定或者约定解除权为前提。从案涉《合作开发协议》的约定看，孙某第二次投入 500 万元资金附有前置条件，即房地产公司应当对案涉项目进行销售，只有在销售额不足以支付工程款时，才能要求孙某投入第二笔 500 万元。结合《合作开发协议》的约定，能否认定房地产公司作为守约方，享有法定解除权，应当审查该公司是否依约履行了己方合同义务。包括案涉项目何时开始销售，销售额是否足以支付工程款；房地产公司在房屋销售前后，是否按照合同约定，将《项目销售整体推广方案》报孙某审批；工程款的支付是否经由孙某签字等一系列事实。一审、二审法院未对上述涉及房地产公司是否享有法定解除权的事实进行审理，即以孙某“未在法律规定期限内请求人民法院或者仲裁机构确认解除合同的效力”为由，认定《合作开发协议》已经解除，属于认定事实不清，适用法律错误。

【司法解释相关条文】

《最高人民法院关于适用〈中华人民共和国民法典〉合同编通则若干问题的解释》第五十三条 当事人一方以通知方式解除合同，并以对方未在约定的异议期限或者其他合理期限内提出异议为由主张合同已经解除的，人民法院应当对其是否享有法律规定或者合同约定的解除权进行审查。经审查，享有解除权的，合同自通知到达对方时解除；不享有解除权的，不发生合同解除的效力。

案例八

某实业发展公司与某棉纺织品公司委托合同纠纷案

【裁判要点】

据以行使抵销权的债权不足以抵销其全部债务，应当按照实现债权的有关费用、利息、主债务的顺序进行抵销。

【简要案情】

2012年6月7日，某实业发展公司与某棉纺织品公司签订《委托协议》，约定某实业发展公司委托某棉纺织品公司通过某银行向案外人某商贸公司发放贷款5000万元。该笔委托贷款后展期至2015年6月9日。某商贸公司在贷款期间所支付的利息，均已通过某棉纺织品公司支付给某实业发展公司。2015年6月2日，某商贸公司将5000万元本金归还某棉纺织品公司，但某棉纺织品公司未将该笔款项返还给某实业发展公司，形成本案诉讼。另，截至2015年12月31日，某实业发展公司欠某棉纺织品公司8296517.52元。某棉纺织品公司于

2017年7月20日向某实业发展公司送达《债务抵销通知书》，提出以其对某实业发展公司享有的8296517.52元债权抵销案涉5000万元本金债务。某实业发展公司以某棉纺织品公司未及时归还所欠款项为由诉至法院，要求某棉纺织品公司归还本息。在本案一审期间，某棉纺织品公司又以抗辩的形式就该笔债权向一审法院提出抵销，并提起反诉，后主动撤回反诉。

【判决理由】

生效裁判认为，某棉纺织品公司据以行使抵销权的债权不足以抵销其对某实业发展公司负有的全部债务，参照《最高人民法院关于适用〈中华人民共和国合同法〉若干问题的解释（二）》第二十一条的规定，应当按照实现债权的有关费用、利息、主债务的顺序进行抵销，即某棉纺织品公司对某实业发展公司享有的8296517.52元债权，先用于抵销其对某实业发展公司负有的5000万元债务中的利息，然后再用于抵销本金。某棉纺织品公司有关8296517.52元先用于抵销5000万元本金的再审申请缺乏事实和法律依据，故不予支持。

【司法解释相关条文】

《最高人民法院关于适用〈中华人民共和国民法典〉合同编通则若干问题的解释》第五十六条第二款 行使抵销权的一方享有的债权不足以抵销其负担的包括主债务、利息、实现债权的有关费用在内的全部债务，当事人因抵销的顺序发生争议的，人民法院可以参照民法典第五百六十一条的规定处理。

案例九

某石材公司与某采石公司买卖合同纠纷案

【裁判要点】

非违约方主张按照违约行为发生后合理期间内合同履行地的市场价格与合同价格的差额确定合同履行后可以获得的利益的，人民法院依法予以支持。

【简要案情】

某石材公司与某采石公司签订《大理石方料买卖合同》，约定自某采石公司在某石材公司具备生产能力后前两年每月保证供应石料1200立方米至1500立方米。合同约定的大理石方料收方价格根据体积大小，主要有两类售价：每立方米350元和每立方米300元。自2011年7月至2011年9月，某采石公司向某石材公司供应了部分石料，但此后某采石公司未向某石材公司供货，某石材公司遂起诉主张某采石公司承担未按照合同供货的违约损失。某采石公司提供的评估报告显示荒料单价为每立方米715.64元。

【判决理由】

生效裁判认为，某采石公司提供的评估报告显示的石材荒料单价每立方米715.64元，是某石材公司在某采石公司违约后如采取替代交易的方法再购得每立方米同等质量的石料所需要支出的费用。以该价格扣除合同约定的供货价每立方米350元，即某石材公司受到的单位损失。

【司法解释相关条文】

《最高人民法院关于适用〈中华人民共和国民法典〉合同编通则若干问题的解释》第六十条第三款 非违约方依法行使合同解除权但是未实施替代交易，主张按照违约行为发生后合理期间内合同履行地的市场价格与合同价格的差额确定合同履行后可以获得的利益的，人民法院应予支持。

案例十

柴某与某管理公司房屋租赁合同纠纷案

【裁判要点】

当事人一方违约后，对方没有采取适当措施致使损失扩大的，不得就扩大的损失请求赔偿。承租人已经通过多种途径向出租人作出了解除合同的意思表示，而出租人一直拒绝接收房屋，造成涉案房屋的长期空置，不得向承租人主张全部空置期内的租金。

【简要案情】

2018 年 7 月 21 日，柴某与某管理公司签订《资产管理服务合同》，约定：柴某委托某管理公司管理运营涉案房屋，用于居住；管理期限自 2018 年 7 月 24 日起至 2021 年 10 月 16 日止。合同签订后，柴某依约向某管理公司交付了房屋。某管理公司向柴某支付了服务质量保证金，以及至 2020 年 10 月 16 日的租金。后某管理公司与柴某协商合同解除事宜，但未能达成一致，某管理公司向柴某邮寄解约通知函及该公司单方签章的结算协议，通知柴某该公司决定于 2020 年 11 月 3 日解除《资产管理服务合同》。柴某对某管理公司的单方解除行为不予认可。2020 年 12 月 29 日，某管理公司向柴某签约时留存并认可的手机号码发送解约完成通知及房屋密码锁的密码。2021 年 10 月 8 日，法院判决终止双方之间的合同权利义务关系。柴某起诉请求某管理公司支付 2020 年 10 月 17 日至 2021 年 10 月 16 日房屋租金 114577.2 元及逾期利息、违约金 19096.2 元、未履行租期年度对应的空置期部分折算金额 7956.75 元等。

【判决理由】

生效裁判认为,当事人一方违约后,对方应当采取适当措施防止损失的扩大;没有采取适当措施致使损失扩大的,不得就扩大的损失请求赔偿。合同终止前,某管理公司应当依约向柴某支付租金。但鉴于某管理公司已经通过多种途径向柴某表达解除合同的意思表示,并向其发送房屋密码锁密码,而柴某一直拒绝接收房屋,造成涉案房屋的长期空置。因此,柴某应当对其扩大损失的行为承担相应责任。法院结合双方当事人陈述、合同实际履行情况、在案证据等因素,酌情支持柴某主张的房屋租金至某管理公司向其发送电子密码后一个月,即2021年1月30日,应付租金为33418.35元。

【司法解释相关条文】

《最高人民法院关于适用〈中华人民共和国民法典〉合同编通则若干问题的解释》第六十一条第二款 非违约方主张按照合同解除后剩余履行期限相应的价款、租金等扣除履约成本确定合同履行后可以获得的利益的,人民法院不予支持。但是,剩余履行期限少于寻找替代交易的合理期限的除外。

第六十三条第三款 在确定违约损失赔偿额时,违约方主张扣除非违约方未采取适当措施导致的扩大损失、非违约方也有过错造成的相应损失、非违约方因违约获得的额外利益或者减少的必要支出的,人民法院依法予以支持。